▲ ● ◆ ◼ ▲ ● ⬟ ✦ ▼ ⬢

中国学前教育
史料集成

● 卷 六

幼稚园论集

下册

总主编　喻本伐
本卷主编　喻本伐　王帅

中国教育出版传媒集团
人民教育出版社·北京

编者说明

一、"学前教育"术语，是近代西方"新教育"传入中国后，才得以在中国确立和广泛运用的。学前教育，有广义和狭义之分。广义的学前教育，是指对从出生到 6 周岁或 7 周岁的儿童所实施的保育和教育。从这个意义上说，它与中国原本使用的"慈幼教育"或"童蒙教育"同义，并非严格意义的公共教养机构，以与正规学校制度对接。而狭义的学前教育，则是指对 3~6 周岁或 7 周岁的儿童所实施的保育和教育，它仅指广义学前教育的后半段。它的重要特征，一为有专设的公共教养机构，二为此机构能与其后的小学教育紧密衔接。本丛书命名之要义，实则偏重于狭义。

二、最早由西方基督教传教士在中国开办的学前教育机构，名为"小孩察物学堂"。中国政府于 1902 年颁布《钦定学堂章程》时，并未配套设置学前教育机构；在 1904 年颁布《奏定学堂章程》时，首次以"蒙养院"作为学前公共教养机构的名称。1912 年中华民国成立，在随后颁行的"壬子癸丑学制"中，将"蒙养院"变更一字，改称"蒙养园"。在 1922 年颁行的"壬戌学制"中，又将"蒙养园"改称"幼稚园"。1949 年中华人民共和国成立，在 1951 年颁行的《关于改革学制的决定》中，最终将"幼稚园"改定为"幼儿园"。本丛书的史料收集，依照蒙养院、蒙养园、幼稚园和幼儿园四段展开。

三、本丛书的史料，又依据制度、实践和思想三要素，各自进行分类编年。具体而言，制度部分由"制度、章则、令案"合构，实践部分由"绍介、创设、办理"合构，思想部分由"理论、思想、主张"合构。史料选取，以蒙养院、蒙养园、幼稚园和幼儿园教育为主体，兼及托儿所教育、幼儿师范教育、慈幼教育和家庭教育等诸方面。史料的上、下时限，一般均依法定学制的颁布时间而定，而思想渊源或影响，或则稍溢出此范畴，实为学制颁布前后的铺垫或延伸。

　　四、具体来说，本丛书由如后 10 卷合构:《卷一　蒙养院论集》（1904—1911 年，包括制度、实践和思想三部分），《卷二　蒙养园论集　上册》（1912—1922 年，包括制度、实践二部分），《卷三　蒙养园论集　下册》（1912—1922 年，包括思想部分），《卷四　幼稚园论集　上册》（1922—1951 年，包括制度、实践二部分），《卷五　幼稚园论集　中册》（1922—1932 年，包括《幼稚园课程标准》颁布前之思想部分），《卷六　幼稚园论集　下册》（1932—1951 年，包括《幼稚园课程标准》颁布后之思想部分），《卷七　幼儿园论集　上册》（1951—2001 年，包括制度部分），《卷八　幼儿园论集　中上册》（1951—2001 年，包括实践部分），《卷九　幼儿园论集　中下册》（1951—1978 年，包括"十一届三中全会"召开前之思想部分），《卷十　幼儿园论集　下册》（1978—2001 年，包括"十一届三中全会"召开后之思想部分）。

　　五、本丛书的选录对象为各种文论，包括手稿、论文、演讲记录、调查报告、提案、书信、日记、参观记等，原则上不包括单独成册的专著（序、跋除外）。至于论文集、文献汇编等，则选取其中的单篇。对于文论的选录，以全篇整录为通例；其特例，则为部分选录（篇名后标明"节录"或"未完稿"，正文中部分省略）。少量与正文相关并确有必要的文字，收作正文附录。

　　六、所收文论，以"保留原貌"为准则。尽可能依据最早发表时的原件，而不取全集、文选等再发表件编者之删改或修饰的结果。原文中的繁体字、异体字等，按照国家所颁行的相关规定统一处理。明显的错别字、脱字等，编者统一后置"〔　〕"，并将供参考之字或词置于其内。已无法辨识的文字，由编者用"□"表示。原竖版中的"如左""如右"等表述,均改为"如下""如上"等。

七、对于原文中的断句和标点符号使用,由编者依照通例统一处理;对于原文未分段或分段不当者,由编者根据文意,重新进行分段;对于原文中的各式序号标列,由编者按相关标准统一处理;原文(表格除外)中的中文数字,皆保留原样。原文中的表格,均尽可能保留原有形式,但为阅读便利,其中凡为竖式者,皆改为横式;中文数字,一般情况下改为阿拉伯数字。全书的表号和表题,由编者进行统一处理。文中原发表时的附图,保留原样,以"原图"表示;由编者插入的图片等,则用"另图"表示。书中的原图与另图,也分别由编者统一拟题和加冠序号。

八、本书各篇文论的题目之下,标明作者或发文单位及该文面世时间,并置"题解",交代文章撰写或发表时间、原载刊物、作者简介、相关背景或载刊简介等。文内注释,采用脚注形式,每页均重编序号。注释对象,为人物、事件、专用术语、特殊名词、个别难僻字词、非通译人名或外文等。同一注释对象,在同一卷中仅详注一次,且以首次出现时加注为原则。对于在题解中已介绍的人物等,不再详注。对于难以查找到的非通译人名、地名,权且从略。

九、本丛书的总主编为喻本伐。各分卷主编依次为:《卷一 蒙养院论集》,喻本伐、郑刚;《卷二 蒙养园论集 上册》,喻本伐、张汶军;《卷三 蒙养园论集 下册》,喻本伐、赵燕(武汉市城市职业学院);《卷四 幼稚园论集 上册》,喻本伐、李先军;《卷五 幼稚园论集 中册》,喻本伐、徐恩秀(集美大学师范学院);《卷六 幼稚园论集 下册》,喻本伐、王帅;《卷七 幼儿园论集 上册》,喻本伐、郑刚、张汶军;《卷八 幼儿园论集 中上册》,喻本伐、郑刚、张汶军;《卷九 幼儿园论集 中下册》,喻本伐、郑刚、张汶军;《卷十 幼儿园论集 下册》,喻本伐、郑刚、张汶军。除已标明者外,余皆为华中师范大学教育学院教师。

喻本伐
2022 年 4 月 13 日

目录

第三编

理论　思想　主张

1	父母教育与优生｜潘光旦　1933年1月15日	003
2	教育儿童还是教育父母？｜董任坚　1933年1月15日	011
3	如何可使幼稚教育平民化｜杜少文　1933年2月1日	017
4	周文山著《幼稚园中心活动》序文｜金海观　1933年3月22日	023
5	中国幼稚教育已到了十字街头｜张雪门　1933年9月30日	027
6	幼稚园的游戏生活｜雪门　1933年10月31日	032
7	幼稚教育与保育｜程掌珠　1933年10月	043
8	幼稚园的农事｜戴自俺　1933年12月6日	047
9	劳工幼儿团的接生婆 ——致孙铭勋、戴自俺｜陶知行　1934年1月13日	054
10	劳工幼儿团的使命 ——致张宗麟｜陶知行　1934年1月17日	057
11	幼稚教育之过去、现在及将来｜周家修　1934年1月	059
12	《幼稚园中心活动》序｜杨效春　1934年2月	071
13	祝儿童节｜蔡元培　1934年3月3日	074
14	幼稚园？｜张宗麟　1934年4月1日	082
15	儿童教育的根本问题｜陈鹤琴　1934年4月4日	087
16	幼稚教育者？｜张宗麟　1934年4月16日	091
17	托儿所｜张宗麟　1934年6月1日	094

18	三年来之中国幼稚教育｜葛鲤庭　1934年12月11日	097
19	敬向幼儿的父母进一忠告｜高君珊　1934年12月	103
20	普及乡村幼儿教育｜吴锦璋　1935年1月	111
21	儿童的性教育｜朱熊芷　1935年7月1日	118
22	师范学校"幼稚教育"学科教学谭｜王秀南　1935年7月10日	123
23	慈幼的新意义｜蔡元培　1935年7月	133
24	儿童年实施后的几点宏愿｜陈鹤琴　1935年8月1日	135
25	明日的幼稚教育｜张宗麟　1935年8月	137
26	简单的幼稚园｜张宗麟　1935年11月上旬	140
27	幼稚教育学术讲话｜葛承训　1936年1月1日	146
28	论本性难移与胎教｜潘光旦　1936年3月13日	159
29	从乡村的育婴堂谈到托儿所和幼稚园｜卢祝平　1936年4月1日	166
30	前学龄教育与国民基础教育｜雷沛鸿　1936年4月1日	168
31	幼稚教育的前途｜袁昂　1936年6月10日	172
32	儿童玩具的研究 　　——在福州广播电台的演讲词｜梁士杰　1936年6月20日	177
33	幼稚教育的新动向｜张达善　1936年11月5日	184
34	修改《幼稚园课程标准》的我见｜张雪门　1936年11月28日	189
35	普遍推行幼稚教育与托儿所｜叶冶钧　1936年11月	207
36	我国幼稚教育目下应走的途径｜吴增芥　1936年12月16日	212
37	幼稚教育的研究 　　——介绍三个幼稚园｜周文山　1936年12月20日	218
38	幼稚园游戏教学研究｜禅素英　1936年12月16日	223
39	修改现行《幼稚园课程标准》问题｜张雪门　1937年2月10日	227
40	儿童心理与家庭教育 　　——在上海青年会演讲词｜陈鹤琴　1937年3月24日	235
41	幼儿姿势训练的实际｜周尚　1937年4月10日	238
42	怎样研究幼稚教育？｜张宗麟　1937年7月10日	253
43	游戏与同情｜郑晓沧　1938年7月	262
44	战时难童教育问题｜张雪门　1938年8月15日	264
45	记1939年家庭儿童节庆祝会｜蔡元培　1939年4月4日	272
46	儿童玩具与教育｜陈鹤琴　1939年4月10日	275

47	儿童保育问题	
	——在保育院院长会议上的演讲｜陶行知　1939年10月下旬	279
48	记昆明难童学校筹办经过｜蔡元培　1939年12月14日	284
49	甚么是幼稚教育｜曾绣香　1940年4月	286
50	儿童教育运动与国民基础教育｜雷沛鸿　1940年8月16日	291
51	《活教育》发刊词｜陈鹤琴　1941年2月1日	300
52	儿童训育应该怎样实施的｜陈鹤琴　1941年3月1日	302
53	活教育与死教育｜陈鹤琴　1941年4月1日	307
54	实施部颁"幼稚园常识课程标准"的研究｜张雪门　1942年1月15日	313
55	广西前学龄教育建设的研究｜张雪门　1942年1月	333
56	从幼稚教育说到幼稚师范教育｜陈鹤琴　1942年3月	344
57	怎样举行儿童节	
	——使社会认识儿童，使儿童认识社会｜张雪门　1942年4月	347
58	新母教｜潘光旦　1942年5月3日	350
59	中国未开发的幼稚园游戏新教材｜张雪门　1942年6月15日	358
60	给幼稚生"工作"开一条新路径｜张雪门　1942年7月15日	367
61	活教育要怎样实施的｜陈鹤琴　1942年10月15日	373
62	怎样教导幼稚生｜钟昭华　1943年6月12日	389
63	战后学前教育实施纲领｜陆秀　1944年4月	395
64	创造的儿童教育｜陶行知　1944年9月20日	401
65	敲碎儿童的地狱，创造儿童的乐园｜陶行知　1944年12月15日	410
66	替乡下小朋友征求节礼	
	——致朋友及小孩们的朋友｜陶行知　1945年4月2日	415
67	建立幼儿教育四大建议｜雷震清　1945年8月	418
68	中国儿童教育之路｜陈鹤琴　1945年年底	429
69	《活教育理论与实施》前记｜陈鹤琴　1946年12月25日	444
70	《活教育理论与实施》再版卷头语｜陈鹤琴　1947年3月	448
71	《儿童福利通讯》发刊词｜朱熊芷　1947年4月3日	450
72	推行本省儿童保育事业的认识｜张雪门　1947年4月30日	452
73	普及幼稚教育及保姆训练问题｜刘兆吉　1947年8月5日	455
74	战后中国的幼稚教育｜陈鹤琴　1947年8月	462
75	《婴儿园教育》序｜陈鹤琴　1947年10月10日	478
76	幼儿教育实施的机构与任务｜熊芷　1947年11月3日	480

77	为甚么要从做中学	
	——台湾省立台北育幼院座谈会纪录｜张雪门等　1948年1月13日	489
78	儿童节｜叶圣陶　1948年4月1日	493
79	省立台北育幼院的一年来回顾｜张雪门　1948年6月15日	495
80	怎样推进幼稚教育｜袁昂　1949年4月15日	502
81	怎样做人民的幼稚园教师｜陈鹤琴　1950年12月	506
82	爱国主义教育在幼稚园｜王荆璞　张宗麟　1951年2月23日	519
	附录　《〈爱国主义教育在幼稚园〉手稿第一部分》	524
83	对幼稚教育工作的几点意见｜张逸园　1951年5月1日	526
84	评"活教育"的基本原则｜张凌光　1951年5月1日	534
85	如何使幼稚生适应新环境｜陈鹤琴　1951年5月	545

第三编

理论·思想·主张

1　父母教育与优生

潘光旦

另图1　潘光旦像

1933年1月15日

题　解　　本篇原载《儿童教育》第 5 卷第 1 期"父母教育专号"。发表时间为 1933 年 1 月 15 日。

撰著者潘光旦（1899—1967），原名光亶，字仲昂，又名保同，笔名光旦，江苏宝山（今属上海）人。1913 年入读清华学校，1922 年赴美留学，1926 年获哥伦比亚大学理学硕士学位后归国。先后在上海、长沙、昆明、北京等地多所大学任教，历兼清华大学教授、教务长、社会学系系主任，西南联合大学社会学系教授、系主任等职，在性心理学、社会思想史、家庭制度、优生学、人才学、家谱学、民族历史等领域富有卓见，并提出"位育教育"主张。中华人民共和国成立后，调任中央民族学院教授。译有《性心理学》等，著有《中国家庭之问题》《优生原理》等。

《儿童教育》，教育月刊，1928 年 3 月创刊于南京，初名《幼稚教育》，自第 3 期起迁至上海编辑出版，由中华儿童教育社主办并编辑，由开明书店出版并发行。该刊面向幼稚园和小学教师，旨在探讨教育儿童的内容和方法，并致力联络家庭教育和学校教育，让全社会都重视儿童的初期教育。主要栏目，有专题研究、教学材料、书报介绍、本社任务等；主要撰稿人，有陈鹤琴、李清悚、葛承训、董任坚等。终刊原因及时间未详。

　　谈到父母教育，就无异谈到了优生；父母教育这个概念里，就包含着优生的概念。父母教育的概念，假定两点：一是，凡属受过教育的人，该做父母；二是，该做父母的人，更应受一种特殊的训练，或于一般的教育中，应注意到作父母的准备。

这样的假定，就等于告诉人说，民族是要有前途的，并且这个前途的休戚祸福，是在我们自己的手里，是我们所应左右、亦能左右的。并且这里所谓的前途，不比一般的教育，是离不了生物的立场的。

要是天地之大，"肇〔造〕端乎夫妇"①，那末，民族之大，自然更肇端于父母了。所以说，谈到父母教育，就等于谈到了优生。"父母教育"与"优生"之间，不仅仅有密切的关系。父母教育的最大目的，就是优生；父母教育，便是广义的优生教育。

我不相信父母教育是一派独立的教育，额外的加在一般教育之上的。父母教育，应该寄寓在一般教育的里面。至少，父母教育应该和一般教育随在呼应，不应该各不相顾，或竟彼此冲突、彼此抵消。说到这里，我们立刻就感觉到现代一般教育的大有问题了。严格一些说，我们很怕在现代的一般教育之下，父母教育实在没有多大活动的余地。

现行的一般教育，有几个特点，多少是和父母教育"不相能"②的。

第一，我们现行的教育，着重个人的成功与幸福。

近代个人主义畸形发展的影响，很早就侵入了教育的范围。这种影响，在英、美等国尤其是深广。中国历年来的教育，既泰半得诸美国的模仿，自然也难免这种习气的沾染。受过新教育的阶级，所日以孜孜的，大都是个人的功名、乐利。许多所谓新式的小家庭，真是小得可怜，不说老辈中人无插足的余地，连小孩子也拿不出一两个来。

假定一家之中，只有男子出去为功名利禄奔走，也还罢了；但事实上，女子也是一样的喜欢往外跑，赶她们所喜欢赶的"前程"。在这种形势之下，不用说，子母〔女〕的来临是不会受欢迎的。即使有子女，那也不过是一种偶然碰巧——也可以说碰得不巧——的事，不在计画以内的。

即使做父母的，于子女既生之后，很能表示一些爱护、提撕的真诚。这种真诚，又往往是事势所逼迫出来的，不是一种自然的发展。常见新式受高等教育的女子，在未嫁

---

① 语出《礼记·中庸》，完整表述为："君子之道，造端乎夫妇。及其至也，察乎天地。"意为：君子之道，发端于匹夫匹妇的浅显初识，一直到至深至精、至善至美，能够昭著于天地。
② 语出《左传·襄公二十一年》，完整表述为："范鞅以其亡也，怨栾氏，故与栾盈为公族大夫而不相能。""不相能"，意为不相容、不和谐。

与未生产以前，是一位富有侵略性的女权论者，及到已嫁、已生产之后，却一变而为一个很温良恭让的贤母良妻。这显然是她的女性和母性得所位育①、得所安放的结果。但因为这种结果并不是预期的，而多少是"实逼处此"后的一种反应，所以，迟早会感觉到事前毫无准备、事后不能应付裕如的痛苦。但这些，还都是侥幸的。他们不过是潮流中的比较被动者，使在前进的过程中有了相当的刺激，还可以把他们留住。还有那些潮流的前驱的，他们富有革命性，他们反对"有后主义"，高倡"无后主义"。十多年前，胡适之先生也还做过"不要儿子"的诗②。根本不要儿子，还谈什么父母教育？

第二，现行教育，极讲究所谓社会化的道理。

骤然看去，社会化的目标，和个人成功的目标，好像是相矛盾的，其实并不。社会组织里面，个人是小到无可再小的一个极端；社会自身，是大到无可再大的一个极端。处惯极端的人，好比一只钟的摆，他要变动起来，一定从这个极端转到那个极端，其间没有停留、延伫的余地。所以，个人主义往往和社会主义并存共荣，而一个个人主义者也往往就是一个社会主义者。

有一个竭力主张打倒家庭和〔试行〕儿童公育的女权论者。于此，只就他或她这一点主张而论，试问她究属是一个个人主义者呢，还是社会主义者呢？实在是很难断定。极言个性发展的教育，未始不可以注重社会化；而以个人功利为前提的人，未始不可以用社会全般的福祉做幌子。德谟克拉西③制度下的政客，是最明白这一点诀窍的。

不过，从我们目下的立场看去，教育社会化的目标，已经产生两个流弊：第一个流弊，是空间上的舍近求远；第二个，是时间上的舍远求近。

怎样讲呢？近来有许多受过教育的女子，不是结婚得很迟，便是偏向独身主义的途径。所以然的原因，固然是很复杂，一部〔分〕显而易见是婚姻市场上供求原则行使的

---

① 语出《礼记·中庸》，完整表述为："致中和，天地位焉，万物育焉。"意为：达到了中和，天地之间的一切就各得其所、各居其位，万物就能繁育生长了。此处指像天地各得其位般，夫妇各尽其职。

② 这首诗的题目是《我的儿子》，全诗为："我实在不要儿子，儿子自己来了。'无后主义'的招牌，于今挂不起来了！譬如树上开花，花落天然结果。那果便是你，那树便是我。树本无心结子，我也无恩于你。但是你既来了，我不能不养你教你，那是我对人道的义务，并不是我待你的恩谊。将来你长大时，这是我所期望于你：我要你做一个堂堂的人，不要做我的孝顺儿子。"

③ 德谟克拉西：德语音译词，英语作"democracy"，意为民主，即"五四"时期所谓的"德先生"。

必然结果，但一部〔分〕是现代教育直接的成效。

有一位标梅①早届而犹在学校中执业的女子在此。假如你问她所以迟迟不嫁的缘故，很普通的一个答复是这样的：

> 中国女子教育不发达，受教育的女子很少；一个能够受到高等教育的女子，便是一个社会中享受特殊权利的分子。享受特殊权利的人，对社会应尽特殊的责任，或从事教育，或从事他种作业，要以服务全社会为职志。最好在教育方面多多的努力，因为中国今日的大病，在教育不普及、民智不启发。假定这种享受过特殊权利的人，一旦加入了婚姻生活，受了家庭作业的牵制，岂不是就不能向社会再尽什么特殊的责任了么？

这一番话，真是振振有词。没有受过新教育的女子，决乎讲不出。

但理由真充分么？不！这位女子所从事的教育，其实假定她要出嫁的话，她的最大的任务，最有价值的贡献，也不过是教育。不过所教的，不是许多比较不相干、比较不明白来历的别人家的子女，而是几个比较相干的、比较明白来历的自己的子女罢了。教自己的子女，人数少，来历明白，所以事功专一而成效易著；教别人家的子女，因为人数多，来历不易明白，所以用力散漫而结果难期。再说一句笑话：在学校里实施教育，最多只能做到一个"教"字；在家庭实施教育，才是"教育兼施"，并行不悖。

以前的家庭，也许犯"育而不教"的弊病；今后的社会，充上文的那番议论，行见有"教而不育"的危险，甚或造成一种"可教者不育""育者不受教"的新奇局面。自己不"育"些可"教"的子女，而日惟教些别人所"育"，而智力上未必可"教"的子女，这就叫做舍近求远，也可以叫做舍己耘人。在此种舍近求远、舍己耘人的教育现状之下，我们只要有"教师"的教育，用不着"父母"的教育。

高谈教育社会化的第二个流弊，叫做"空间上的舍远求近"。谈到这里，我们就踏着狭义的优生观念的地域了。上文不说照现在的趋势下去，前途也许会造出一种"可教者不育，育者不受教"的新奇局面么？美国教育经验告诉我们，这并不是完全不可能的。

---

① 标梅：指女子已到结婚年龄。

美国的小学教师，几乎悉数是女子；中学教师中，女子也要占很大的部分。据美国优生学者的观察，美国女子一做教师之后，出嫁的机会就要比在别种职业里的女子为少。结果，就有很大的一部分要独身终老，其他一部分虽终于不免接受婚姻生活，但往往在蹉跎延误之后，已经不大宜于子女的生产了。

从不了解优生原理的人看来，至多说，这种局面，为教师们自身着想，固然是牺牲很大，很可惜的，但为社会全般着想，春风化雨，年去年来，那贡献也正未有限量。但优生学者却说，文化固然重要，创造文化的能力更属基本。即退一步说，教育（education）固属大事，而"可教性"（educability）的存在，终究是一个先决条件。

一个能够做教师的女子，不但证明她后天受过多量的教育，更表示她先天有可以受多量教育的力量。有这种能力的人，是人口中"中上"的优秀分子，为数决不会多。她要是不结婚、不生育，或迟结婚、少生育的话，下一代人口中，和她类似的分子，岂不更要减少？而这种减少，可以说是万劫不复的。死者不可复生，断者不可复续，斩了血统也就无法补救。

这样看来，一位为教育文化事业而独身的男子或女子，从近处说，固然创造了些文化，推广了些教育；但从远处说，岂不斩断了些创造文化的才能，糟蹋了些可以受教的智力么？这种斩绝与糟蹋的罪名，实在要比那种创造与推广的"功绩"还大。这便是站在优生学的立场的人所见到的。

一般人所见的，是一时的社会进步与文化繁荣；他所见的，却是民族血统的健康与秀拔。民族性的健康、秀拔，是进步与繁荣的动力与保障。而一时的进步与繁荣，即使做到了，未必能维持民族于久远不替。父母教育是着眼在民族的前途的，而近代所谓社会化的教育所见则不出当代。大家欢喜讲一个"推"字或一个"充"字。社会化教育"充"与"推"的所及，无非是当代的同是圆颅方趾之人；父母教育，却更其注意未来的世代。前者是横的，后者是纵的、直线的，两者的不能并行不悖。显而易见，近来，当局正在提倡所谓"民族中心的教育①"，但是，他们对于上文所叙的远近、纵横之理，

---

① 民族中心的教育：以教育家崔载阳为核心的中山大学教育研究所学者所提出的主张。因与三民主义教育宗旨中的"民族主义"相关，故迅速为当局所借重。此主张明确提出的时间，为1934年。其核心观点为，中国的各级各类教育，均须围绕"民族中心"来构建。

似乎还没有了解。

于个人功利主义和社会化的两个特点之外，现行教育还有一个极有趣的特点，就是几乎忘记了人是一个动物。而许多的弊病，就从这健忘中产生出来。动物个体的品性，是有变异的；而现行教育，不大十分注意变异。动物的品性的表现，一半是靠遗传的；而现行教育，不大管遗传。高等动物是有性的功能，而此种功能又有两种不同的分化的；而现行的教育，不问性功用的存在，更不参考性功用的分化。

变异与遗传比较抽象，不去说它，只说男女的分化罢。教育的过程里没有性教育的一部分，是忘记了性的功能。自小学以至大学，男女学生所学习、观察的东西，竟会完全一样，是忘记了性功能的分化。极端的男女平权论者更以为，男女在社会上的作业，完全可以互易，而不至于减少效率，不至于紊乱秩序，不至于妨碍进步。

近年来社会生活的趋势也确乎向着这绝对平权的路走去。但只要有一度平心静气思索的机会，便可知：此种局面和趋势，不但不合生物学的事实与原理，并且违反了千百年来的常识与经验。历来男女分功〔工〕的局面，在生理方面，固然不容易否认，但社会方面的分工，大部分又无非是生理分工以后必然的结果，又何能轻易加以否认和抹杀呢？

大体而论，女子固然和男子相似，未始不能创造一些文化、产生一些财富；但在生育期以内，她对于这两方面能兼筹并顾么？这答复，显而易见是不能。即在不生育的时期，固为生理作用的不同，她也不能兼筹并顾到和男子同等的程度。既不能而强之，势必至于各方面都吃力不讨好：这壁生育的功能要受妨碍，而那壁文化与经济的贡献也自不会十分满意。

所以，社会的经验告诉我们说，男女还不如安于一种比较分工的局面罢。男的，多做一些文化与经济的工作；女的，多负一些生产和教养子女的责任。这种分工的局面，虽有许多亟应修正的地方，尤其是在对于工作价值的看法上，但大体是不错的。

现行教育虽没有公开否认此种分工的局面，它的种种设施却竭力的在那里帮同摧毁。分工的局面一经摧毁，分工的原则一经推翻，试问，父母教育还有几分存在的依据？父母的名分，因为生殖功能的不同，自然还得保留。但就他们的社会作业和在家庭中的地位而论，他们在子女的眼光里就没有甚么分别。不但父与母之间没有多大差异，就是父母和一般教师之间，也就很难划一道界线出来。

简而言之，分工的局面混乱以后，家庭也就无法维持，最多只能具客栈与公寓的形式而已。客栈与公寓里，用不着家庭教育。用不到家庭教育的社会，用得着父母教育么？

所以，在今日而言父母教育，有一个极重要的先决条件，或至少是应当和父母教育并行共进的，就是一般教育中个人主义和社会化的限制与修正与生物事实的尊重。说限制个人主义和社会化的流弊，就等于重新奠定家庭所以为社会中心、重心与基体的地位。

英国人本主义者歇雷①（F. C. S. Schiller）在他的《优生与政治》的论文集里说，社会主义和个人主义都不是出路。惟有合理的尊重家庭的地位，才是出路；惟有健全发展的家庭，才能兼筹并顾到个人和社会的两个极端。庶几，于社会秩序和社会进步两端，都可以取得充分的保障。这种见地，我们不用说，是十分的赞同。

优生学者极重视家庭，不但因为像上文所说的一般的见地，更因为它是未来的民族所由孳生长养的地盘。美国优生学者普本拿②氏的《家庭的保全》和拙作《中国之家庭问题》，都是拿这一点做出发点的。

父母教育在这一方面的问题，恰恰和优生学的相同。它的先决条件之一，也就是家庭的维持和重新奠定。两者之间不同之点，也许一则注重为父母者自身在婚前之选择，而一则着眼在子女生产以后的教养。但广义的父母教育，何尝不应该包括自身以及将来子女辈的婚姻选择问题？而广义的优生学，又何尝可以把子女的教育完全搁置不讲？

英国政治学家拉斯基③（Harold Laski）近在伦敦演讲提到："假如我们对于父母的选择能审慎的话，我们在大学毕业以后，就会比较容易觅到安插。"所谓"父母的选择"，当然是一种婉转的说法。父母要选择子女都不容易，何况倒过来？他的意思，无非指假

---

① 歇雷：通译席勒，即费迪南德·坎宁·斯科特·席勒（Ferdinand Canning Scott Schiller，1864—1937），出生于德国，就学于英国牛津大学贝利奥尔学院，获文学硕士学位，1906年获科学博士学位。历任康奈尔大学、牛津大学基督圣体学院、南加利福尼亚大学教授。1926年当选为英国科学院院士。他在《人之将来》一书中，提出"教授为学问之大敌说"，力倡优生学，推崇中国传统的家庭制度。著有《人本主义》《应用逻辑》等。
② 普本拿：通译波皮诺，即保罗·波皮诺（Paul Popenoe，1888—1979），美国优生学家。
③ 拉斯基：哈罗德·约瑟夫·拉斯基（Harold Joseph Laski，1893—1950），英国工党著名的理论家、民主社会主义思潮的奠基者。1914年毕业于牛津大学，后赴加拿大麦吉尔大学和美国哈佛大学任教，1920年回国。自1926年起，在伦敦经济学院教授政治学。后投身于政治，力倡改良主义。著有《主权问题研究》《现代国家的权力》等。

若婚姻选择审慎，则将来的子女，比较要有能力。有能力，便容易得所位育罢了。

至于怎样才可以对于婚姻选择谨慎将事，那就得靠广义的父母教育了。有了广义的父母教育，才能教青年男女于未结婚、未生产之前，充分见到前途的责任。所以说，谈到父母教育，就无异谈到了优生。

2 教育儿童还是教育父母？

董任坚

1933年1月15日

另图2 董任坚像

题　解　　本篇原载《儿童教育》第 5 卷第 1 期。发表时间为 1933 年 1 月 15 日。

撰著者董任坚，生卒年未详，名时，号任坚，浙江杭县（今属杭州）人。早年就读于杭州府中学、上海圣约翰大学、清华学校。1918 年赴美留学，先获克拉克大学教育学学士学位，后获康奈尔大学心理学硕士学位，在哥伦比亚大学研修并任教。归国后，历任南开大学、东南大学教授，私立光华大学教授兼教务主任、大夏大学教授、暨南大教授兼实验学校主任。抗战结束后，任上海市立师范专科学校校长。1956 年，因上海俄文专修学校改建为上海外国语学院，受聘担任该校英语系筹委会召集人。时兼中华儿童教育社常委，主编"中华儿童教育社丛书"。译有《初期儿童教育》《行为课程》，著有《小学教育的改造》等。

有关《儿童教育》，参见前文《父母教育与优生》题解。

教育儿童和教育父母，是一而二、二而一的。教育儿童是直接的，教育了父母去教育他们的儿女是间接的。但是，究应直接的教育儿童，还是间接的教育父母呢？

为什么要教育父母？除优生的关系外（关于这点，参看本期所载潘光旦先生著《教育与优生》篇①），第一点，是因为父母所设施家庭环境之教育的势力。

---

① 此篇文章，即收录于本书的《父母教育与优生》。

我们观察一个家庭，大概不必等到他们告诉说，他们的家庭如何快乐、如何和谐、如何清洁卫生、如何有秩序……我们一进他家门，便可看出他们待人接物的态度、处理家务的方法，自然而然感觉到这一家的空气。所以，儿童们在他们的家里，一天一天的耳濡目染，当然逃不出这一种的势力范围。

而且，家庭的设备也是环境的一个重要因子，和儿童的动作有密切的关系。儿童都是好动的，他们看见了东西，是更加要动的。假如家庭有了文具，那便不怕他们不会画图、写字；假如家庭有了图书、画报，那便不怕他们不会读书、看报；假如家庭有了工具，那便不怕他们不会做工、创造；假如家庭有了乐器，那便不怕他们不会玩弄；假如家庭有了花园、场所，那便不怕他们不会欣赏草木、喜欢运动。所怕的是，家庭没有这些设备，或有了这些设备，不准儿童动用，那便是父母们不晓得如何利用了这些设备去引起儿童的活动，从活动里给他们一种良好的教育。

第二点，为什么要有父母教育？是因为父母在幼稚教育上占了极险要的地位。

大概父母对于儿女影响最大的一个时期，是在进小学之前，就是从出生到差不多六岁的时期。在这个时期里，儿童身心的发达最快。但是发达愈快，愈有危险，愈要小心。譬如，火车和汽车在开足速率的时候，进步自快，可是危险亦大，一有不慎，将车碰坏或死伤了人。儿童从一岁到五岁的死亡率，要比五岁到十五岁大到十倍。据外国的调查，就是他们的儿童，在这个时期里，也有百分之五十，不是营养不足，便是有牙病的，有鼻子、喉咙病的。那末我国现在的儿童更不用说了。

所以，父母教育对于儿童的贡献，特别在使他们身心的健全。潘光旦先生在他著的《中国家庭问题》里亦以为：

> 自学校教育制度之日趋完密，儿童之健康状况与教育状况，有学校当局为之注意，可用人体度量、智力测验、医学检查等方法，而按期确定之。然儿童大率以六周岁或七周岁入学，六周岁或七周岁以前之健全状态与发育状态，则为学校权力所不及。习于婴儿卫生者，谓幼儿之年龄愈低，则其健康之程度愈关紧要。故婴儿死亡率，因出生后月份之多寡而有高下之分：去出生愈近，则疾病与死亡之机缘愈大。习于发育之原理者，又谓个体之发育率以初期内为最速。初期以后，则渐趋弛缓。然则设以学龄儿童与学前儿童较，学前儿童之健康状态与发育状态自尤关紧要，不能不随时加以观

察、检验与相当之指引……且观察、检验、指引之工夫，至为繁琐，专家以一人之身，势不能直接兼顾数家或数十家之事。无已，其归诸幼儿之父母乎？而专家之责任，则在授此种父母以相当之知识，而匡正其所不及……

儿童的习惯，大部分又可说是家庭养成的。

在身体方面，为睡眠的习惯、饮食的习惯、排泄的习惯、衣着的习惯、清洁的习惯、秩序的习惯，那些都是从小养成的。

在心理方面，儿童见了什么东西要怕，一不称心便要发怒，也往往是从小学来的。而且儿童最容易学了爱这项不爱那项，同这个小朋友要好，不同那个小朋友要好。他们不对人表示同情、表示信托、表示服从。

在社会方面，他们不但晓得了人对人正当的关系，更学得了语言的习惯和自助合作的习惯。儿童们所讲的辞句、声调、语气，大都是从家庭听来的。他们的能否自助、能否合作，也是看平时在家庭，父母对于这点有没有相当的注意。

但是父母教育的对象，却不仅在儿童本身，还在儿童和父母间的关系。儿童能否发达，他的发达能否充分，便看他和父母间的关系是否一致而且有益。

大概儿童和父母间的关系，不外寄生、冲突、相长三种。

在寄生的关系中，儿童每每紧随父母，事事信赖成人。父母因此或许得到一时情绪的满足，而儿女的独立性格、创造能力，却因此而丧失。要晓得，自信力是心理健康唯一的要素。在婴儿期，父母即当给儿童一种训练。例如一个患神经病的女儿，在五六岁时即发见了病症：

> 当母亲初次送她进校的时候，她先向前独行。不数步，便转身问道："妈妈你觉得怎样？不等到放学，你会死吗？你现在快活吗？我们不在一起的时候，有什么事会发生吗？"一次不已，两次、三次，有时不过重复了这些问题。这女儿既然这样的关心母亲，那知从十六岁起，常向母亲发怒，甚至动武，有时竟骂母亲为"笨人""恶魔"。一天，更莫名其妙的问道："妈妈，我要你死吗？我是不是情愿别的人做我的妈妈吗？我是愿意你死呢、活呢？妈妈，这不是我自己的意思，是吗？这——这不过是一个坏的念头罢了？"就是在六岁之前，她亦常问母亲，她是否母亲生的孩儿，还是从邻家

领来的养女。(详见美国《儿童疾病杂志》第十二卷第一百二十四页)

这种现象,在表面看来,仿佛是绝对的矛盾——这样关心母亲的幸福的,竟希望她死去……但是一加分析,或许因为环境里母亲宰制一切,女儿不得不受压束,不得不听命于母亲,不得不靠母亲,使她的自尊倾向无由表达,于是起了这种"坏的念头"。这实是平日使她过于信赖母亲的结果。

还有一种父母和子女间不健全的关系,就是冲突。试看世间的家庭,那一个不充满了这种现象——亲吻、威吓、贿赂、呵责、打骂、谄媚、哭笑、默许、专制、溺爱、愤怒、恐怖、糖饵、拘禁……而且这种现象,那一天、那一时不在家庭里循环演变?有了一个孩子、一个父亲或母亲,便可立时发动,加了祖母发动愈易而演变愈速。

在这种情形之下,父母和儿女间除了名义,实在谈不到什么关系,更谈不到一致的、有益的和相长的关系。他们的心目中只有儿童的罪恶,只有纪律的观念,只顾到他们自己的威权,常常将他们和子女间应有的、正常的关系置之脑后,忽而亲爱,忽而敌对,冲突矛盾,绝不一致。

我们晓得,所谓儿童,不是一个抽象的名词而已。无论儿童的天赋如何,他离了那些抚养的人们,便置身在"社会的真空"里,那是发达不出人格的。因为人格不过是无量数的交替反应、联想记忆和习惯态度,那些都是人和人交接的结晶。所以父母、子女间的联合为一种心理生物的合伙,应该是一贯的共生而共利的。更有儿童,因为父母反目,他对父亲和对母亲,往往发生了两种不一致的关系。于是他感觉到怀疑、冲突、不稳固,而显出了神经过敏的病症,亦差不多是普遍的现象。

这样说来,父母教育儿女,首当调整他们和儿女间的关系。但是要调整关系,非使父母和子女相生相长不可。因为儿童们不但是各有个性,而各人亦时有变异。这种关系是流动不息,而不是一成不变的。所以,没有已成的例案可援,或一般的原则可用了去解决一切的问题。

他们有他们的天赋,有他们的需要,有他们的问题。他们的经验虽没有父母的那样充足,但父母的经验不一定都是他们所需要的、珍贵的。他们所要应付环境或解决问题的方法,虽没有和父母的那样巧妙、简捷,可是父母的方法并非是一旦可学而致,有些竟是他们始终不能学到的。父母应该先有了儿女们的观点,才能够了解他们的需要,设法使他们满足，才能够了解他们的问题，替他们解决，或者和他们共同解决。

换句话说，父母自己须得学习，须得发达，才能收到相生相长、共享共乐的功效。这是最难做到的一点。做到了这点，教育父母才就是教育儿童。

美国耶鲁大学儿童卫生学教授格塞耳①说："发育的诊断、发育的视察和父母的指导，有基本的交互关系。"这是新家庭教育的初步工作和基本事业，亦是父母教育中应有的训练。从此可知，现代父母所需要的知能和旧时完全不同。而现代的父母，是比较的不很容易负责。所以做父母的更不得不有一种专门的教育。

旧时的家庭，和社会差不多是隔绝的。父亲往往不很远游，游必有方，母亲是足不出阃②外的。而且一般儿童的小性命不值钱，生了不必登记，死了不必报官。他的生死，仿佛和社会、国家没有多大关系。就是活着，那千金之子，坐不垂堂，外来的传染病症不易侵入。出门的机会不多，当然用不着教他注意安全。就是稍稍长大了，问题亦很简单，无非是几本书、几张纸的问题，那里用得到什么生理、心理的学识呢？

可是现代的父母大不同了，父母都有职业。就是母亲不必谋生，她亦须参加一点社会服务。只有很少数的母亲，能够有工夫去指导自己的子女，视察他们的发育；大多数还不愿意关在家里看守儿童哩。

还有，那儿童学的知识，现在一天一天的发达了，要儿童身心健全，父母应该晓得他的生理、心理、精神治疗、医药常识和社会服务。加之社会的改变很大，无论是衣食住行，无论是社会风俗、民众服务，都是瞬息万变。要适应潮流，做一个不落伍的父母，亦真不很容易。

末了，儿童是国家将来的主人。在现在这种国破家亡的时候，我们所有一线的生机，就是在我们这几个儿童上。我们要民族生存，便不当疏忽了我们儿童的教育。看到苏俄

---

① 格塞耳：通译格塞尔，即阿诺德·卢修斯·格塞尔（Arnold Lucius Gesell，1880—1961），美国心理学家、儿科医生。1906年获克拉克大学心理学博士学位。1911年起任教于耶鲁大学，直至终老。时任耶鲁大学儿童发展研究所负责人。他通过观察法及独创的电影记录，研究儿童从出生到成年的身体及心理发展。他制定了格塞尔发育量表（Gesell Developmental Schedule），用来判断婴幼儿神经系统的完善和功能的成熟度。他关注智力障碍儿童，并以对"狼孩"的研究知名。他从"双生子爬楼梯"实验中，得出儿童的学习取决于生理上的成熟的结论。著有《学前儿童心理发展》《现代文明中的婴儿和儿童》等。
② 阃（kǔn）：门槛。

和其他各国，他们都十分重视儿童的教育，那末我们中国的父母对于这点责任又何等重大呢！这是为什么要教育父母的又一点。

　　末了，父母们，我们做了父母，都逃不开做父母的重大责任。我们单独的既然不容易尽责，何妨联合起来，那便比较的轻而易举了。我们父母里面，有医生、有保姆、有教师、有学者，有了组织，便可互相利用，给儿童许多幸福。假如各地的父母先能联合起来，组织小地方的父母会，再将小地方的父母会联合起来，组织联合会，有了联合会，便可设儿童俱乐部或托儿所等等，那末，不但母亲们可以轮流值日、教养儿童，节省了许多时间、许多精力，还可以有一个地方给儿童游戏，给父母聚集讨论、交换服务、联络感情，岂不是一举数得？所以，我很希望诸位父母们，对于这点加以注意。

3 如何可使幼稚教育平民化

杜少文

1933年2月1日

另图3　杜少文像

题　解　本篇原载《上海教育界》第1期。发表时间为1933年2月1日。

撰著者杜少文，生卒年未详，浙江绍兴人。1927年后，任上海市教育局视察员，为上海市童子军理事会理事，兼任上海女子体育师范学校教职。1932年，主持在上海北四川路横滨桥创设私立新亚中小学，为谋该校的维系、发展竭尽心力，并力主抗日救亡。在日军进占上海后被捕，经严刑拷打致死，被追认为烈士。

《上海教育界》，地方教育月刊，1933年2月1日创刊于上海，上海教育会主办、编辑并发行。旨在报道上海大、中、小学状况，研讨教育方法，重在推动平民职业教育和幼稚教育。主要栏目，有会务报告、教育评坛、教育谈屑等；主要撰稿人，有黄造雄、郑保华、杨卫玉、卢冠六等。终刊原因及时间未详。

幼稚教育在今日，其重要固为世界人士所共认，无待赘言。但考之我国现行状况，幼稚园虽日有发展的趋势，但若不先把创办的目的转移，则这种发展，将终究成为畸形的、少数贵族阶级所独占的，收效实很有限。为什么呢？因为富家子弟家庭经济力充裕，可以延师自学，而且环境也好，不致沾染恶习。故我们今后推广幼稚园的目标，应转移到占最多数而需要幼稚教育又最切的贫苦儿童的身上去，这才是中国幼稚教育的曙光，中国幼稚教育的大道，也是中国幼稚教育的新生命！

本篇所要讨论的，便在这一点上。今请分项说明。

一、幼稚园创设之最初目的

一般人都以为，创设幼稚园的目的与我国旧有的慈幼机关如育婴堂、孤儿院等不同。他们都以为前者是富家子弟的娱乐所，后者则是孤苦贫儿的收容处罢了。其实，这观念实在是一个错误。虽然幼稚园在办理上，容或有很多与慈幼机关不同的地方，但这仅是方法的差别。其实二者创设的目的，均在拯救孤苦儿童，初无二致。

这我们可以从幼稚园创设时的历史事实来证明。西洋幼稚园的发端，在十八世纪的末年。一七八九年，瑞士裴司托洛基①氏于斯塔基②地方，租一寺院，教育该地因兵灾遭难的儿童八十余人。一八〇〇年，英国鄂文③氏在苏格兰新兰拿克④地方，设立教育该地工人子女的幼稚园一所。一八三五年，德国福禄培尔⑤受瑞士政府之聘，在布尔德尔夫⑥地方，教育当地四岁至六岁之孤儿。一九〇七年，意大利蒙台梭利⑦任教罗马市

---

① 裴司托洛基：通译裴斯泰洛齐，即约翰·亨里希·裴斯泰洛齐（Johann Heinrich Pestalozzi，1746—1827），瑞士教育家。早年进入卡罗林学院，学习语言学和哲学。后创办孤儿院，收容贫苦儿童，开始了教育实践活动。他在布格多夫（后迁伊佛东）深入进行教学方法的改革，取得了显著成绩，遂名扬欧洲。在这期间，形成了自己系统的教育理论主张，包括和谐发展、教育平等、要素教育、教育与生产劳动相结合等。著有《林哈德和葛笃德》《葛笃德如何教育她的子女》《天鹅之歌》等。
② 斯塔基：通译斯坦兹，瑞士地名。1798年，裴斯泰洛齐受瑞士政府之托，于此创设孤儿院，收容因战乱而遗留的孤儿。
③ 鄂文：通译欧文，即罗伯特·欧文（Robert Owen，1771—1858），英国空想社会主义者，也是一位企业家、慈善家、现代人事管理思想之父。他在苏格兰的新拉纳克市担任纺纱厂的厂长时，曾附设"幼儿学校"，招收不满6岁的工人子女入内保育。该机构实际具备了托儿所、幼儿园和游戏场等学前教育性质。著有《新道德世界书》等。
④ 新兰拿克：通译新拉纳克。位于苏格兰，原为村庄，后改建成新型工业社区，欧文在此进行改革试验。
⑤ 福禄培尔：弗里德里希·威廉·奥古斯特·福禄培尔（Friedrich Wilhelm August Froebel，1782—1852），德国教育家、幼儿园制度的创始者。1816年在家乡创办了一所学校，实验裴斯泰洛齐的教育主张，并取得了成功。1837年在家乡为学龄前儿童创办了一所活动学校，1840年将该校正式改名为"幼儿园"。著有《人的教育》《慈母曲及唱歌游戏集》《幼儿园教育学》等。
⑥ 布尔德尔夫：通译柏格多夫，瑞士地名。福禄培尔应邀在此办学的时间为1833年，而非本文所言的1835年。
⑦ 蒙台梭利：玛丽亚·蒙台梭利（Maria Montessori，1870—1952），女，意大利学前教育家，是意大利历史上第一位女医学博士。1907年在罗马贫民区建立"儿童之家"，招收3～6岁的儿童加以教育，获得了惊人的效果。她所创立的"蒙台梭利教学法"，曾风靡了整个西方世界，深刻地影响着世界各国的儿童教育。著有《教育人类学》《运用于"儿童之家"的幼儿教育的科学教育方法》等。

慈善团体社发起的贫儿学校①。这些都是最初创设的幼稚园。由此可见，创设幼稚园的动机，在于教育一般孤苦儿童了。其后，社会目光渐次改变，终至造成幼稚园为贵族阶级独占的现状。

我们鉴于幼稚园创设时为贫儿谋幸福之历史，及目下幼稚园专为富儿所享用的现状，我们亟应把向来对于幼稚园的观念改变过来，并确定今后推广幼稚园的目标不拘于贫富的阶级。

二、目前幼稚教育之畸形发展

现在的幼稚园，几完全成为富儿的娱乐所，全无穷苦儿童插足的余地。最简单的理由，是为了收费昂贵。依我国目下的情形，幼稚生收费，远较小学为大。每一幼稚生每学期有收费至百余元者，有七八十元者，最低者亦须四五十元（膳宿在内）。这样高昂的收费，以劳工整年劳动所得，尚够不上此数。试问，幼稚园尚有贫儿的份儿吗？

但是，收费昂贵的原因，又在那里呢？理由也是很单纯的：那是为了幼稚园设备的精美的关系。我们可以看到，好多的幼稚园，都是精致的校舍（高耸的洋楼或是精美的建筑）、富美的玩具（大半都是价值昂贵的舶来品）、奢侈的享用（食的是牛奶和什么外国的糖果，穿的是时式的服饰，并且粉红、黛绿，装扮美丽）、虚浮的作业（课程都注意于歌舞之类，养成儿童如鹦鹉之能歌、蝴蝶之善舞，而毫无实际的智识、技术），为装饰品教育之极。这种的设备，当然需要巨量的收费了。

不但如此，并且若依照现状不加改良，那末贫儿无就学的机会且不说，即使有了入学的机会，也恐怕不是一般专讲实用的劳工肯把子女送入的。因为这样造成的儿童，不特毫无实际技能替代劳工作事，并且足以养成他们矫惰的脾气，去纠缠劳工。因此，我认为幼稚园现行的制度，实在足使贫儿止步。我们如欲推广幼稚教育于贫儿的身上，那

---

① 贫儿学校：通译儿童之家，由蒙台梭利于 1907 年创设。设于意大利罗马贫民区，招收 3~6 岁的儿童入学受教。1909 年，她总结了儿童之家的施教经验，写成《运用于"儿童之家"的幼儿教育的科学教育方法》一书，从而使"蒙台梭利教学法"风行全球。

未必先将幼稚园设备的现状改变过来!

三、幼稚教育应行推广之区域

一向办幼稚园的人，因为他们的对象是富家子弟，因此幼稚园的园址，便大都在居民富庶的区域。当然，为了这些幼稚园自身的存在，这样的办法，是不该有什么批评的。不过，我们今后的幼稚园的推广，却不能也不应这样做。

为什么不能呢？现在居民经济力量丰有的区域，幼稚园的发达，终算已到了可以暂时止步的境界了。倘使再行添办，那末不特有没有儿童来光顾之虞，并且也足以过〔使〕中国的幼稚教育更形深入畸形发展的道路。

再，我们为什么不应让幼稚教育再在居民富有的区域推广呢？回答这问题，我们可用事实来证明：我们倘使张开我们的双眼，看看国内幼稚教育设施的状况，那么我们将立刻可以看到需要幼稚教育最殷而设置又最少的工厂区域和农村的惨状了。我们倘使再不在这种地方设立，而拘拘在居民富有的区域内大加推广，这才是最残忍的行为，最不应该有的事！

由于上述，我们可以很容易的明白二个要点：一、居民富有的区域在某一个时期内不再需要幼稚教育的推广；二、工厂区域和农村是最急需推广幼稚教育的地方。因此，我们可以很容易的决定今后幼稚教育应行推广的区域——工厂区域或和农村！

四、农村、工区幼稚教育易于发展的理由

今后幼稚教育的发展，应注意于农村和工区，既如上述。但农村和工区，若仅为了应推广幼稚教育而去推广幼稚教育，尚不足为该二区确能设立幼稚园之理由。因为幼稚园设立后之能否顺利的发展和进行，尚属问题。但是实际上，这些杞忧都可以毫无顾虑。农村和工区是含有充分的幼稚教育易于发展的理由的。我们只要放眼观察儿童嬉游于街头巷尾、田陇陌畔的恶相，便可证明其待教之殷了。现在，更请分别叙述其可能发展的

理由。

1. 工厂区域

（1）女工上厂做工，儿童留在家中，殊感痛苦。

（2）儿童无大人保护，既易与坏环境接触，又易为车马所损伤。

（3）女工虽在厂工作，但家中的儿童，每使她记挂而放心不下。

（4）儿童无人照料，易致疾病。发病后，复不加注意，每致死亡。

（5）若把儿童带进工厂，则既于儿童之身心有害，复多于工人之工作纠缠。

（6）工人自己虽毫无知识者，然亦甚喜子女之能识字、念书。

2. 农村

（1）农忙的时候，儿童最为拖累。并且冬日严寒、夏日酷暑、毒蛇恶狗、河边炉旁，在在有危害儿童之虞。

（2）农村中的儿童，六岁以上的都须往田间操作。故留在家中的都在六岁以下，正需幼稚园予以保育。

（3）农人生性诚朴，对于教者，必和悦相处，不像一般幼稚园之与家庭毫无联络，致生膈膜。

（4）农人对于教者之殷勤教导其子女，菜瓜果豆，必时有馈赠。物虽微贱，给与教者精神上的愉快却不小。

（5）农村类多数十家集合，往返便利。教者可于课余之暇，与学生家属商谈学生之训导事项，并随时注意及纠正学生在家之行动，收效甚大。

（6）农人质朴，故幼稚园尽可以简省，需费有限。

由于上述种种农村和工区幼稚教育易于发展的理由，我们可以看出，在这两种地方推广幼稚园，确是充分可能的事，而且很是急需。我们安可托故不行或迁延时月呢？

五、如何可使幼稚教育普及

幼稚教育的推广，既如上述的重要和必需，但是怎样才可以使它普及呢？唯一的方法，是多设幼稚园。而多设幼稚园的根本问题，又在经费一项。

现在，我们就来讨论这经费问题。解决这问题的方法，有积极的筹款和消极的省费两项。现在先说后者。本来，倘使幼稚园照目前的样子推广起来，在这民穷财尽的国家根本便没有这笔巨款。并且事实上农村和工区的幼稚园，也不需要这般的精致。因此，我们今后所要推广的幼稚教育，须是简单、质朴和省费的。

在日本，很有人提倡户外幼稚园的主张。有一著名的户外幼稚园，儿童终日在草地上课、游息，雨雪时始迁至室内，颇著成效。苏俄各幼稚园，每届夏季都迁入野外帐幕中生活，为户外幼稚园的张本。这些都是各国幼稚园的设备日趋简单的实例。这种简单设备的利益，别的且不管，单就经费一项，就可以省下很大的款子了。其他如利用废物（许多废物最易利用之制成玩具）、利用国货（国货价格较舶来品为贱）、利用日用品（如利用农产物豆、茄子、萝葡〔卜〕等制成玩具等），都可省钱。所需的费用既减少，筹款自较容易了。

现在再来说筹款的方法。农村和工区的幼稚园虽然省钱，但是因为要使农人和工人的负担愈轻愈妙，故仍得要一笔款子来维持。这笔款子的来源，政府果然要负一部分的责任，但尚有两个更重要的源头。一是工厂。幼稚教育若是办理在工厂区域的，那末这款子可由近旁的工厂负担其一部分。因为工人的子弟有了寄托之所，工人自可安心工作，工作效率也自可增加了。一是募捐。幼稚教育若在农村中兴办，那末这笔款子，可向当地人士募捐。其一部〔分〕农村里尽多修桥铺路、热心公益的善士，对于这兴学美举，当然也有肯乐于捐施的。

这样，经费既有着落，只要我们努力的前进，幼稚教育自能普及了。

4 周文山著《幼稚园中心活动》序文

金海观

1933年3月22日

另图4　金海观像

题　解　本篇原载《锄声》第2卷第1期"湘湖儿童年专号"。撰成时间为1933年3月22日，发表时间为1935年12月15日。

撰著者金海观（1897—1971），字晓晚，浙江诸暨人。先后就读于南京高等师范学校教育科和东南大学教育系，师从陶行知。历任河南第一师范、江苏第七师范、开封北仓女中、浙江第四中学、安徽第一女中教员，成都大学实验学校主任，国立第四中山大学附属实验学校校长。1932年接任浙江湘湖乡村师范学校校长，依照"教学做合一"的原则办学，坚持试行"艺友制"，前后长达25年，使该校成为乡村教育运动中的一面旗帜。著有《论吾国的乡村师范》《小学教育法纲要》《推行基本教育之师资训练问题》等。

《幼稚园中心活动》，实际分为两册，书名为《幼稚园秋冬两季的中心活动》和《幼稚园春夏两季的中心活动》两册，由上海儿童书局初版，前者于1934年初版，后者由1935年初版。

《锄声》，浙江省立湘湖师范学校校刊，不定期出版，1933年创刊于浙江杭州，为浙江省立湘湖师范学校主办并发行，由该校学生自治会主编。旨在报道乡村教育试验现状，"专以讨论乡村问题为主"。主要栏目，有乡村问题研究、乡村工作报告、农艺常识、医药常识、乡村生活素描、文艺、乡村社会调查等；主要撰稿人，有王赞源、金海观、赵复旦、李守初、张惠连、洪以铸等。停刊原因及时间未详。

民国二十年的春天，我和文山都在成都，常常讨论幼稚园教育各种问题。文山则把讨论的结果，拟定纲要，试教于成都大学实验学校，很感兴味，而且引起小学界同志不少的注意。后来我离川东下，文山也因实验学校停办，向西跑到崇庆，彼此通信较少。我常念着文山的工作，不知结果怎样？

二十一年秋天，有缘和文山共事于湘湖[①]，他把他辛勤写成的工作报告给我看，而且要我写一篇序。因为我曾经参加过他的工作，而对于幼稚教育也很想研究，就把我所想到的写出，藉应文山之命。

第一点，我觉得办幼稚园的人要有婴儿的心灵，也可以是不能失掉赤子之心。

和一群天真烂漫的稚子为伍，自身宜化为稚子，不应怀着我见和常常自己觉着是一位大人。怀我见，则必定要牺牲儿童的主张。常自觉，则每自笑工作之幼稚。在幼稚园做事的人，必常守着"与之为婴儿"[②]的教训，那么其行动方能打入儿童心坎，收到人我一体（师生一体）的效果。福禄培儿[③]的所谓整体（whole），如照这样的解释，我想是很合理的。

第二点，我觉得办幼稚园的人，应该特别重视儿童的养护问题。

我们每每看见，有钱人家里的儿童吃得太多，而所吃的未必是滋养品。就说吃的东西都有丰富的养料，而饮食没有节制，当然要损害肠胃。他们穿得太华丽，而所穿的未必合于卫生。衣服的形式不合于身体的自然姿势，鞋子前端的宽度只能容四个脚趾的开展。其他如睡眠的没有定时、运动的严受限制、清洁的只顾表面（例如刷牙不刷里面、漱口多用生水等），诸如此类，皆违反养护的原理。

讲到贫苦家庭的儿童呢，吃得不饱，穿得不暖。我曾经看见过儿童们拾过客遗弃的烘山薯皮来鼓腹。我也听过一个乡老向我说苦，谓："小的时候，冬天没有衣服，弟兄数人，睡在草灰中间，头枕一块硬砖，以免灰入鼻中，窒碍呼吸。"至于居处的不卫生、操作的过度、休息的缺乏，也不必说。

在成都呢，苛政如虎，鸦片充斥，街上来往的人大都面黄肌瘦、精神萎靡。这种现

---

① 湘湖：此处指浙江省立湘湖乡村师范学校，位于萧山县（今属浙江省杭州市萧山区）。
② 语出《庄子·内篇·人间世》，完整表述为："彼且为婴儿，亦与之为婴儿。"意为：如果对方像婴儿那样天真无知，你也姑且和他一样像婴儿那样天真无知。
③ 福禄培儿：通译福禄培尔。

象，当然影响第二代国民的身体。在这种情形之下，我们办幼稚园的人，格外有提倡儿童养护的必要。我们要尽我们的力量，来援助这些苦命的儿童。

第三点，我觉得办幼稚园的人，要自己知道是一个中国人。

幼稚园来自欧美，斯以最初办幼稚园的多是外国人，或和外国人有关系的华人。这个现象，江浙各地最近稍有进步，而成都则依然没有改换。

成都的优良幼稚园，除掉华西协合大学①附近西人所办的加拿大小学的幼稚园外（里面教员、儿童都是西人），要算协合女子师范②附设的幼稚园。其他还有几个，我已记不清楚，仿佛记得里面的教师都和教会有关系，各种设施不免缺少民族性和国家性（例如各种革命纪念节日，和他们的关系似乎很少）。

从这种空气里面涵育出来的第二代国民，如不经过一种国家规定的公民训练或强有力的社俗约束，结果只能做一个候补"高等华人"或"西崽"。这难道是国家办幼稚教育的本意么？

第四点，我觉得办幼稚园的人，要放眼看看我们所处的时代和社会。

教育始终不能离开时代和社会。关门办学校，此路已不可通，办幼稚园也是一样。现在的社会已经转变到那一状况，儿童的训练应该要设法和他适应。

在成都办幼稚园，格外有力求现代化的必要。因为成都的空气十分沉闷，观于小学校里男女均不同学（成大实验学校除外）就可知道。我们要使幼稚园教育现代化，凡养护、教材、教法、管训等问题，都须根据科学的原则来解决。而实际设施，尤须充分具有社会性，把幼稚园开放给社会。

以上四点，并不是我一个人的感想，差不多人同此心、心同此感。文山办幼稚园，能竭力顾到这几层：他能随儿童的哀乐而哀乐；他能别出心裁，以廉价求得营养品与婴儿共享；他到成都提倡教会设立和本国人设立各幼稚园的联合研究，企图教会设立各幼稚园的本国化；他时时访问家庭，企图家庭、学校的联络，以求学校里面各种现代化的

---

① 华西协合大学：教会大学，由英、美、加三国的五个基督教会于1910年联合创办，是外国教会在我国西南地区创办的一所综合性大学。
② 协合女子师范：华西协合大学的附设机构之一。成立于1914年，校址为成都千槐树街1号，首任校长为傅瑞芝。该校于1922年增设幼稚师范科，随之附设幼稚园，1939年又添设婴儿园。

设施不为家庭所误解。虽然文山在蜀不久，又以牵于经费和环境，未能充分完成其工作，而已有相当的成效，博得社会的同情，文山已不虚此一行了。

我写到这里，脑海中闪出两幅图画与一桩结果不明的工作：

第一幅是离成大实验学校不远的文庙西街，枪毙了三个小盗。一个死尸由他妻子收去，又两个则陈尸两天，男女老幼不时环绕在那边看。第一天晚上，一尸被小窃剥取一件衣服（只是一件破旧小衫）。第二天，还有顽儿用一竹竿掬其伤口，据云欲取子弹看看。

第二幅图，是在这一条街上的墙隅，放着一个婴儿，我们看见的时候，已经死了多时了。

有一天，成大实验学校的门口，坐了一个年约十四五岁的儿童，口吃炒胡豆（即蚕豆），终日不离开。后来知道他是被师父打出来的，我们就叫他进来，在校内共同工作、膳食（成大实校师生、校工都同席用膳，公菜分食）。住了几天以后，他身体也白胖起来，终于由他的家中人叫去，不知后来他的生活怎样。我因此事为德不卒，觉得难过，曾经和文山计划，招收流浪儿童，设级教养，事情终于没有成功。

在发生上述三桩事情的环境中，我们终于不愿工作了。实则跑来跑去，所看见和所听到的，都是一样。四海虽大，我们似乎没有地方可以安身。我们要作穷途的哭了，谁来救救苦命的儿童？

事态虽然是这样恶劣，但我们既生在这个社会里面，终不能不来打开一条出路，图谋儿童们的幸福得到相当的进步。研究幼稚教育的人，不能把这个责任放弃。所以我极盼望文山在幼稚教育方面有更大的努力，有更大的成就。成就在事业上，成就在儿童心灵上。至于书本的成就，不过是一点副产品，所关不大。而我这一篇序，更是无足重轻。不知文山以为何如？

民国二十二年三月二十二日于湘湖

5 中国幼稚教育已到了十字街头

张雪门

1933年9月30日

另图5 张雪门像

题　解　本篇原载《时代教育（北平）》第1卷第9期"幼稚教育专号"。发表时间为1933年9月30日。

撰著者张雪门（1891—1973），原名显烈，字承哉，浙江鄞县（今属宁波）人。早年就读于家塾，后就读于浙江省立第四中学。1912年受聘执教于宁波私立星荫小学。升任该校校长后，于1918年在该校附设星荫幼稚园，致力于幼教研究。1920年4月，主持创设宁波幼稚师范学校。1924年受聘担任北京大学注册课职员，以旁听生身份，学习北大教育学系课程。1926年秋，受聘担任孔德学校初小部主任，在该校增设幼稚园和幼稚师范科。1930年后，协助熊希龄创设北平幼稚师范学校，并于抗战期间，迁校至桂林办理。1946年赴台湾，创设台北保育院（后改育幼院），任院长。著作有《张雪门幼儿教育文集》等。

《时代教育（北平）》，地方性教育月刊，后改季刊，1933年1月创刊于北平（今北京），由北平市社会局教育科主办、编辑并出版。该刊旨在研究、讨论教育问题，提出教育改革计划和方案，扩充乡村教育，注重职业教育，整理中学教育等。主要栏目，有章则、法规、论著、教育漫谈、国内教育新闻汇编、国际教育消息择要、附录等；主要撰稿人，有潘晓风、仔肩、李静澄、博文、雷嗣尚、张拓、傅庆隆、武三多等。1936年12月终刊，共出4卷30期。

我国现在是一种杂乱的社会。有男女青年的自由恋爱，也有童养媳和望门的守寡，有飞机、火车的交通，也有手车、航船的来往。这种种杂乱的现象，全足以证明，中国社会的变化，不是由于天然发展的历程。因为中国的农业经济还没有发展到工业经济的时候，国际资本主义的势力已侵入了中国，致以促成生硬的、畸形的发达。

即据幼稚教育的一点来说罢，有在泥沟里弄水的孩子，也有在家塾里念诵的学童。就再退一步专从学校的教育去看，在同一都市中，自有不少的幼稚园。而这些幼稚园的课程、设备五光十色，其杂乱的程度，不但局外人莫明其妙，就是担任实际工作的教师们也觉得无所适从。这杂乱的现状，大概可以分作四种：（1）蒙养园的幼稚教育；（2）教会的幼稚教育；（3）一般的幼稚教育；（4）新兴的幼稚教育。

所谓蒙养园的幼稚教育——

蒙养园三字，当然到了现在大多数是已经改变了，但教育的课程、设备以及企图贯澈的标准，依旧是传袭前绪的。他们将党义（新添的，实际上不过唱一首党歌，有时或使之认几个三民主义的名词罢了）、识字、积木、排板、谈话、唱歌、故事等科目，一个时间、一个时间规定在功课表上，不会联络，而且也不许联络的。教师高高的坐在上面，儿童很端正的坐在下面。教师教一样，儿童学一样。全体活动不脱教师的示范，儿童不能别出心裁，也不许其别出心裁。至于各种教具、材料，如果教师不给，儿童不许自由取用，且放置的地方很高，儿童虽欲取而不得。

所谓教会的幼稚教育——

教室是美丽的，设备是小巧的，墙上当然挂有耶稣的圣像和圣母的画片。儿童在早会的时候，一定要闭一忽儿的眼睛，做一次祷告。茶点时的赞美诗和放学时的上帝祝福歌，常在这恬静的空气中飘宕。星期日还有主日学，给儿童们举行小礼拜。至于故事中引用耶稣的圣迹和耶稣圣诞节的圣诞树、圣诞老人等装饰，更是应有而尽有。儿童在这种的幼稚园里，心灵是甜美的，精神是活泼的。因为他们所受的教材和教法，都是陆续从西洋直接的翻译过来，是经过了多少人匠心的经营。

至于一般的幼稚教育——

设备上，当然是很讲究的。墙上虽不挂耶稣等像，却挂着美丽的西洋画片。教具丰富，与其说是供儿童们的应用，还不如说是供他们的欣赏。留声机和钢琴是必需的，否则就无以应儿童的律动和倾听了。茶点的饼干，非新鲜不可。绘画、手工是自由的，材料多半仰给于洋行。儿童对故事、游戏、唱歌等兴趣，大概总比工作来得浓厚。女护士担任学校卫生，儿童的围襟天天须换，衣服当然也很好看了。

新兴的幼稚教育——

大半以乡村为多，许是在都市里平民幼稚园偶一见到。因为经济上的关系，设备上自然不能和他种的幼稚园相竞赛。钢琴固然没有，教具也很缺乏。有的只有工作上必不可少的工具以及材料。然也正因儿童属于平民，跑野马惯了的，自然比不上蒙养园的儿童知道规矩，也没有一般的娇贵，然却喜欢成群结队的动作。儿童在这种的幼稚园里，对户外种菜、除草以及做戏、开会等作业，实比音乐等有兴趣得多了。

上面的四种情形，不过是出于笼统的估计。若按其实，甲种里面也常带些乙种，乙种里面也常含有丙种，更杂乱的了不得。那末，我们担任幼稚教育的人，站在这十字街头，究竟应该走那一条路？那一条路才是建设中国的大道？

有人到了迷路的时候，往往会走回头路，从那一条来，还是回到那一条去。可是这种走法，是永远不会走到目标的。我们要捉住杂乱的现状，分析杂乱的原因，估量进行的结果，然后努力向前，才能达到最终的目的。

蒙养园的教育，开始于前清光绪的末季。那时，封建势力当然比现在为甚。士大夫求学的目的，本来是替统治阶级作治民的工具。知书达礼，是当时求学最重要的两大条件。士大夫阶级之所以异于一般的老百姓者，一种是由于身分的清高，一种是由于博学而多能。礼节，所以维持身分；知书，所以贯彻博学。那一般老百姓举动既是粗野，知识又极简陋，自然只好俯首贴耳，受治于知书达礼士大夫阶级之下而不敢异议了。然而，士大夫阶级上面，还有统治的阶级。所以当时的所谓"士"，便须一面治老百姓，一面还得听命于君。自从帝国主义势力侵入以后，中国只得割地、赔款、订定不平等条约，且逐步影响到办新军、开商埠……其流毒遂促成现在农村的现象。士大夫到了今日，身分的信仰已经敌不住金钱的崇拜，古董的书本已难期统治于农村。其自身已日趋于没落之径了。根据封建时代生活背境的蒙养园教育，担任者也当有"此路不通"的感想罢！

教会的幼稚教育，本是帝国主义文化侵略的一种工具。当帝国主义势力尚未深入内地的时候，已有各国教士来华调查一切的习惯、风俗、人情，著为文字，或摄成照片，替本国作向导。等到不平等条约既订以后，就在内地开设教堂，兴办学校，更利用少许的金钱，收买就地无知的年轻女子加以训练。于是宗教学校的势力，随着年月的开展，把中国人都麻醉了，都忘掉了现实的不平而注意于天国。什么"贫穷人有福，饥饿人有福"和什么"你们的仇敌要爱他，恨你们的要待他好"，在坦白儿童的心地上，消极的是减弱国民的反抗性,积极的是在培养洋化的奴性。这种幼稚教育,是不是我们应该走的路径?请我国人担任这种教育的自己说一句良心话。

至于一般的幼稚教育,是闲暇的教育,是消费的教育,是个人的教育。这种教育的对不对,应注意到合不合于我国的国情。中国是个生产落后的国家,又是世界商品的市场。经济恐慌已到了救死不遑的今日,那里还谈得到闲暇!可是,我国基本教育的幼稚园,却把音乐、图画、文学、游戏等当作了儿童重要的活动,替未来民族养成了对于这些活动的习惯和兴趣,而且设备愈讲究的,其购用洋货也愈多。幼小的儿童在日常生活中已过惯了洋货的受用,更安望其能过国人艰辛俭朴的生活?我们放眼将来,觉得未来社会的艰难困苦,实有十百千倍于现在之可能,而反使民族的嫩芽及今就洋化起来。这些洋化的我国未来的主人翁,将过不了现实生活的艰难,出卖其整个民族的利益,以满足个人生活的舒齐,亦未始不可能的事情。这实在是一条亡国的路径!

新兴的幼稚教育,在国内的现在还不多,可以说是一种试验。在试验未得到结果之前,本无价值可以估定。然而,教育究竟是一种社会的上层建筑,依据经济的基础的变动而变动。我们要认清我国幼稚教育应走的道路,只须从认识我国的经济基础入手,便容易决定其前途了。

中国近几十年的变动是怎么样的呢?这当然不是一言两语所能答复。但简单说来,随便袭用一般人口头上惯用的几个名词,未始不可以解释一个大概。就生产的或经济的组织看来,我们可以说,中国快要从农业经济变到工业经济了,快要从小规模的个人主义的生产制度,变到大规模的资本主义的生产制度了。就社会的性质看来,也可以说,中国快要从农业社会变到工业社会了,或更高深一点说,快要从"静的社会"变到"动的社会"了。那末,新兴的幼稚教育注重于团体的作业和生产的活动,当然不容非议。就是工具、原料的设备,较多于教具或装饰品,也自有其正确的理由。所以,儿童的瞄准技术的训练,以及客观态度的培养,在课程上,随时都须留意了。

十字街头,本不是容人站足的地方,何去何从?我忠实幼稚园的同志们,快请认定了目标罢!

中國幼稚教育已到了十字街頭

張雪門

我國現在是一種雜亂的社會。有男女青年的自由戀愛，也有童養媳和寡門的守寡，有飛機火車的交通，也有手車航船的來往。這種種雜亂的現象，全足以證明中國社會的變化，不是由於天然發展的歷程。因為中國的農業經濟還沒有發展到工業經濟的時候，國際資本主義的勢力已侵入了中國，致以促成生硬的畸形的發達。

即據幼稚教育的一點來說罷。有在泥溝裏弄水的孩子，也有在家塾裏念誦的學童。就再退一步專從學校的教育去看，在同一都市中，自有不少的幼稚園。而這些幼稚園的課程，設備，五光十色，其雜亂的程度，不但局外人莫明其妙，就是担任實際工作的教師們，也覺得無所適從。這雜亂的現狀，大概可以分作四種：

（1）蒙養園的幼稚教育；
（2）教會的幼稚教育；
（3）一般的幼稚教育；
（4）新興的幼稚教育。

所謂蒙養園的幼稚教育：——蒙養園三字當然到了現在大多數是已經改變了，但教育的課程，設備以及企圖實激的標準，依舊是傳襲前緒的。他們將黨義，（新添的。）實際上不過唱一首黨歌，有時或使之認幾個三民主義的名詞罷了。識字，積木、排板，談話，唱歌，故事等科目，一個時間一個時間規定在功課表上，不會聯絡而且也不許聯絡的。教師高高的坐在上面，兒童很端正的坐在下面。教師教一樣，兒童學一樣；全體活動不脫教師的示範。兒童不能別出心裁，也不許其別出心裁。至於各種教具材料，如果教師不給，兒童不許自由取用，且放俗的地方很高，兒童雖欲取而不得。

所謂教會的幼稚教育：——教室是美麗的，設備是小巧的，牆上當然掛有耶穌的聖像和聖母的畫片。兒童在早會的時候，一定要閉一忽兒的眼睛，做一次禱告。茶點

6　　幼稚园的游戏生活

雪门

1933年10月31日

题　解　　本篇原载《时代教育（北平）》第 1 卷第 10 期。发表时间为 1933 年 10 月 31 日。

有关撰著者雪门（即张雪门），参见前文《中国幼稚教育已到了十字街头》题解。

有关《时代教育（北平）》，参见前文《中国幼稚教育已到了十字街头》题解。

游戏在现在幼稚园的课程里，已不是为贯彻某一种哲学思想的工具，也不是为完成某几种功能而特设的科目，实为满足这一时期生活的儿童而使之有这一种的生活，且使之和别一种生活相调剂而更获得丰富的生活。

什么叫做"别一种的生活"呢？凡一切有目的的生活，从想做一直等做到了完成、找材料、用工具以及对人对事各种的计划，都是有意识的。做的人自己好像站在圈子外，虽然在进行的时候聚精汇〔会〕神，未始不像游戏，但其浓烈的兴趣终在于工作完成的结果上，不像游戏之正在游戏的时候。

我们如果说游戏的生活是情感的，那"别一种"便可以说是理知的了。幼稚园儿童在工作的时候，大半是偏于意识的和分工的，而游戏的时候，就倾向于情感的和团体了。

生活本是多方面的，人就是有理性的感情动物。如果一切行动完全须受理知的支配，今天、明天、天天都是这样下去，是不可能的。就勉强的造成功了，和机械有何差异？人生而变成了机械，便失了生活的意义。

我们不能过单调条的生活，就是儿童在幼稚园里不能没有游戏。这里，第一须看清楚的，游戏便是生活，并不是要想实现某一种主观上的生活，借游戏作为象征的工具。若果像福禄贝尔①的样子，略注重于神秘的哲学观念，反把游戏中切实可得的功能忽在〔略〕过去了。游戏也不是因其中含有几种功能，而这些功能在成人因为有益的，所以不得不单设一种"游戏"科的提出来特殊训练。固然，儿童在游戏中，自能获得种种的技能、习惯、知识，但这样准备，很容易弄成反客为主、急于收获，而轻视现在的动作了。那末，幼稚园游戏究应怎样呢？兹先述其类别。

一、幼稚园游戏的类别

幼稚园游戏的类别，有以动作分的，有以功能分的，所以没有一定的标准。那些以功能分的，如识数游戏、卫生表演等。我不取这种的分法，其理由已述于前，恕不再赘。王骏声②在《幼稚园教育》分游戏为两类：自由的游戏、练习的游戏。

前一类，又分为：

（1）以身体活动为主的——比方如疾走、跳跃、滑板、秋千等。

（2）以模仿活动为主的——如模仿动物（模仿牛、马等）、模仿物类（模仿汽车、飞机等）、模仿大人及其职业（模仿兵队、小贩、种田等）、童话剧（《金篮子》《龟兔竞走》等）。

（3）传来的游戏——猫捕鼠等。

（4）以自然物作朋友的游戏——如采花、摘草、捕鱼等。

后一类，又分为：

---

① 福禄贝尔：通译福禄培尔。
② 王骏声（1894—1951）：字亦文，浙江乐清人。1918年留学日本，后毕业于东京高等师范学校教育系。1923年归国，历任浙江省立第十中学师范部教员兼附小主任、浙江省立第九中学校校长、浙江杭州高中师范部主任、浙江省立第九中学（今严州中学）校长、江苏省教育厅督学、江苏省镇江中学校长、浙江省永嘉县私立济时中学教导主任和校长等职。译有日本人赤川菊村的《儿女教育贮金法》，著有《中国新农村之建设》《小学各科教学法》《晚近教育学说概论》等。

（1）行进游戏——如一列至四列的游戏。

（2）矫正游戏——如两手上举，腰向左右湾〔弯〕等。

（3）表情游戏——如欢呼、国旗、骑马等。

（4）竞争游戏——如赛跑、拔河等。

（5）律动游戏——如听琴声动作等。

其中得〔传〕来的游戏，恐怕就是民间流传的游戏。大概教育后进的国度，一面参考别国已有的材料，一面又觉得本国民间所流行的颇有采取价值，特辟这一种的名称罢了。其实，现在所通行的母游戏的材料，在福禄贝尔的当时几乎无一不取之于德国的民间。

至前一类的（1），除有几种需用器具外，未始不可以和后一类的（1）（5）合并。而前一类的（4），与其说是以自然物作朋友的游戏，还不如说如模仿大人及其职业较为适切。至矫正游戏，因其太不合儿童的兴趣，所以多主张采矫正的姿势，演成模仿各种的动作，就是所谓"模仿操"是也。

美国科仑比亚[①]师范学校的试验幼稚园[②]，把演技与游戏分作三类：

（1）运动的游戏：自发运动（大部因受了器械的刺戟），如爬、滑、跑、追、逃、避等；无形式的组织运动，比方彼此交换滚球，如你给我，我又给你；有形式的运动，如伦敦桥、丢手绢等。

（2）表演的游戏：自发的表演，如和偶人游戏；无形式的组织表演，如火车、圣诞老人等；有形式的表演，如故事表演。

（3）躲藏和寻觅的游戏：自发的猜测游戏，如把手掩住了别人的眼睛，说"你猜我是谁"；无形式的组织游戏，如把原物的次序乱后，再叫开眼，重恢复原有的次序。

不过这种分法，把自由活动也包括在内，已超过于课程中所指狭义游戏范围。

我平时，将游戏分作五种：

（1）感官游戏——如听琴寻物、我拿小球在手中等。

（2）表演游戏——如蜂、卖花、五只小鸟、麻雀与小孩等。

（3）矫正游戏——如伐木、开矿等模仿操。

---

① 科仑比亚：通译哥伦比亚。
② 此"幼稚园"，即哥伦比亚大学师范学院附设的霍勒斯·曼幼稚园。

（4）竞争游戏——如伦敦桥、闻琴争坐等。

（5）节奏游戏——如农夫舞、皮匠舞以及一切土风舞。

但这种分法，不过为研究上便利罢了。按诸实际，如鸟飞、马跑，自是节奏的游戏，也就是表演的游戏。伐木、开矿，是表演游戏，也就是矫正游戏。不特游戏中分不开，有时和别的科目也分不开。就如节奏，一方面可称是游戏，一方面实在是音乐。甚至和游戏性质不同的作业，进行中变化流传，紧相衔接，也如"天衣之无缝"。

我们于此更可见到，游戏是生活，别的科目也都是生活。生活的本身原是整个儿的，但有历程，不能独立。

二、幼稚园游戏的时间

游戏就是生活，生活又是整个儿的。那末，在课程中游戏最适当的应该排在什么时候呢？

一般幼稚园逐天的时间表，都把游戏放在最末的一段时间，常常和音乐连在一起。

我以为这种固定的编制，有时是不适当的。最好是要看儿童的需要而定。这句话，似乎有些滑稽，但教师如果能真注意到儿童身上，自然会发现的。

有时儿童们于作业的时间过久了，感到厌倦；或则完工以后，对自己的成绩品高兴得手舞足蹈；更有时听了故事或受了别种的刺戟，要想把心里的印象表现出来，全是儿童最适当的、需要游戏的时候了。

课程（并不限于游戏，当然游戏也包括在内）的进行，最贵由于自发、内动。但儿童不一定天天有自发的动机，生活也不限于只有作业。教师在这种时候，还得编制游戏的课程，甚至有时用游戏的课程，完全来代替好多天的作业。

究竟这种的课程应怎样准备？怎样实行？怎样整理？且容我历举方法，以供读者们的参考。

三、游戏进行前的准备

上面已经说过,游戏应该在儿童需要游戏的时候。但什么时候正是儿童们需要的时候呢?如果教师不注意这些,是不是儿童们便没有了这些的需要?如果注意了,是不是就有了这些的需要呢?

不!不是这样的。儿童是一个人,他自有其自己的人生生活,他自有其自己的冲动倾向和动作。他受到刺戟时自有一种相当的反应。他决不因教师的不注意,便根本没有了这些的需要。

请看路上多少的野孩子,何尝有教师在场,但未始不兴高彩烈地玩着游戏!更有旧式的幼稚园里,孩子们上游戏的一课时,器具材料各色俱全,又有教师严格地教着,然而兴味索然,反不如野孩子们的活泼生动!可知儿童需要的游戏,并不一定由于教师的注意,而教师的注意也并不一定能唤起儿童游戏的需要。

不过,儿童既有了游戏的需要,教师若不加以注意,实足以损丧其动机;或儿童没有游戏的需要,教师主观上加以教导,结果反变成了机械的动作罢了。儿童的生活,不是自己孤立地生活下去的。他发生动作必有发生动作的倾向,发生倾向必有发生倾向的冲动,而他发生的冲动更有他所以发生的原因。

这原因由于什么呢?就是由于他的环境。因为由于环境,所以教师对儿童游戏的需要有了把握。需要时固可以立地捉住,不需要也可以设法引起。即此,便可安排游戏的时间。即此,便也可以做时前的准备了。

时前的准备,最重要的在于引起儿童需要游戏的内发自动——就是动机。次之,便在于决定做那一种游戏的目的。再次之,就预先要有一个做那一种游戏的计划。

动机是由于两方面来的:一种是属于天然的,一种是出于人为的。属于天然的须赶紧捉住,出于人为的便须设法引起。

什么是属于天然的呢?

(1)由于谈话或故事。教师和学生有组织的谈话或讲故事,碰见谈话或故事中精彩的地方,讲者神飞色舞、绘形绘声,常能使听者动听而忘情。等到听完以后,还想把听得的事情从动作上表现出来。教师在这种时候,须立地捉住他们的表现动机,以定游戏的目的。

（2）由于作业。学生在某一种作业完了以后，对于自己所做的成绩，了不得的高兴，或模拟其自己作业时的动作，或彼此拉着手团团地舞蹈。教师在这种时候，应即捉住了游戏的动机，以充作业欣赏上的工夫。

（3）由于音乐。学生在唱歌唱得洋洋有味的时候，不自觉的常常去手舞足蹈起来。这时教师如果用灵敏的手段捉住了动机，做音乐上欣赏工夫，不论手指表情或动作的表演，都是可能的。

（4）由于疲劳。学生对某一种的作业，时间如过久了，便要起一种厌倦。这时教师须另转一个方向，变更对象。因了情绪转移的作用，疲劳就恢复了。所以教师须常常注意到学生作业上的兴趣，捉住动机，做休养的工夫。

（5）由于其他的环境。儿童的环境虽不比成人的广阔，但在家庭、在路、在戏院里……所受到的各种刺戟、新奇的印象常有唤起其模仿动作的可能。教师能利用这些的反应做儿童游戏的动机，比较地格外容易。

天然的动机，多半由于儿童内发的要求。虽其内发的原因仍由外界的刺戟，但其来也在潜的一方面。教师可以推测，可以利用，但决不是出乎教师有意的准备。因为不是由于有意的准备，所以指导者在其未发现以前，不能必其有，而目的、计划，常不能预定。

且有时儿童没有天然动机可捉的时候，当怎么样呢？那末，便当变更环境，借助于设备；或在最易注目的地点，陈设新奇的玩具；或于当冲的入口，悬挂图片，都足以引起儿童相当的动机来。

动机起来以后，目的便随之而出。但有时儿童过多，动机不一。教师在这种时候，便须给儿童们有一种勖助，或用举手表决，或用言语提示。但无论如何，总当给他们有一个共同的目的。

假设有少数人坚持到底，不肯迁就大多数的时候，也要定出一个游戏的先后来。如大多数人先做甲游戏，做完了，再归少数人做乙游戏。

目的定后，再定计划。计划中应注意之点有四：（1）游戏活动的分配（如游戏者、看游戏者）；（2）游戏人数的分配（游戏者和看游戏者各几人）；（3）游戏动作的次序；（4）游戏应用的工具和材料。

计划完后，便可按着计划来实现。计划的实现便是游戏进行中的活动了。

四、游戏进行中的指导

教师在儿童的游戏活动中所负的责任，不是教，而是指导。指导是以儿童为主体，帮助他们动作的进行，使之格外便利；并不像"教"的，完全根据教师仅仅乎引起儿童机械的反应罢了。

指导的范围有五：（一）技能上的指导；（二）习惯上的指导；（三）兴趣上的指导；（四）知识上的指导；（五）态度上的指导。

（一）技能上的指导

一个儿童在游戏上能否成功，要看他对于游戏的技能如何。一种游戏能否有良好的结果，要看参与者全体对于游戏的技能如何。是技能和游戏实有密切的关系。

技能并不是儿童天然有的，是从各种的游戏中逐渐获得的。儿童在未获得游戏的经验以前，技能当然非常的拙笨、非常的生硬，因之游戏也做不出好的成绩来。一种游戏，教师预备指导儿童的，自己必须先有把握。这把握自然包含了熟练的技能。

所以在游戏的进行中，儿童们对于游戏尚没有相当的技能时，教师便当和他们参与一起，和他们一同游戏。游戏中教师所表现各种相当的技能，便可给儿童们模仿了去，因得促成他们游戏的进步。如此，便是指导。这种的指导，比言语的传授效力大得多了。

（二）习惯上的指导

习惯在游戏中应指导的有二：一种是已往游戏中所获得的不良习惯；一种是现在进行中要养成的优良习惯。那一种不良的习惯，如偷巧作弊，甚至于妨碍同伴的成功。教师既要明白儿童已有的不良习惯，又要想法养成其优良的新习惯。按照习惯的完成律，当然逃不出聚精汇〔会〕神、不间断、无例外三个的原则。但当游戏进行的时候，顾此失彼，怎样去指导呢？

其实，某一种新游戏进行的时候，教师只要严守某一种游戏的规律。如果儿童能够照规律动作，就让他进行下去；如果不照着规律动作，就立刻加以矫正。矫正的方法，先停止其进行，或用言语指导，或叫其出来先看别人正当的动作。等明白了然后再许其加入游戏。

像这种的矫正，是出于客观的处置。久而久之，儿童便知道游戏应这样不应那样，自然而然遵守游戏的规律，也自然而然完成了优良的习惯了。

（三）兴趣上的指导

儿童没有一个不喜欢游戏的，当然对游戏都有兴趣。但有时儿童在游戏进行中竟会乏味起来。指导者当先明白其原因，或者因游戏本身的组织不良，或者太繁杂了不合儿童的程度，或者儿童的身体不好，或者因游戏做的时间过于长久了，或者游戏的工具不完备，或者教师自己没有心思，或者这样，或者那样，只要求得其所以乏味的原因，便可以补救。

如果种种方面都想到了，尚不能探得其真正的原因，指导上还有两种方法可以供临时的处置。一种暂将游戏停止，改做别种的动作。虽然对游戏的本身上似乎是消极的，但因此可免除儿童厌恶游戏情绪的增进，又可更由别种动作转移到重振旗鼓的兴味。一种教师自己热烈地参加，和他们在一起，既可做儿童的榜样，又可鼓励全体的兴奋。

（四）知识上的指导

无论那一种游戏，都含有相当的知识。表演游戏等不必说了，便是感官和节奏。前一种使儿童明白各物的特性及其名称，后一种也可以使其明白飞鸟、奔马的性质。

矫正操纯粹为矫正姿势，和知识似乎一些没有关系的了。然而自从改为模仿操以来，无意思的姿势变作有意思的动作，伐木、开矿、救火，那一种不是社会的经验？

所以在游戏的进行中，儿童尚未获得游戏上知识的时候，不必把知识的一部分单从游戏里抽出来加以特别的训练，只须按着游戏的规律活动，在活动中已经给其有知识上的指导了。

这正合福禄贝尔所说："孩子模仿甚么，知道甚么……让他表演农夫、磨坊者和面包司的动作，才认得这些工作的意义。"

（五）态度上的指导

儿童在游戏中的态度，最要紧的有二：（1）自我表现；（2）自动。二种态度，实有相互的关系。

有些游戏太呆板了，做的时候非常常要有教师的纠正不可，便不是适好的材料。现成材料，固然有一定结构，但进行时总当尽量设法使儿童有发表自己思想的可能。就如最单纯的节奏游戏，除律动外，各种合拍的活动姿势，都可由儿童的领导人自由表演，而领导人尤当不时更换，以期普遍。

即如律动，虽由音乐的节奏已暗示某一种的动作——如马跑、鸟飞等，但牵缰执鞭的姿势，以及鸟飞时之手臂上下的摇动还是往还的伸缩，犹当让儿童们的自由。

所以教师要在儿童游戏中指导其自我表演和自动的态度，第一须给儿童有这种可能的机会，第二便须有这种的鼓励。那末，畏葸拘谨的儿童也会把自己的思想自由地表现出来了。

五、游戏进行后的估价

游戏完了以后，教师至少须估计到两点：（一）儿童做的游戏成绩如何？（二）儿童在游戏中所得的经验如何？

（一）成绩的优劣

儿童做完了游戏，不论好的或坏的，都应该放弃了教师的主观。

碰见好的时候，教师不要抽象的说好，也不要笼统的拍掌，须把好的地方和好的原因都一一指示出来，或者让看游戏的儿童说出来。如是，才对于他们将来的成功有帮助，使他们明白要怎样做。

碰见游戏做得不好的时候，教师尤不应一味的生气，或则说"做不好不要做了"的话。须将不好的地方和原因给他们指点出来，帮助他们讨论补救的办法。如是，才能促进儿童将来的成功，使他们明白不要那样再做。

（二）经验的进展

教师在儿童游戏完了以后，不但须指出其成绩的优劣，并须设身处地代儿童们细想在这一游戏中所得的经验。技能上所得的是甚么？知识上所得的是甚么？以及习惯上、态度上、兴趣上所得的是甚么？都当一一记下来。这些记下来的材料，在课程上，实足以考核当时活动的价值。

假如儿童们经过了某一种游戏，其所得的技能等各种经验非常的少，而且这些非常少的经验和从前所得的几乎同样，甚至于比从前的经验不见得有甚么进展（进展和扩张不同：进展是向纵的一面的发达，扩张是向横面的发达），这当然是失败了。但这种失败的原因在那里呢？还是教材的组织不好？还是教师的态度消极？还是儿童的能力不够？抑还是应用的工具缺乏？掘根掘蒂，必穷出其原因来。然后教师对于下次指导才有真实的把握，才对于自己指导上又得到了一重经验。

反过来说，假如儿童们经过了某一种游戏，获得技能等各种经验非常的多，而且这些非常多的经验和从前所得的大多不一样，便是同样也比从前的进展了，这当然是一种成功。但这一种的成功，其原因在哪里呢？教师必须推究出其原因来，然后对于指导上又加上一重经验。失败的经验使教师明白下次不要那样做，成功的经验使明白要这样做。

所以教师指导的次数愈多，而其经验也愈富。且这些记录的材料，不但可促教师游戏指导上经验的增进，可以明白儿童在那一种游戏中可以获得那几种的经验，且对于明了儿童当时能力的实在情形，更有重大的帮助。

六、游戏中及游戏后对看的儿童应如何

游戏的时候，教师一方面注意做游戏的儿童，同时还须兼顾看游戏的身上。这里所谓"兼顾"，并不是指消极的，但求其不动、不闹，不会妨碍游戏的进行罢了。兼顾是要注意到看游戏的儿童能不能发生考查的行为。

当游戏的开始，儿童们的动机大半是相同的，等到计划决定以后，做的和看的才分开来，各有各的动作。那末，看的动作是什么呢？就是要看游戏怎么样的进行。换一句话来说，就在于要考查游戏的内容和形式。

儿童当考查游戏的时候，在外表上显然可见的有两种式样：一种是屏气凝神而双目直视；又一种是颠足舞手随着游戏而动作。前一类是客观的，某一节做得不好，某人做得适合，在看的脑子中清清楚楚地摆着印象。后一种是主观的，心神往注，不但把对象

忘了，就是连自己也融化在对象中分不出来。

这两种的态度虽不同，但都是考查时正当的现象。这些现象，只有在儿童考查中才能现出来，不是教师能勉强逼得的。然则在这点上教师竟绝对没有可靠的把握了吗？不，有是有的。不过这全在于所选的游戏，其内容和形式是否有引起看的人的能力。

如果游戏的内容正合于看的儿童心理、经验和能力，加以形式上设备完整、技能优美，便可以充考查用的应选。因为选材是由于教师的指导，所以教师自身上便有了相当的把握。这一种把握，在选材时已解决了一半。进行中还可利用言语的暗示及兴趣的鼓舞，如说"你看那一个人做得怎么样？"或"等一回你做起来能比他还要好吗？"

在游戏进行中最能引起看的儿童的兴味的，是教师们活泼泼地对于这一游戏愉快的精神。这种精神，不但对做游戏的平添了无限的力量，实能使看的人的心跳跃起来，不能自已。所以考查的行为虽由于儿童的自发内动，但自发的主动力仍操之于教师的手中。教师只要把游戏的材料选的适宜，更把积极的暗示和愉快的精神尽量的表现出来，不必小心地时时照顾到看的儿童身上，那看的儿童考查的注意力已经在这种情境底下自然而然发生出来了。

游戏做完了，看的人也看完了。如果在看的时候仔细的看，仔细的考查，到了这一时候，便要发生几种的行为：有的是取批评的态度，有的提出也要做游戏的要求，也有的把游戏所唱的歌词重复地念诵（如果游戏夹有歌词的话）。

本来，在游戏的过程中，这一时候，正是教师对做〔的〕儿童批评其成绩的时候。在未批评以前，应让看的儿童先提出其批评。虽儿童的观察不如教师的明确，但其见解却比教师接近，且藉此可以促兴其将来考查的兴味，而又得以明白其考查的所获。

教师如恐其言之不当也，可在看的儿童批评终了后，再加以整理和补充。这种整理，不但使做的儿童有益，且可使批评者的见地格外深切。等看的儿童批评过，接着就让要做游戏的去表演，或让要求唱歌者去唱歌，全可看当时看的儿童所表现的需要而定了。

7 幼稚教育与保育

程掌珠

1933年10月

题　解　　本篇原载《大上海教育》第 1 卷第 6 期。撰成时间为 1933 年 10 月，发表时间为 1934 年 1 月。

原发表时，标题之下有作者注："'一·二八'前，曾辑《幼稚园行政与组织》一书，甫由夏光书店出版。而淞沪事起，其毁于烽火者太半。发行以来，谬蒙各界所赞誉，惟感该书保育之说，尚未详尽，爰缀斯文，以为补充云尔！"

撰著者程掌珠（1908—1939），女，籍贯未详。时任上海吴淞小学教员，为当时知名儿童教育专家，曾于 1932 年应邀在上海中西电台演讲《家庭保育问题》。撰有《儿童保育问题》，著有《幼稚园行政与组织》。

《大上海教育》，地方教育月刊，1933 年 3 月创刊于上海，上海市教育局第三科编纂股编辑，上海市教育局第一科庶务股发行。旨在"阐扬三民主义教育原理，研究世界最新教育思潮与制度，探讨本市一切教育实际问题，及传播本市教育消息"。主要栏目，有论著、译述、统计、漫画等；主要撰稿人，有陈鹤琴、周尚、周家修、余文伟等。停刊时间及原因未详。

　　我觉得幼稚教育和保育问题，是非常有关系的。因为办幼稚教育，是刚从他们的父母的怀抱里接受过来，那时候的孩子，是并不需要教，只需要育。同时，对于家庭的保育方法，也该有一个深切的明了，然后施予相当的教育，才是适宜。所以研究幼稚教育，便少不得要有充分的保育底常识才是。

现在我所谈的保育，并不是只限于幼稚教育时代，是把幼童整个的保育问题说一说。

本来，家庭的保育是很马虎的，学校更该极力设法和家庭打通。一般的小孩子，因为饮食无节，被服失宜，时常害病，甚至夭折的，正不知千千万万。所以办幼稚教育的，该指导家属怎样保育他们的孩子。

小孩受了完善的保育，办教育的是会受着不少的帮助的；况且，幼稚教育，本来是负有一部分的保育底责任呢！

所以我们要认清楚，小孩子的保育问题，不一定全是父母的责任，办幼稚教育的，该负有宣传和执行的一切的责任。重要的，该有下列数点。

一、饮食问题

我们要知道，幼童的胃是很小的，并且幼童有幼童需要的食物。这一点，便要注意食物的营养。普通像蛋、淀粉、糖类、脂肪、水、盐等最为补养。不过吃东西和幼童的年岁很有关系。有的虽然养料很足，但与幼儿的年岁未必适当的也很多。大约小孩子的饮食，宜精不宜多，同时并该注意：

（1）大人和小孩要分桌吃。因为小孩坐在大人一起，他看见什么便要吃什么，吃不着，便要哭。吃的时候哭，是最有害处的。

（2）勿淘汤或淘茶。因为淘汤或淘茶以后，他便不必咀嚼。不咀嚼，便不容易消化了。

（3）一般人喜欢将食物嚼烂给小孩吃，这是最不好的。一来大人口内的污秽尽入小儿腹中，二来食物里许多的营养料反给大人吃去了，所以这是最不好的习惯。

二、休息问题

休息〔的〕主要部分，当然是睡觉。完备的幼稚园，该备许多个小床，给他们睡觉。关于时间：三岁至四岁，十四小时至十六小时；四岁至六岁，十三小时至十五小时。小孩子如寄宿在幼稚园，做保姆的，该给他们特别注意他们的睡眠时间。睡眠时间的不足，足以影响他们的精神和身心的不快，并且更危险的是，足以防碍他〔们〕的发育，这是不可忽视的。

幼童有时因身体不安或者神经过受刺激而不能熟睡。做母亲的，万不宜乱加摇动或大声呵斥，因此法都是有害儿童的身心的，应该息心养气，低声唱催眠歌，或吹奏缓和的音乐。

对于幼童们的运动，该注意：

（1）运动勿过剧烈。

（2）四肢要能够平均发展。

（3）各种运动，如果是危险的，该禁止他〔们〕。

有时他们运动得不肯休息，做师长的每用威吓的言语，或竟加以鞭扑，这是很不对的。我们该用方法来阻止他，而并不是杀他们兴趣的：

（1）以别种东西和事情来转移他。

（2）给他一种新颖的玩具。

（3）携他们换一个地方去玩。

三、卫生问题

幼童的居处要通风而向日。幼稚园的场所最要紧的是这一点。课余并须多带他们到旷野去玩玩，以吸新鲜空气。

幼童的衣服，要求其舒适，装备不求华丽，只在能够柔软而清洁。倘紧束于身，便于卫生有害。

有时幼童患病，便应该好好的看护他，一面请医生来看。病好了以后，应该注意防他再反复。所以病后的疗养，关于寒热饱食更要加以特别的注意。

现在总括的说，合理的保育是：

（1）要养成有纪律的习惯。

（2）使他们要有适当的饮食。

（3）新鲜的空气和日光充足。

（4）要有足够的休息和睡眠。

（5）要有清洁的衣食和环境。

（6）和善的态度，不威吓、不欺骗对他。

办幼稚教育，要给他领域里的一切底幼童，都保育得个个康健，好比一宅屋，筑上了一个坚固的壁垒。"伟大的事业，寓于康强之身体。"在一个人出发的幼儿时期，保育不是很占重要吗？朋友，记着："幼稚教育，不在教，是在育。"

谨祝幼稚教育的先生们，为一般未来的国家栋柱，保育得个个身强体健！

二二.一〇，于吴淞小学

8　幼稚园的农事

戴自俺

1933年12月6日

另图7　戴自俺像

题　解　本篇原载《儿童教育》第 5 卷第 9 期。撰成时间为 1933 年 12 月 6 日。发表时间，刊载日期为 1933 年 11 月 15 日，实际延后出刊。

撰著者戴自俺（1909—1994），原名治安，贵州长顺（今属黔南布依族苗族自治州）人。早年就读于贵阳师范学校。1928 年春，与孙铭勋共同考入晓庄试验乡村师范，学习幼稚教育。在校协助办理晓庄幼稚园和迈皋桥幼稚园，后协助陶行知办理山海工学团和劳工幼儿团。历任河南省立百泉乡村师范学校、北平幼稚师范学校、桂林幼稚师范学校等校教师、教务主任，并致力于幼稚教育理论研究。中华人民共和国成立后，任教育部民族教育司教学指导处处长。著有《晓庄幼稚教育》《幼稚园生活进程》等，主编有《陶行知全集》（四川教育出版社出版）。

有关《儿童教育》，参见前文《父母教育与优生》题解。

幼稚园而有农事，这是最近四年来方有的事实。① 以前我们不曾听到过，因为那时候幼稚园根本就没有下乡，一般城里的小姐似的导师和公子式的幼稚生（自然不是全部），是不能而且不愿做这种乡下人所做的粗糙活动的。可是事实告诉我们，幼稚园是

---

① 作者原注："参见戴自俺、孙铭勋合著《晓庄幼稚教育》（儿童版）。"

可以有农事的，而且是必要的。兹就作者实际经验所获，试略述之。

一、幼稚园为什么要有农事

幼稚园为什么要有农事？我们可以分作下列两方面来说。

（一）理论方面

（1）培养重视农业的心理。一个国家的国民对于自己的土地及产品是应该知道而且重视的。中国几千年相沿下来的"以农立国"的理论至今虽不能尽是，但目今中国的主要产业还是农业，这是无可否认的。我们要培养儿童有对自己国家主要产业之认识，进而使儿童也成为生产的一分子，必须自幼稚园开始。

（2）养成勤劳俭约的习惯。农事是要亲自去干的，不是空谈可以了事的。做出来的成绩，是实在的，不是空虚的。做惯农事的人，常好动而不好静，许多勤劳习惯都由此而养成。还有，知道农作物的收获的人，就容易知一粥一饭来处之不易，能以俭约自处。

（3）培植试验和创造的精神。新时代的儿童必须是小工人，他们所过的生活必须是小工人的生活。所谓小工人的生活，是要有些小生产、小建设、小创造、小试验、小发明。忍与让是中国人的美德，但也是恶德。在小工人的生活里，无所谓忍让，只有前进，只有奋力。干农事，也有许多地方是需要对于大自然界有所征服。所以从此中可以培养出一种试验和创造的精神来。

（4）养成专一任事的习惯。农事是要自己亲手去做的，是要天天做的，不管失败与成功，总是要做。同时，还须注意到失败了不必灰心，小有成功也不可骄傲，各人须按步〔部〕就班的天天干去！

（5）训练有自动的能力。农事是要靠自动的去做的。自动的在做上去得到的经验就是真的知识、有用的知识。因为做农事可以有这样的收获，所以容易训练儿童有自动的能力。

（6）是实施儿童生活教育的初步。假如幼稚园是办在乡村，那么乡村生活几乎可以说就是农人生活。在这种环境里，要实施儿童生活教育，从农事着手算是最好的一法。这是乡村幼稚园特有的机会，也就是它特有的价值。

（二）实际方面

（1）是实际的野外生活。我们要晓得：

> 空气，日光，是生命的根源；运动，游戏，是健康的要素。要晓得户外还有美丽的花卉、可爱的禽鸟。小孩子玩赏之余，当然可以发生审美的观念、博爱的同情，于小孩子的性情、知识都有很大补助。①

农事，就是一种实际的户外生活。我们看了这样的说话以后，只要我们不是主张压抑儿童的人，还忍心整天的把儿童关在屋子里吗？

（2）是生物的研究。研究生物，首要的是实际观察。小孩子对于一切生物，总以为是有思想、有知觉的，和他自己一样。所以每一遇到生物，总要徘徊久之而弗去，总要源源本本的去探求。干农事，就有这样大好的机会给予儿童的。

（3）发展个性的机会很大。在斗大的屋子里，集数十个各种个性、智力等不同的儿童活动于一堂，要发展他们的个性、天才，事实上是不可能的。农事则不然，"以宇宙为教室，奉自然作宗师"②，可以随儿童的个性去努力、发展，并且可以发展至无限！

（4）是师生共同生活、共同教育的好机会。我们应该相信"师生同生活、共甘苦，是最好的教育"③，也就是最有用的教育。幼稚园也不能例外。导师在做上教，儿童在做上学，一切活动，都是导师和儿童一起干。这是"教学做合一"的精义，也就是真的生活教育。

二、幼稚园农事的性质

幼稚园为什么要有农事的理由我们知道了。现在我们讨论它的性质及其实施方法。

---

① 作者原注："引自陈鹤琴先生著《幼稚教育之新趋势》(《教育杂志》十九卷二号)。"
② 此语系陶行知自撰的对联，集中表述了"生活教育"理念的内涵。
③ 作者原注："参阅陶行知先生著《中国教育改造》(亚东版)。"

幼稚园的农事，就作者经验所获，大要的要本乎下列几个原则去做，然后才合儿童的需要，也方能冀其有效。

（一）研究观察要多，而所化经费要少

"我们应该以最少的经费办理最好的教育。"①"用同样的经费办理更好的学校"，这是办乡村教育者应有的精神！我们要注意到，幼稚生的农事，是幼稚生的生产、生活训练，也就是幼稚生的生产教育训练。不可徒化费了很多的金钱，而忽略了生产与教育的目的。

（二）导师要多负责

幼稚生不比小学生或师范生，有许多笨重的事情是做不来的，导师得多负些责任。但决不是请导师完全代劳，儿童只坐享其成，这须特别注意。

（三）段片的活动

因为生理的不同的缘故，幼稚生只能做些比较轻微的工作，如种植花木、松土或浇水以及翻土等，不能做其他繁重工作（如犁田就是幼稚生不能够做的）。因此，幼稚园的农事，不能像小学里做整个的活动，只能段片的活动。

（四）表现胜于证明

表现只是观察，证明则要理会。观察要多而理会的要少。种的东西出来了，浇的水渗下去了，这是亲眼所能看到的。所谓表现出来的：浇的肥料被作物吸收了。作物吸收了肥料，犹如人之得了营养，就能够渐渐长大起来，这就是要理会。幼稚生脑力薄弱、思想简单，难于了解与推理。所以理会须少于观察。

（五）以消费为目的——即以当时能吃的东西为主

---

① 作者原注："同上。"即"参阅陶行知先生著《中国教育改造》（亚东版）"。

幼稚生的农事工作，就是幼稚生的生产工作。我们教幼稚生生产，不能以赚钱为目的，要他们能够自己创造、自己享受。凡是小孩，都喜欢吃的。所以，若幼稚生自己所种的东西自己能够得到吃，那是他们最喜欢栽种的。

三、幼稚园农事的实施方法

原则定了，性质也知道了，现在我们进一步讨论实施方法。

（一）导师要以农事为平易的工作

在乡村中，我们可以随地见到，许多的农家妇女，不特能割柴打草、栽花种菜、饲养鸡鸭，并且还可以赤足下田。幼稚教师至少也要能够练习到此地步。能如是，就可把农事认如一种平易的工作，自不会稍存畏惧之心了。

（二）每天都要有农事活动

上面说过，幼稚园的农事，不能像小学里一样可以做整个的活动，用整个的时间去干，是要片段的。所以，必须天天有活动。不过，每次活动的时间不宜过长，要注意到幼稚生的生理方面能够得到正常的发展。

（三）合作的要多，分工的要少

在师范，在小学，以每人自己经营、自己管理一块地或一件事为较相宜。因为从此中可以有一种比较，由比较中可以激励师范生或小学生之努力。但在幼稚园则不然，幼稚生没有自己管理一幅土地的能力。所以合作的须多，分工的宜少。

（四）设备

幼稚园农事的设备，与小学大同而小异，只是在量上可以较少，用具须缩小些。兹举其普通者如下。

（1）园地：大约十个幼稚生要一份地。

（2）水源：园地之附近，要有蓄水的池塘。

（3）工具：导师要有一套大的农家用具，幼稚生的同样放小；数量可按幼稚生之多寡而增加，大约每三人合用一套；普通如小手锄、喷水壶等是必需而最不可缺少的。

关于小学农事的设备，可参阅"晓庄丛书"唐文粹[①]君编《乡村小学教师须知》（儿童书局出版，第十一节，页八一～八七）。

四、做些什么？

做些什么？什么东西是幼稚生可以做的？在"怎么做"（如上所述）这个问题解决了之后，是我们进一步要讨论的。兹举其要者如下。

（一）做庄稼

幼稚生做的东西，根据以上的分析，要能吃、易长，不费大功夫的。例如：从秋收到春后，可以种蚕豆、豌豆、菠菜、黄芽菜；从春末到夏初，可以种玉蜀黍、山芋苗、茄子、黄豆、黄瓜、水瓜（注意，西瓜是不容易种的）、苋菜、向日葵等；萝葡〔卜〕是一年四季都可以种的。只要有了一个小小的农场，这些都是幼稚生的能力范围之内可以种得起来的。假如在农场或幼稚园的附近有水塘，还可以种菱角。

（二）种花

一个环境之美化与否，一部份是天然的，还有一部份是人工的。幼稚园的环境是要用人工造出一部份的美以配合天然之美的。所以种花也是幼稚园的农事之一。种些什么呢？

[①] 唐文粹（1910—？）：江苏无锡人。早年毕业于南京晓庄学校，历任浙江省立湘湖师范学校教师、定山中学指导员、福建集美乡村师范学校教师、浙江云和简易师范学校校长。1939年与潘一尘在浙江省云和县筹办了生活教育分社。始终倡行生活教育。著有《乡村小学教师须知》《教学做合一系统研究》等。

（1）豌豆花。春天种，夏天开。花有各种各样的颜色，但豆不能吃。

（2）长春花，又名金色菊。一年四季都有花，老了便把茎割掉，留着根，第二年又能重生起来。

（3）美人蕉。五、六、七、八、九、十这几个月都能开花，霜降则死。只要把根保护得好，第二年又可复生。叶绿花红，但也有紫色的花。

（4）大理花，又名洋绣球。绿叶红花，也容易种。只要把根保护好，第二年仍可复生。

（5）端午景。端阳到时则开花，花大且多，是多年生植物。

（6）事象菊、万寿菊（上列数种，南京金陵大学农科有种籽出售）。

（7）大蓬蒿菊。春天种，秋末开花，花很多。容易繁殖又容易种。今年种一株，种子落在地上，明年便自然的有几百株出来。

（8）凤仙花。春天种，夏天到秋天都有花。今年种了几株，种籽落在地下，明年又会自然的生出来。

（9）百日草，又名节节高。五月至十月都有花，种籽落在地下，第二年又可重生。

（10）含羞草。不甚好看，但很好玩。

此外，还可用花盆或水瓶种水仙花、大蒜之类，用以陈设园内或窗台上，都很好看。

再总说一句，幼稚园里所种的花，要工夫简单，不必多费精力、多加保护的。

（三）畜养

鸽、鸡、兔子，是幼稚生的好朋友，可以养。蚕、蜂也可以养，但须有相当的设备。此外，如笼鸟、盆鱼，也极有趣，也是幼稚生所最喜欢畜养的。

二二年十二月六日写于上海北新泾

9 劳工幼儿团的接生婆
——致孙铭勋、戴自俺

陶知行

1934年1月13日

另图8　陶行知像

题　解　本篇原载《生活教育》第 1 卷第 1 期。撰成时间为 1934 年 1 月 13 月，发表时间为 1934 年 2 月 16 日。原发表时题为《通讯》，今题系编者所拟。

撰著者陶知行，即陶行知（1891—1946），原名文濬，曾用名知行，安徽歙县（今属黄山）人。早年就读于歙县崇一学堂、杭州广济医学堂、南京金陵大学。1914 年赴美留学，获伊利诺伊大学政治硕士学位后，入哥伦比亚大学攻读教育学博士学位。1917 年归国，历任南京高等师范学校和国立东南大学专任教员、教务主任，中华教育改进社主任干事等职，全力推进平民教育。1927 年创办晓庄试验乡村师范学校、燕子矶幼稚园，以振兴乡村教育为职志。1932 年创办山海工学团，以此推行现代普及教育。1939 年创立北碚育才学校，致力于难童中人才幼苗的培陶。平生热衷教育试验，创立了"生活教育"理论。著有《中国教育改造》，著作有《陶行知全集》等。

致函对象孙铭勋（1904—1961），贵州平坝人。早年就读于贵阳师范学校，为晓庄试验乡村师范学校第三期学生。入校后，与戴自俺共同学习幼稚教育，在晓庄幼稚园实习，参与设立蟠桃学园，并主持创设了迈皋桥幼稚园。晓庄学校被封后，受命办理新安小学，并创设新安幼稚园；又在陶行知指导下，在上海创设劳工幼儿团。后历任贵州平坝县立中学校长、重庆育才学校校长、西南军政委员会文教部研究员、西南师范学院儿童文学副教授等职。编著有《晓庄幼稚教育》《晓庄批判》《幼稚教育》《乡村教育经验谈》等。

有关致函对象戴自俺，参见前文《幼稚园的农事》题解。

劳工幼儿团，又称"劳工幼儿工学团"。该团在陶行知指导及孙、戴二人的主持下，于 1934 年 4 月 1 日正式开办（较原定的 4 月 4 日开办提早了 3 天）。该团位于上海劳勃生路（现胶州路）工厂区，推选女工担任董事，专门招收纱厂女工子女入团受教；经费主要由上海女青年会资助，并且由该会征集志愿者兼任教师和保育员。该团虽仅维系了一年，却是中国幼儿教育史上第一所专为工人子女办理的幼教机构。

《生活教育》，教育半月刊，1934 年 2 月 16 日创刊于上海，由陶行知主编、儿童书局主办并发行。旨在阐释"生活教育"理论，报道"劳工幼儿工学团"实验和"小先生运动"，并宣传"普及现代生活教育"主张。主要栏目，有言论、特载、教学做报告、笔记、通信、儿歌等；主要撰稿人，有陶行知、方与严、张宗麟、孙铭勋、张世德、戴自俺、潘一尘等。1936 年 8 月 16 日终刊，共出 3 卷 60 期。

铭勋、自俺二位同志：

儿童年[①]已经过了十二天了。他和儿童节[②]一样，是踏上了"少爷年"和"小姐年"之路。这也不足怪，在老爷、太太的手里是不会造出别样的东西。我们是不可以袖手旁观了。

近日所谈的劳工幼儿工学团应是儿童年中最大之贡献。我们必须在这一年里面会精聚神的创造出一个真正工人的幼儿工学团。这事虽由我们发动，但主体是工人，管理权须在一年半载之内移转于工人之手。我们在开办时即须有此认识，从第一天起便须引导工人自己主持。艺友[③]也要在女工的队伍里物色。

这个幼儿工学团要包含寻常托儿所及幼稚园的优点，而肃清它们的流弊。说得更确切些，我们要跳出传统的托儿所及幼稚园的圈套而创造出一个富有意义的幼儿工学团。

我希望你们草拟一篇宣言、一套计画、一个预算，在一星期或三天内完成，使我能和朋友们作具体之接洽。

---

① 儿童年：此处指上海的儿童年，即 1934 年，由上海市儿童幸福委员会设立。区别于其后由国民政府行政院设立的"中国儿童年"。有关后者，参见后文《慈幼的新意义》题解。
② 儿童节：当时中国自定之儿童节为每年的 4 月 4 日，参见后文《祝儿童节》题解。
③ 艺友：在实际工作中学做教师者。它脱胎于艺徒制，但要求"以朋友之道相待"。这是陶行知所独创的培养幼稚教师的途径。

在我接洽的时候,你们可以在劳勃生路或曹家渡一带女工区内探访合宜的地点,以靠近女工住所为最好。

在草拟计画之前,可托义田①带你们见钟女士,托她介绍你们和几位有孩子的女工谈谈。这计画应当在女工的指导下产生。

我希望今年儿童节是第一个劳工幼儿工学团之生辰。我们把自己预备好,等候着做它的接生婆吧!

陶知行,二三.一.十三,一.三〇

---

① 义田:王洞若(1909—1960),原名义田,又名王作、王甲观等,笔名洞若,江苏丹徒(今属镇江)人。晓庄试验乡村师范学校第一期学生。当时在上海协助陶行知推行普及教育运动,协助编辑《生活教育》半月刊。后历任生活教育社理事兼服务部常务干事、晓庄研究所驻桂林办事处主任、育才学校研究部主任、育才学校党支部书记等职。

10　劳工幼儿团的使命
——致张宗麟

陶知行

1934年1月17日

题　解　　本篇原载《生活教育》第1卷第1期。撰成时间为1934年1月17日，发表时间为1934年2月16日。原发表时题为《通讯》，今题系编者所拟。

有关撰著者陶知行，参见前文《劳工幼儿团的接生婆——致孙铭勋、戴自俺》题解。

致函对象张宗麟（1899—1976），乳名德保，浙江绍兴人。先后就读于浙江第五师范学校、浙江第四师范学校。后考入南京高等师范学校教育科，师从陶行知、陈鹤琴等名师。毕业后，应陈鹤琴之邀，主持办理南京鼓楼幼稚园，成为中国"第一位男性幼儿教师"；又致力于幼稚教育研究，发表了一系列研究成果。1927年9月，任南京市教育局教育课幼教视导员。1928年9月，应陶行知之邀，任南京晓庄学校指导部主任，主持创办了燕子矶幼稚园、晓庄幼稚园，并任吉祥学园园长，全身心投入乡村教育运动。1930年晓庄学校被封后，历任集美幼稚师范学校教职、集美乡村师范学校校长、湖北教育学院乡村教育系主任、邹平简易师范学校校长等职。1936年回沪，主持山海工学团和国难教育社。抗日战争期间，在上海从事文化救亡活动。1942年赴苏北新四军辖区，筹办江淮大学。后赴延安，任延安大学教育系副主任。中华人民共和国成立后，任教育部高等教育司副司长。著作有《张宗麟幼儿教育论集》等。

有关《生活教育》，参见前文《劳工幼儿团的接生婆——致孙铭勋、戴自俺》题解。

宗麟吾弟鉴：

接读来信及二十三年计画①，至为欣慰。

现拟在劳勃生路创办一所劳工幼儿团，收容女工的幼儿从事试验。董事与艺友皆由女工自己担任。铭勋与自俺主持实验。保姆、看护及游戏的伴侣拟大胆试用七八岁的孩子干干看。我深信他们比老妈子好。你的意见如何？

现在加紧筹备，订于儿童节开工。如果办有成效，即可拿它做我们幼儿导师培养的中心。

知行，二三.一.十七

---

① 此"计画"，即张宗麟提交给陶行知的1934年工作计划。当时陶行知明确要求，凡是在晓庄学校工作或学习过的"乡村教育同志"，均须继承晓庄传统，每年年初均须向陶行知提交一份自己本年的计划。

11 幼稚教育之过去、现在及将来

周家修

另图9 周家修像

1934年1月

题　解　本篇原载《大上海教育》第 1 卷第 6 期"幼稚教育专号"。发表日期为 1934 年 1 月。

撰著者周家修，生卒年月及籍贯未详。1931 年毕业于上海交通大学预科管理班，1946 年被交通部派赴粤汉区铁路管理局任秘书。除本篇外，还发表了《普及教育》《改进本市教育的我见》《成人教育在中国目前之重要》《现代中国教育思潮之我见》《教育社会化的研究》《英德美法四国教育行政组织概况》等教育文论。

有关《大上海教育》，参见前文《幼稚教育与保育》题解。

一、引言

幼稚教育的产生，历史是很短。以前认为，婴儿的教养是家庭中父母的责任。一直到现在，以科学的猛进和资本主义的尖锐化的缘故，虽然资产阶级的父母可以有一部份空间去教养他自己的子女，而大份部〔部分〕的无产阶级对自己生活尚不足以安定，怎样有空闲的时间去教养自己的子女呢？况且家庭父母贤愚不一，教育方法各殊，因之一般的教育家认为有设立幼稚园的必要而尽力鼓吹。幼稚教育在这样的境遇下，才产生了。

幼稚教育，是有它的特性和重要性。过去的人们之所以忽视幼稚教育，全在其不能认识此种特点。我们无可否认，幼稚的时期，在人生的各种时期中，占有重要的地位。

在最初六年间的儿童生活，正是将来一切教育的基本。一人的体质、性情皆于此时定之。以前中国的孟母之所以三迁其宅、择邻而居，也正因如此。现在且把生物学、医学以及心理学的观点，来证明幼稚时期的重要。

（1）以生物学论，生物愈幼稚则发育愈迅速，儿童的体重及身高的增加比任何时期为大。据密诺脱（Minot）的估计：初生的儿童，比初受胎的卵子，重量已增加五万倍；在生后最初的五月中，婴孩的重量增加二倍；在第一年内发育总得数为200%；第二年的总得数为30%，发育逐渐减少；到了六年以后，每年仅增10%。虽是在青春发动期发育又稍增加，然发育可能性仍旧在最初六年内决定的。

（2）以医学论，幼稚时期是死亡率最大的时期。据该塞尔①说，在全国（注意是指美国而言）死亡的总数中有三分之一以上是在六岁以下的。我们在这里，可以很明白知道，儿童的抗力是非常的薄弱。所以，为父母的应格外的留意婴儿的卫生，必须养成婴儿具有一种能够抵抗疾病的身体组织。

（3）以心理论，儿童心理的发展，正是和身体的发展成为正比例。这心的发展，不仅是限于智慧，在社会的、感情的以及道德都有明显的表示。所以，在幼稚期的教育，影响于品性的养成是很大。该塞尔曾这样的说："幼稚时期的生活是容易忘记的，但数年的岁月并不长逝。在神经系的组织中，这数年的生活已留下印痕而继续支配个人的行为。"这已经明示我们在幼稚时期教育的重要，因为幼稚的教育影响他将来的行为，关系是如此的密切。

二、幼稚教育的历史观

（一）希腊的幼儿教育

希腊的幼儿教育，从生后到了七岁，完全在家庭内教养。所以他的教育的着眼点，专在健全身体。

---

① 该塞尔：通译格塞尔。

斯巴达的家庭教育，完全操于主妇。他们对于幼儿的体育和德育，能够加以严格的教导。凡幼儿生后，就把他放在混有酒的水中沐浴。身体羸弱或不具的幼儿，就把他放在山林中。到了七岁进公共教育所，使他起居动静得受严格的训练。这可见斯巴达幼儿教育之一班。

（二）罗马的幼儿教育

罗马的幼儿教育是母亲的任务，可是训练则是父亲的责任。母亲的地位比希腊更高。他们看家庭教育比学校教育更重要。所以，养育子女是自负其责，不愿托付保姆。因之，罗马的幼儿教育，比较特别的发达。

（三）中世纪的幼儿教育

中世纪是基督教育时期的全盛时代，一切都不能脱离它的支配。在这时期，以为儿童是成人的缩图，所以在幼小时代仅仅施以形式的训练。一切基督的教育是为预备将来的，是为未来牺牲现在的。所以，幼儿们本着自然性所发生的兴味，均被压迫。

在这时期内的幼儿教育，虽然是不以儿童的个性启发为前题，但是他们也很重视儿童。当时的基督教人曾说过，凡是做母亲的，都应该以马利亚圣母为模范，要用敬虔和亲爱的精神去养育儿女。果能如是，那末一切的幼儿均能得家庭的保护，很足以表示这时期对于幼儿教育是何等的重视。

（四）幼稚学校和幼稚园的起源

一八〇〇年，巴托汪维恩①氏因为收容他的纺织工场劳动者的子女，所以在苏格兰尼拉拿克②地方，设一个保育所。至一八二四年，由波罗阿母乡③等的提倡，创设幼稚学校协会。在这个会经营之下，办了几个幼稚学校，收容二岁到六岁的幼儿，所教的功

---

① 巴托汪维恩：通译罗伯特·欧文。
② 尼拉拿克：通译新拉纳克。
③ 波罗阿母乡：通译布鲁汉姆（H.Brougham），生卒年未详，英国勋爵。1818年联络英国上流社会人士在英国伦敦威斯敏斯特开办幼儿学校。随着幼儿学校的接踵办理，又于1824年倡设幼儿学校协会，即后文所提"幼稚学校协会"。

课，是宗教、算术、写字、手工四门。

在当时英国，这种幼稚学校一时很为发达，仅三年多就增加到三百余所之多。加以微达斯比①氏的鼓吹并著《幼儿及英国幼稚学校》一书后，欧洲各国亦相继设立保育所和幼稚学校。

但在当时，幼稚学校虽设立很多，不久就发现了不少的缺点。保育的方法，非但无益于儿童的身心，而反足以加害他。因之很多的人都不喜欢这种的学校，因之就发生了下列的二个问题：

（1）要制定合理的保育法。

（2）要养成保姆。

最初解决这二个问题的，就是那位福禄伯尔②（Froebel，1782—1852）。自后，意大利的蒙台梭利（Maria Montessori）女士对于幼稚教育的学说也有深切的发挥。现分述于后。

1. 福禄伯个〔尔〕的学说

（1）教育目的。

使人间的特有性（即创造性）尽量发达；使人们自觉万有内部的统一性和依属性。

（2）教育方法。

自己活动的原理。要发展自己、完成自己，所以内部起了自发的活动。指导这种活动，就是教育的要事。所谓自发的活动，就是由自己的动机决定自己的活动，由自己的兴趣、用自己的力量支持自己的活动。

供给良好的材料。精神由材料而发达，所以供给适当的材料是必要的。

反对合一的原理。凡是发达，都由多样的变化和统一而来的，没有变化，没有统一，不得有发达。所以教育要多方开发儿童的各种能力，并且要调和他、统一他。

进化的继续的发达。各个人是反复人类种族发达的历史，所以不能不经过那种发达

---

① 微达斯比：通译怀尔德斯平，即塞穆尔·怀尔德斯平（Samuel Wilderspin，1791—1866），英国幼儿学校的推广者和主要领导者。1820年开始幼儿学校的办理实践，后成为幼儿学校协会的骨干，并规范了幼儿学校的设备、课程和教法。著有《少年教育体系》《关于教养贫穷儿童的重要性》《幼儿期教育例解》等。

② 福禄伯尔：通译福禄培尔。

的阶级。又因这种发达是徐徐进行的,所以他的活动是继续不间断的。

本有性质的发展。各个人将来可以发展的要素,已潜伏于固有的天性中,恰如植物的根、茎、叶包含于种子中一样。假使这种精神本来没有具备,即使到了后来,决不会有发展的机会。教育在于启发天赋,培养天赋。

情意的尊重。幼儿的生活,以感情及本能的生活为基础。智识和意志是次第发达而来的。活动原是人间的本性,兴味是活动的要机。所以学问要贵实行,而实行又要伴随感情。海尔巴托[①]以知性为人心的本性,福禄伯尔以情意为人心的根本。

象征主义。精神界和物质界,都被同一的永恒法则所支配。宇宙间一切万有,从极多的物质性及极低的精神性,进步到极少的物质及极多的精神性中间,有无数的程度。这种精神界和物质界中间,及高级的和低级中间,虽有程度之差,但是也有表同一的关系,所以又从一方而明了他方。比方我们晓得植物由种子、动物由胚胎,次第成长,所以晓得人类的精神也是次第进于复杂。又,我们晓得立方体是一个多方向的线、面、角性统一体,所以晓得宇宙也是一种杂多的统一体。像这样由外界事物中抽出类似的性质,把他做手段、做象征自然,可以得到潜在于精神界的固有观念。他想万物都有表示何等精神的原理,所以依这原理,可以开发他潜在于精神界内的本有思想。但是实际事物是复杂的,所以须从简单的基本形体以到达这种目的。福氏的恩物,就是依据这种推想而做成的。

社会生活的初步。宇宙是一个大有机体,个人和社会是营有机的生活。所以个人要依社会的生活,而营统一和依属。虽然,实际的社会是很复杂的,所以学校中要造就简单化、理想化的社会,使儿童安然体得社会的经验。

游戏和作业。幼儿时代自己所表活动就是游戏,所以游戏表示幼儿固有的兴味和努力。由游戏而学习,则劳少而效多。游戏中,幼儿的创造活动是很盛的,所以在幼儿的教育,游戏是很重要的。作业和游戏一样也是一种活动,本来二者的性质完全是统一的。

---

① 海尔巴托:通译赫尔巴特,即约翰·弗里德里希·赫尔巴特(Johann Friedrich Herbart,1776—1841),德国哲学家、心理学家,被誉为"科学教育学的奠基人"。著有《普通教育学》《心理学教科书》等。

2. 蒙台梭利的学说

（1）一般原理。

完全自由。教育要以幼儿的自由活动做基础。这种活动如果一受妨碍，即发达的基础马上就〔受〕到了破坏。所以在活动的时候，不可不给他以完全的自由，制限活动仅限于妨害别人的时候。在教师方面，为研究儿童个性起见，应趋重于自由状态。

自己教育。教育要引导幼儿自己教育自己，教师单在幼儿后方观察。他们自己活动一切，由外部来的干涉应该严禁的。

个别教育。教育要尊重个性的发达，排斥外部的强制和压迫教育上一切，应尊重个别而除去划一。

感觉练习。感觉是心意生活的基础。因为后年的教育，所以在这时期不可不练习感觉。

（2）训练。

侧重遂行自决的目的。

要使他出于自发的行动，被动是不行的。如静肃无动，可以说是麻痹的状态，决不能说是训练所成功的。

要使他自己训练自己，严禁他人的干涉。

要养成独立、自动的习惯。独立的第一步，起于离开母乳的时候。

能够自制，可以说是真的训练所成功的。

排斥赏罚。赏罚在于成功的快感中，误谬不过表示力量的不足，没有处罚的理由。

（3）体育。

由于器械的——纵平行棒（垣形）、秋千及踏板、橡皮球及有靠手的椅子、螺旋形的阶段、跳高用的阶、绳的梯子等。

自由运动——行进、轮游、球游、豆囊、纸鸢、跳绳等。

教育的运动——耕耘、植物栽培、动物饲养、结纽习练等。

呼吸运动——呼吸及发声的良好习惯之养成。

（4）感觉练习。

由教具反复练习感觉，所以使辨别力敏锐（教具约有十三种，见 *The Montessori Method* 书中，此处从略）。

（5）智的陶冶。

事物和性质，以及所表示的名词、形容词等，应该使他结合幼儿的知识陶冶。第一在于养成观察的力，第二在于结合全体的感念以及这等所表示的名辞。这等陶冶，或者使他用感观练习用具，或者使他利用图画、黏土、细工、几何形的实物彩色游戏、盲目游戏等。那时要侧重幼儿们个别的倾向，更要指导他自发的发见。在练习名辞语汇的时候，要好好和适当的名辞结合，这是言语教授上最重要的一点。

（6）学校课业。

写字、读书、算术初步。

（7）幼儿的年龄。

由三岁到七岁。

（8）保育的时间。

每日从午前九时到午后四时。夏期，每日从午前八时到午后六时。

（9）日课表。

午前九时至十时，为礼貌、偶发事项、宗教上的练习、服装检查、身体清洁检查、会话；十时至十一时，为智的练习、少许的休息、实物教授、名词练习、感觉练习；十一时至十一时三十分，为简单的体操；十一时〔三〕十分至十二时，为画、食；十二时至一时，为自由游戏；一时至二时，为指挥的游戏（那时年长的幼儿轮流在室内整理）、身体清洁再检查、会话；二时至三时，为手工（黏土细工及其他）；三时至四时，为集合的体操及唱歌（须在室外）、动植物的处理。

以上二位大教育家，是幼儿的福星，适足以代表近代的人们对于幼稚教育重视的一班。在幼稚教育的历史观上，也稍许可给我们对于某一时幼稚教育施行和学说二方面的认识和帮助，初学幼稚教育者对于幼稚教育的一个概观。

三、幼稚教育的现状

我国的幼稚教育，真所谓名副其实的"幼稚"哩！这种幼稚的造成，追本求源，还在教育当局和教育界的忽视，以为幼稚教育是无足轻重的。要知道，教人须从小教起，如建筑家的营造房屋，是必须先将屋基打得坚固，否则房屋虽如何艺术化、美丽化，总是没有用的。小孩真如建筑家营造房屋对于屋基是一样重要。假如在小的时候不给好的教育，即使长成后也难于造就。所以小学教育是教育的基本，而幼稚教育是基本的基本，换一句说，是不容人家忽视的。现以上海全市关于幼稚园设立数量的调查，已经足以表示我国目前对于幼稚教育实施的状况。根据《上海市教育一览》内的记载：

（1）省立者：幼稚园数一所，儿童数三八人，保姆类①数二人。经费与小学合并。

（2）市立者：幼稚园数十三所，儿童数六三九人，保姆数三一人。经费，一五九五元（岁入），一五九五元（岁出）（附注：系市立第一幼稚园经费数，余〔与〕小学合并）。

（3）私立立案者：幼稚园数五所，儿童数三三六人，保姆数三三人。经费，六九六六元（岁入），一〇一五九元（岁出）。

（4）私立未立案者：幼稚园数二〇所，儿童数八四三人，保姆数四四人。经费，七五六九元（岁入），七八〇一元（岁出）。

照上面调查的结果，市立单独设立者只一所，其余大部都附设于小学校内。总共全市共有三十九所（包括私立未立案者），共计入学幼稚生只一千八百五十六人（包括私立未立案者）。这是关于学校数量方面者。

至于其他，幼稚园的弊病很多，兹特将荦荦大者分述于下。

（1）洋化。我国一般的幼稚园所布置的用具，都是洋货居多。如弹的是钢琴，唱的洋歌，用的是洋货，玩的外国器具，一切都采取舶来品。以至幼稚园几乎成了外国货的贩卖所，足以成就幼稚儿童将来购用洋货的印象，替帝国主义造成一大批的雇主，容易养成儿童爱用外货心理的恶习。

（2）不能平民化。在我国的所谓有资产阶级，往往是不愿把子女送入幼稚园。而在平民阶级，则以学费负担太巨而不能进。因之，中国的幼稚园，是只不过中〔产〕阶级以上的附属品。

（3）缺少富于幼稚知识的保姆。中国幼稚师范设立的是很少，即使有的，又大都是办理不善。私立学校这一类的学校，又以经费的缺乏，不得不无条件的招收学生。因之，

---

① 此处"类"字疑为衍字或误植，似应删去。

往往有未曾于小学毕业的学生也可去进幼稚师范学校。及毕业后服务于教育界，以学识的不富有而至力不胜任、敷衍局面的，为数不少。

幼稚教育的现状是如此，无怪有许多的人家不愿意把子女送入这种学校。因为徒然使子女受到不良的印象，徒然化了巨大的金钱，徒然养了一批的保姆，而毫无成绩。我人所认为基本的基本教育之幼稚园得在这样的环境之下摧残了！这是在使我人觉得如何悲痛的一回事！

四、今后幼稚教育应取的方针

我们觉得现在幼稚教育一般的差误，所以提下列的几个问题，作为今后应取的方针。

（一）要建设中国式的幼稚园

要力谋幼稚教育适合本国的国情，一改过去洋化的恶习，要充分的运用本国器具、本国玩具、本国音乐，去陶冶儿童。一切应以本国所具有的为中心去激发儿童，养成拒用外货、爱用国货的良好习惯。

（二）建设平民化的幼稚园

使平民得将子女送入学校，取费务须低廉，一切设施宜趋于平民化，一改过去贵族化的态度。不应为有资产阶级的附属品，应为平民父母服务。我们应知道最初幼稚园设立的目的即在收受劳工的子女，去教养环境不良的子女。今后我们应〔以〕贯彻这个目的为要务。

（三）应养成富于幼稚教育〔学识〕的保姆

幼稚园中的保姆，犹家庭中的父母，一举一动在在都影响于儿童。所以幼稚园的保姆应格外的严格鉴别。我国幼稚园的教师，既如上述的缺乏学识和经验，则以后对于师资的训练应力改其弊病。所有大都市的大学幼稚师范科和中学幼稚师范科，所学习的多偏重理论，少实际的经验，所以毕业后大部分不能应用，感着所学非所用的困难。

平常幼稚园中教授儿童，可分为二种：

（1）功课预备充足，按部就班去施行。

（2）完全以儿童兴趣为中心，而决定其教学之程序。

前者易摧残儿童，后者能生兴趣，且教师精神饱满。我们所需要的，是后者的教师。一方面，应严格取缔关于有营业性质的幼稚师范学校，不论其已否立案；一方〔面〕，应设法改善大学幼稚师范科和中学幼稚师范科的课程，使渐趋于实际。

（四）发展或广设农工区域的幼稚园

幼稚园最初设立的目的，既在于收受农工的子女、教养农工的子弟。那末，我人应力谋农工区域幼稚园的广设或发展。

陶知行先生在他的幼稚教育的论文集中会这样说："工厂与农村为幼稚园之新大陆。"所以今后中国的幼稚园，应发展至农工区域，尤其是女工区域。因为农工因专事于生产的方面，无暇去教养儿女，而以至农工的儿女无享领儿童时期所应具有的幸福。为儿童教育计，为国家生产计，于农工区域，的确是急需有幼稚园的设立。

（五）普及幼稚教育

幼稚园为教育之第一阶段，尤为义务、中等、高等教育的基础，其重要性是无可违言了。我们知道，父母以贤愚的差别，所以教育儿童的方法亦颇有不同。并且儿童的环境不一，以至将来优劣悬殊，影响于国家、社会的前途是很大。因之，我们应使幼稚园能普及全国。

（六）应多设立公共幼稚园

我国对于幼稚园之设立甚少，尤其是公立的。以上海而论，共十四所，其余二十五所全为私立立案和私立未立案的。

我人不能说在这二十五所的私立幼稚园中无办理良好者，但内容、设备不全，办理不善，接近商业化的亦为不少。

所以我们认为以后教育当局应多设立公共幼稚园，且设法使其独立，并应严厉取缔办理不善的一般私立幼稚园。

（七）幼稚园之课程编订问题

关于幼稚课程编订问题，大概分为散漫的、有理论的、组织和设计的。现将这三类的优劣各点，分述于后。

1. 散漫的

（1）散漫的课程，对于儿童之工作是没有固定，废除一切有组织的课程。

（2）散漫的幼稚园中，有格外优良的环境，能刺激儿童自由作种种自发的活动。

（3）散漫的幼稚园中，教员工作无定，事前无充分的准备，但环境布置应充满激刺儿童自发活动的材料。

（4）结论：

优点：适应儿童个性。

劣点：教员难以应付，不能预知儿童兴趣、利用方法，困难在能供给丰富的材料；儿童个性不一，有静的儿童，不表示其兴趣，不自动去活动；儿童兴趣奇多，不能持久，教员不易使儿童明了底蕴，仅知表面而已；儿童渐渐不服从教师；注意力不〔集〕中，个性与兴趣不同，因之儿童注意力不能集中。

2. 有理论的

因散漫的方法有很多的劣点，所以才有改良组织理论的课程。

先定课程纲要，再收集供给自己儿童的材料。这种有组织的课程，亦有其利弊。

优点：使课程有系统，使儿童注意力集中，教育得充分预备，儿童能合作、能服从。

缺点：埋没个性，摧残儿童兴趣，教材不能尽合儿童兴趣，课程编订后不能因时、事与临时材料之变更。

3. 设计方法

（1）先定题目。

（2）搜集材料，须切合儿童兴趣、年龄及能力。

（3）教师应作充分准备，俾能予儿童以相当的指导与帮助。

（4）须有适当之环境，使儿童有适当之刺激。

（5）对于儿童临时所发生兴趣，务须兼顾，但不宣〔喧〕宾夺主而牺牲原有计划。

（6）如设计材料多，则时间长，往往使儿童兴趣减少。应将设计分为许多小单元，并应下积极的批评以启发儿童思想。

总括上述各种方法，均有利弊。中国幼稚园，则常采用第二种方法，因教师易于准备。至于设计方法，以大部分幼稚教师尚未学过，所以极少采用。我人认为上述的三种方法，设计的方法比较好些，且能适合儿童个性。所以今后关于幼稚园课程编订问题，希望能采用第三种方法。

五、尾语

中国的幼稚园，是还在萌芽时代，要纠正过去的错误比较容易。本文的主旨，即在使办理幼稚园者明了过去的错误，贡献今后应取的方针，和介绍幼稚教育关于历史方面和学说的认识。

我国最大的弊病，即在无条件的模仿外国，接受外国学说，因之数十年来的教育毫无成绩。全部的教育是如此，幼稚教育当也不能逃出这个领域。所以要改进幼稚教育，必须以适合国情、力谋中国化为先决条件；否则虽言改进，而终于无益于本国的需要，适足为帝国主义又造成一大批的洋奴。这一点在作者所认为极要而不可忽略的。

12 《幼稚园中心活动》序

杨效春

1934年2月

另图 10　杨效春像

题　解　本篇原载《生活教育》第 1 卷第 6 期"特载"栏。撰成时间为 1934 年 2 月，发表时间为 1934 年 5 月 1 日。原发表时，文后附有《生活教育》编者注："这本书在儿童书局出版，现在在印刷中。"

　　撰著者杨效春（1895—1938），原名兴春，浙江义乌人。早年毕业于金华府中学堂，任教于小学。1917 年考入南京高等师范学校，半工半读，得教育学硕士学位。毕业后，先后在安徽休宁女子师范学校、安徽省立第二中学任教，并追随陶行知投身于乡村教育运动，参与晓庄试验乡村师范的创办。后辅佐梁漱溟，参与山东邹平乡村建设研究院的办理。20 世纪 30 年代中期，担任安徽黄麓乡村师范学校校长。抗日战争期间，因国内派系纷争而蒙冤被害。著有《晓庄一岁》《乡农的书》等。

　　有关《幼稚园中心活动》，参见前文《周文山著〈幼稚园中心活动〉序文》题解。

　　有关《生活教育》，参见前文《劳工幼儿团的接生婆——致孙铭勋、戴自俺》题解。

　　现在我们家里已经有了三个孩子。大的是男孩，名叫安安，今年五岁；其次是蓉蓉（三岁），平平（一岁半），均是女孩。我是一个学校的教师。他们的母亲也曾做过中小学和幼稚园的教师。可是我们现在对于这三个孩儿的教管，确实觉着困难咧。

　　孩子们每天的生活，都爱到外面去玩玩、看看。尤其是安安，无论到那里——邻家、街上、研究院、第五科、师范部、小学部、城头上、北极庙、农场、苗圃、黄山、黛溪河边，都是他所欢喜的。他所最爱去玩的地方是农场和河边。

农场里有牛，有马，有羊，有猪、狗、鸡、鸭，有兔子，有各种作物、各色花草。这些东西，好像都是他的小朋友和玩具。

河边有沙，有土，有石块，有木桥，有水流着，有鱼游着，有水鸭飞着、浮着。在他都是觉得希奇新颖、好看好玩。他到河边，要把石块丢在水里，扑通一声，水花四溅，多么有趣！要把沙土聚成山，或挖成沟，插上花草树枝，一时又把它填平重新再来，何等快乐！

孩子们都是这样爱到外面看看、玩玩的。可是我和他们的母亲却很少闲暇能陪他们去玩哩。前面说过，我是一个学校的教师。现在，我又兼着担负一个实验县的教育行政的责任。我对公家，每天都有忙不了的事。

他们的母亲，成天在家也是很忙的。她是一家的主妇，一身要兼奶娘（喂平儿的奶）、看护妇（养护三个幼孩）、教师（教安儿、蓉儿识字、唱歌、礼节，教平儿说话、走路）、买办（采购一家日用油盐、柴米、菜果）、会计（记载家用账目）、裁缝（缝制家人裤、鞋、帽）、厨役和洗衣匠的工作。从此，大家可以想见我们家里如要每天规定一个一定的时间，引领小孩们到外面去看看、玩玩，是很困难的。

让幼小的儿童在外面游玩，没成人跟着看着，许会发生危险的。如被汽车、大车、自行车碰着，或被骡、马、牛、羊踏着踢着，或被恶狗咬着，都是可能的事情。这个我们深切知道。可是我们现在不能〔不〕让孩儿们自由。换句话说，我们不能不给孩儿们每天统到外面去自由游玩的机会。因为我们知道如把这等幼小的孩儿幽禁在家，成天在室内纳闷叹气，不许他们外出，结果他们是会生吵闹、争执、哭叫、疾病、胆怯和不活泼、不干练，在儿童身心的养护上实有更大的危险。

我们为什么不把孩儿们送入目前的小学或幼稚园去受所谓的"幼稚教育""小学教育"呢？因为我们又不信任目前的小学和幼稚园能够裨益儿童生活呀！

目前的学校，大家忙于教书，不知教人；教字，不知教事；教课文，不知教生活。这尚是所谓"良好的学校"。其次的，乃是课本书文也不知如何教，只叫儿童苦苦的坐在光线不足、空气不洁的课堂里，"读死书，死读书，读书死"。

大家试想：这样的学校教育，对于儿童生活是幸福还是祸害呢？一句话说完，我们不敢送孩儿上学校，因为目前还没有注意儿童生活的学校。

儿童爱看、爱玩，在这看与玩的里面，他们得到知识，得到技能，得到兴趣，亦即得到教育。把儿童自由出外玩去，易遇危险，不有大人看护，也是不对。但他们进入学校，而那学校只教儿童"读死书，死读书，读书死"，更是危险，更为不对。天下父母和我们处境相似、困难相同，而感觉需求亦复相类的，想必大有人在吧？试问大家，将如何教育你们自己的儿童呢？

我们是要求全国教育改造！单为儿童想，儿童教育的改造即小学教育及幼稚园教育的改造，在今日是必需的，而且是急需的。我们需求全国教育机关一律改为儿童生活指导的机关，因为儿童教育原来不是别的，只是儿童生活指导。

周君文山离开晓庄以后，就同我到徽州、到成都。他在徽州创办安徽二中实校幼稚园，在成都创办成大实校幼稚园。因为他的热心和努力，他到处是很受儿童欢迎的。我常看他和小朋友的日常活动，知道他所注意的不是想办普通所谓幼稚园教育，而是广大的民间幼稚儿童的生活指导。这本书可以说是他在成大实校从事幼稚教育的工作报告。关于〔心〕儿童生活指导、幼稚教育改造的人，是值得一谈的。

二十三年二月在邹平

13 祝儿童节

蔡元培

1934年3月3日

另图11 蔡元培像

题　解　　本篇原载《江苏省小学教师半月刊》第1卷第14期"儿童节号"。撰成时间为1934年3月3日，发表时间为1934年4月1日。

原发表时，标题之下列有本文之要点："中国儿童境遇状况给予我们对儿童问题应有的认识、儿童幸福事业应有的提倡及儿童节纪念办法的建议。"

撰著者蔡元培（1868—1940），字鹤卿，号孑民，化名蔡振、周子余等，浙江绍兴人。1883年考取秀才，1889年中举人，1890年成贡士，1892年经殿试中进士，选庶吉士。1894年后任翰林院编修，1898年归里，任绍兴中西学堂监督（即校长）。后历任上海澄衷学堂教师（协理校务）、上海南洋公学特班总教习、中国教育会会长、爱国女校和爱国学社经理等职；发起成立光复会，加入同盟会，参加革命活动。1907年自费赴德国留学，入莱比锡大学研习心理学、美学、哲学等。闻武昌起义消息后归国，于1912年1月4日出任中华民国南京临时政府教育总长。后历任北京大学校长、大学院院长、中央研究院院长等职。著作有《蔡元培全集》等。

本文中所提"儿童节"，系中国自定的儿童节，而非"六一国际儿童节"。1931年3月7日，中华慈幼协会向上海市社会局提出，请将每年的4月4日定为儿童节，并请该局转呈上海市政府及南京国民政府批准。当时的民国教育部经研究决定采纳这一建议，并参考该协会5月补充呈报的意见，制定了相关纪念办法，通令各省、市、县教育厅局一体施行。中国历史上第一个儿童节，就这样被确定下来。从1932年起，每年4月4日，全国均会组织相关活动来庆祝这一节日。

《江苏省小学教师半月刊》，教育半月刊，1933年9月16日创刊于镇江，由江苏省教育厅主办、编辑并发行。旨在为本省小学教师开辟一条便捷的进修途径，提供小学教育的理论研究及介绍典型的实践经验。主要栏目，有教师常识、问答解答等；主要撰稿人，有王志瑞、江卓群、吴增芥、葛承训、陈锡芳、沈涤生、沈善芝等。终刊原因及时间未详。

    最近六十年来，人类的儿童观翻然一新。从前只把儿童看做成人的预备，现在认明了儿童本身自有他的价值。从前社会上没有儿童的地位，现在知道了尊重儿童生活，主张儿童的权利。

    爱伦凯[①]女士在前世纪之末，便称二十世纪是"儿童世纪"。这实在是改造时代的警句，很可以促人猛省的。我国在三年前规定四月四日为儿童节，也是这个用意，无非要唤起社会来重视儿童，并且来谋儿童幸福事业的进展。

    各国的儿童节各有历史，各有特色。例如日本以三月三日为女儿节，是日也，陈列偶人（通称洋娃娃），谓之雏祭；以五月五日为男儿节，庭中高高地挂起鲤帜[②]，随风飘扬。我国用四月四日这个日子，恰恰在重三和重五的正中。节届清明，惠风和畅。李白所谓："阳春召我以烟景，大块假我以文章。"[③] 在这个春物繁华的时候，来庆祝天真烂漫的儿童，使冬至后百五的风光，和儿童——人生的青春，互相辉映。这实在是最适当、最可爱的日子。

    现在要看看我国儿童的境遇是怎样。

    先说一岁以内的婴儿。据表一（见表1），死亡率是二百。就是说每年一千婴儿中，死亡者有二百。各国的婴儿死亡率，三十年来都能够逐次减低，足见教育卫生的进步、经济的改善。表中，以我国的婴儿死亡率和意大利或比利时的相较，就可以看出我国的婴儿冤枉地多死一倍。每一千婴儿中冤死一百，每万中就冤死一千。若再和荷兰或瑞士

---

① 爱伦凯：通译爱伦·凯（Ellen Key，1849—1926），女，瑞典教育家、作家、妇女活动家。她自幼生活在富有、自由的家庭环境中。青年时期爱好文学，曾随父漫游欧洲。后致力于妇女解放事业，提倡儿童权利，毕生从事教育与写作。著有《女性的道德》《妇女运动》《儿童的世纪》等。
② 鲤帜：鲤鱼形状或图案的旗帜。日本人受鲤鱼跳龙门传说的影响，在日本的男儿节挂出此物，寄望孩子身体健康、前程远大。
③ 语出李白《春夜宴桃李园序》。意为：阳春用烟雨蒙蒙的景色召唤着我，大地把华美丰富的景象提供给我。

的相较，冤死更多至四倍了。这数目是何等的惊人！

表1　各国婴儿死亡率比较表

时期 国名	1910	1920	1930
中国			200
印度（英领）		195	180
日本	161	166	124
西班牙	149	165	117
意大利	141	143	107
比利时	134	104	93
德国	162	131	84
丹麦	102	90	80
法国	111	99	78
美国		86	65
英国	105	80	60
瑞典	75	63	54
荷兰	103	73	51
瑞士	105	84	51
澳洲	75	69	47
挪威	68	58	46
冰岛	105	83	45
纽西兰	68	51	34

附注：中国婴儿死亡率系估计数。

再说学龄儿童。我国学龄儿童并无确数。据行将出版的《教育部十九年度统计》，估计总数是"四九,一一六,〇六〇",至于入学儿童乃是"一〇,八四四,一三一"。其中,一部份是十八年度的原数(东三省及哈尔滨特区),一部份(绥远、贵州)也是估计。总之,实际上入学者只有百分之二十,其余完全失学。而受着灾荒饥寒或沦落于奴隶生活者,更不知凡几!

再说入学儿童。那是要算幸运儿了。据卫生署广播演讲:南京市学校儿童的健康检查结果,一万零五百八十人当中,完全健康者仅六百三十一人,其余九千余人,每人均有缺点一种或一种以上不等。各种缺点的总数,竟达二万一千零二十六例之多。

据表二(见表2)和表三(见表3),京市小学生患蛔虫者几乎要占百分之四十,七大城市的中小学生患砂眼者占百分之五十,牙病者百分之四十。学校儿童的健康程度是如此低微!

表2 京市各区小学校学生重要肠寄生虫百分率比较表[①]

(民国二十一年十月至十二月)

区别	人数	寄生虫名							
		痢疾阿米巴		钩虫		蛔虫		蛲虫	
		人数	百分率	人数	百分率	人数	百分率	人数	百分率
东区	1068	16	1.5	7	0.7	387	36.2	5	0.5
南区	527	5	0.9			208	39.5	3	0.6
西区	692	10	1.4	5	0.7	255	36.8	2	0.3
北区	638	10	1.6	1	0.2	216	33.9	1	0.2
中区	727	5	0.7	6	0.8	230	31.6	3	0.4
城区外	170	3	1.8	9	5.3	27	15.9		
总数	3822	49	1.3	28	0.7	1325	34.7	14	0.4

---

① 表中数据均按照原发表件录入。

表3 南京、上海、北平、青岛、威海卫、杭州、苏州中小学校学生体格缺点统计表[①]

（民十八~廿一）

缺点分类	检查人数	缺点总数	缺点百分率
砂眼	68237	30569	48.23
牙病	61207	24408	39.38
扁桃腺肿大	63237	15958	25.21
淋巴腺肿大	34592	7647	22.12
营养不良	63237	9328	14.74
视力障碍	59962	8440	14.12
包茎	23909	2894	12.10
皮肤疾患	45316	4219	9.33
听力障碍	49583	4209	8.49
其他耳病	43837	2239	5.09
贫血	34592	1740	5.04
鼻病	33113	999	3.02
辨色力失常	1153	30	2.60
疝气	30593	583	1.92
其他眼病	34592	627	1.82
肺病	63237	880	1.39
心病	63237	857	1.37
其他疾患	38379	477	1.25
整形外科病	30183	207	0.68
脾病	30183	57	0.19
甲状腺肿大	30183	54	0.18

① 表中数据均按照原发表件录入。

儿童是人生的春华，是国民的后劲，是民族的维持者，是两亲本我的继承者。而现在他们的境遇生活是如此！这是在儿童节三周纪念，我们应有的认识。

至于儿童幸福事业，先进国的设施不下数百种。约略说来，可以分为三大类。

（一）家庭和幼儿的救护

包括妊妇、产妇、乳儿的保护在内，如劳动者保护法、劳动保险法、母亲金库、妊妇给养事业、分娩院或产妇收容所、免费助产制度、牛乳调理所、乳儿诊察所、乳儿院、小儿病院、日间托儿所、幼儿寄托所之类。

（二）学龄儿童的保护

如学童寄托所、儿童治疗所、林间保养所、林间学校、夏令营、学童给食、学校齿科临床、学校浴〔室〕和游泳池、儿童游园、儿童图书馆之类。

（三）异常儿的感化救济

如低能儿补助学校、不良少年感化院、少年法庭之类。

此外，救护事业，如儿童劳动保护、儿童虐待防止、俗恶文学的扑灭、电影的监督、儿童的职业指导、乡村儿童的工读制度等等，也是有益于儿童的德性涵养和健康问题的。这些儿童幸福事业，都要经过科学的研究，有系统、有计划的实行，决不是一朝一夕所能为力的。

我们为儿童幸福计，还要提倡节育，励行优生。遗传是生命的三大要素之一。惟有遗传研究的结果，才可以使在种种学校、公署、少年法庭、家庭的儿童待遇法成为更加合理。而犯罪、无能、酗酒、低能者、贫困等等社会问题，在把这些和遗传的关系更加了解而且认真考察之后，才可以得到更加有效的救济法。

关于优生学的研究，范围是很广的。一方面应该重视遗传，一方面又不能忽略优境。优境和节育又有密切的关系。生育不节，岂但婚嫁累人，连教养也何能尽力？

设有甲、乙两家，经济状况相同，两亲的教育程度也相同。甲家子女只一二人，当然可以从容培植。乙家则儿女成行，负担太重，就难免有照顾不到之处。所以我们要促进儿童幸福，不能不改善环境和节制生育。

试观表四（见表 4），更可了然。婴儿死亡率的高低，完全支配于环境。又，表中母亲年龄一项，婴儿死亡率在母亲二十五岁以后均比在二十至二十四岁间来得高。依理论，母亲年龄加长，她的育婴经验随之而进，婴儿死亡率应该低了。何以反而增高？这大概就为了子女加多，忙不过来的缘故。

表 4　美国约翰敦市 [①]（Johnstown）婴儿死亡率（1915）

		婴儿死亡率		婴儿死亡率
房屋情形	清洁、干燥	105	不清洁、潮湿	204
	自来水在室内	118	自来水在室外	198
	有抽水马桶	108	毛厕	159
卧室情形	二人以下同住	67	五人以上同住	123
	婴儿独卧	56	婴儿与大人同卧	109
接生情形	医生接生	100	助产士接生	180
哺乳情形（第二月）	母乳	72	人工哺乳	237
母亲年龄	20 以下	137	30～39	136
	20～24	121	40 以上	149
	25～29	143		

临了，我还有两个小小的提议。儿童节纪念办法，教育部已经略有规定，教育界人士也多有贡献。我现在参酌我国古来生子的庆典和至今通行的娱乐，写出办法两条作为补充，如下。

（1）以弧矢为庆祝儿童节的标帜。《内则》："世子生三日，射人以桑弧、蓬矢六，

---

① 约翰敦市：通译约翰斯敦市，是美国纽约州的一座城市。

射天地四方。"① 现在男女平等，应该一致采进取主义，不必有悬弧、设帨②之分，也不必拘泥何种材料。就用这个庆祝世子的用弧矢的古礼来普遍庆祝全国的儿童。

（2）以踏青为儿童节娱乐之一。儿童节正当清明前一日，古称寒食③。寒食本有插柳踏青的风俗，今则多在清明日流行。我希望儿童节这一日，于举行庆祝仪式之后，扶老携幼，竞行踏青。将见四野如市，芳树之下，园圃之内，庆祝儿童的标帜和赠送儿童的玩具罗列满前，大家互相笑乐。落花与蓬矢同飞，杨柳共偶衣一色。

这篇写完，知道国民政府已经决定明年为儿童年。这又是民族复兴的好消息。希望全国人民的目光，都注意到儿童幸福的事业。

不禁欢呼：儿童节万岁！中华民国万岁！

二三.三.三，中央研究院

---

① 语出《礼记·内则》，完整表述为："国君世子生，告于君，接以大牢，宰掌具。三日，卜士负之。吉者宿齐，朝服寝门外，诗负之。射人以桑弧、蓬矢六，射天地四方。"意为：国君的嫡长子出生后，报告国君，用太牢之礼来迎接嫡长子的诞生，膳宰负责陈设馔具；出生第三天，通过占卜选一位士，来抱新生的世子；获吉卜被选中的士，前一天就要斋戒，当天，穿上朝服站在路寝门外，双手承接过新生的世子，让他脸朝外地抱在怀中；然后，射人用桑木做的弓，射出六支用蓬草制作的箭，射向天地四方。
② 悬弧、设帨："悬弧"，悬挂木弓，表示生了儿子；"设帨"，挂出佩巾，表示生了女儿。《礼记·内则》载："子生，男子设弧于门左，女子设帨于门右。"意为：孩子生下以后，如果是男孩，就在侧室门左侧悬挂一张木弓，如果是女孩，就在侧室门右侧悬挂一条佩巾。
③ 寒食：寒食节。在农历冬至后第105日，通常为清明节前一或二日。是日，禁烟火，只吃冷食，故称"寒食"。后演变为祭日，须外出祭扫、踏青。

14　幼稚园？

张宗麟

1934年4月1日

> **题　解**　　本篇原载《生活教育》第1卷第4期。发表时间为1934年4月1日。
> 　　有关撰著者张宗麟，参见前文《劳工幼儿团的使命——致张宗麟》题解。
> 　　有关《生活教育》，参见前文《劳工幼儿团的接生婆——致孙铭勋、戴自俺》题解。

"幼稚园"，不论中外，终列入教育冷货栏里。在中国，真是叨天之光，十年来，这个冷货也渐渐时髦起来了。在上海、南京一带固然一办十几所，就是南宁、重庆等内地大城市，也有一二所实验幼稚园，点缀得像煞有介事。教育部学校数目统计上，全国幼稚园数目虽然比不上小学、中学，倒也可以与大学媲美。有人以为这是好现象，比起十年前幼稚师范毕业生做小学教师来，固然现在强得多了。但是像现在所办的幼稚园，大有加"？"的必要。这次提出两点来说一下。

一、劳苦大众的孩子被抹煞

什么是劳苦大众的孩子？他们的父母是在工厂里做工的，在田里种田的，他们的父母为着维持最低限度的生活，每天做着十四小时的劳动工作，没有时间去教养孩子。那末这些孩子应该就是幼稚园的正式生。读者大概还记得福禄培尔创造世界第一个幼稚园吧。它只有五个孩子，都是穷孩子。蒙得梭利①办了几次幼稚园，也都办在贫民区里。这两位老祖宗并没有弄错，后人确有些弄错了。

试看今日全国幼稚生的来源。大都市的幼稚园，每学期招考新生一次。幼稚生也要受入学试验，初听起来有些刺耳。但是这是办学者莫可奈何的苦政策。因为地小人多，收容不了，藉此招考美名，可以从容挑选父母们的地位与财势。有钱有势的孩子才有录取的资格。

这些幼稚园不但劳苦大众的孩子没有资格，连中产人家的儿女也休想插入。这是第一重关。

再看每学期所收费用：（1）点心费，每月大洋一元，六个月算计洋六元；（2）学费，甲班二十元，乙班十五元，丙班十元；（3）材料费，每月大洋一元，每学期计六元；（4）杂费，每学期六元；（5）书籍费，预缴二元，有余发还，不足补缴。以上各费合计四十元（至少三十元），于开学时一律交清。

这还不算什么。在上海有私人幼稚园，每人每月学费十元至二十元，一学期只就学费一项就要一百元。

当然啦，也有便宜的幼稚园——号称平民或贫民幼稚园的。它的费用如下：（1）点心费，每月五角，计三元；（2）学费三元；（3）杂费二元。合计大洋八元。除去学杂、点心诸费之外，投考的幼稚生要报名费，还有临时捐款。

用金钱的扫帚，来扫去穷孩子。这是第二重关。

"好孩子是穿得整整齐齐的，你们看 Lilly 今天的外衣多漂亮，鞋子多光亮……阿三，你明天叫你母亲换去这条旧围裙！丑死啦！"这是幼稚教师在晨会上的例话，全国通行。

中产人家，竭力巴结，送孩子进幼稚园，以为略尽父母之责。那知孩子们天天在乐园里挨骂、受白眼。中产人家的孩子尚且如此，衣服褴褛的穷孩子，不但休想进去，就是进去了，也不会得到应当享受的教育。

长着势利眼睛的幼稚教师，就是直接抹煞劳苦大众孩子的刽子手。这是第三重关。

---

① 蒙得梭利：通译蒙台梭利。

不但幼稚园教师们不肯招收穷孩子，连有钱的家长们也有拒绝穷孩子进幼稚园的威权。在富人们的眼睛里，穷孩子就是坏孩子，不但有恶行为，也有传染病，至少是有穷气的。倘若自己的宝贝子女与这般穷孩子在一块儿，那真比送进毛厕坑还要可怕。

"白先生，野孩子到我们学校里来了……"一群小苹果脸的孩子狂叫着。接着便是娇声的"出去！出去！老王，快来把这些野孩子赶出去……"。接着，又是一阵脚步声、粗大的恶声："出去，出去！抬煤屑跑这里来！眼睛瞎了吗……出去！出去！"穷孩子不但不允许进幼稚园，连徘徊与游玩一阵也不允许的。

倘若真的收了一个穷孩子，那末家长们必提出严重抗议，甚至会勒令停办，最低限度也会做到消极办法——不送子女进去，并追还学费。

在这样情况之下，那个傻子敢尝试录取穷孩子呢？真的尝试了，保你饭碗打破。这是第四重关。

以前上海某花园的大门口，挂着一块牌子："华人与狗不得入内。"现在的幼稚园门口仿佛也有一块金字大牌："穷孩子与恶狗不得入内。"因为少爷、小姐们带着玩的哈叭狗是可以进去的。

老实说，富贵人家的子弟，不很需要幼稚园。他的家里有的是乾带老妈子、花园和满屋的玩具。他的母亲，更是一天玩到晚，不是打牌便是会朋友。论她的时间，教一二个孩子是绰绰有余的。放着这许多老妈子、母亲还不够，还要送进幼稚园去，交给叫名的幼稚教师去（其实那些替富人带孩子的幼稚教师，是十足道地的干奶妈）。为着富人着想，也是一笔浪费。这样的幼稚园是社会上的"鼠乳瘤"，大有割去的必要。

但是，要想到穷人队伍里去办幼稚园，也是一件不可能的事。福禄培尔的幼稚园不是被德国政府勒令停办吗？还要硬指福氏是德国的反动分子，逼他出境。中国在目前虽然还没有发现同样事实，但是有人去办了，怕也难免要发生这样的现象："始而怀疑，继而侦察，终而破坏之。"

到现在，全国劳苦大众的孩子还是被抹煞〔煞〕的！

二、儿童的生活力被软化

什么是儿童的生活力？儿童生来就有生龙活虎、天不怕地不怕、欣欣向荣的力量。这种力量需要机会去发挥，好比树木需要机会去吸收日光与养分。这力量一经软化便消失。

花园里的盆木是经过花儿匠矫揉造作的，失去了树木的生活力。这棵树只可供人玩弄，不能作为栋梁之材。据花儿匠说，制作盆木，需要幼木。现在的幼稚园恰巧是制造人的盆木的好场所。如若不信，请看下面极通行的例子。

"一群小绵羊，跟着母亲在草地上吃草……忽然远远地来了一只狼……母亲大声嚷着：'狼来了，狼来了！小羊快快跑……'"这是很通行的故事。是训练强暴来了，快些躲避，不准奋斗，以免危险。

"一只小兔子，有一次不听妈妈的话，一个人跑到外边去玩……忽然遇到一只狐狸，狐狸是要欺侮小兔子的……小兔子赶快跑……又遇到一只狗，狗也会欺侮小兔子的……小兔子赶快逃。又遇到……"这也是很通行的故事，是训练小孩子应该住在家里，不应该乱跑的。世界上充满着敌人，千万不要去冒险。

雨后孩子在地上玩，看到一条蚯蚓，捉去给教师："先生，我捉到一个好玩的东西！"教师看到蚯蚓吓得大叫："咦！这是蚯蚓，有什么好玩，赶快摔掉。"这是时髦幼稚教师的举动，可以训练成儿童不敢与自然界接触。

音乐是目前幼稚园最注重的功课了。没有一个幼稚园不训练儿童会唱会跳，一天老是跟着铃声唱着、跳着。你看幼稚生长着苹果般脸、刘海式发，穿着花衣，唱着"飞呀、飞呀"的歌，真像笼中画眉、架上鹦鹉，为着成人们玩耍起见，倒很有趣。例如爸爸办公回家，很可抱在膝上，唱一曲开心开心。可惜冲天的生活力都关进在美丽的"鸟笼"里，也就是被"金链条"锁住了。

泥沙是孩子们最爱玩的，有几个幼稚园已经着手做了。但是沙盘有两种：一种是桌上的，一种是地上的。这两种沙盘，教师们都替儿童装饰得极精致，假山、小人、小农具……孩子们只准看，不准动手。因为玩泥沙是会弄脏衣服的。幼稚园里玩具多得很，你看桌上的积木、排色板……还有儿童图画书……不应该玩泥沙。这是训练儿童静下来，不要乱闯多动。

一年中难得遇到的旅行期到了。在事前，教师再三叮嘱："小朋友，我们要到……可以乱跑吗？可以东张西望吗？千万要守规矩……"日子一到，坐车而去，到了目的地，排着队鱼贯而入、鱼贯而行，不准有些许声音。儿童偶而发问，教师便"嘘……嘘……嘘"的禁止。这是训练儿童不应该有见可发问，更是训练儿童守规矩的好机会。旅行回去以后，免不了一次讨论会，又是一顿批评，又是一顿臭骂。骂得路上喜欢发问，喜欢拾石子、采草花的孩子双目发瞪。

　　幼稚园本来可以不教字的，但是中国太太们送孩子进学堂的唯一目的，是读书。自从陈鹤琴、张宗麟、张雪门诸君说了几句幼稚生也可以教字的闲话以后，幼稚园识字一科，是最时髦的工作了，也是最重要的工作。教的什么字呢？方块的单字，大狗、小狗的短句。于是四五岁的孩子也吟唔咕哗了，更加可以握笔写字了。这或者是提前学到人生（？）的工具吧！

　　幼稚园的挂图那一张不是温柔妩媚的？从来看不到奋斗勇敢的挂图，更看不到农人、工人的生活图。在幼稚园里真是温柔之乡。房子里的布置是何等温柔，耳朵里更是不绝的黄莺般铃声与歌声，还有举动文雅的小少爷、小小姐共同玩耍。幼稚园真是乐园，教师们在幼稚园过生活真是天上人仙，真不知道世上还有劳苦、悲哀。在这样环境中，成人们倘若没有别的问题的逼迫，谁也不会再有支持奋斗的精神，谁也不想振作有为，谁都能被软化。

　　孩子们当然更容易被软化呀！

　　住满了两年幼稚园的幼稚生，真像在花儿匠手里玩了两年的花木。他们看到自然界的一切都害怕了，对于自然界的现象都误解了。对于社会是缩小了，只敢在一间小房子里玩，不敢出外一步。手被软禁了，脚被圈子划住了，吹不得风，经不得雨。〔只知道〕灿烂的世界是上帝造成的，不知道世上有汗血交流的农民与工人，更不敢与一切强暴作奋力的抗争。总说一句，他是小废人、小羔羊。

　　谁是幼稚生的花儿匠呢？幼稚教师！谁是盆木的受主呢？父母与整个的民族！

　　在大都市里教育孩子的幼稚园与制造盆木的花园真是相映成趣。呜呼！今日中国的幼稚园！

15 儿童教育的根本问题

陈鹤琴

1934年4月4日

另图12　陈鹤琴像

题　解　本篇原载《民报》1934年4月4日第2版。系特约稿。

演讲者陈鹤琴（1892—1982），浙江上虞（今属绍兴）人。早年就读于杭州蕙兰中学、上海圣约翰大学。1911年秋考入清华学堂高等科，1914年夏庚款留美，先获约翰斯·霍普金斯大学文学学士学位，后获哥伦比亚大学教育硕士学位。1919年归国，任国立南京高等师范学校教授。1923年创办南京鼓楼幼稚园并任园长。1927年，与陶行知等人发起组织中华幼稚教育研究会，创办《幼稚教育》月刊。1929年，发起组织中华儿童教育社，并当选为主席。1940年，主持创设江西省立实验幼稚师范学校，倡导"活教育"，并于次年创办《活教育》月刊。抗战胜利后，主持创设上海市立幼稚师范专科学校。后任南京师范学院院长，主持创办幼儿教育系。著有《儿童心理之研究》《家庭教育》等，辑有《陈鹤琴全集》等。

该文发表的这一天，系中国的"第四届儿童节"。当时我国的儿童节为每年的4月4日。陈鹤琴接受《时事新报》的约稿之请后，便认真地思考了"儿童教育的根本问题"。

《民报》，日报，1932年5月4日创刊于上海，主编为叶楚伧、邵力子等，系国民党党报。其前身，为上海《民国日报》。1932年1月，因登载所谓"对日本皇室不敬的消息"而被迫停刊，更名后继续出版。主要栏目，有社论、本社专电、时评、要闻、地方新闻、本埠新闻等；主要撰稿人，有沈玄庐、姚鹓雏、胡朴安、管际安等。1937年11月停刊。1945年10月沿用《民国日报》名称继续发行，1947年1月终刊。

儿童教育，的确是目今社会上一个很重大的问题。现在的儿童，就是未来的主人。社会的进化、国家的繁荣，要看这些未来主人的品格、材智如何而定。培养这些主人的品格、材智，端赖优良的儿童教育。那么，儿童教育的重要，自然不用再说了。

儿童教育既然这等重要，我们实施儿童教育的时候，究竟应当从什么地方着手进行？照我个人看来，关于儿童教育的根本问题，可分作三层来讲。

一、健康和发育

健康是事业之母，这是谁都承认的。如果身体不好，就是有了满腹才能，也不能做出什么事业来。所以讲到儿童教育，健康和发育就是第一个根本问题。关于这个问题，可分作心理和生理的两方面来讲。

（一）心理的健康和发育

儿童的脑筋，原是纯洁无瑕的。我们教导这种纯洁无瑕的儿童，就是要教他们吸收一切有益的印象，发展合理的思想和思考的能力，屏除一切不好的印象，避免差误的思想和无谓的恐惧。

所以在积极方面，要利用他们的好奇心，利导他们、引诱他们去研究他们的环境，教导他们自己去探索各种事物的原理，藉此获得正当的经验，组织准确的想像。

消极方面，第一是要多给他们自动和发问的机会，增加他们的自信力和探索的兴趣。凡有事情，做父母和教师的，切不可一手包办或横加干涉，应当从旁观察，相机指导。

第二是切不可恐吓他们，使他们发生无谓的恐惧，脑筋里面无端的印入一种恐惧的印象。譬如：禁止儿童哭泣，就说"暗地里有妖怪要来捉你"；禁止儿童外出，就说"外边有老虎要来吃你"。这些无意识的恫吓，大有妨害于儿童心理的健全。抚育儿童的，须引为大戒。

第三是要以身作则。凡一举一动，都要作儿童的模范。因为儿童的脑筋是纯洁的，而且又是富于模仿性的。看到好的举动，无形之中就得到好的印像；看到不良举动，无形之中就得到坏的印象。所谓"习于善则善，习于恶则恶"。这是不磨之论。负有教育儿童的责任的，都应当随时警惕，处处留意，庶几儿童的心理可以健全的发展。

（二）生理的健康和发育

关于身体的健康和发育，可以分作几点来讲。

第一是要注意饮食。"病饱不病饥"，真是一般儿童的痛论；"病从口入"，可说是卫生的至理名言。尤其是中国家庭里，对儿童的食物和成人一样，质量方面既毫无区别，分量方面更毫无限制。好食虽然是儿童的天性，然而儿童的胃纳和消化力，是和成人大不相同的。天天吃那些不容易消化的食物，并且吃得很多很饱，那是没有不生病的。所以，中国儿童在断奶以后，往往形消骨瘦、百病发生。考其原由，大半是由于饮食不慎所致。所以，切不可把成人吃的东西给儿童吃。儿童要吃宜于儿童身体的食物，并且切忌吃得过多。这事，做父母的应当特别留意。

第二是要改良服装。旧式家庭里儿童的衣服、鞋子束缚身体，不便运动。富有之家，更加上许多金银的装饰品，锁啊，链条啊，挂满在儿童身上，平空使他们增加着不少的负担，动作不便，活动当然减少，身体的发育当然受绝大的影响。所以，儿短〔童〕的服装务须改良，以灵便、舒适、宜于运动者为是。

第三是要有儿童游戏的设备。游戏可说是人类的天性，尤其是儿童生活的大部份，对于身体的发育有密切的关系。无论家庭、学校，对于儿童游戏，务须鼓励、引导。学校里，当然要有充分的游戏设备；家庭里，亦应当量力设置游戏的设备和玩具。庶几，儿童多活动的机会，增加运动的兴趣，身体方面也可以尽量的发展了。

二、服务的习惯

儿童的心理和身〔生〕理两方面都得到充分的发展，当然是很好的。然而有了健全的身心，不能做有益公众的事情，这不但对于社会无益，或许是有害的。所以我们教育儿童，还要培养他们服务的习惯。关于这层，可分三点来讲。

(一)不自私

自私是人类的通病。不过现在的中国人,自私的心理似乎特别厉害些,无论对什么事情,只知有"我",不知有"人"。这一个"我"字横亘在脑筋里,世界上一切罪恶就从此发生。与人共事,则争权夺利,互相倾轧;经理账款,则营私舞弊,侵吞自肥。推而至于国家的扰乱、世界的不安,无非是这一个"我"字从中作祟。所以,我们教育儿童,第一先要教他们牺牲我见,扫除自私自利的心理。对于食物,不要争多嫌少;对于一切玩具,不要强夺霸占。遇到这种事情,务须善事晓喻,教儿童推己及人,引起他们设身处地的想像,养成大公无私的习惯。

(二)帮助人家

家庭中间遇到儿童能够做的事情,做父母的就应当教儿童自己去做。不要一些小事也专责仆人,自己摆出少爷的架子来。学校中间,应当要有公众服务的组织。不过,第一要教儿童认清一点,就是"纠察员"或"市长""局长"等名称,是公众服务人员的记号,决不是一种虚荣幌子。有这种名称,就有服务公众的责任,是公众的仆役,要尽力的帮助人家,才称尽责。耶教的格言"非以役人,乃役于人",这是绝好的教训。

(三)守秩序

社会是公众集团,个人在这集团中活动,决不可徒一己的性情。譬如:人家谈话,不要去参杂其间;人家工作,不要去吵闹;人家休息的时间,不高声谈笑。凡此种种,都要从小教训,养成这种习惯,长大了才能确守社会秩序,做个健全、优良的国民。

16 幼稚教育者？

张宗麟

1934年4月16日

> **题　解**　　本篇原载《生活教育》第 1 卷第 5 期。发表时间为 1934 年 4 月 16 日。
>
> 有关撰著者张宗麟，参见前文《劳工幼儿团的使命——致张宗麟》题解。
>
> 有关《生活教育》，参见前文《劳工幼儿团的接生婆——致孙铭勋、戴自俺》题解。

近代从事幼稚教育者至少有两件事是对不起孩子的：一件是欺骗孩子，一件是枷镣孩子。

欺骗中最狠毒的手段是迷信，它可以斩杀孩子们研究科学的嫩芽，并且误认自然界。例如，现在春天到了，满野的红花绿草，不久又有酸甜的果子、跳跃的青蛙、大声的电鸣，这种种自然界变化，都是孩子们爱好，又很愿意注意的，站在导师方面说，也是引导孩子探寻自然的好机会。但是糊涂的幼稚教育者没有走这条路，他用两种欺骗的方法，来哄孩子。在许多儿童图画、儿童故事上都指示儿童说："红花是仙子涂上颜色的，绿草本来是睡在地下，被仙子们叫醒的。风是太太，雨是小姐，雷叫公公……"现代的幼稚教育者绝不是做创世纪的教士，所以他们确实知道红花绿草等来历，但是在他们的意识中以为用真话讲给孩子听太苦〔枯〕燥了，不如先用有趣的话来解释吧。那知如此解释，直接是欺骗孩子，间接就是养成孩子迷信的头脑。

在幼稚园里迷信故事很多。最著名的如《三只熊》《小羊过桥》《雪花仙子》《小人国》等。这些故事的结构与词句，真是尽善尽美，在儿童心理学上也有相当根据。但是追踪一问，充满了神怪的意味。更进一步，便是怪〔圣〕诞老人送袜子的礼物，那更是神怪之至。甚至有人采取《封神榜》上的故事。那末一切日用物，剪刀、马桶、熨斗、尺都获得了不可思议的生命，更显出了神通广大的本领。

幼稚园养鸡、养兔子等风气渐渐普遍了，鸡会生蛋的，雄鸡与母鸡要性交的。孩子们看到了便发出很惊奇的问题。幼稚教师便用不相干的话转移问题，例如说："你看它们多亲爱，抱着亲嘴。""鸡蛋好吃的，你今天早上吃鸡蛋吗？"关于孩子提出为什么会生蛋、它们抱着干什么等问题，丝毫没有回答。同例，家里养了小弟弟、母狗养了小狗等，没有一个幼稚教师肯照真性实话对孩子说的。都是欺骗孩子，或转移孩子的注意点，敷衍过去。

幼稚教育者为什么要这样做呢？理由很简单：一来玩弄他的玄虚，好像哲学家非搬出一大堆玄妙名词不足以当得哲学家是同样的成因；二来，幼稚教师可以省去许多麻烦，可以在课室里学会做幼稚教师，可以不必自己求得科学上真知识，更不必向大自然追问。

一个六岁的孩子，听完了狐狸与狗相争的故事以后，他说："先生，狗不会说话的。"另一个孩子说："这是故事。"但是先生呢，只说狗会说话的。她不再耐烦与孩子讨论狗是否能说话的问题。或者她以为这是不应该提出来的问题，你看别的孩子都没有提出这样问题。

第二件是枷镣孩子，这当然是封建思想、道德帽子、成见等。没有一个幼稚教师不是天天谆谆告诫孩子，应该怎〔这〕样，应该那样。她们以为好动的孩子是坏的，弄脏了衣服、鞋帽便是罪恶。孩子们检〔抢〕玩具，教师们不自己责备玩具件数太少，环境上太不能使孩子活动，一味只责备孩子，严厉处罚孩子争夺，甚至老是鼓励弱者、惩罚强者。

娇滴滴、温柔得如羔羊的孩子，真是幼稚教师心中之宝宝。为着事事赞许她，件件让她占优先权，不但直接鼓励她骄纵，间接使其他儿童的〔生〕妒恨卑怯，更能因此养成柔弱、羡慕虚荣等风气，因此把儿童固有的活动力渐渐消失，久之也就成为文绉绉的小书生了。

孩子们看到一盘糖果，总是爱吃的。成人们不预先设法使他不看见，或使他吃到嘴，孩子们惟一的方法是偷来吃。"偷吃糖果"不能完全责备孩子，至少成人应该分任一半过失。但是幼稚教育者便编造许多道德故事，列举某事是道德，某事是不道德，养成一个小道学先生。看着孩子们两眼不瞬地对着糖果盘，口里咽着口水，手也微动着，直像一只饿鼠，关在铁笼里乱碰，活受罪！

"道德"不是独立的，也不是一成不变的。成人们的道德决不能代替孩子们的道德。消极的制裁，更是消毁儿童生机的快刀。孩子们的怯弱、保守等罪恶，都是成人造成的。

倘若我们有二大群孩子：一群是受幼稚园教育的，就是经过所谓幼稚教育者陶冶的；另一群是在自然状态中生长了的，没有经过幼稚教育者的手的。那末，拿出任何儿童道德标准来，我们便可以看出：幼稚园的孩子充满着虚伪、怯弱、娇纵，在自然状态中生长了的孩子必定比较来得天真、勇敢、富有创造能力。

一般幼稚教师都是随波逐流、人云亦云地跟着做。几位自命为幼稚教育者唱得天花乱坠。当初他以为可以造福儿童，造成一个模范孩子，结果是害煞孩子。这样情形是中外一辙，我们也不必太相信外国的优于中国。

要想不欺骗孩子，只有相信科学，废去一切神圣、迷信、成见。要想不枷镣孩子，只有自己先脱去假道学先生的方帽子，带着儿童去创造。这件事我希望一般幼稚教师注意，尤其希望正在培植幼稚教师的幼稚教育者多多注意。

倘若连这两点最起码的事也不敢做，以为会遇到意外危险。那末，我劝幼稚教育者不如及早改行，免得日子愈多，贻害孩子愈深。

17　托儿所

张宗麟

1934年6月1日

题　解　　本篇原载《生活教育》第 1 卷第 8 期上。发表时间为 1934 年 6 月 1 日。

有关撰著者张宗麟，参见前文《劳工幼儿团的使命——致张宗麟》题解。

有关《生活教育》，参见前文《劳工幼儿团的接生婆——致孙铭勋、戴自俺》题解。

"托儿所"是教育界最幼的孩子，也是一般教育家、慈善家认为必需办、值得办、更是急需办的教育事业。中国有此设施的地方还不多，但这几年来很有人提倡，甚至有人这样希望——托儿所应该与幼稚园并重。

我于此道略知一二，对于中国社会实际情况也略知一二。我两下一较，觉得托儿所在中国不必急于提倡，更不必急于大规模试验。在今日的中国，至多不过值得做下列这样工作：研究实际方法，培养实用保姆人才。

我的理由是这样的，请关于〔心〕中国托儿所教育者批评与纠正。

（1）儿童公育是最合理的养护儿童的社会化组织。它可以把儿童纯粹用科学方法来养护，它可以使儿童得到专门人才的养护，它可以帮助改良人种，它可以使母亲脱去孩子的纠缠，它可以使家庭简单，一切工作效率大增。

托儿所最大的效用可以作为实行儿童公育的利器。但是儿童公育的制度决不是只办托儿所就能实行的。托儿所是一个社会实行儿童公育后的设施，不是促成儿童公育的原动力。

弄清楚了这点，那末再看看今日的中国有立即实行儿童公育的可能吗？没有实行儿童公育的社会条件，贸然办托儿所，它的结果与今日中国的幼稚园完全相同，或者更不如。

（2）社会制度的变更是整套的，决不是某种事业可以单独发达的。托儿所虽然是一件小事情，比不得什么土地制度、政府组织、宪法等来得大。但是它需要一个最切要的条件是"经费充裕，人才充足"。

这个条件就不是偶然可以做到，也不是大官、大财主发一次慈悲心可以做到。它是整个社会组织中的一个，是全社会经济组织的产儿。在今日的中国办几所小学，还累得小学教师饿肚子、别谋生路，那里有钱、有人来办托儿所呢？

经费不充裕，没有专门人才，那末托儿所的结果有如今日的育婴堂。（读者知道今日中国各地育婴堂里的孩子生活状况吗？唉！真是孩子们的人间地狱，我当另篇专述。）

（3）中国现在通行的是儿女私有制（至少不是绝对的国有，国家法律不过有保护儿童的条文罢了），所以对于养护儿童、教育儿童，都怀着别人都是错的、只有自己是对的观念。俗语说的"肚不痛，肉不亲""没娘的孩子，交给神仙活不成"，这固然十分代表儿女私有制中养护的精神，又如一般时下心理学家说"养护儿童除物质的条件外，还需要父母的慈爱的滋润"，这又何尝不是儿女私有制的口吻呢？在这样情况之下，有谁愿意把儿女交给托儿所去养护呢？

（4）有人以为，"父母们虽然爱子心切，儿女私有的观念根深蒂固。但是生活逼着她，使她不得不在产儿未满月前进工厂去做工，或使她背着孩子去做田间工作。在工人区与农村里（农忙时）需要托儿所，那是千真万确的"。这句话有相当的理由，但是这些托儿所的经费何来？

还有，做保姆者愿意去养护穷小子吗？我们倘若希望慈善团体或大财主用布施式的办几所托儿所，我真不敢相信是靠得住的，也不敢相信能够收到正面的效果。贫穷成年人，无论怎样有用，社会还在那里直接的或间接的杀戮，何况是没有用的贫穷孩子呢？或者正如站在某种立场上的人类优生学者说："为着要改进中国人种，必须减少（或消灭）穷人的生育孩子。"

托儿所在整天忙着找生活费的父母看来，真是一块美味香肉。好像冬夜大雪睡在洋楼旁的叫化子，对着有火炉、有美酒的洋楼，真是心向往之。但是他终究不过是梦想罢了。我终不敢相信，托儿所在今日的中国可以普惠于急需的父母。

有钱的财主与大官，妻妾、婢仆满堂，爱儿女如宝，决不肯送孩子进托儿所。中产的家庭，整个家庭就维系在"慈爱孝悌"几个字上，决不肯送儿女进托儿所。贫穷的父母养了孩子急需寄托给人，但是在中国的社会上，暂时还不能供给这许许多多的穷孩子。这样一个局面，试问中国有提倡托儿所的必要吗？

点缀在名胜区或××区的托儿所，不能算是真的为着孩子，他们所做的工作，也与托儿所的真义有些不同。这句话，只要看过他们的工作的人，大概不致〔至〕于反对。

不断改造的人生，不断前进的社会。安知中国将来的社会是不是需要大批的托儿所呢？因此，我们虽然反对在今日提倡办托儿所，但是并不反对有兴趣的有为青年，研究托儿所的一切。只要研究者抱着是为一切儿童而办的托儿所，不是为着点缀或逢迎而办的热闹场面，那末这种种办法是有用的、合理的。

末了，我提出研究托儿所的方针来：

第一，有合乎科学的医药上常识常能，并有热诚的看护妇的态度。

第二，完全而确切地明了儿童生理的发育，并懂得婴儿心理学的大意。

第三，能做而且懂得教育婴儿的技能与巧妙方法。

第四，确切了解托儿所中培养的儿童不是为着某某个人而培养的，这是为着人类而培养的。至少也应该了解这是一件民族事业。

我们对于轻视贫穷孩子的优生学家固然应当纠正他，同时对于杀戮富人孩子的盗匪也认为不正当的。婴儿何罪？同是可以造就的小生物，我们决不应该把阶级贫富等意识，放进本身完全洁白的婴儿领域里去。

我们确信托儿所在中国必有获得社会完全信任的日子。到那时候，必有几千万的孩子交给托儿所来养护。为着未来的孩子起见，我们应该相当重视托儿所的一切。

但是托儿所的责任，决不是为着现代太太们多多享福而代富人们做奶妈的。

18 三年来之中国幼稚教育

葛鲤庭

1934年12月11日

题 解　本篇原载《江苏教育》第 4 卷第 1、2 期合刊。撰成时间为 1934 年 12 月 11 日，发表时间为 1935 年 2 月。

　　撰著者葛鲤庭，即葛承训，生卒年未详，名承训，字鲤庭，江苏太仓人。早年就读于江苏省立第三师范学校，后考入南京高等师范学校教育科。在校期间，参与"智慧测验"和"设计教学法"实验，对儿童心理学发生浓厚兴趣。毕业后，历任江苏省立无锡中学、扬州中学教师，上海工部局北区小学校长。在致力基础教育的同时，还潜心于相关理论研究，担任《儿童教育》编委，撰有《幼稚教育》《儿童行为训练的先决条件》《儿童本位教育的理论与实施》等文论，编译有《儿童心理与兴味》《幼稚园的管理》《师范学校幼稚教育》等书。

　　《江苏教育》，地方教育月刊，1932 年 2 月创刊于苏州，由江苏省教育厅主办、编辑并发行。旨在"介绍教育思潮、阐扬教育原理、沟通教育消息、灌输民族精神、探讨一切教育实际设施问题"。主要栏目，有教育行政、高等教育、中等教育、初等教育、教育经费、社会教育、插图、言论选载、附录等；主要撰稿人，有周厚枢、侯鸿鉴、易作霖、曹书田、顾克彬、丁晓先、吴增芥等。1937 年停刊，1940 年复刊，1944 年 6 月终刊。

　　幼稚教育，广义言之，幼稚园外婴儿院或托儿所，以及研究幼稚教育之机构如幼稚师范，均可包涵。叙述三年来之中国幼稚教育，当以此种种之演进为材料。

先叙幼稚师范。我国幼稚师范向由教会设立，如北平之燕大①、长沙之雅礼②、上海之沪大③、苏州之景海④、杭州之弘道⑤；中国自办者如前中大区⑥幼师科、安徽一女中之幼师科、杭州师范之幼师科；私立者如上海之上海幼稚师范、厦门之集美幼稚师范。

三年来幼稚师范之校数、学生数等，尚无统计可资稽考。二十一年，政府公布《师范学校法》及《师范学校规程》规定："师范学校内得附设幼稚师范，招收初级中学毕业生，二年或三年毕业。"二十二年，教部订定二年制及三年制幼师课程，各项课程之内容已分请专家起草。

此于幼稚教育史可书者一也。

幼稚园之规定于学制系统内，始于清光绪二十九年张百熙等奏定颁布之学校系统⑦于小学以前设蒙养院，五岁至七岁入之。民国初年，学校系统内则无幼稚园地位⑧。民国十一年，全国教育联合会方将幼稚园正式列入学校系统⑨。十七年，教部聘任各专家组织"中小学课程标准起草委员会"，起草《幼稚园课程暂行标准》，试验三年，《幼稚园课程标准》遂于二十一年十月颁行。

教育总目标凡四：（1）增进幼稚儿童身心的健康；（2）力谋幼稚儿童应有的快乐和幸福；（3）培养人生基本的优良习惯；（4）协助家庭教养幼稚儿童，并谋家庭教育的改

---

① 燕大：燕京大学。该校于1932年在教育学系增设幼稚教育专修科，又于1934年增设幼稚教育本科。
② 雅礼：雅礼大学。该校于20世纪30年代初增设了幼稚师范科。
③ 沪大：沪江大学。该校于20世纪20年代初附设幼稚园，又于20世纪30年代初增设了幼稚师范科。
④ 景海：景海女子师范学校。该校于晚清即附设幼稚园，又于1917年开办幼稚师范科。
⑤ 弘道：弘道女校。该校于1916年增设幼稚师范科，并附设幼稚园。
⑥ 中大区：中央大学区，也称江苏大学区。实指由原东南大学改办的中央大学。
⑦ 此"学校系统"，系指1904年颁行的《奏定学堂章程》中规定的学校系统。
⑧ 此"无幼稚园地位"之说不准确。尽管在"壬子癸丑学制"中无相应明文，在学校系统图中亦无专门标列，但在教育部1915年7月31日颁发的《国民学校令》中，明确规定学前教育机构为"蒙养园"，在教育部1916年1月8日颁发的《〈国民学校令〉施行细则》中，又明确规定"蒙养园，以保育满三周岁至入国民学校年龄之幼儿为目的""蒙养园应设备游戏园、保育室、游戏室及其他必要诸室。室以平屋为宜"。且在此前，学前教育机构的冠名便多有以"蒙养园"取代"蒙养院"者。
⑨ 此"学校系统"，系指1922年10月全国教育联合会在济南召开第八届年会，对《学校系统草案》进行最终修订后，以"大总统令"颁行的《学校系统改革令》中规定的学校系统。

造。课程分七种：（1）音乐；（2）故事儿歌；（3）游戏；（4）社会、自然；（5）工作；（6）静息；（7）餐点。教育方法采行作业中心之自由活动。

二十二年，江苏省教育厅及上海市教育局组织课程编订委员会，依据幼稚园课程编订教学要目及实例，以利推行幼稚教育。

此于幼稚教育史可书者二也。

全国幼稚园统计，仅有《十九年度概况》曾经教部公布。公立者四四七校，私立者一八三校，总计六三〇校。学级数，公立者四五一级，私立者二四六级，总计六九七级。儿童数，男一五〇九八人，女一一五七七人，合计二六六七五人。比较上年度，校数减一九九校，级数减八八八级，儿童数减五二九二人，是即二十年之幼稚园反较十九年之幼稚园减少。幼稚园教育之退步，颇可注意。

其原因之一，当为幼稚园所需经费较大。十九年度经费反较十八年度经费增八八三七五元，每生所占经费数为一七.五六元，较初小六.三元多一一.二六元，几及高小之二〇.二八元。办学者节省不急需之幼稚园经费，以扩充普教之小学经费，不无相当理由。而幼稚园之过于糜费，当为从事幼稚教育者所应考虑之问题。

设以上海一隅而言幼稚园逐年发达。十八年度，市立九，省立一，工部局①立三，私立二十六，合计三十九所；十九年度，市立十一，省立一，工部局立四，私立二十（？），合计二〔三〕十六所；二十年度，市立十三，省立一，工部局立四，私立二十五，合计四十三所；二十一年度，市立十五，省立一，工部局立五，私立八十四所，合计一百零五所。都市之需要幼稚园，为可注意之事实。

各校每届招生，幼稚园新生多数向隅。工部局各幼稚园乃创二部制：上午教育小班生，下午教育中班（大班乃全日制）。

都市幼稚园之二部制，亦于幼稚教育史可书者之三也。

中国儿童，乡村当占最多数，需受幼稚教育无异乎都市儿童。前年陶知行先生发表《创设乡村幼稚园宣言书》，力矫都市幼稚园之化钱病与富贵病，以谋普及幼稚园于

---

① 工部局：当时西方列强在中国设置于租界内的行政管理机构。因与清廷六部中的"工部"职能类似，故名为"工部局"。上海工部局下设华人教育处，时任处长为陈鹤琴。工部局幼稚园，均为陈鹤琴在任内创设，附设于工部局各小学。

乡村。当时晓庄学校之幼稚园，可为代表。二十二年，淮安新安小学成立乡村幼稚园，开办费百元，每月经费十元。山海工学团等之幼稚园①，假"小先生"之力推进幼稚教育。上海幼稚师范于工厂区办理之平民幼稚园，以实习学生分任其事，幼稚生一切保育费用概不收取。

省钱而平民式之幼稚园，于幼稚教育史可书者四也。

托儿所为新兴之事业。开办最早者为中华慈幼协会②联合沪东公社③于二十年四月所设立之上海慈幼托儿所。其宗旨：辅助工人家庭教育，增加工人工作效率，注重实验提倡，以供摹仿推行。在厂工作无法看养子女之工人，每日上午六时寄托子女于托儿所，下午五时领回。午膳与下午之茶点，均由该所供给。教养方法，注重科学之养护活泼之指导，环境求其生动，设备求其适宜。为便于教养、易于管理起见，分设幼儿部及幼稚部。幼儿之寄托，以二年为限；幼稚生之寄托，三年为限。无论幼儿或幼稚生，每月均取费半元。

陶知行先生等于二十二年三月在上海劳勃生路创设劳工幼儿团，目的在救济劳工子弟，实施劳工幼儿教育，使托儿所与幼稚园打成一片。又在女工中培植教师，以备将来还诸劳工之手，确能见到劳工教育应走之途径。

上海市儿童幸福会④于二十二年在南市蓬莱路近泮坊开办普通托儿所，专收普通家庭之儿童。近已停闭。该会又将开办劳动托儿所，以惠劳工。

此外，上海托儿所尚有三处：（1）南洋兄弟烟草公司⑤工人托儿所，成立于二十二年八月；（2）中华基督教抚育工儿院婴儿部；（3）闵行民教馆所办之闵行乡村托儿所，成立于二十二年六月。

---

① 此"幼稚园"，实际名为"幼儿工学团"或"儿童工学团"。
② 中华慈幼协会：民国时期知名慈善社团。1928年4月4日发起成立于上海。设有多个"儿童福利中心"，拯救灾区或战区难童；开办有上海慈幼院、慈幼院工人托儿所、闸北平民教养院、闸北慈幼实验区等机构。
③ 沪东公社：上海沪江大学社会系师生创立的社会服务机构。创设于1917年，创始人为葛学溥。旨在实现"产学研一体化"，将人才培养、训练与社会服务紧密结合，进而改造社会。除参与办理托儿所外，还开办过工人子弟小学、工人补习班和夜校、民众图书馆、民众同乐会、施诊所等机构。
④ 上海市儿童幸福会：全称"上海市儿童幸福委员会"。系半官方教育社团，1933年9月8日成立。
⑤ 南洋兄弟烟草公司：华侨投资的国内知名企业。由简照南、简玉阶投资兴办，1905年设厂于香港，1916年在上海设立分厂，后于汉口、重庆等地开设分厂。

三年来托儿所之新兴，于幼稚教育史可书者五也。

三年来幼稚教育书报出版者甚多，足见提倡者之不遗余力。

二十年出版者，如张雪门编《幼稚教育概论》（商务）、张雪门编《幼稚园课程编制》（商务）。

二十一年出版者，如张宗麟编《幼稚教育》（中华）、唐现之①译《幼稚园小学低年级的沟通教学法》（大东）、陶知行编《幼稚教育论文集》（儿童）、梁士杰编《怎样做幼稚园教师》（儿童）、程掌珠编《幼稚园行政与组织》（夏光）。

二十二年出版者，如葛承训编《幼稚园的管理》（商务）、张宗麟编《幼稚园的社会》（商务）、沈百英②编《幼稚园的故事》（商务）、董任坚译《行为课程》（中华）。

二十三年出版者，如《大上海教育》之幼稚教育专号、南京鼓楼幼稚园《十周纪念刊》及黄勖哉③编《幼稚园的音乐》（商务）。

婴儿园或托儿所书籍，仅有十七年邰爽秋④著《婴儿教养学校运动》（广西教育厅）、作者近译《婴儿院实施法》（*A Manual of Nersury School Practice*），亦将以供研究托儿所者之参考。

三十三年十二月十一日于上海

---

① 唐现之：唐毅（1897—1975），原名荣琛，字现之，又作献之，广西灌阳（今属桂林）人。1919年考入南京高等师范学校教育科，为陶行知高足之一。历任广西省立第二师范学校、四川省立第二女子师范学校、南京东南大学附属中学、广西省立第二女子师范学校等校教职。1932年任广西省立师范专科学校筹备处主任，1938年负责筹办桂林师范学校，后任该校校长。中华人民共和国成立后，任广西省第一图书馆馆长、省司法厅厅长等职。著有《近代教育家及其理论》《近代西洋教育发达史》等。

② 沈百英（1897—1992）：又名菊泉，笔名石英、白丁等，江苏吴县（今属苏州）人。1918年毕业于江苏省立第一师范学校，后任小学教员。1920年任商务印书馆附设尚公学校主任，后任校长。1928年任商务印书馆编辑，负责编审小学和幼稚园的教学用书。其间，曾兼任上海中学、立达学园教职，担任光华大学、沪江大学、大夏大学教授。中华人民共和国成立后，任华东师范大学教育系教授。著有《设计教学法演讲集》《国民教育文库》等。

③ 黄勖哉：女，生卒年及籍贯未详。编有《幼稚园的音乐》，著有《幼稚园游戏一百六十种》等。

④ 邰爽秋（1897—1976）：字叔农，江苏东台人。1914年考取江苏省立第五师范学校，1923年毕业于国立东南大学，随即公费赴美留学。先入芝加哥大学，获教育硕士学位；后入哥伦比亚大学，获教育学博士学位。归国后，历任江苏省立南京中学校长、国立中央大学教授等职。中华人民共和国成立后，历任辅仁大学、北京师范大学教授。著有《民生教育》《教育经费问题》等。

三年來之中國幼稚教育

稚教育廣義言之，幼稚園外嬰兒院或托兒所，以及研究幼稚教育之機關如幼稚師範均可包涵敘述三年來之中國幼稚教育。

先敘幼稚師範我國幼稚師範向由教會設立，如北平之燕大、長沙之雅禮，上海之滬大，蘇州之景海，杭州之弘道，中國自辦者如前中大區幼稚師範，安徽一女中之幼師科，杭州師範之幼師科，私立者如上海幼稚師範，廈門之集美幼稚師範之校數學生數等尚無統計可資稽攷。二十一年政府公布師範學校法及師範學校規程規定師範三年來幼稚師範之校數學生數等尚無統計可資稽攷。二十一年政府公布師範學校法及師範學校規程規定師範學校內得附設幼稚師範，招收初級中學畢業生，二年或三年畢業。二十二年改部訂定二年制及三年制幼師課程各項課程之內容已分請專家起草此於幼稚教育史可書者一也。

幼稚園之規定於學制系統內始於清光緒二十九年張百熙等奏定頒布之學校系統於小學以前設蒙養院五歲至七歲入之。民國初年學校系統內則無幼稚園地位民國十一年全國教育聯合會方將幼稚園正式列入學校系統十七年教部聘任各專家組織中小學課程標準起草委員會起草幼稚園課程暫行標準試驗三年幼稚園課程標準遂於二十一年十月頒行教育總目標凡四：(1) 增進幼稚兒童身心的健康；(2) 力謀幼稚兒應有的快樂和幸福；(3) 培養人生基本的優良習慣；(4) 協助家庭教養幼稚兒童並謀家庭教育的改造課程分七種(1) 音樂；(2) 故事兒歌；(3) 游戲；(4) 社會，自然；(5) 工作；(6) 靜息；(7) 餐點教育方法探行作業中心之自由活動二十二年江蘇省教育廳及上海市教育局組織課程編訂委員會依據幼稚園課程編訂教學要目及家起草此於幼稚教育史可書者一也。

另图 13 《三年来之中国幼稚教育》原发表件（部分）

19 敬向幼儿的父母进一忠告

高君珊

另图 14　高君珊像

1934年12月

题　解　　本篇原载《国立中央大学教育丛刊》第 2 卷第 1 期 "心理卫生与健康教育专号"。发表时间为 1934 年 12 月。

撰著者高君珊（1893—1964），女，福建长乐（今属福州）人。著名翻译家高梦旦之女。1925 年毕业于哥伦比亚大学，1931 年获哥伦比亚大学硕士学位。历任燕京大学副教授，中央大学、暨南大学、震旦女子文理学院、大同大学教授。为中国科学社理事、通俗读物编刊社理事。中华人民共和国成立后，任华东师范大学教育学系教授。撰有《关于智慧的新概念》，译有《近世泰西列女传》。

《国立中央大学教育丛刊》，教育半年刊，1933 年 11 月 20 日创刊于南京，由国立中央大学主办，该校教育学院编辑，该校出版组发行。旨在研讨"关于教育、心理、艺术、体育、卫生教育及其他有关教育学术者"。未分栏目，主要内容涉及教育基本理论、教育心理学、学校卫生学、中小学各科教法、外国教育动态、天才教育问题、教育视察报告等；主要撰稿人，有许恪士、萧孝嵘、艾伟、张士一、夏承枫、王书林、陈之佛等。停刊原因及时间未详。

本文所论的问题，在我的心目中已经有好几年了，好像骨鲠在喉，有不吐不快的样子。现时趁本刊集稿的机会，敬向全国幼儿的父母进一言。

在我所接触的亲友中，常有青年夫妇初得一子，或多年不育忽生一儿的人。这个像天上下降的麟儿，能得父母的爱怜，自不待言。自在怀抱中，以至于学步、学语，没有一桩事不为全家人注意集中的焦点。

因为过分热爱的结果，这个幼儿的一举一动，都以为其有以异乎常儿的地方。如果看见他拿一枝铅笔各处涂鸦，就以为他将来有做艺术家的希望。如果看见他玩弄花子、石子，就以为他将来有成科学家的可能。父母对于他的希望十分大。

第一桩事，就是教他认字、读书。所以在三四岁的时候，已经能识二三百字了。做父母的见了这种的成绩，就对人称道不绝口。亲戚朋友，彼此相传，因此"神童"之称就大著了！

第二桩事，就是送他进学校。虽然他的年龄才到五岁，但要他进小学二年级。他们所根据的理由，就是因为他已经认得这许多字了。这样还不够，由学校回到家里，还有一个家庭教师——或父母——另教他课外的材料。如果他将来能在十岁以前毕业小学，二十岁以前毕业大学，做父母的最低限度的奢望就可以满足了。可怜这个弱小的心灵，一半迫于父母的命令，一半为暗示的虚荣心所引诱——父母给与的暗示——就一天到晚，抱了书本，要想在学校里做一个躐等的高才生。

假若他果然是个十分聪明的儿童，这样的兼程并进，当然不至于发生若何严重的问题。假若他不过是中人的资质，这样的逼迫，就要觉得不堪其负累了。万一他是一个体质柔弱的人，就是不至于摧残他的小生命，也必定要妨碍他的发育。这里暗中所受的损失，恐怕做父母的还不甚知道呢！可怜一个小小的孩子，竟做了牺牲品了！

上面所述的事，最常见于知识阶级的家庭——尤其是受过新教育的父母。他们一半为对于已往天才的崇拜，一半为信仰教育的功能，所以要将他们教育上的理想，施之于他们最关切、最钟爱的儿女身上。这一类的父母，在社会上多能占一相当的地位。他们颇有"自知之明"，自信有过人的才力，同时对于遗传的学说也具一知半解的知识，所以就推测他们的爱儿一定也具同等的能力。因为种种推理的结果，就不免对他们的儿女抱绝大的希望了。

当十九世纪末年至二十世纪初年，欧美的人对于历史上伟大人物兴趣十分浓厚。当时关于天才研究的书，有好几种。①这一类书中所载，为关于一般天才的调查，自他们的家庭状况、童年时的特征、所受的教育，以及长成时的成就等等，都是很详细的统计。事实告诉我们，一般的天才，多是很早就受正式的教育。

此外，还有著名的"教育家"，或因不满意于当时学校的教材、教法，或因他们的儿女与众不同，寻常学校的设施不甚相宜，或因自己另有教育上的主张，于是按照各人自己的理想，教育他们的儿女，并且著书详述所采用的方法。②这些人多信人力可以胜天，以为天才是可以力致的。他们的子女所以能成为出类拔萃的人才，他们归功于早年教育的效能。

如包力司（Wm. Boris）对于算学似有特长。在他两周岁以前，他的父亲就授以数的知识。在他三岁以前，就学习拼法与读书。四岁的时候，就能用打字机。六岁入小学，一年之中历升数级，即此毕业。后于十一岁入哈佛大学专习算学。

白尔（Berle）的四个儿女，幼时都是在家受早年教育的。他的长女于十五岁就进勒克立夫女子大学③（Radcliffe College），次子于十三岁半进哈佛大学，第三、第四两子也是很早就进大学的。他自始至终深信这是早年教育的结果，并不是他的儿女有什么过人的智慧。

就是司东纳夫人（Mrs. W. Stoner）对于她的女儿的教育，也有同样的主张。

总之，他们以为教育是万能的，不但可以补救天赋的不足，而且可以使中庸的人有天才的成就。当时社会上的人士，因对于已往伟大人物的兴趣，同时又受这些记载的影

---

① 作者原注："(1) Galton F.: *Hereditary Genius* (1869). (2) Galton F.: *English Men of Science* (1874). (3) De Candolle A.: *Histoire des Sciences et des Savants Deperis Deux Siécles* (1873). (4) Lombroso G.: *L' Homme de Genie* (1889). (5) Yoder G.F.: *A Study of the Boyhood of Great Men Pedagogical Seminary* (1894). (6) Odin, A.: *Genése des Grands Homme des Lettres Francais Modernes* (1895). (7) Cattell, J. Mck.: *A Statistical Study of Eminent Men. Popular Science Monthly* (1903). (8) Ellis, H.: *A Study of British Genius* (1904). (9) Constable: *Poverty and Hereditary Genius* (1905). (10) Woods F.A.: *Mental and Moral Heredity in Royalty* (1906). (11) Castle C.S.: *Statistical Study of Eminent Women* (1913). (12) Clark E.L.: *American Men of Letters: Their Nature and Nurture* (1916). (13) Cattell, J. Mck.: *A Statistical Study of American Men of Science* (1921)."注中序号为编者所加。
② 作者原注："(1) Berle A.A.: *The School in the Home*. (2) Stoner W.: *Natural Education*. (3) Wiener.: *The Education of Karl Witte*. (4) Sidis B.: *Philistine and Genius*."注中序号为编者所加。
③ 勒克立夫女子大学：通译拉德克利夫女子学院，1879 年（一说 1894 年）创设于美国，位于美国马萨诸塞州，为"七姐妹学院"之一。1999 年，拉德克利夫学院全面整合进哈佛大学，正式成为哈佛大学的拉德克利夫高等研究院。

响，所以早年教育之风盛行。如果教育真真是万能的，可以将一个平常的人变成一个不世出的人才，凡是做父母的，谁没有这个奢望呢？

如果大家一读穆勒①（J. S. Mill）的自传，立刻就要觉得：凡是做父母的，无论古今中外，对于儿子的希望都是十分大（Mill J. S., *Autobiography*）。不过穆勒的天资远出寻常人之上，所以早年教育的成绩是十二分显著的。在他的自传中，有下列一段的记载：

> 在我三岁的时候，我的父亲就开始教我希腊文。他编成希腊、英文生字的对照表，令我强记硬背。接下去，我就学习翻译希腊文的《伊索寓言》为英文。到了八岁，开始学习拉丁文，同时还读了许多希腊的名著。在我七岁的时候，我已经读完柏拉图的《问答六篇》（*Plato's Dialogues*）。我的父亲不但要我做我勉强能做的事，而且要我做出乎我能力以外的事！他竟然毫不厌烦的一天到晚监督我读书。所有我的功课，都是在他的书房里，同他一张书桌上做的。

穆勒的父亲的态度，是十二分严厉的。他对穆勒的教育，采很严格的手段，一点也不肯放松。因此，穆勒对于他的父亲是十分敬畏的。他说：

> 我在别人面前，常喜高谈论阔、肆无忌惮。我的父亲对于我的行为是十分注意的。但是对于这一桩事，他没有机会更正我的过失。因为我一到他老人家的面前，为他积威所慑，我连话都不敢说，哪里还敢发议论呢？

穆勒的父亲，对于他的举止行动，无一不是很严格的监督。因为怕他从别人处得到不良的影响，所以禁止他同别的儿童游玩。因此他一生中没有结交过小朋友，而且对于一般儿童所熟悉的种种游戏，他一点也没有学习的机会。干脆的说一句，穆勒是没有经过儿童期的。他的父亲怕他长成懒惰的习惯，所以一年到头，没有一天的假期。不过他每天跟他的父亲出去散步，并且利用散步时的机会，背诵他的功课。因此，用脑的工作

---

① 穆勒：约翰·穆勒（John Mill，1806—1873），英国哲学家、心理学家和经济学家。著有《政治经济学原理》《论自由》《功利主义》等。

也有了相当的调剂了。

照现今的人的推测，穆勒幼年时所受的教育，足以摧残他的心身。他所以能幸免疾病夭折，而终成为伟大的穆勒，实在因为他有过人的体质——据他自言，每日散步可以锻炼他的身体——而同时也具有过人的智慧。假若他的父亲不用严厉的方法教育他，不强迫他在稚年的时代学习许多艰深的功课，让他同别的儿童游玩，等到他稍大一点再去学习（如果仍有学习的机会），他仍然不失为伟大的穆勒。就是到了十三岁的时候学习希腊文（不是三岁），十八岁的时候学习拉丁文（不是八岁），也不至于误了穆勒的前程。不过像他那样聪明的人，学习的时期当然要比别人提早一点。就是在他身上，这种早年教育，对于心身暗中究竟有什么恶影响，还没有人知道呢。至于用同样方法而失败的人，一定是很多的。不过因为没有记载，我们就无从得知了。

大约在两百年以前，德国有一个神童，名叫海纳肯①（Christian Heineken），他是受早年教育的人。他就是一个用这种方法而失败的很显著的例子。关于他的事迹，他的教师有很详细的记载。据说，海纳肯是一个十二分早慧的儿童。当他才十个月的时候，说话的能力同观察的能力，就同普通的婴儿大大的不同。于是，他的父母就请一个教师专教他。在婴儿期中，他已能背诵许多《圣经》中的故事及圣诗。接下去，学习世界史、数学，并能记忆身体上的骨骼及筋肉的名称。当他四岁的时候，他能背诵一千五百个拉丁文的格言，能讲许多法文的故事，能读手写体及印刷体的德文，能答复历史上的种种事实。因此"神童"之称，遍于全欧。远近闻名来访的人，接踵而至。丹麦国王特邀他到宫里去，尊为上宾。但是回国以后，身体日渐衰弱。不幸在四岁四个月的时候，就夭折了。

如果海纳肯的父母不用这种急进的方法教育他，他能否免于死亡，是不可知的事。但是这种教育的方法，于他的心身是有妨碍的，这是无论什么人都知道的。试想，一个仅仅四足岁的小孩，要他学习各种的文字，强记许多的事实，此外还要接见各处来访问的生人，就是体格极强，也万万经不起这种的纷扰。他的父母，靠他为钓名沽誉的工具，一定想尽方法以增加他的神奇。可怜因为这一点点的虚荣心，竟摧残了一个很有希望的

---

① 作者原注："C. Von Schöneich: *Leben, Taten u. Tod Eines Sehr Klugenu. Sehr Artigen Vierjahr.Kindes, Christian Heineken aus Lubeck.*"

儿童！像这样不幸的事，一定很多，不过不传而已。

现在奉劝一般有幼儿的家长，不要因爱反害他们的儿女。儿童最大的幸福，为心身的健全。在童年时代，给以最大的机会，去培育他们的心身，实是做父母的最重要的职责。身体方面需要最自然的活动，一点都不要勉强。充分的阳光同空气，比较读几本书好得多；跑走跳跃，比较识得几百字好得多；养成良好的睡眠及饮食的习惯，比较十岁卒业小学、二十岁卒业大学好得多。

幼儿的教育，应注重强健身体的培育。优良习惯及健全态度的养成，并不在技能上的训练，尤不在书本上用工夫。假若有一个小儿，没有达到入学的年龄，但是对于书本感到很浓厚的兴趣，让他读一点书是没有妨碍的。假若他不像普通的小儿，对于一切歌唱、运动、游戏等等都没有兴趣，一天到晚只爱读书、写字，这是一个严重的问题，做父母的就应该去注意。

在这种情形之下，应当用游戏、运动去引起他的兴趣，使他极端静坐的生活有了调剂。万万不要奖励他努力于读写的工作，以博"神童"之称。心理疲劳（mental fatigue）的存在与否，还没有充分研究的结果。过分用脑的工作是有害的。它的害处是因为过分用脑的人偏于静坐的生活，故缺乏肢体筋肉的活动。如果有相当的调节，就是多用脑力也不至于有何严重的结果。儿童期是在身体发育的重要过程中，假若肢体躯干缺乏活动的机会，恐怕会有畸形的发展。这是做父母的不可不注意的事。

教育并不是万能的。它不过在可能限度之下，去启发儿童固有的能力同智慧，它并不能产生能力同智慧。一个人能力的高下，有一定天赋的限制。教育的方法无论如何好，不能使他超出这个限制。譬如有一个儿童，勉强他去学习超出他的能力以外的工作，其结果不但没有成绩，而且因为学习上所遇见的困难，此后对于此种工作要生莫大的恶感。多次失败之后，一定要视学习为畏途，对于学习毫不感到乐趣。而且因强迫之故，忧虑同愤怒的结果，身体同性情都受很大的影响。秉性崛〔倔〕强的人，就要变成癖〔脾〕气乖张的小孩。懦弱的人，就难免存灰心之念，或者因此养成嫉妒猜忌的心理。见别人的成功，而自己失败，有恨不能得之而甘心的样子。所以因才而教养，实是养成健全心身最重要的方法。

有一种儿童，态度十分活泼，见生人的时候侃侃而谈，毫无畏缩的样子，而且很有对付人的手段。父母、亲友就因此误会，以为是绝顶聪明的人。实际上，也许不过中人上下的智能。若是根据于这种观察的结果而施以早年教育，必定要失败的。这一类的儿童或因多见生人而成习惯，或因在对付人的方面有他的特长（socially intelligent），但是未见得善于对付抽象的符号同思想（abstractly intelligent）。读书、习算所需要的能力，是后一种的能力，而非前一种的能力。所以善于说话、不怕生人，不能视为天才的特征。

按照高尔敦①（F. Galton）的祖先遗传律（Law of Ancestral lnheritance），儿女当然会像父母的。但是，每个儿女所像父母的程度，是不一致的。他们的普通智慧，有的比父母高一点，有的比父母低一点。一个普通的父母，有产生天才的可能，也有产生低能的可能——如果祖上有天才或低能的因子。但是平均而论，父母有过人之才，他们的子女是不至于很笨的。然而做父母的是否有过人之才？超出寻常的人多少呢？究竟有自知之明没有呢？就是做父母的在政、学、军、商各界有相当的地位，地位的高下实不足以代表智能的高下——尤其是在这个考试制度没有普遍实行的时代。一个人的成败得失，往往不是很滑稽的，就是很偶然的。谁知道地位最高的人，就是智能最高的人呢？因此他们的儿女，也是智能最高的人呢？

现在有了智力测验的工具，评判智力的高下似乎容易得多，而且有把握得多。但是事实上并没有那样简单，测验幼儿的工具尤感缺乏。不但测验时手续复杂，而且不易得到十分准确的结果。然而测验的工具，多少可以帮助我们去评判，加增我们评判的准确度。不过用时要慎重！不能专靠一二种测验所得的结果，也不是盲目的去迷信测验的效用。有的儿童，因缓于应对，或因怕见生人，则测验时尤感困难，测验的结果不足以代表他的智能。所以，对于一个儿童须从多方面去观察、去评判。不然失之毫厘，谬以千里了。

我们要知道，"教育"二字是广义的，包含整个人格的养成，不是仅仅限于书本上的教育而已。假定一个小儿经过各种测验及观察的结果，实在是十分聪明的，就是不施以早年教育，也不至于误了他的前程。如果我们以为，学校中的生活是比较合于理想的生活，去延长它还不够，如何反去缩短它呢？

美国对于天才儿的教育，有比较充分些的试验。近来天才教育的倾向，多注重在增

---

① 高尔敦：通译高尔顿，即弗朗西斯·高尔顿（Francis Galton，1822—1911），英国科学家、优生学家。著有《遗传天赋》《对人类才能及其发展的调查研究》等。

加学习的材料，不在缩短学习的年限，此中实有至理。在同样八年或十年之中，天才儿的学习，在量上同质上，都比普通的儿童为胜。这就是天才儿占优胜的地方了。

　　做父母的如真爱护他们的儿女，给以充分的心身发展的机会及最愉快的生活，才是尽了他们的天职。"因才教育"，就是尽了这个天职的秘诀。希望世之为父母者，不要河汉吾言。

20 普及乡村幼儿教育

吴锦璋

1935年1月

题　解　　本篇原载《中华教育界》第 22 卷第 7 期"普及教育专号"。发表时间为 1935 年 1 月。

撰著者吴锦璋，女，生卒年月及籍贯未详。1934 年由上海光华大学"下乡"，到山海工学团担任"艺友"，在大场夏家宅创办幼儿团。后任该团指导员，热心从事乡村幼教工作。除本篇外，还发表了《团长教学做》《怎样达到工以养生》《我在乡村幼儿团一月来的生活速写》等文论。

《中华教育界》，教育月刊，1912 年 1 月创刊于上海，由中华书局主办并发行。旨在"使教育普及于全国，文化深入于民间"。主要栏目，有专论、译述、调查、讨论等；主要撰稿人，有王克仁、邰爽秋、余家菊、金海观等。1950 年 12 月终刊，共出 29 卷 300 余期。

六岁以下幼儿教育，在人类之中被人注意，是最近一百多年来的事。在中国，连教会学校为我们代办的幼儿教育事业总算起来，也不过三十多年的事。至于乡村幼儿教育之被人注意，破落的乡村中也有一种简陋的乡村幼稚园来收容乡村劳苦民众的孩子，给他们以相当的教育，尤其是最近而又最近的事。

"二十世纪属儿童，幼稚时期的教育是人生一切教育的基本。"这些理论我们不必再提了。"儿童时期的理想化，原出于特权阶级的旧文学中。生活打击弱者，谁还比儿童更弱些呢？"从大众的立场上看来，在现状下受着生活之打击最厉害的儿童，要算是工厂区域中工人的儿童和广大的农村中的儿童了。我们要谈普及教育，其范围至广且大，普及乡村幼儿教育，是整个问题的一部份。

兹本我们在乡村实际工作中及平日研究所得，下列几条路线，觉有一试的可能。

（一）乡村幼稚园改办乡村幼儿团

何谓乡村幼儿团？乡村幼儿团是要在农村里把劳苦农人的幼儿集合起来，在一块儿过生活，在一块儿受教育，并运用集团的力量，解决他们现实生活的困难，取得他们现实生活的需要，满足他们现实生活的欲望。这里是以真正的劳苦农人的幼儿为主体，不是劳苦农人的幼儿概不接收。劳苦农人的幼儿自五个月以至于八岁的，则毫无条件的"来者不拒"。

这里是把幼稚园和托儿所打成一片，而且无论在形式上或实质上都要革除了传统贵族的幼稚园与传统慈善的托儿所的流弊。它是幼儿摇篮，是幼儿学校，是幼儿工场，是幼儿社会。这里包括着长进的意义、劳动的意义、平等互助的意义。

在这里的教师只是一个看护辅导者及儿童自愿从事的帮助人。儿童要做什么，教师便辅导他们做什么；儿童能做什么，教师便辅导他们做什么。儿童所需要的便由教师辅导他们去追求。这里的教师是一个母亲，是一个伙伴，是一个探险家，是与幼儿共同经营这个集团的生活之一员。他与幼儿只有工作性质之不同，大家相师相学，而无程度地位之高下。它唯一的主张，便是要运用幼儿的生活实施幼儿的教育。

但是，生活是应该有目的的、有计划的、有组织的，在运用幼儿的日常生活以实施教育时，它特别恪守这个原则。它要培养健康的生活，以实施健康的教育；培养劳动的生活，以实施劳动的教育；培养科学的生活，以实施科学的教育；培养艺术的生活，以实施艺术的教育；培养集团的生活，以实施集团的教育。这是它实施生活教育的标准，也就是它培养幼儿的标准。为着要达到它所定的标准，在组织一切生活内容时，它更得遵守下列的原则：

（1）顾到环境的需要。

（2）顾到儿童的需要。

（3）顾到环境的能力。

（4）顾到儿童的能力。

（二）乳儿由母亲依固定钟点来团喂奶

本年五月，我们创办山海乡村幼儿团，因为我们的技术——对付幼儿的技术——的缺乏，因为环境的能力之不允许，最初我们决定，我们所要招收的幼儿须在二岁以上、六岁以下。

但不行，刚刚开始的时候，便有了一个不满五月、一个刚满五月的幼儿送来。还有一个，据邻居的小朋友说"刚好两岁"。推其意，要是她不说"刚好两岁"，以为我们是不会把她的孩子收下来的。其实，我们又怎能那样的"拘而不化"呢？"来者不拒"，难道在幼儿部份就应该有例外吗？就要有例外吗？不能！最后，我们是大胆地收了下来。

因于这事实的追迫，我们便与幼儿的母亲约定："每隔二小时，到幼儿团里来喂幼儿的奶一次！"本来，要是身体康健的母亲，每喂一次之后，是可以经四小时之久的。但一般的乡人，他们大多是没有"时间观念"的。他们更少有时表可以随带在身，所以我们更〔便〕约定两个钟头来一次，以免意外。

这试验的结果，幼儿的母亲是如约前来，但时间是有些参差。幼儿的母亲，虽然是跑了一些路，但一来看到她的孩子是在好好地玩或好好地困，他们更显示出无限的欢欣。在每次要离开孩子的时候，他们是常常表露出了一种依依难舍之情！

运用幼儿自己母亲的奶以哺幼儿，这在农业社会里是行的通的。我这里所提出的就是一个例证。

（三）就地取材来办设备

现在的社会是一个成人的社会，是某一特殊者群的社会。孩子们是没有地位，劳苦群众的孩子是格外没有地位。

在我们开办山海乡村幼儿团时便有这种感觉。譬如小床、小被吧，除了先施公司①、永安公司②等有着几十元一套的，为着资产阶级的孩子们设备者而外，要找到二三元一套的，为着劳苦群众的孩子们设备的这类东西，简直是绝无仅有。而一般劳苦群众呢，他们根本也就不需要这种设备，也没有能力来给孩子们购置这些设备。他们的设备，就

---

① 先施公司：华侨马应彪在上海南京路、浙江路口开设的大型环球百货公司，1917年开业。
② 永安公司：华侨郭乐等人在上海南京路创办的百货公司，1918年开业。

是孩子们的设备。孩子们，都是在这样〔的环境〕下面生长起来的。

在这种情形之下，我们曾计划了乡下孩子们的设备，以经济、耐用、多带"本地风光"为宜。

我们商量的结果，便决〔定〕先在本地想法。一天的下午，便到大场镇的一个竹匠店里与那竹匠司傅商量小床的做法。

那是很可怜的，几千年相沿而来，他们祖若父、父若子、子若孙的只会做他们平日用的东西，如菜篮、小椅等。对于这样小的小孩困的床，他们是没有做过。当我们开口讲要怎样怎样的做法的时候，他们总是说"做不来"。他们的心目中，他们这样的生产技术，似乎再过一个世纪、两个世纪也还不求改变。

然而，这是可以的吗？"就本地固有之工，加以科学的推进和组织"，是我们的一个重要原则。为着我们目前的需要，为着要尽我们"辅导大众"的力，我们得说出一个结果来。

"做是好做的。但是要多长、要多宽、要多高、多大、多小，我们全不懂得，先生可能定出来？"谈到这里，是有几分可能性了。"要定一个呎吋，这是可以的。你先做一个来看看，我们再想法修改好了。"竹匠师傅接受了我们的意见，试做。约定三天以后再去看，如不合用时，由我们提出意见，他再修改。

三天以后，我们去看，果然看到了一张小竹床，但不是我们所理想的——太高又太宽了。工程的粗糙还在其次。把意见告诉了他以后，又约定再过三天去看，再改。如是的一连改了四次，我们这"就地取材"的目的才达到。我们的小床，方一个个地做起来。它的呎吋及价目，是这样的：

小竹床：长三呎五吋；阔一呎五吋；高一呎九吋。

价目：每张床洋一元五角。

材料是用竹子，式样不甚美观。床面之四围，有着高的六吋的栏杆。栏杆的一面是活动的，可以自由开闭，孩子便可以自由上下。

小床的问题是这样解决了。小被呢？

小被的构成，一是被絮，一是被套。在工学团的范围里，有着沈家楼棉花工学团，是可以做这笔生意的。由尹孔敏先生的介绍，被絮、垫被絮，都在棉花工学团里定做。两种的长度、重量及价目等如下：

（1）小被絮：长三呎六吋，阔二呎四吋，重量一磅半，价目每条洋九角半。

（2）小垫被絮：长三呎二吋，阔一呎五吋，重量半磅，价目每条洋三角。

接着就是被套的缝制。被套，我们事先决定了一个式样，便是不取普通成人所用的样子，而是用一套把整个的被絮套进去。布，我们打听到中华国产棉布市场有一种斜纹布可以用，便采用了那种斜纹布。每匹约七丈余，十五条小被、垫被，十五个小枕套，共用了三匹布。布每匹价洋四元九角，共计十四元七角。三种的尺寸如下：

（1）小被套：长三呎九吋，阔二呎五吋。

（2）小垫被套：长三呎四吋，阔二吋。

（3）小枕套：长一呎一吋，阔五吋半。

装塞小枕的枕芯，木棉是顶好的，可以保护幼儿的脑。但每磅大洋须一元多，不合于经济的原则。稻糠或麦壳容易窒塞幼儿的呼吸，并且在相当时候会发酵，绝对的不能用。在合于经济原则而又合于卫生的原则下，在这乡间，我们发现了油菜籽的壳可以用。这次，承房东张兰亭先生奉送，我们是一文没有花，枕芯问题便解决了。

小面盆，在普通的小店买的，质料就是珐琅制的，每打价洋两元四角。顶小的一种，面盆口直径约八吋。

小脸巾，三友实业社的出品，每打价洋九角。白、软都适用，只是大了一些。三岁的幼儿，自己还不能挤用。

镜子，在一个五金店里定做的。计高二呎四吋，阔一呎七吋。价目，每面洋一元九角。

每面洋一元九角的镜子，是太坏了，走样，令人头昏。这都是买来后才发现的。后来，我们又亲自跑到五金店里去研究，要准确而使人不发昏的，每面至少需洋五元。虽然价目是这样高，但我们要给幼儿以人生正确态度的训练，这最低限度的设备，是不能省的。

此外，所有小桌、小椅等，由山海工学团木工场自做。所费亦较普通节省。

（四）在培养幼儿的生活上实施幼儿的教育

所谓幼儿教育，实际就是幼儿生活指导。目前的一般幼稚园只知教幼儿拍拍手、走走圆圈，不知注意儿童的实〔际〕生活，更不晓得怎样培养幼儿的生活。这无论如何是不够的，我们要在培养幼儿的生活上实施幼儿的教育。

说得更具体一点：我们要培养健康的生活，以实施健康的教育；要培养劳动的生活，以实施劳动的教育；要培养科学的生活，以实施科学的教育；要培养艺术的生活，以实施艺术的教育；要培养集团的生活，以实施集团的教育。

（五）要安根在本地人才上

"干乡村运动者，最忌代替农人做。因为代替农人做得太多太久了，农人自己还是不会做。"这是我们干乡村运动的一个原则。

所以，要想把事业垂之久远，必须安根在本地人才上。就是在开办乡村幼儿团时，招收农村中的有志青年妇女数人，用艺友制的方法施以培养，经过一个相当时期，村中便会有人才出来主办这份事业。

（六）培养八九岁的儿童为幼儿的陪伴，不用老妈子、娘姨

在乡村中举办幼儿教育事业，经济的条件无论如何是不允许我们雇用娘姨、老妈子的。我们也就不主张雇用娘姨、老妈子。因为她们对于孩子们的生活之处理，是要援用着许多不合理的习惯，保守这许多牢不可破的成见的。

在这里，可试用八九岁的儿童做幼儿的陪伴。他们是幼儿的小朋友、幼儿的小看护，又是幼儿的小先生。据我们在山海乡村幼儿团试验所得，我们觉得，试用八九岁的儿童作幼儿的小陪伴，至少有下列几点好处。

（1）了解幼儿的生活比我们深。孩子们是有他们的社会的。我们尽管有"入境问禁，入国问俗"的准备，但终不如孩子们自身知道之详而且尽。譬如某幼儿的家庭是一个什么样的家庭呢？某幼儿的母亲平时是怎样对待幼儿？那一首儿歌是幼儿困觉的？那一支故事是讲给那一种幼儿听的？此地的母亲们平时是怎样的处理小孩？那一种的东西是怎样的用法？……这些，都是小陪伴容易知道的问题；在我们，反是不容易的。他们了解的程度是比我们深。

（2）尽力而为。凡是交一件事给小陪伴做的时候，他们没有虚假、没有推诿，他们总是勇于任事、尽力而为。当着他们抱幼儿的时候，有时满头大汗了，他们还是不觉其苦；当着他们要陪伴一个幼儿使之入睡，而幼儿还不睡的时候，他们总是想尽方法来使之入睡。他们是好玩，但他们的好玩也就是绝大的真诚。

（3）没有成人的势利的眼光。我们自己应该惭愧，应该痛哭，我们口口声声叫着

"要为劳苦大众的孩子谋幸福",我们对于所有的孩子都要"一视同仁";然而,也许是传统生活习惯所造成,对于孩子,干净一些的我们常给以一种爱护,龌龊一些的常会发生一种憎厌。我们觉得,这就是一种"势利"。我们对于孩子有这样的多重的观念,就是表示我们没有脱离这势利的社会的支配!在小陪伴们,他们便没有这样的观念,不管任何人家的孩子,他们是不会分别看待的。

（4）是顶好的公民训练之一。在我们的集团里,包含着生产的意义、长进的意义、平等互助的意义。我们不希望他们各自的个体,在这里得到一种力量,去解决他一己的问题,或是满足他一己的享受。我们是希望,他们在这里就能尽量发挥一种互助的热情,而在将来能够做一个"世界的公民"。在试用他们作小陪伴的机会中,便有着这么一种绝好的训练。

（七）亲娘来喂奶时,随时陪她谈谈科学育儿法

我们要使得乡村中所有的幼儿都能过着合理的生活,我们要使到团来了的幼儿都能好生、好长,只从幼儿方面着眼还不行,还要在母亲方面下功夫。因为在现今的社会制度之下,幼儿的大部生活还操之于母亲之手。母亲能懂得一些科学的育儿法,则幼儿所得到的帮助不难想像而知。

但好多乡村幼儿的母亲,日常工作是十分忙碌的,那有余暇来吸收所谓科学的育儿知识呢？这只要办了乡村幼儿团后,可于幼儿亲娘来喂奶时,随时向〔相〕机和他们谈。譬如怎样扶助幼儿的生长,如何留心幼儿的发育,普通疾病如何预防和诊治,吃东西应该有定时,幼儿应该睡在什么地方,应该穿那样的衣服、鞋袜等。幼儿导师,须于每次幼儿母亲来喂奶时,相机和他们接谈,久久自会给他们以很大的帮助。

21 儿童的性教育

朱熊芷

1935年7月1日

另图 15　熊芷像

题　解　　本篇原载《医事公论》第 2 卷第 18 期。发表时间为 1935 年 7 月 1 日。

该文此前曾发表于《健康生活》第 3 卷第 5 期（1935 年 4 月 20 日）、《兴华》第 32 卷 15 期（1935 年 4 月 24 日）和《卫生月刊》第 1 卷第 7 期（1935 年 4 月 25 日）。

撰著者朱熊芷，即熊芷（1902—1977），女，湖南凤凰人；因冠夫姓，故称朱熊芷。熊希龄之女。早年毕业于金陵大学，后赴美国，入哥伦比亚大学，专攻婴幼儿保育，获硕士学位。归国后，协助父亲办理香山慈幼院。抗战爆发后，受聘担任江西各界民众抗敌后援会妇女界分会总干事，并任中国战时儿童保育会江西分会设计委员会主任，主持创设了江西省第二保育院，致力抢救战争难童。后任江西省妇女指导处处长，指导创设了遂川托儿所；又主持创设儿童福利实验区。1940 年赴重庆任中国战时儿童保育会总干事。1949 年去台湾，出任台北师范学校校长。著有《母亲学》《我们的托儿所》等。

《医事公论》，医学半月刊，1933 年 10 月 10 日创刊于南京，由中国医事改进社主办、编辑并发行。旨在"整理中国医事"并"改进中国医事"。主要栏目，有医论、专件、国民卫生讲坛、医药问题讨论、医药书报介绍等；主要撰稿人，有于冈、显祖、李紫衡、胡经欧、蔡禹门、胡定安、宋国宾、陈邦贤等。1937 年 7 月 16 日终刊，共出 4 卷 92 期。

好奇心是儿童本能之一，而对于他自己来源，更想知道，所以儿童常问："妈妈，小孩从那里来的？"这种好奇是很积极的，应该利用这机会，将关于自身如何来的、他身上各部的工作与两性的分别的正确知识供给他。

如此养成的正常观念与哲学，可以御防以后社会环境内不良的诱惑；而且如果做父母的错过了这个好机会，将来他去由街头巷尾得着些不正确、不洁的性知识，反有害于他。性的冲动力与性的发育，是动物应有的，也是造物者为继种而赋与者。只要以科学化的眼光，以正当礼仪规导之，不但不是——如我国向来对于生育的观念——可耻、不雅、难听及不洁，而是神圣、高尚的。

儿童的对于性的好奇心，本是天真的、健全的；他的性的发育与需要，也是天然的、天赋的，不得以不良与不洁的态度处之。为养成健全的公民与强健的种族，儿童与青年的性育，应该受相当的指导，使他在发育未完全、未结婚前，能分化这种性的冲动力，并转移到有用的工作上去。在现时社会组织之下，结婚较迟，许多性问题也因之发生，是凡为父母、师长的，不能不研究、设法解决的。

这类问题的解决，决不是要等儿童成了年方去解决，而应该起始于最初、最幼的时期，继续到成年。其方法约如下：

（1）很完全、真诚的性知识。

（2）合宜的睡眠环境与情形。

（3）用各种有组织的运动，养成尊重健康身体的观念。

（4）有组织的、有指导的、有督率的男女共同游戏、娱乐与社交。

（5）各种特别兴趣的组织，如男童子军、女童子军及夏令营等的运动。

现在，姑且分下面几层详细讨论一下。

（一）情绪生活发育的程序

一个儿童的"爱"生活的发育程序，约可分为数期。

一个初生下的婴儿，大概不知爱什么。但是，渐渐的欲望就有了。这第一期，是爱他的自身，自己的身体。三四个月的婴孩，注视他自己的手、脚与吃手指。他的乐趣，都从满足了自己的需要——如吃、排泄大小便等等而得来的。

一岁以后，他就渐进入第二期。凡是能满足他以上所说的他自身需要的人或物，他都欢喜。在此时期内，母亲或保姆及其他的东西，如球、娃娃、床、衣服，都是他所爱的。

第三期内，起始六岁至十二岁间。他起始推爱及于家庭以外的人，如他的师长或书中的人物。这是个很要紧的时期，切勿禁止他。

这期之后，到了成人期，渐渐将爱收缩集中在同年岁的对性，可以做终身伴侣的身上。

以上，是每个人"爱"生活应经过的程序。也有发育在某期而停止的，就可致生活或精神的不健全。

（二）性知识的授给

授给儿童性知识，的确是一件不易的事。其原由：

（1）因为儿童的了解力不全。

（2）因为许多的父母们觉得，自己关于性的知识不正确、不科学，不配同儿童谈。

（3）有许多父母，把性知识当是可羞耻的事，不便启齿。

所以要授给性知识，为父母的先要改变自己的观念，由科学书内去求得正确的性知识，用科学的、客观的态度授给儿童。这种授给，父亲、母亲共同负责，并且也是父母得着儿女相信心的好机会。

授给性知识时，最要紧是相当的态度，应该将事实，用很安静、简单、大方的态度说给孩子听，使他也好像在接受其他问题答案——如"米从那里来的"相同。但是，如果有的父母实在觉得，他不能改正自己的观念，不能以科学化、客观的态度去说给他的子女，那最好他不要做，可去请别的受过相当训练、有正确态度的人去授给他。

（三）性知识授与的时期

授给性知识的时期，最好是在儿童发问性问题之先，比〔当〕比发问之后为妥。因为恐他发问时，对于"性"的情绪或已有所冲动。

如果在此之前，他接收性的知识是与接收其他知识态度相同，关于两性的作用似可完全授给。常常儿童好像不懂得，或者还问第二次。有时是为他尚疑惑，有时是为太难，他不懂得，则不妨再说给他。虽然现在或不懂得，但留在脑子里，以后就会明白的。并应将男女两性的性知识，都给他方为完善。

（四）性知识授与的方法

由研究植物种植，养鸟、鸡、兔，养蚕，儿童可得着生理、遗传、生育等的原则与现象。春夏时乡村的生活，也是给性知识的好机会。当动物生产时，可将其事实说给儿童听；生出之后，可以教他这是从母亲身上出来的。简易而明白讲解，使儿童不存疑问。

在村田间的孩子，大都看见狗、牛、鸡等的性交，所以也很少问"小孩如何会在母亲肚里去的？"。但是儿童如发出这个问题时，就可告以"父亲把种子种在母亲肚里的"。如孩子再要问"如何种的？"，也可以直接告诉他。如果孩子看过动物的性交，如蚕蛾的交尾，就说"像蚕蛾交尾一样种的"。

当家里有人怀孕，也是授性教育的好机会，告诉儿童母亲带着小孩在肚里和父亲的关系，告诉他：

> 只有女人们能生小孩，因为他们的身体和男子的不同，女人的身体内有种小的卵，父亲身体内有一种小的精虫，母亲的卵和父亲的精虫合起来，就发展成小孩的小身体；有一个细管子，叫做脐带，联络他和他的母亲。由这个管子，从他的母亲身上得液体的食物。在母亲子宫里长到九个月，就从身下面的小门生出来。

如可能时，可用产科学书中的图，看胎儿形状的变化及生产。如此，儿童的疑问一定就可满足了。

小孩对于自己身体上的各部，及对于不同性别的身体上各部，一定也很好奇的。姊妹、兄弟在四五岁以前，可以让他同在一个房间脱衣洗澡，父母可以当着同性别的孩子脱衣。在两三岁的孩子，父母洗澡时，不妨让他自然的出进，或帮着洗澡。他要问各部名称时，可以告他，如奶、肚脐、耻毛、阳具、阴门等。

很小的孩子是天真的，对于他身体的赤露，尚无所谓羞的观念，这是需要养成的。最好从小就不要穿开裆裤，还有两种益处：可免得孩子玩弄生殖器而成手淫的习惯；并可养成，知道身体是不应暴露着的。当一个孩子有时脱光了身子跑出来见人时，也不要责他、笑他，只要说："快进来穿上衣，你不能不穿衣服去见人的。"如果一个孩子常常继续当着人赤露时，一定是有特别原故或心理上的毛病，则应与心理病专家研究其原故。

稍大年龄的儿童已开始读书，十岁的男女孩，就可以开始读一种简单的生理学或生物学。每次父母同他一块读，并且读后，就和他诚细讨论关于生殖问题的全体——青春期男女儿童将有之种种变化，尤其重要是花柳病的问题。阅读和讨论的开始，应该不能迟至十一岁。

（五）手净〔淫〕的问题

儿童手淫的坏习惯，据专家的调查，是非常的普通，而且并不是至青春期方始。所以，做父母们应该很早的就注意此事，用卫生的方法去预防。如：减除各种刺激；男孩子的生殖器的包皮如过紧，可请医生诊察割治；衣服、裤裆不可过紧或太暖；夜间盖的，不应太重或太多；儿童养成手放在盖的外面睡觉的习惯；揉升树干的习癖、滑下栏杆的游戏，以及幼时骑在成人膝上的摇荡，都是必须留心考察的活动；交不良习惯的朋友，也是可以引诱坏的。

当父母们发觉了儿童有这个坏习惯时，切勿去恐吓他。从前的人，相信手淫了要成精神病，现在已知道是不对的；而且如果父母将"这是可怕的事、污秽的事，摧残了一生的前途及神精病"等话去恐吓他，不但不能改良这习惯，反有时使他们理欲的交战，激成了神精病。

对于有这种坏习惯年小的儿童，可告以："这种活动不是必需的，这是一种小孩子的把戏，你已大了，还做孩子事吗？如果你想和别的成人一样，越早戒除越好。"对于有知识了的青年，可以告诉他们："你岂不知你常常做此，就可以把你的处理和学习有益于生活之事的时间和精神都枉费了吗？"

此种习惯必须戒除，理由是，因继续做得过久过勤，往往使正当的性适应发生困难，或甚至于不可能，对于青年男女都是一样。这个事实，可以使青年们知道，但切勿用以恐吓他们。

22　师范学校"幼稚教育"学科教学谭

王秀南

1935年7月10日

另图 16　王秀南像

| 题　解 | 本篇原载《福建教育》第 1 卷第 4、5 期合刊"师范各科教学研究号"。发表时间为 1935 年 7 月 10 日。

撰著者王秀南（1903—2000），号逸民，福建同安（今属厦门）人。早年毕业于集美师范学校，后考入中央大学教育系。1931 年获教育学士学位，历任河南大学、中山大学、暨南大学、厦门大学教职，集美师范学校、龙溪中学、福建省立师范学校校长，致力于基础教育的理论研究与实践。抗日战争期间，提出"三杆教育"主张，要求学生拿起笔杆能宣传、拿起枪杆能杀敌、拿起锄头杆能生产。中华人民共和国成立后，在东南亚从事华侨教育，历任印度尼西亚印华高级商业学校校长、马来西亚麻坡中华中学校长、马来西亚巴生光华高级中学校长等职。著有《实验教育》《战后中国的国民教育》《教学著述六十年》等。

《福建教育》，地方教育月刊，1935 年 3 月 10 日创刊于福州，由福建省教育厅主办、编辑并发行。旨在发布教育指令、刊载教育章则、报道教育实况、研讨教育问题，以推进福建教育的发展。主要栏目，有论著、研究、讲座、报告、文牍、厅令、章则、书评、专载等；主要撰稿人，有郑贞文、唐守谦、高鸿奎、朱智贤、陈希诚、檀仁梅、丁重宣等。终刊原因及时间未详。

一、前奏

余深信，师范生的训练，要以"小学"为中心；余更深信，幼稚师范生的训练，尤非以"幼稚园"为中心不可。余深信，幼稚师范生的训练，要在"教学做合一"之下，才是她们的出路；可是余更深信，幼稚师范生之于教育学识，非有"系统的学习"，不足以造成幼稚师范生整个的理想，更无以弥补"教学做合一"制度之下所仅存的缺憾。所以，关于幼稚师范生的训练，余主张，有系统的教育学习与幼稚园里的教学做并重。

二、如何使于幼稚教育得有系统的学习

部颁《师范〔学校〕课程标准》所供给我们的，只有"幼稚园教材及教学法""幼稚园行政""保育法"三科。当然，除此之外，还有其他相关的学科。不过，如何使幼稚师范生有系统的学习？怎样使幼稚师范生愿意接受此种系统学习？实值得我们研究。关于前者，系课程上的科学技术问题，只好待诸课程专家的分析、探讨；至于后者，为教学上的艺术方法问题，正与本文要旨相同，不得不根据个人教学的经验，略为一谈。

幼稚教育的教学方法，说来话长。最重要的，约有下列种种。

（一）教材组织要有条理

幼稚教育的系统教学，第一，教材组织要有条理，才能使学者明白、听者理会。尤其教学要用归纳法，先分后合，使学者得有整个的观念。

譬如说，怎样做幼稚教师？

（1）要有献身儿童的决心。不以幼稚园为传舍。喜欢儿童的，其教学越来得顺利。所以，幼稚教师要有献身儿童的决心——效忠幼教。

（2）要有随机应变的能力。孙悟空如何的随机应变，我们要如何的应付环境。如：怎样叫小孩子不哭？如何以最少的金钱办理最好的教育？所以，幼稚教师要有随机应变的能力——应付环境。

（3）要有牧师传教的精神。牧师传教有什么精神？如何采取牧师精神到民间去、到教育荒岛上去？所以，幼稚教师要有牧师传教的精神——逆来顺受。

（4）要有医生诊病的态度。望闻问切，是医生应有的态度。同样的，训练儿童，也需要着如是手续。所以，幼稚教师要有医生诊病的态度——对症下药。

（5）要有慈母的心肠。父母爱子，无所不至，笑脸一副去接近儿童；训练顽童的实例。所以，幼稚教师要有慈母的心肠——循循善诱。

（6）要有看护的身手。能为小孩种痘，能医小病。蒙台梭利原是一个医生。所以，幼稚教师要有看护的身手——导护儿童。

（7）要有坚强的体魄。身体康强，作事一可当十；多愁多病，影响儿童至大。所以，幼稚教师要有坚强的体魄——忠其职守。

（8）要有整饰的仪表。儿童的模仿性；学校录取幼稚师范生的附带标准。所以，幼稚教师要有整饰的仪表——感化儿童。

上述八个条件，是现代幼稚教师所不能缺一的。教者应一面讲、一面写，写了一条、解释一条……纲举目张，使学习的人听了有条不紊。

（二）教学方法要见具体

幼稚师范生没有教学经验的，根本就不知道什么是教育；再加诸教师抽象而不具体的说来，学生莫明其妙的听去，其教学前途更不堪设想。所以，幼稚教育的系统教学，第二，教学方法要见具体，才能使没有经验的幼稚师范生，也得领略幼稚教育的真谛。

譬如说，幼稚教师要有牧师传教的精神。那末，牧师传教的精神在那里？

（1）牧师传教的精神，第一是"逆来顺受"。牧师传教，尽管乡民如何侮辱，他依旧不断地口说上帝与耶稣，结果总有不少人被他感化。我们办学，也要如此。例如，丁超①之经营燕子矶小学，起初是如何的受乡人蔑视，后来是如何的利用乡人心理，得到社会的信仰，最后是如何的搬移关帝爷、整理关帝庙。

（2）牧师传教的精神，第二是"不避乡僻"。牧师之建堂传教，专在乡僻地方。如同安双圳头，原是一片荒冢，今以牧师的经营，竟成小市镇。幼稚教师，不该群趋都市，做姨太太们的老妈子；应该到乡间去，替需要帮忙的人帮忙。晓庄幼稚园为什么办在乡

---

① 丁超：生卒年月及籍贯未详，字兆鳞。早年毕业于陆军小学，后经甲种师范讲习所训练而任教职。曾任江宁县尧化门国民学校校长 8 年。1924 年初，调任燕子矶小学（即江宁县北固乡区立第一国民学校）校长，办学效绩显著，使该校成为中华教育改进社特约乡村学校。为"乡村教育同志社"骨干，对晓庄试验乡村师范的开办和办理予以了鼎力支持。著有《燕子矶小学》。

下,就是最好的例证。

所以,幼稚教师要有牧师传教精神,这是教法要具体的实例。总而言之,凡教一纲目,必举一实例,使学者易于了解。

(三)教学谈话要有艺术

幼稚教育的系统教学,第三,教学谈话要有艺术。当然的,教学方法原是一种艺术,不能了解艺术的人,无异宣判自己教学的死刑。所以,教学谈话要有艺术的训练。

(1)教学谈话要受艺术洗礼。譬如:与其说"教师要有随机应变的能力",不如说"教师要有孙悟空的本领",然后由孙悟空的本领,谈到教师去随机应变。

(2)教学方法要能应用问答。善用问答式以教学的人,最能引起学生的思想,集中学生的注意。不过,不要呆呆板板的问答,而贵在活活泼泼地问答。这就是一种艺术,要以个人之天分而定。

(3)教学谈话要能借助美术。会绘图的人,教学时多少占些便宜。譬如说到"椅桌高低不适度",同时就在黑板上绘个图,必能引起学生的注意。例如图一(原图1)和图二(原图2),实可使人捧腹。

原图1 桌椅太低了

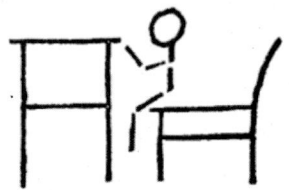

原图2 桌椅太高了

(四)教学之后要多练习

幼稚教育的系统教学,第四,教学之后要多练习。非如此,不足以引起学习之注意及效率之增进。普通练习办法,有下面种种。

(1)在新学习之先,整理旧经验。每次上课,先得把上次所学习的,制为问题,反复地问问。一方面可以整理旧经验,另一方面又可以引起新动机,加深学习的注意,增进学习的效率。

（2）每次学习之后，要整理笔记。每种学习，应养成学生笔记的习惯。以其如此，才能使所学的得有重新整理的机会。每位教师，应不避麻烦，一一为之评阅，为之改正。

（3）每一单元结束，应举行练习。各种学习告一段落之后，便须制为多少问题，使学生就所学习的，并参考其所指定的参考书，一一解答，定期收阅。

（4）每一学月完了，便举行测验。使一学月所学习的，都得到重新温习的机会。

三、怎样指导在幼稚园里的教学做

幼稚师范学习的期限三年。依照我校——集美师范的办法：

第一学年，全为课堂式之基本的学习和专业的训练。可是，此时期的参观和参与，也特别的注重。

第二学年上学期起，每天上午上课，下午在幼稚园教学做。这是因为幼稚园下午的生活比较容易做的缘故。第二学年下学期起，略为调个时间，便是上午在幼稚园教学做，下午仍上课堂式的训练。因为幼稚园的上午生活比较困难做，所以要有经过半年训练的学生，才能进一步的实习上去。这样，幼稚园的整个生活，既经完全实习过。

于是，从第三学年第一期起，便出校外实习，过她们的独立办学生活，为期不过半年。到最后一学期，又回到学校，重新过其"系统的教育学习"与"幼稚园教学做"的生活。使她们在校外所碰到的困难问题，再得到重新整理的机会。

怎样指导幼稚师范生在幼稚园里教学做？现在姑分为校内的实习和校外的实习两段来说。

（一）校内的实习指导

附属幼稚园，一共三级——采取混合编制。幼稚园的教学做，完全由幼稚师范生去担任。大约每级分配师范生，多至六人，少至三人。一个做主导，其他做助教，每周各自轮流一次。各级另有指导员一人，实际参加幼稚生和师范生的生活。指导员在做上教，师范生在做上学。师范生的校内实习，各指导员要负实际指导的责任。此外，若附属幼稚园的主任和师范的实习指导员等，则主持大体，以总其成。

由此看来，幼稚师范生的校内实习，完全在教学做合一之下，毫无指导的形式。勉强的说是比较带有指导的形式的，就不得不推于每星期五举行的"园务会议"了。此地的园务会议，可以说是幼稚师范生指导的重心，同时也可以说是幼稚园每周生活的出发点。因为园务会议的任务是：

（1）幼稚师范生报告各级幼稚生的生活情形。

（2）指导员指导师范生所应注意之点。

（3）提出困难问题，共同讨论解决。

（4）决定下周生活中心。

（5）介绍下周生活应用材料，分故事、游戏、音乐、工作及歌谣等，由师范生与指导员轮流担任。

（6）拟定再下周生活中心，并推举介绍材料人员。

上所云云，大多关于教学方面。至若行政方面，每个幼稚师范生也都得轮换分担一种。怎样分担办法，当然非本文所能罄述。可是，一看下面的幼稚园组织系统图（原图3），也得略明其一斑了。

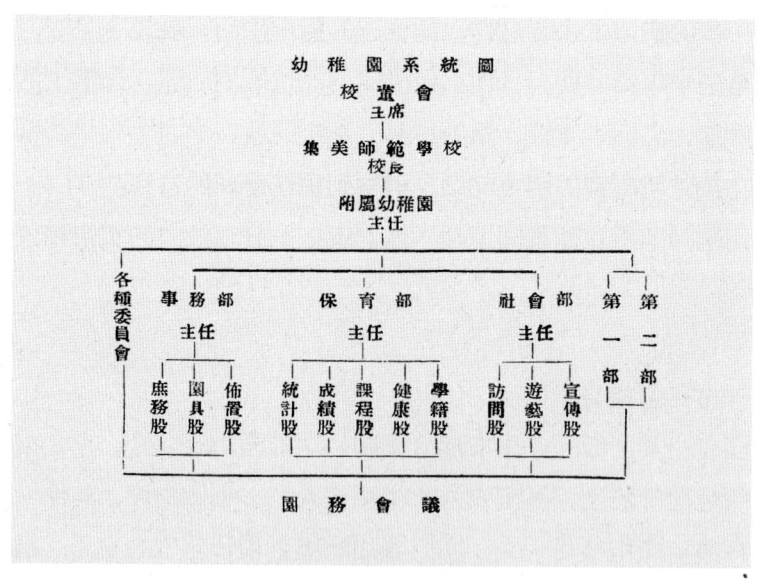

原图3　幼稚园组织系统图

（二）校外的实习指导

幼稚师范生到了第三学年第一学期，便须出校实习，尝试其独立办学的生活。一来，可以试探其办学的本领；二来，可以搜罗各地的幼稚园材料。我们关于校外实习生，定有校外实习的办法如下。

集美师范学校校外实习办法：

1. 注册

（1）本校师范生，已届校外实习时间、自愿出校实习者，应于开学前，将实习学校及通信处，由实习之学校当局来函证明，始得于校外实习。

（2）校外实习，一律于开学后一星期内，将应缴各费，来校缴纳、注册，领取《工作报告表》。交通不便之处，邮汇缴纳亦可。

（3）校外实习生，应缴各费如下：

高级师范，学费十二元五角，书籍费四元五角（有余发还，不足补缴），计共十七元。

幼稚师范，学费二元，书籍费四元（有余发还，不足补缴），计共六元。

2. 实习

（1）校外实习生，每日须作日记，至学期终，缴交本校教导课。

（2）校外实习生，应将下列指定书籍，按周分配阅读：

高级师范生，最低限度应阅下列五种：《师范生实习指导》（张粒民编）；《一个小学校长的日记》（刘百川著）；《一个乡村小学教员的日记》（俞子夷著）；《小学各科新教学之实际》（刘百川著）；《中小学训育问题》（周天冲译）。

幼稚师范生，最低限度应阅下列五种：《师范生实习指导》（张粒民编）；《幼稚教育》（孙铭勋编）；《幼稚教育指导》（仲靖澜编）；《幼稚园、小学低年级〔的〕沟通教学法》（唐现之编）；《低年级教学法》（杨善芝编）。

（3）校外实习生，每周应将教导情形、课余阅读、实习心得及发生疑难问题，按照《实习工作报告表》，填寄本校教导课。

（4）本校每两周出版《儿童导师》半月刊一次，凡校外实习生来函所询问题，均于该半月刊一一解答，并介绍现代教育之新学识、新方法。凡校外实习生，应由个人或学校定阅一份。

（5）校外实习生，应于学期终，就工作情形，作有系统之成篇报告（即教育论文），缴交本校教导课。

3. 考成

（1）实习成绩考查标准，依照实习日记、工作报告、书籍阅读、所询问题、教育论文及指导员之观察（指导员所不能至者，托所在学校之负责人），分成优、上、中、下、劣五等。

（2）不依时缴费、不按周报告，及其他不尽职情事，得按轻重情形，不予毕业或其他惩戒。

末了，介绍一张《校外实习〔每周〕工作报告表》（表5）。校外实习的情形如何，不难推想其究竟。

表5　校外实习每周工作报告表

（第一周，自三月五日至三月十一日，教生许翠华报告）

类别	预定事项（每星期日填）	进行结果（每星期六填）
行政方面	（1）新旧生注册入学。 （2）三月五日正式上课。 （3）第一次园务会议。 （4）导护工作开始。	（1）新生注册的，有三十余人；旧生入学的，也有三分之二；还有小部分，未来注册。 （2）三月五日如期上课。 （3）第一次园务会议决定：本周生活单元——好习惯；举行秩序训练周；分配导护人员轮值表（三人轮值）。
教学方面	（1）幼稚园方面：这一周中心问题——好习惯小单元（准时到园、遵守秩序、待人接物要诚敬、爱惜园中用具、同学相亲爱、总结束）。 （2）小学部方面：调查低年级算术程度；应用游戏法教学算术。	（1）幼稚园这一周的生活。根据所决定的大单元，再分析为六个小单元，按日训练所用材料。既依中心问题选择教导方式，多用故事体裁，以引起儿童注意。自开始至结束，兴趣还算不差。不过乡间儿童不大活动、不甚发问、稍嫌板滞而已。 （2）调查低年级算术程度的结果，大多参差不齐，有的连数码也不会写。
训导方面	举行秩序训练周要点有二： （1）出入教室要排队。 （2）上下坐位敏捷而有秩序。	近日来，因上课未久，多数儿童初离母怀，对于园内的习惯，如听铃声出入、排队上下坐位，都很纷乱。经过本周的训练，稍能自动、安静站立，坐的姿态也改良不少。

类别	预定事项（每星期日填）	进行结果（每星期六填）
进修方面	（1）阅完《幼稚教育指导》一书。 （2）开始阅览《教育与玩具》《中山故事全集》。	（1）《幼稚教育指导》一书已经看完，内容平淡无味；一切议论，多数抄集而成。 （2）《教育与玩具》一书，材料比较丰富，理论也甚精明。阅后颇觉有趣，可惜尚未看完。
一周间实习之心得或遇到困难之问题	我此次为了环境压迫，不得不暂时牺牲我那甜蜜的学生生活，走这生疏的社会上来。还幸，此间幼稚园园长是我幼师五组的毕业同学。关于教导方面的问题，可以就近的请教她。她也很热诚的看待我。这一点是我可以自慰的。 本周所感到的问题，就是有些顽劣的儿童，你给他暗示么，他一点不感觉；你给他直接的处罚，他又大声小叫，哭个不停。	
备注	（1）我在此间担任幼稚园导师，又兼小学低年级功课。 （2）此间幼稚生餐点，每天午前一次；检查清洁时间，却不拘。	

四、尾声

最后，还得说几句，现在学教育的人，关于各科的教学方法，无论在书籍、报章，大都谈得天花乱坠；惟有对于"学教育的如何去教教育"这个问题，尚少人家去理会。这却是最矛盾的现象。我这一编的处女作，无非表示向这荒岛上去开辟。至于能不能产生更大的力量，那全要看教育同志们的共同努力！

師範學校「幼稚教育」學科教學譚

王秀南

一 前奏

余深信師範生的訓練，要以『小學』為中心；余更深信幼稚師範生的訓練，尤非以『幼稚園』為中心不可。余深信幼稚師範生的訓練，要在『教學做合一』之下，才是她們的出路；可是余更深信幼稚師範生之於教育學識，非有『系統的學習』，不足以造成幼稚師範生整個的理想。更無以彌補教學做合一制度之下所僅存的缺憾。所以，關於幼稚師範生的訓練，余主張有系統的教育學習與幼稚園裏的教學做並重。

二 如何使於幼稚教育得有系統的學習

部頒師範課程標準所供給我們的，只有『幼稚園教材及教學法』，『幼稚園行政』，『保育法』三科；當然，除此之外，還有其他相關的學科。不過，如何使幼稚師範生有系統的學習？怎樣使幼稚師範生願意接受此種系統學習？

實值得我們研究。關於前者，係課程上的科學技術問題，只好待諸課程專家的分析探討；至於後者，為教學上的藝術方法問題，正與本文要旨相同，不得不根據個人教學的經驗，略為一談：

幼稚教育的教學方法，說來話長，最重要的約有下列種種：

一 教材組織要有條理 幼稚教育的系統教學，第一，教材組織要有條理，才能使學者明白，聽者理會。尤其教學要用歸納法，先分後合，使學者得有整個的觀念。譬如說：怎樣做幼稚教師？

1 要有獻身兒童的決心 不以幼稚園為傳舍；喜歡兒童的，其教學越來得順利；所以幼稚教師要有獻身兒童的決心——效忠幼教。

2 要有隨機應變的能力 孫悟空如何的隨機應變；我們要如何的應付環境，如怎樣叫小孩子不哭；如何以最少的金錢辦理最好的教育？所以幼稚教師要有隨機應變的能

23　慈幼的新意义

蔡元培

1935年7月

题　解　　本篇原载《现代父母》第 3 卷第 6 期"儿童年专号"。发表时间为 1935 年 7 月。

有关撰著者蔡元培，参见前文《祝儿童节》题解。

本篇系为"中国儿童年"即将开始而撰。正因为新时代的慈幼事业"不是从个人的立场出发，而是从社会的立场出发；不是基本于恻隐心，而是基本于责任心"，所以蔡元培要特别对"慈幼的新意义"进行一番诠释，以使举办儿童年的初衷得以延续。

中国儿童年，系指 1935 年 8 月 1 日至 1936 年 7 月 31 日这一年。此前，由国民政府行政院制定《全国儿童年实施办法大纲》，设立了"全国儿童年实施委员会"来统一领导。更早之前，上海市儿童幸福委员会把 1934 年定为上海的儿童年。

《现代父母》，家庭月刊，1933 年 2 月创刊于上海，由中华慈幼协会主办、编辑并发行，主编陈征帆。旨在"提倡父母教育，推进儿童幸福"。主要栏目，有评论、著述、特载、父母的技术、情报、琐屑、通讯等；主要撰稿人，有许建屏、董任坚、田景福、金絜如、杨清我、徐阶平等。1937 年 7 月终刊，共出 5 卷 46 期。

《周礼》："大司徒之职，以保息六养万民：一曰慈幼……"①孔子说："少者怀之。"②又说："少有所长。"③孟子说："幼吾幼以及人之幼。"④这样的好事，在周代已经通行，二千年来似乎没有停顿过。只要看各地方都有育婴堂⑤，就可以证明了。

但是讲到慈幼的意义，旧时代与新时代不见得相同。

旧时代，最粗浅的，是慈善事业上的功利主义。他们笃信"行道有福"的因果律，以为我若能慈幼，上帝或其他神祇一定有酬报。这与家庭中"养儿防老"的观念差不多。这当然是一种不纯洁的心理。

进一步，完全出于同情。世界上最小、最弱的，最易引起爱怜；纯洁的慈善家，正与纯洁的慈母一样。但仅仅有此同情，尚难免流于姑息的爱，而不能爱人以德。

新时代的慈幼事业，不是从个人的立场出发，而是从社会的立场出发；不是基本于恻隐心，而是基本于责任心。社会是进步的。现代的人，要时时刻刻为后一代人准备，使后一代人的能力比现代人进步，然后可以应付将来的社会，使他不致退化。

所以，现代人宁为将来而牺牲现在，决不肯为现在而牺牲将来。例如：将沉没的船，遇着救生的舢板，必让儿童及妇女先下，凡成年的男子敢与争先者，得以武器阻止他；大战以后的都市，因食物不足，凡牛乳等营养品，必先尽托儿所应用，而后分配于成人。这决不是为单纯的爱怜弱小的观念所主动，而是被认为一种公共的责任。这就是现代慈幼的新意义。

---

① 语出《周礼·地官·大司徒》，完整表述为："以保息六养万民：一曰慈幼，二曰养老，三曰振穷，四曰恤贫，五曰宽疾，六曰安富。"意为：用六项安定民心的政策养育万民，使其繁衍生息。一是慈爱幼儿，二是赡养老年人，三是救济鳏寡孤独等穷困的人，四是周济救助贫穷的人，五是对残疾人优待、宽免其赋役，六是平等对待、不苛刻索取，使富人安心。
② 语出《论语·公冶长》，完整表述为："老者安之，朋友信之，少者怀之。"意为：使老人得到安逸，使朋友们信任我，使年轻人怀念我。
③ 《论语》中并无此言。恐系《礼记·礼运》中"幼有所长"的别用。意为：使幼儿能健康地成长。
④ 语出《孟子·梁惠王上》。意为：爱护自己的小孩，从而推广到爱护别人的小孩。
⑤ 育婴堂：中国自古即有的慈幼机构。南宋朝廷首设慈幼局，元、明两代有所赓续。至清代，官办育婴堂大体已普设于各府、州、县。晚清传教士所办的慈幼机构，亦有称育婴堂者。民国成立后，私立慈幼机构亦沿用此名。

24 儿童年实施后的几点宏愿

陈鹤琴

1935年8月1日

题 解　　本篇原载《新闻报》1935年8月1日。系特约稿。

有关撰著者陈鹤琴，参见前文《儿童教育的根本问题》题解。

中华民国南京国民政府在1931年确立"四·四"儿童节后，又于1935年初将1935年8月1日至1936年7月31日定为中国的"儿童年"，力图以此来推促儿童事业的发展。在儿童年正式开始之际，陈鹤琴发表这"几点宏愿"的意蕴，显然是担心一阵热闹过后又是长久的冷清。他所要表达的基本意愿是：救助儿童的事业，不宜一曝十寒，而应始终一贯、脚踏实地，一步一个脚印地去接近目标。

《新闻报》，系近代上海四大报纸之一，1893年2月17日创刊于上海。由英商和华商合资创办，英商丹福士（A. W. Danforth）出任董事长，华商袁春洲为第一任华人经理，蔡尔康为第一任主笔。该报的主要特色，为"重经济而轻政治"，特别注意新闻的时效性和独家来源。1949年5月停刊改组，由《新闻日报》继承。

（1）愿全国儿童从今日起，不论贫富，不论智愚，一律享受相当教育，达到身、心两方面最充分的可能发展。

（2）愿全国盲哑及其他残废儿童，都能够享受到特殊教育，尽量地发展他天赋的才能，成为社会上有用的分子；同时，使他们本身能享受到人类应有的幸福。

（3）愿政府及慈幼机关，为儿童福利着想，尽力设计，多予儿童以安全的保障。

（4）愿全国各处从今以后，所有奴婢、童工等不良制度，完全绝迹。

（5）愿全国的父母、导师以及全国的成人们，随时随地本着"幼吾幼以及人之幼"的古训，各就自己能力所及之处，保育儿童，救济儿童，感化儿童。

（6）愿今后全国的父母们，都具有教育常识，切实了解儿童心理和儿童期的价值。

（7）愿全国的妇女们，都自觉着母性的伟大，注意胎教和妊娠期的卫生，造就优良和健全的国民。

（8）愿全国教师们，抱着鞠躬尽瘁、死而后已的精神，去教导儿童、训练儿童，使他们成为健全的公民。

（9）愿全国慈善家和一切成人们，对于凡百救济事业，先从儿童做起；遇到危险，先救儿童。

25　明日的幼稚教育

张宗麟

1935年8月

> **题　解**　本篇原载《湖北教育月刊》第 2 卷 6、7 期合刊"儿童教育专号"。发表时间为 1935 年 8 月。
>
> 　　有关撰著者张宗麟，参见前文《劳工幼儿团的使命——致张宗麟》题解。
> 　　《湖北教育月刊》，不定期刊。1933 年 9 月创刊于武昌，由湖北省教育厅主办、编辑并发行。旨在"介绍世界学术思潮，传布该省教育行政消息，研究教育实际问题，记载文化史实"。主要栏目，有专载、论著、计划、报告、史料、统计、文化消息、法规、政令、公牍、调查与统计、附录等；主要撰稿人，有王醒魂、寿森庠、高启奎、程其保、王义周、王葆青、谈锡恩、王镜清、陶行知等。停刊原因及时间未详。

　　明日的幼稚教育，是明日社会的产物，好比今日的幼稚教育，是今日社会的产物。那末，明日的社会又会变到怎样？明日的幼稚教育又将怎样？这件事，谁也不能百分之百的肯定确说。

　　不过，用科学的推理来预测，那末今日的社会，是昔日的社会演变而来，明日的社会，也将从今日的社会演变而成。所以，预测明日的社会与明日的幼稚教育，虽不会十分准确，但是也不会完全错误。至少今日的希望如是，将来可以有实现的一天。不过这个"明日"，当然不是过了二十四小时以后的明日。

　　在全世界笼罩着不景气的景象中，谁能冲破这个重围，谁就是旋转世界者。明日的社会，也就是他可以造成的。但是这个"谁"，真不知是谁呀！

战神吧，从历史上看来，在一个不可解决的严重状态之下，战神光临，杀气冲天，等到大家息手，必有一方得到问题的解决，但是对方呢，那就如水益深、如火益热了。今日，虽然大家在那里恐怖〔惧〕世界大战的到来，有的野心国家，就在那里准备大战。第二次世界大战的不可避免，这是时间问题，不是"有"与"无"的问题。但是，今日世界的危机，是否可以因一战而转危为安，这是谁也不敢说的，甚至主张开战的人，也不敢自信吧。战神在二十世纪的威权，没有如此伟大了，这是人人都知道的，我们不必从这点上去用心思。

今日世界的危机，是否会转变呢？社会学家以为，必需把今日的社会重新安排、重加组织。我们也很希望，有一个合理的社会，可以免去许多无聊的浪费、苛酷的剥削。但是，社会的构成不是偶然的，也不是突无〔兀〕的，那末要重新安排与重加组织，也就不是化学室里的氢氧二气化合成水那么容易。螺旋形的上去，也就得螺旋形的出来。这里，我也不会相信，明日的社会的到来，还得经过几千年。当然，也得请诸位勿误会到这层。

明日的世界，真不知道变到怎样地步，明日的幼稚教育演变到怎样地步，我们也不敢十分准确的回答。不过，从已有的几点因苗上推测下去，可以得到下列几点：

（1）明日的幼稚教育，必定普及的。愈是乡村与工厂附近，普及得愈加快。

（2）明日的幼稚教育，必定为某个集团（国家或其他）或某种思想训练幼稚儿童的一种重要事业。所以，它一方面是帮助忙碌的母亲们免去麻烦，一方面就在此时预先训练未来的民众。

（3）明日的幼稚教育，必定是"教"与"养"并重的。幼稚园是儿童的另一个家庭，决不是上课读书的场所。

（4）明日的幼稚教育，必定与家庭沟通的。幼稚园不但教育儿童，也就是母亲受教育的机关。

（5）明日的幼稚教育，必定与小学联络的。小学与幼稚园的办法，完全一致的。

（6）明日的幼稚教育，必定训练儿童有集团工作的精神，免去个人单独进行的散漫行为。

（7）明日的幼稚教育，必定应用科学养护法，使孩子在幼稚园里长成，比家庭中光用爱的滋养还要有效。

（8）明日的幼稚教育，必定有它的一贯主张。一切设施，都合乎这个主张，尤其如玩具等等，都免去神秘的意味。

（9）明日的幼稚教师，除了为着维持个己的生活外，最重要的任务，还是为着实施她的集团的理想。所以，她是集团的工作者，不是为着个人的职业。

时代的轮子继续不断的推进着，幼稚教育就在各个轮齿上前进。不知道，十年后的社会变到怎样？二十年后又变到怎样地步？那末十年后、二十年后的幼稚教育，可以实现百分之几呢？我们大家希望着吧，也就大家在时代的轮齿上努力着吧！

26　简单的幼稚园

张宗麟

1935年11月上旬

题　解　　本篇原载《乡村建设》第 5 卷 8、9 期合刊"邹平乡师专号"。演讲时间为 1935 年 11 月上旬，发表时间为 1935 年 12 月 15 日。本文系演讲记录，是张宗麟在邹平简易乡村师范幼稚园课程讨论会的讲演之一。记录者为戴自俺。

原发表时，文后附记录者的附记，内容如下："本年十一月七日，我率领北平幼稚师范在乡村工作的同学到邹平参观。因为张先生是我们同道中的长者，特请他多给我们的指示。我们在邹平共住九天，张先生和我们作有系统的谈话共四次。这是第一次，是他平日要和他的同工及他所主持的乡村师范同学们谈的，我们刚好赶上听到了。现在，乡师要出一个专号，张先生嘱把这篇讲稿整理出来，以作幼稚园部分的材料，所以就这样记了下来。——自俺记于离邹平之前（二十四. 十一. 十五）。"其中，"在乡村工作的同学"是指跟随戴自俺在北平西郊核桃园办理乡村教育实验区的北平幼稚师范学校的师范生。该实验区为北平幼师所附设，由张雪门兼任主任，戴自俺为副主任。"他所主持的乡村师范"，即邹平县立简易学校，张宗麟时任该校校长。所提"专号"，即《乡村建设》"邹平乡师专号"。

有关撰著者张宗麟，参见前文《劳工幼儿团的使命——致张宗麟》题解。

有关记录者戴自俺，参见前文《幼稚园的农事》题解。

《乡村建设》，乡村教育半月刊，1931 年 10 月 1 日创刊于山东邹平，由山东乡村建设研究院主办、编辑并发行。旨在"记述社会真实状况，阐发乡村建设理论，供给乡村民众最需要的知识"。主要栏目，有乡运通讯、朝话、乡运者的话、各地乡运消息及状况、工作纪实、海外纪闻、村运消息、本院新闻、参考资料、讲演、农村调查、社会调查、专题讲述等；主要撰稿人，有张玉山、梁漱溟、江恒源、蓝梦九、茹春浦、孟张龙、张立民、秦亦文、周葆儒、刘宇、杨效春、祝超然、严寅、陈康甫、陈希纯、方铭竹等。停刊原因及时间未详。

这是一个幼稚园课程讨论会，一个星期有一次会议。在会议中，有预算、有结算，还有问题的讨论。另外，在每次开会时，我有一段扼要的演讲。我预备要讲的，共有八个题目。今天讲第一个，是《简单的幼稚园》。

在这个题目里，可以分四段来讲：（一）为什么要办简单的幼稚园；（二）简单的意义；（三）可以省掉的东西；（四）一定要有的东西。

一、为什么要办简单的幼稚园

简单一句话来说，因为中国是个穷国。穷国里，就只能办穷的、简单的幼稚园。要详细，我们可以这样来说，社会各种事业的进步，他是随着各种科学之进步而进步的。就拿整个的幼稚教育来说吧，从福禄培尔创办幼稚园以后，他的历史，至今不到百年。若干年来，他的进步，完全是各种科学之进步促成的。就以福氏的恩物来说吧，起初他的恩物是哲学的，现在完全是科学的了。我们看现在的各种儿童玩具，样样都在那里表示一种最新的时代的科学的精神。如歇尔氏的大积木[①]，甚而可以搭成大的房子，让小孩可以进去——这都是随着科学之进步而进步的。再从整个的培养方法方面来看，从前只注重脑的训练，现在注重到身体之培养了；从前只注重到学校，现在由学校而注意到家庭，注意到社会了；从前只晓得教小孩，对小孩负责，现在则注意到要教父母、要对

---

① 歇尔氏的大积木：希尔积木（Hill Blocks）。由美国人希尔发明，苏州吴亚可曾仿造。希尔积木尺寸较大，包括木柱、轮、轴和棍子等，可搭建实用性器物。它旨在促进儿童实际应用、操作能力的发展，供他们建构可随意出入的房屋、乘坐的车辆等。相较于福禄培尔式积木，希尔积木更有利于儿童合作建构。

父母负责了。这些都是进步，而且是随着科学之进步而进步的。种植各种农作物，有科学方法，便可以希望其能好生好长、枝叶并茂。培养小孩子，又何独不然呢？可是，凡是一种教育，他要是超脱了当地的社会经济之条件而进行，那么这种教育，就好比是插在瓶里的花，初插上去好看，也许好看，但始终是不会结果的。不会结果的花，我们要他有什么用呢？尤其是大多数的民众，要他有什么用呢？

上面所说的一段，是现今幼稚园的实情。他的最具体的代表国家，是美国。中国也有人在那里仿行。现在，我们问一问：我们乡村里的幼稚园，要和目今中国一部分城市的幼稚园，也如此一样的搬外国货，是否可以行得通呢？我可以说一句话："行不通！"因为：

第一，我们都要办如此的幼稚园，贵族的孩子没有那么多。相反的，要不是贵族的孩子，进这样的幼稚园又不相称。

第二，中国的社会组织不同，而儿女在家庭的地位也与别的国家的不同。就如美国，他们除把自己的儿女看作自己的儿女以外，还把他看作国家的公民。在中国就不然，儿女是公公婆婆的儿女，教养都是整个的家庭负责；有时，连他自己的父母想作一点主也不成，何况其他？

第三，一般的教育程度不高。因此，不容易接受许多新的知识。有时，简直就是没有工夫去接受。本此，我们要办一种美国式的幼稚园，在中国是很难普遍起来。

我再来说一个比喻吧。生理化学、食物化学，是近今的一种科学。因这种科学之提倡，一个人需要吃怎样的食物，才于人有极适切的营养，是有人指点出来了。照理，我们应该根据科学家、卫生学家告诉我们的去吃，才是好的；但现在有的人，他却非吃窝窝头不可。

中国目下之不能办如上的所谓的科学的幼稚园，正同这是一样的道理。我们不是不愿有这种幼稚园，乃是有了这样的幼稚园，不能满足大众的需要。

二、简单的意义

何谓简单？何谓繁复？这里，我们可以这样来说："复"是每样东西有好几套。然而，这是从设备方面来说的。所谓"繁复"，不能单从设备方面来说。现在，我来举几个例子吧。

第一，家庭的例。普通的家庭，一个母亲生了一个孩子，他能叫他不冻、不饿，甚而不死，甚而长得好，甚而聪明、伶俐、活泼……这里面所有的问题、方法，可以说是不简单。我可以说，要照我们如今的幼稚园的办法来养这些孩子，一百个之中，至少要死九十九个半。怎么叫有半个不能死呢？那就是残废。中国的社会里，像这类能把孩子养得好的母亲，并不少。这当中，不仅是一个知识程度之高下的问题，还有着另外一个问题，那就是做母亲的有没有一种天才的问题。这是一个我们表面看去是简单，而实在并不简单的例。

第二，凡是学幼稚园的人都知道的，福禄培尔初办的幼稚园是什么样呢？是一天领着几个穷孩子，在草地上翻筋斗，在树林中做游戏……慢慢而成功所谓幼稚园的。这，我们能说他简单吗？现在我们之所谓不简单者，须知道，就是从这简单中，方产生出来的。

第三，再举一个切实的例吧。例如幼稚园的自然，要讲鱼，照有钱的幼稚园的办法，一定是先弄池子，叫听差去买了几尾鱼来，然后把小孩子带到池边，才讲鱼。再不然，也要叫听差的弄上他一两个玻璃缸，养上了几条鱼，然后才能讲鱼。但这样讲下来的结果，学生有时会有一点概念也没有的。反过来，我一个钱不花，可以有法子教小孩子学会了鱼的常识。就是要有河的地方，我们把小孩子带到河边去教。要没有这种环境，我们可以把小孩带到一个小菜场中，一面看、一面讲。是一个大子也不花，但小孩又是顶感兴趣的。要是在北方，连小菜场上卖鱼的都没有，好，我们这么一画，也是一条很好的鱼（原图4）。

原图4　鱼形图

我们知道，小孩子看东西，都是整个的。在小孩的目光中，这与一条整个鱼是没有什么两样的。

此外，如小孩平时要玩的珠子，买外国货是挺贵，而山东料珠，则一毛钱可以买一百多粒。还有，穿坏了的洋袜，洗一洗就可以做洋囡囡。这里面，都包含有我所谓的简单意义的。

三、可以省掉的东西

现在的幼稚园，有许多东西可以不要的。我还没有想完全，现在先说几件。

（1）地上的圆圈，可以不要的。幼稚园的地面上的圆圈，是有历史的，就是从福禄培尔的一元哲学而来的。除掉是模仿福氏以外，别无作用，可以不要。

（2）在桌子上面玩的一盒一盒的积木，可以不要的。孩子们在桌上玩这种东西，可说是不静也不动。不动不静，就是不生不死，要这有什么用处呢？

（3）普通的古董式的摆设，可以不要的。这类东西，如泥人、瓷娃娃等，只能摆设，小孩不能动手，一动手就要出危险，可以不要的。

（4）华丽的布置，可以不要的。如很讲究的窗帘，很讲究的新娘房的布置，都可以不要的。

（5）许多变花样的课程，可以不要的。今天一个设计，明天一个设计；这个星期计划做这样，还没有做了这样，又来了一套新的。这都是浪费，都要不得的。

（6）幼稚园的组织，可以不要的。一般的说来，一个幼稚园，大多都是两个教师。那么，主任是她们，教员是她们，会计、庶务……也都是她们，还有什么组织可言呢？

（7）表册、挂图等，有的可以不要的。近几年来，受小学影响，许多幼稚园在那里做装饰工作，东一套表格，西一套表格，导师要无暇自顾，势必牺牲小孩子的活动。如此，有什么意义呢？"宋妈妈嫁女儿，不要看小姐的样。"小学尽管在那里玩这套把戏，可是我们幼稚园不能学；城市的幼稚园尽管在那里玩这套把戏，可是我们不能学。

此外，我们大家都来想一想，怕还有好多东西是可以省掉的。

四、一定要有的东西

我想象中的简单的幼稚园，有几样东西，至少是必须有的。

1. 卫生设备

"健康是生活的出发点，也就是教育的出发点"理论，我们不用提了。我以为，最低限度，大小便的地方要卫生、合用。一个小孩，要有一个喝水的茶杯，以及洗脸的脸盆、脸巾等，每人有一套。这都是比较容易做得到的。

2. 音乐用具

钢琴，自然用不起；风琴，也有问题。我以为，中国普通的锣、鼓、钹、磬、木鱼……倒是可以用的，不过要与小孩子成比例。还有口琴，是很可试用的，但须"绝对自私"，以防各种疾病之传染。

3. 幼稚园必有的课程

这我以为有下面的几种——

（1）唱歌（可以包括的很多）。

（2）谈话。

（3）运动。这里面，我们特别注意儿童的大肌肉的运动。它和游戏有些不大同。但合乎运动原则的游戏，我们也不反对。

（4）休息。小孩运动之后，一定要有休息。不过我们要注意一点，要没有充分的设备，千万别要让孩子睡着①。

（5）吃点心。这一方面，是注重生理的培养。然而教育的意义，我们还格外看得重要。

（6）喝开水。幼稚园的孩子，一到幼稚园后，有时一玩，竟会连喝水都忘记的，还有根本就没有喝水的习惯的，我们得积极的来施以适当的培养。

如此的幼稚园，随地取材，不尚装饰，果能普遍的推行起来，好多穷苦孩子，我们必定可以顾到。

---

① 此"千万别要让孩子睡着"，是怕孩子无床无被睡着后受凉得病。

27　幼稚教育学术讲话

葛承训

1936年1月1日

题　解　本篇连载于《江苏省小学教师半月刊》第3卷第8期、第10期、第12期、第14期。发表时间为1936年1月1日、2月1日、3月1日、4月1日。原发表时题为《幼稚教育》，题前标有"教育学术讲话"。今题系编者改拟。

有关撰著者葛承训（即葛鲤庭），参见《三年来之中国幼稚教育》题解。

有关《江苏省小学教师半月刊》，参见前文《祝儿童节》题解。

一、幼稚园的意义和设施

（一）就个人发展的立场论幼稚教育

个人发展，决不是个人主义的意思。在集团生活之下，不容个人主义的复活。这里所说的个人发展，乃指个人自胎儿到幼儿一段的发展而言。在正文以前，应将文字的意义预先说明，免得误会。

胎儿心理学家告诉我们，个人的基础，至少一部分和胎儿期的生活发生密切的关系。中国向有"胎教"之说。虽是未免过甚其辞，而胎儿的营养，都认为所谓"先天"的要素。

试举一个浅显的例子：生育过繁的母亲，为什么时常牙痛骨酸？胎儿在发育过程中，需要多量的骨质。这些骨质，不是从母亲所吃的滋养料方面得来，便是从母体的骨质部分尽量地吸收。要是母亲怀胎的时候，不注意多吃助长骨质的食料，不得不牺牲自己的身体，损坏了自己的牙和骨骼。

动物心理学家，会试验白鼠在胎期的营养。比方母鼠缺乏乙种维太命的滋养，所生白鼠必定愚蠢；母鼠能得丰富的乙种维太命养料，所生白鼠必较聪明。母亲的营养好不好，就是胎儿的营养好不好；胎儿的营养好不好，直接影响于诞生后的聪明不聪明。假使试验白鼠的结果可以推演到我们人类，我们可说，要使后代聪明能干，第一先要注意母亲的饮食问题。

以上两个例子，可以唤醒我们，不要单单注重诞生后的教养；若要提倡幼稚教育，彻底的说，更要注重胎儿的生活。换句话说，更要注重父母教育。不然，国内尽管增加了一大群羸弱、愚蠢的未来主人翁，化费了整千整万的经费，恐怕还不能得到多少效果。部颁《幼稚园课程标准》虽也提及"协助家庭教育"，含义只限于父母对于幼稚生的家庭教育，没有推广到整个的父母教育。

儿童心理学家又告诉我们，儿童没有什么生而即能的"本能"。即使要说他有几分"天性"，这几分"天性"，也不是他的"人格"的重要基础。人格是逐渐养成的。培养人格的最重要的时期，乃在幼儿时代。不幸，全体父母的教育程度，还在水准以下，他们懂得怎样养鸡、养狗、养猪，却不懂得怎样养小孩。不知有多少小孩，死在父母之手；不知有多少小孩，被害于家庭之中。

即使将来父母的教育程度都在水准以上，他们依然没有教养小孩的专门知能。专业的教育，好比专业的医学，不是一般父母所尽能学会的。疾病要请大夫，教养要请教师和保姆，这是社会生活里应有的分工合作。

论理，父母生了子女以后，就应该把子女交付于教养机关。教养机关，应该运用科学的或合理的方法，担负教养的全责，培养未来国民的健全人格。可是，目前的社会、国家，那有力量和空暇来实现这种理想！幸而教育先进创导幼稚园，数十年来，这个唯一的幼儿教育机关，还能略尽万一的分工合作之责。

（二）就民族复兴的立场论幼稚教育

民族复兴的方案很多，实施幼稚教育，可说是根本的办法。有人说，日本人的身长渐渐地增高了。中国青年和儿童的身长，是逐渐增高呢还是逐渐减低？他们的体格，是逐渐强壮呢还是逐渐羸弱？他们的死亡率，是逐渐减少呢还是逐渐增多？目前没有精确的统计可以参考。而这类问题，确是民族盛衰的严重问题。

要是身长逐渐减低、体格逐渐羸弱、死亡率逐渐增多，岂不成了民族的危机？非谋复兴不可。即无变化，也须赶着前进。这是单就身体方面说，全国上下要注意整个民族的健康。除了身体方面，智识、能力、态度、习惯、理想等等，都要靠教育的力量。

奥国首都的卫生局，实施孕妇的检查和指导，实施婴儿的保育指导。苏俄等国遍设托儿所，英、美等国办理培育院。各国幼稚园的设施，规定在学制系统以内。从胎儿到学龄前一段的保养教育，从前以为是父母个人可以担任的责任，现在公认为国家应尽的义务，惟有国家能尽这个重大的义务。

中国幼稚教育的机关，旧的有各地的育婴堂、苦儿院等，新的有托儿所、培育院、幼稚园，可说应有尽有。按诸实际，育婴堂、苦儿院等，为慈善团体所设立，收容劳苦大众所委弃的婴儿和苦儿。这类无父母的儿童死里求生、苟延残喘，学得一技一艺的则属少数。托儿所、培育院、幼稚园等，几为一般小市民和资产阶级的子女所独享权利的机关。长此以往，这些机关与整个民族的复兴有什么关系？

要是为整个民族打算，政府应该收回育婴堂、苦儿院等一切资产，应该尽量推广托儿所、培育院和幼稚园，应该免费收容大众的子女，应该改革慈善性质和贵族性质的办法。全国要有通盘的计划，要有统一的方法。经此彻底的整理，幼稚教育才是民族复兴的要略。

从上述（一）（二）两段，可得幼稚教育的要义数点如下：（1）幼稚教育的范围，包括学龄前的教育和父母教育；（2）幼稚教育的性质，身体保育和"人格"培养二者同等重要；（3）幼稚教育的义务，不应由父母担任，应由国家担任；（4）幼稚教育的机关，有托儿所、培育院和幼稚园，可见幼稚园只是幼稚教育的机关之一，并不就是代表全部的幼稚教育。

（三）从贵族化的幼稚园改为大众化的幼稚园

假使要办幼稚园，在主办者的脑里，涌起了许多问题：开办费要多少呢？经常费要多少呢？园舍要怎样建筑才合式呢？设备要购置多少才完备呢？幼稚教师要到那里去聘请呢？幼稚生可收多少、应纳费多少呢？一切办法，要取法乎那校呢？……

在行政官厅方面，又觉得幼稚园的经费超过了小学的经费，在几个著名的小学里办几所幼稚园，已可点缀点缀了，何苦多办、何苦遍设呢？

在幼稚教师方面，以为一班幼稚园非有两个教师不可；教导幼稚生多么麻烦，一个人那里可以干呢？

在大众方面，认识得十分清楚：公子哥儿才有福气进幼稚园。对于自己的苦命孩子要进幼稚园，连梦也没有做过。

各方面都认为幼稚园是特殊的场所，所以全国的幼稚园只有寥寥可数的几个。甚至美国在经济恐慌之下，对于幼稚园的效率发生根本的怀疑，停闭了许多幼稚园。中国更不如美国。大城市的幼稚园虽是逐年增加，各地的幼稚园也只见减少。这个事实可使热心幼稚教育者顿然失望，而使不明幼稚教育者有所藉口。读者诸君，请下一个评断吧！

另有许多人正在尝试新的幼稚园了！在工厂附近，办理劳动幼稚园，并招稍受教育而又热心的女工做"艺友"，将来把劳动幼稚园交还女工自办。在乡村里，办理乡村幼稚园，由"小先生"和"艺友"共同负责。这是苦干的办法，"艺友"和"小先生"的制度未必妥当。但是，从贵族化改为大众化确是今后办理幼稚园的方针。

大众化的幼稚园的具体办法，就个人所意想到的，条述如后。

（1）地点和园舍。工人区域应由政府通令，各工厂拨出一部人〔分〕工人住屋充作园舍，乡村里由政府通令各小学和保学附设幼稚园。

（2）经费来源。可分三项：政府指拨的教育费，政府规定工厂应负的经费，以及法团和私人的捐款。

（3）师资训练和选用。高中程度的幼稚师范生（但多数习惯于城市生活，很不适宜）、简易师范程度的幼稚师范生、简易师范生（须选习幼稚教育课程）、特种幼稚师范生（招收妇女予以短期训练）。

（4）学生纳费，免收学费和点心费。如有力供给学费和点心费的，改行常年捐助金。若是分别家境征收费用，不能无弊。

（5）设备，以增进儿童康乐、便利教导应用为度，不必遇事铺张。设法利用本地材料，节省非必要的购置。一切设施，务必一洗贵族化的幼稚园的陋习。

二、幼稚园的布置和设备

各地教费困难，如推广幼稚园，特建园舍势不可能。祠庙、民房均可利用或借用。关于全园布置，于可能范围内，应注意下列各方面。

（1）房屋和场地的分配，虽没有一定的比例，场地的面积应大于房屋的面积，才够儿童自由游戏。场地的地位应在房屋的前面。祠庙和一般民房都能适合这个条件。

（2）房屋的布置，应随地制宜。一间大教室，几间小房间，分作教员室、清洁室、材料室等。如小房间为数不多，教员室可以半作寝室、半作办公会客之用，中隔板壁；清洁室可以半作盥洗所、半作厕所。

（3）教室的方向，以东南南〔向〕为最宜，冬暖夏凉，光线充足。东南次之，西南又次之。东向、西向，则早晚日光直射，北向最不相宜。如用祠庙、厅堂，方向一层不成问题；如用侧房、余屋，对于方向不可不注意。

（4）教室的光线，应从坐位左方射入。全室光线，力求均匀。窗面应占地面四分之一，窗位离地面以一公尺左右为标准。旧式房屋，可以依此标准改造。如室内光线过弱，可于北面屋项〔顶〕开设天窗（南面屋顶开窗，日光射入则不合宜）。

（5）室内空气，务须流通，保持清洁。旧式房屋，屋顶较高，椽梁间又多空隙，可说是自然的气洞。两方如有窗户，空气更可流通。但冷天，窗户不宜洞开，以求保持相当温度。

（6）幼稚教室的布置，和小学教室的布置大不相同。教室内不可挤满了课桌椅，应划分为几个中心。某处是看书中心，附近壁角设置书架；某处是工作中心，附近壁脚设置工具和材料等。此外，要有广大的空地，做自由活动的中心。黑板、教师桌、风琴等，又应放置在适当地位。壁间不必装饰得五色缤纷、光耀夺目，反而分散儿童的注意。成绩、表格等应布置在后方，左右两方可挂几幅欣赏品，高低应与儿童的眉相齐。

（7）场地的布置，应斟酌实地情形。最低限度，要有一块可以做圆圈游戏的空地。场角应开一沙潭，沿场边（不应在路边）设置运动器械。场地四周和路旁，种植树木、花卉，为园景布置之一。若假山、土墩，则不适宜，不但占据地面，且于儿童游戏每虞发生危险。除广大的游戏场外，如有空地，可以划分为动物园、农场等。乡村幼稚园有自然的环境，农场等即可免设。

以上所述，就简单的幼稚园而设计。设计的要则：（1）利用原有房屋改建为幼稚园；（2）场地要大，分区布置；（3）房屋的分配，除教室外，要有小间；（4）教室的方向、采光、通气，要达到校舍建筑的相当标准；（5）教室内的布置，要有几个活动中心。

关于设备方面，可分两项：一是校具，一是教具。拙编师范学校用《幼稚教育》（南京正中书局二十四年七月出版）"设备"一节，会拟三个阶段的校具、教具。兹录第一阶段的用具如下：

校具项：国旗、党旗、校旗、总理遗像、旗杆、校牌、校印、校戳、印泥或印色水、时辰钟、摇铃、哨子、办公桌、文具、书架、茶具、寒暑表、清洁用具如字纸篓等、灯、教师寝室用具、膳食用具。

教具项：普通类——黑板、揭示板、课桌、课椅、柜橱；卫生类——小便桶（连架）、洗手盆（连架），衣钩（连木条），镜子、木梳、剪刀、茶杯、茶碟、纱布、药棉、橡皮膏、硼酸、体温计等必备医药用品；常识类——花盆、喷水壶、养鱼小缸、养动物木笼、试验管、种子瓶、小农具、图画片及照片等；音乐类——风琴、小鼓、铜钹、木鱼、敲铃等；游戏类——皮球、藤圈、木刀、木枪等小玩具，豆袋，自制偶人，木制摇马，滑板和梯架；工作类——剪刀、针线、小锤、小钳等，沙箱（连沙箱用具），积木，黏土板，工作材料如色纸、厚纸、布、黏土、蜡笔、毛笔、水盂、木片、木条等。

幼稚园如附设于小学内，各种校具不必另备，多数教具亦可借用。即使购置，当依下列标准：

（1）多取当地常见的物品。如小鼓、铜钹、木鱼、敲铃等。

（2）要合乎我国的诚朴坚忍的民族性。即如音乐用具和偶人等不必多取洋式和舶来品。

（3）要利用废物、天然物和日用品。如旧报、杂志上可以剪取许多图画，废纸可制纸糊，天然物如树叶、果核、花瓣、鸟羽、贝壳等，可做欣赏品和研究材料。

（4）须适合儿童的身心状态的，须能促进儿童的身心发展的：凡不能发展儿童创造力和激引儿童想象力的，不能由儿童自己使用并自己装置或拆开的，儿童不感兴趣的，不必购置。

（5）须不背卫生和安全的条件的。如涂色泥制品不合卫生，有角而锋利的玩具易生危险。

购置步骤又可分五项：

（1）根据需要，拟定设备项目。

（2）计算设备费用，分开办费、经常费和临时费。

（3）调查物价或雇工估价。

（4）再就物价或估价重定必要的设备。

（5）着手购置或监制，凡可以自制的便自制，以节省费用。购置物品的数量，当视使用该项物品的情形而定。

凡儿童在同时需用的物品，务期够用，不可过少；凡属消耗物品，可以分期添置。经过一年半载便有相当经验。务以少数经费，购置适量用品，而获得很大的效用。这是设备的重要的原则。

各地如办幼稚园规划、布置和设备，倘荷开具房屋、场地及经费详细说明，垂询作者，作者极诚答复，以补本文之不足。

三、幼稚园的课程及教材

幼稚园课程，依据部颁标准，其范围包括七项：音乐、故事和儿童〔歌〕、游戏、社会和自然、工作、静息、餐点。各项目标及内容，略述如下。

（一）音乐[①]

音乐的教学目标有五：（1）满足唱歌的欲望；（2）启发并增进欣赏音乐的机能；（3）发达发声的官能、节奏的感觉，并训练节奏的动作；（4）发展亲爱、协同等的情感；（5）引起对于事物的兴趣。

课程内容，分为四项：（1）各种歌词的听唱、表演及欣赏；（2）节奏的听和演作；（3）通常音乐，如小锣、小鼓、小木鱼等的欣赏和演作；（4）自然声音的欣赏和模仿，如鸟鸣、猫叫等声。

―――――――

① 此（一）至（六）标题，均系编者加拟。

（二）故事和儿童〔歌〕

故事和儿童〔歌〕的教学目标有五：（1）引起对于文学的兴趣；（2）发展想像；（3）启发思想；（4）练习说话，增进发表能力；（5）发展对于故事的创作能力，培养快乐、高尚和爱等的情感。

课程内容，分为三项：（1）故事的欣赏、演习，如口述表演、创作等；（2）各种故事画片的阅览；（3）儿歌、谜语的欣赏、吟唱和表演。

（三）游戏

游戏的教学目标有三：（1）顺应爱好游戏的自然性向，而与以适当的游戏活动；（2）发展筋肉的连合作用，并训练感觉和躯肢的敏活反应；（3）训练互助、协作等社会性。

课程内容不外是各种游戏的练习，如计数游戏、故事表演、唱歌表情、节奏游戏、舞蹈、感觉游戏、应用简单用具的游戏、模拟游戏及各地的良好游戏。

（四）社会和自然

社会和自然的教学目标有四：（1）引导对于自然环境和人民活动的观察和欣赏；（2）增进利用自然、满足生活、组织团体等的最初步的经验；（3）引导对于"人和社会自然的关系"的认识；（4）养成爱护自然物和卫生、乐群等的好习惯。

课程内容可分十项：（1）关于食、衣、住、行等生活需要，卫生方法，以及家庭、邻里、商铺、邮局、救火组织、公园、交通机关等社会组织的观察、研究与本地名胜古迹的游览；（2）日常礼仪的演习；（3）纪念日和节目〔日〕的研究、举行；（4）身体各部的认识和简易卫生规律的实践；（5）健康和清洁的查察；（6）党旗、国旗、总理遗像等的认识；（7）习见的鸟、兽、虫、鱼、花草、树木和日、月、雨、雪、阴、晴、风、云等自然现象的认识和研究；（8）月份、星期、日子和阴、晴、雨、雪等逐日天象的填记；（9）附近或本园内动植物的观察、采集并饲养或培植；（10）集合的演习。

（五）工作

工作的教学目标有四：（1）满足对于工作的自然需要；（2）培养操作习惯，增进工作技能，并锻炼感觉能力；（3）训练关于群体的活动力；（4）发展智力。

课程内容，则有沙箱装排、恩物装置、图书、纸工、泥工、纸浆工、缝纫、木工、线工、园艺等项。

（六）静息和餐点

静息和餐点为幼稚园特有的活动。静息的目标，直接的满足精神康健，间接的增进精神活动的效率。餐点的目标，为适应幼儿需要，练习饮食时应有的礼节，养成饮食应有的清洁习惯及养成爱惜食物的习惯。

七项活动可分两类。

第一类，如静息、餐点以及社会和自然里关于卫生、清洁、健康事项。

应排定规律的生活，每日上午十时左右静默，午饭后退休静卧，每日上午十时左右餐点。

每日举行健康及清洁检查一次，每月举行体高、体重检查一次，每半年举行体格检查一次。儿童身体上的缺陷和各种疾病，教师应该设法补救。教师不但应有母亲和师长的知能，并须具有看护的身手、治病的常识。

卫生规律，如不吃担上的糖果，不吃杂食，食前必洗手，食后必洗脸，不随地便溺，不随地吐痰，不吃手，不要手挖耳、揉眼，大小便要有定时，头、面、衣服要常清洁等等，则应随时指导实践，定期考查。

第二类，如音乐、游戏、故事和儿歌、社会和自然、工作等。

于实施时，应该打成一片，无所谓科目。打成一片的方法，应该以一种需要的材料，做一日或两三日内作业的中心，一切活动都不离乎这个中心的范围。教育厅组织的课程编订委员会，即根据此意拟定幼稚园教材要目（请参考《幼稚园小学教材要目及教学实例》一书），各地幼稚园可以参照要目斟酌活用。

有了要目，预定活动纲要，并搜集教材。幼稚园教材没有像小学教材成为教科书化，好处是不呆板、不固定。只须选购各种幼稚园适用的音乐、游戏、故事、工作等书，便得自由活用。此类书目，可查报上书目广告或书局图书汇刊。

社会和自然教材，在音乐里、故事里，可以找到许多；或者购备一套一二学年的《常识教学法》，也是一个简便方法。选择教材，先看某种教材是否适合儿童的能力，是否适应儿童的需要，是否符合当地的环境。如有同样两种以上的教材，即比较它们符合上述三标准的程度，抉择最有价值的一种以供应用。

各种教材的教学时间，亦应预计，方可联络编列。除从书本上选取教材外，要知幼稚教育所用的场所不限于室内，而须以户外的自然界、家庭、村市、工商业等为最好的活动的地方。从这些活动的地方，可以得到许多可见、可接触的宝贵的教材。所以，园内外的实地环境，乃是主要的教材，在预定纲要时应详密地考虑到的。

要之，教师于事前充分的预备，可免临时困难。预备的事项，应该随儿童活动的趋向而定。例如，在国庆纪念的活动之前，教师对于儿童在国庆纪念的活动中，预料应有若干问题和事实发生，就应向这一方面搜集材料、准备技能，以便应付。后附活动纲要一例（表6），可供参考。

表6 国庆纪念

活动纲要	环境、用具、实物及参考书
常识： 1. 观察：战争时的照片、烈士墓的画片、总理遗像、党国旗。 2. 研究：党国旗、武汉起义的事实、帝国主义的凶恶。 3. 实行：开庆祝会、装饰课室、放爆竹、吃寿面。	1. 社会上双十节的点缀，本校纪念周的报告以至日历等，都可以做引起动机的刺激。照片、画片预先准备；总理遗像及党国旗，向校内借用。 2. 见《小学初级复兴社会教学法》第五册四二至四四页； 3. 见同上四五至四六页。
故事儿歌： 1. 故事：孙中山先生的故事；中山先生幼年故事。 2. 儿歌：国庆歌。	1. 见《故事集下》（世界书局）；见《孙中山故事集》（商务）； 2. 见《儿童图画诗歌》（儿童书局）。
音乐： 1. 唱歌：《十月十日》《一个兵官》《我们都是小兵丁》。 2. 节奏：Solders March，Playing Poy。	1. 见《幼稚园小学歌集》（商务）； 2. 见 *Rhythms for the Home*；见 *Kindergarten and Primary School*。
游戏： "拖捕敌人""俘囚"。	见《合群游戏》（女青年会），见同上。
工作： 自由画，水彩画，剪贴党国旗，做纸灯笼，沙箱装排武昌城。	准备材料：蜡笔、画纸、水彩色、毛笔、剪刀、印成党国旗色纸、竹丝、小册木片、绉纸、沙箱、硬纸（做城、兵等）、沙箱用具。

四、幼稚园的教学方法

幼稚园的创始者福禄培①（Friedreek Froebel，1782—1852），会提示教学原则三条：（1）自我发展；（2）自我活动；（3）社会参与。儿童院②（Cass dei Bambimi）的创办人蒙特梭利③（Dr. Maria Montessori, 1870—），又以（1）自动及（2）自由，为教学的基本原理。除自我发展不合于现代儿童心理学外，自动、自由、社会参与始终是颠扑不破的原理，并且由此演进而有所谓设计教学。

现行的设计教学，似乎偏重在教师的活动方面。依据课程和教材，在规定时间里施行教学，尤其容易变成机械的方式。这样的设计教学可称教师统制下的设计教学，不是真伪〔正〕设计教学。

我们应该知道，如果儿童有自由时间，可以自我活动，受到四周的刺激，或发生内部的需要，便有动机，便有目的，在他能力范围以内尽能想出许多方法，做出相当的结果。我们所能尽力的、所当尽力的，只不过布置四周的刺激，于必要时指导设计方法。

比方几个儿童看见了沙潭（四周的刺激），一同堆山、开河、架桥、种树，有商量、有办法，随想随做，随做随想，以底于完成。这时，正不需我们参与，毋庸我们指导。除非屡试不成，急求帮助，我们才得指示做法，或许还不劳我们直接动手呢。小范围的活动如是，大范围的活动也相仿佛。

第一，从儿童自由活动中，发现设计的题材，这是设计教学中一个很好的机会，应该利用。

第二，在设计中应有的一切活动，应该早就体察儿童的能力，把儿童不能做的或做不成功的部分省去，以免儿童因不能做而废止，或因中途失败而懊丧。

第三，在一个设计中，又须分为许多小段落。每一小段落，有一小目的，可得一小结果。那么，儿童照着做去，得达目的，得有结果，也自然发生兴趣而自肯努力了。

教学方法上第二个问题，乃是儿童的活动组合，应采那种方式？团体制呢，还是个

---

① 福禄培：通译福禄培尔。此后载英文有误，当为"Friedrich Froebel"。
② 儿童院：通译儿童之家。
③ 蒙特梭利：通译蒙台梭利。

别制？

按幼稚儿童的身心状态说，体力尚未充足，社会意识尚未发达，儿童的组合应采取个别制的方式。各个儿童应该自由活动、个别作业，不应受那团体的拘束，以致阻碍他的生机。

从另一方面说，孤独的儿童不是教育的目标，如何逐渐发展儿童的社会意识，如何逐渐增进儿童的社会生活，如何逐渐养成儿童的社会化的态度以及社会化的习惯等等，确是教育上的要务。所以，幼稚园的教学，应该由个别制而渐趋团体制。

例如工作，大部分可让儿童个别活动，由教师个别指导。稍进，全部作业可分为若干项目，图画、剪贴、积木等等，由儿童分组合作，分工活动。分组，以两三人为一组合作一事为最有效。分工，教师应注意儿童各负责任，各自完成。

又如游戏、音乐、研究等，在非正式的情状下，儿童可以个别活动，又可以小组活动。即在正式教学的情状之下，这类作业的大部分要由教师引导，必须采用大团体的组合。如有少数儿童不愿参加，不必强迫。

大团体的教学也不是小学同行的班级教学。班级教学在形式上是一个团体，在实际上还是教师对各个儿童。各个儿童绝少合作的机会，缺乏社会化的精神和方法。幼稚园的大团体教学，应该力矫此弊，让儿童充分地发展个性，同时让儿童间尽量地往来合作。

以上所述，是幼稚园教学法的总则。关于各项活动的指导方法，分述如下。

自然研究，应该注重观察、试验、栽植、饲养、采集、记载等活动。社会研究，应该注重实地参观和实物观察的活动，并佐以图画欣赏及表演等。教师当准备研究材料，或暗示研究问题，引起儿童的好奇心和兴趣，引导他们用自己的方法，进行研究的活动。亲眼观察，亲耳听辨，亲身经历，亲手去做，是指导研究的要则。

故事教学的顺序大概如下：事前布置情境，以引起动机；教师讲述，须直捷连贯，扮做手势，表露情感，音调语气又须恰合情节；讲述以后，问答内容；练习复述，或在当时，或在第二次故事课时。

儿歌教学的顺序，略同故事教学。教师和儿童谈话或布置环境，引起动机；教师范唱，并用动作表演或提示实物图形；儿童跟唱数次后，反复练习，以至纯熟。

唱歌教学的顺序如下：引起动机后，教师范唱；讲述歌词内的故事，或讲述歌词的意思；指导儿童练习语法；范唱、伴唱、齐唱。有些唱歌，可以表演或做游戏的，待儿童学会唱歌以后，就可练习。

律动教学的顺序如下：教师先奏琴，令儿童静听；让儿童随着琴声，用自己的步法和动作，自由地跳舞；指名儿童讲述每节琴声的意思和动作，指名几个儿童跳舞，矫正姿势；分组或全体练习。

演奏教学的顺序如下：先让儿童自由地演奏；次指导简单的和谐的演奏；再次用琴声和着演奏，分组或全体练习。唱歌、律动、演奏，都是音乐活动。此外又有欣赏，在唱歌、律动、演奏里，可以随时教学。欣赏，不一定是欣赏别人的活动，自己的活动也可以作为欣赏的资料。愈能欣赏的，愈能自我发表。

团体游戏的教学顺序如下：先说明游戏方法和规则；指名试做后，轮流游戏或共同游戏；竞赛性质的游戏，最后当决胜负。关于用具的游戏和器械的游戏，教师应先说明使用方法以及错误、危险等注意点，次教师示范或指名试做，而后挨次轮流游戏。儿童初次做新游戏时，教师应看护周到，劝阻儿童的危险动作，鼓励懦怯的儿童。到相当时期，可以举行比赛，藉此考查各人的游戏成绩，而予以进一步的指导。

工作的范围很广，如积木装置、如沙箱装排、如图画、如剪贴、如塑造、如编辑、如缝纫等，皆是工作。工作是儿童发表思想情感的重要活动，教学工作当注重儿童的创造。教师的职责只在供给各项材料，指导使用工具的方法。要让儿童自由地制作，不可限制做法，不必求其速成。倘使儿童不会画某项事物，请求教师指导，教师只须提示实物和范本，令儿童注意观察。提示以后约历二三分钟，即将实物或范本移开，由儿童从记忆上画出来。儿童不能发现如何做法的时候，教师可以做给他们看，或者指导他们观察别人的做法，或者指导他们欣赏别人的作品。印本涂色、范本临摹、照样制作等等，足以约束儿童的思想，阻碍创造能力的发达，不宜采用教学。

最后，我又介绍教育厅《幼稚园小学教材要目及教学实例》一书，载有幼稚园教学实例一则，颇多与本文所述互相引征之处，可供实地教学者之参考。

28 论本性难移与胎教

潘光旦

1936年3月13日

> **题 解**　本篇原载《自由评论》第 15 期。发表时间为 1936 年 3 月 13 日。
>
> 本文在《自由评论》发表前，曾于《华年》第 5 卷第 9 期（1936 年 3 月 7 日）发表。
>
> 有关撰著者潘光旦，参见前文《父母教育与优生》题解。
>
> 《自由评论》，综合性理论周刊，1935 年 11 月 22 日创刊于北平（今北京），由自由评论社主办、编辑并发行。旨在自由地发表各种不同的见解，用以丰富国人的思考。主要内容，为政治、时事、哲学、文学、文化、教育等；主要撰稿人，有张东荪、梁实秋、赵守愚、冰心、李长之等。1936 年 10 月 23 日终刊，共出 47 期。

我们以前讨论"性"与"养"的问题的时候，早就说过，我们所谓的"先天""后天"，和以前医书上所称的，以及普通大家所了解的，有些分别。他们所谓先后的分野，是胎儿离开母体的片刻；我们的分野，却是男女生殖细胞会合的那一霎那。一个人的本性，是在这会合的一霎那便已决定了的。既经决定，我们以为不容易再有移动。以前关于"本性难移"的讨论，便到此段落为止。

从受孕以至生产，九个多月之间，胎儿在母体以内，虽多少不免和外间的环境发生一些间接的关系，但是它的本性、它的遗传本质，不因此种关系而发生变化，原是不待特别讨论而可以推想得到的。不过，好比"习性遗传论"一样，世俗总以为在这他们所谓"先天"的九个月里，我们对于一个胎儿的气质，总有法子加以左右。本来不大好的，也许可因特种的努力而改良；本来很好的，也许可因加意留心而不至于恶化。

约言之，他们承认这时期里有一个"胎教"的问题。这种积极的、未雨绸缪的以及"尽人事以听天"的态度当然很值得尊重。不过事实如何，已成的本性是不是因此努力而有移动？我们不能不推究一下。

"胎教"之说，有过很久远的历史，传播得也很广。至少，我们在许多民族里，都发见它的存在。《列女传》①说："大任者，文王之母，性专一。及其有身，目不视恶色，耳不听恶声，口不出恶言，以胎教也。"② 大任的孙媳妇，相传也用过这种功夫，所以《大戴礼记》说："周后娠成王于身，立而不跛，坐而不差，独处不倨，虽怒不詈——胎教之谓也。书之玉版，藏之金匮，置之宗庙，为后世戒。"③ 这都是一些积极的胎教。论者以为周代享国八百多年，这开国时代的胎教实在有很大的功劳。

《淮南子》说："孕妇见兔，其子缺唇；见麋，其子必四目。"④ 另有一个旧说，和上文很相仿："妊娠者不可啖兔肉，又不可见兔，令儿唇缺；又不可啖生姜，令儿多指。"这是一些消极的胎教了。

张华《博物志》，既以博物为名，叙述得自更要详尽，并且兼及积极与消极两个方面："妇人妊娠，不欲见丑恶物、异鸟兽；食亦当避异常味，勿见熊、虎、豹、射御，食牛心、白犬肉、鲤鱼头；正席而坐，割不正不食；听诵诗书讽咏之声，不听淫声，不视邪色。以此产子，子贤明、端正、寿考，所谓胎教之法。"⑤ 所谓"贤明、端正、寿考"，指的是智力、操行、体格三方面的健康，也恰好是优生学的最后目的。胎教而有此种伟大的力量，又岂容我们忽视！

---

① 《列女传》：西汉刘向所辑纂的一部传记性史书，专记中国古代知名女性的事迹。
② 语出《渊鉴类函·孕二》第243卷。《列女传·母仪传·周室三母》中的完整载录是："大任者，文王之母，挚任氏中女也。王季娶为妃。大任之性，端一诚庄，惟德之行。及其有娠，目不视恶色，耳不听淫声，口不出敖言，能以胎教。"大任，亦称太任，周文王之母。
③ 语出《渊鉴类函·孕二》第243卷。《大戴礼记·保傅》中的完整载录是："周后妃妊成王于身，立而不跛，坐而不差，独处而不倨，虽怒而不詈，胎教之谓也。"
④ 语出《淮南子·说山训》，原表述为："孕妇见兔而子缺唇，见麋而子四目。"
⑤ 语出《博物志·卷十·杂说下》，完整载录为："妇人妊身，不欲见丑恶物、异鸟兽；食亦当避其异常味，勿见熊、罴、虎、豹，并及射鸟、射锥，食牛心、白犬肉、鲤鱼头；席不正不坐，割不正不食；听诵诗书讽咏之音，不听淫声，不视邪色。以此产子，必贤明、端正、寿考，所谓父母胎教之法。"

综观上文，大约自周代以迄两晋，胎教之说，已经深中于人心。所以，唐元稹①在《论教本书》里，便很不迟疑的说"未生胎教，既生保教"，明白承认胎教是全部教育的一部分。

中国而外，日本与西洋，也有同样的传说。例如，亚里士多德说："妇人有了孕，每天一定亲诣神祠。身体虽然是动的，心要保持安静，这是很要紧的。生下来的小孩子遗传它母亲的性质，好像草木受土壤的影响一般。"（见陈兼善②《胎教》③页四，原文出处未详。）

归纳上文的各种传说，可知胎教的范围很广。孕妇的所见所闻，她的思想、言动，她的情绪、意表，在在可以影响到胎儿的结构、形态，以至于生理及心理上的种种功能。例如：见兔则产生缺唇的子女，便是属于结构的或形态的；因"听诵诗书讽咏之声"与"不听淫声"的结果，而产生擅长文学与爱好音乐的子女，便是属于心理功能的。

这样广大的范围，可以说和后天教育的范围没有分别。不但没有分别，而且还要超过。因为，教育虽万能，至少对于先天体格上的缺陷认为是无法弥补的。如今主张胎教的人说，缺唇可以因不见兔子而预防，则胎教的用途之广，岂不更在后天教育之上？

不过，我们第一要问，孕妇的种种经验，究竟怎样传递给她的胎儿的？

即就缺唇而论，孕妇见兔子以后，当然会有一个缺唇的印象。这印象怎样会从母亲的神经中枢跑到胎儿的嘴上，事实上便有些不可思议。母与子之间维〔唯〕一发生关系的媒介是血液。这种关系并且是很间接的。母与子，各有独立的循环系统。这两个系统的微血管，虽在胎盘上互相密接，却不联络。平时养〔氧〕气的输入和炭〔碳〕酸气的排出，都得靠所谓渗透的作用（osmosis）。

---

① 元稹（779—831）：字微之，别字威明，河南洛阳人。少有才名。明经及第，授左拾遗，擢校书郎，迁监察御史，一度拜相。与白居易共同倡导"新乐府运动"，世称"元白"。所撰《论教本书》，为其散文代表作。

② 陈兼善（1898—1988）：字达夫，号得一轩主人，浙江诸暨人。早年毕业于浙江省立第一师范学校，后入北京高等师范学校博物部。1921年毕业，任教于中学。1924年秋，任上海商务印书馆编辑。次年，任教于广东大学。1928年，参与西沙群岛动物资源调查。1931年后，赴法、英深造。1934年归国，任广州省立勷勤大学教授。1941年任国立黔江中学校长。著有《普通动物学》《鱼类的演化和分类》等。

③ 《胎教》：由商务印书馆1925年初版，为"百科小丛书"之一。

如今要运送那缺唇的印象，第一先得假定这印象会从一个抽象的东西变做具体的东西；第二得假定这囫囵的、具体的东西会溶解为极细微的末粒，先则可以在血管里流行，继则可以因渗透作用，而达于胎儿的循环系统；三得假定到达胎儿的嘴部时，这些细末又集合而成囫囵的整体，就是具体缺唇的构造。这些假定都可以成立么？当然断乎不能！缺唇一端如此，其它结构或功能上的特点的无法传递，也就可想而知了。

第二，我们要问，胎教或胎期印象发生的时间？

一个孕妇要努力于胎教，或要努力于恶劣印象的避免，先得自己知道怀孕的事实。不知道怀孕的事实，她当然决不会白费精神的去特做某件事，或故意避免某种东西。

怀孕的事实的认识与确定又在什么时候呢？经验告诉我们，至早要在受精作用发生以后四十日或五十日。其在缺乏经验或工愁善病的女子，也许要在三四个月以后，才把受孕的事实完全诊断确定。

大凡学习过胚胎学或发育学的人都知道，大约在两足月的时候，胎儿的各部分已经大体长成，以后的发育不过是部分的扩大、充实与部分之间的配称化而已。再就缺唇而论，面部的鼻、唇等部分，本来是由好几块折叠、拼凑而成的。普通一个胎儿，在这时候，也大率已拼凑就绪，看去很像一个脸，不过部分的大小很不配称罢了。

在这时候，孕妇根本还不大知道她已经怀孕；即使知道，试问从兔子那边得来的缺唇的印象，又怎样会把已经长成了的上唇毁坏，而重新使它现出拼凑未曾完全而有裂缝的状态？不用说，这在事实上又是绝对不可能的。

然则，胎教之说又怎样会得人信仰而流传到今日呢？我们的答复是很简单的：以前的人不明遗传的道理，遇到了不寻常的先天的特点时，总要替它寻一个解释，寻到了才舒服。倘若这特点是不好的，一定要有个解释，可以替他卸脱责任；倘若这特点是好的，一定要有个解释来证明这是他个人努力所致。能卸脱责任，能表襮一己的功绩，当然都是很舒服的事，谁都愿望的。胎教的说数，便从此种愿望中产生。

再就缺唇与音乐才能两点立论。这两点都是有遗传的倾向的，但以前的人不知道。缺唇，究属是一个不常见的品性。假若一家之中，两三代以内，有一人以上有此品性，大家对它的由来，自然容易领会，无烦深究。但若只有一人有此缺陷，他自己、家人、邻里以及其他好事之辈很自然会研究出一个解释来。

例如，《晋书》上说："魏咏之生而兔缺，后遇医以药补之。"当时他自己和他的亲友们，因为没有更好的解释，便一定会联想到兔子身上。一则因为谁都知道兔唇是以缺为常态的。（设或不然，"兔缺"这个名词便根本不会成立。）再则，白兔虽属一种极和平而怕见人的家畜，但豢养它的人家毕竟不多；并且因为它行动敏捷、突然惊起，即突然"兔脱"时，也大可以教人发跳。三则，咏之母亲在怀孕期内难免不经历过此种"兔脱"的光景，而为之大吃一惊，及从而就咏之的母亲面询，也许拼〔碰〕巧确有其事。于是，"胎期印象"便成为咏之所以兔缺的定谳，再也不能推翻了。至于许多农家孕妇常见兔子而不生兔缺之子，或城居孕妇终身不见兔子而亦生兔缺之子一类的事实，他们便不再过问。大约在科学前期的所谓因果解释，有时候一个因只准备一个果。这便是千百中的一例了。

音乐才能的解释和此也大同小异。这方面的例子，最好要到西洋去找。音乐在西洋，一向是很高尚的一种艺术，也是女子可以自由参加的一种艺术。大凡富有音乐才能的女子，对于音乐的兴趣也一定高人一等。即使已经结婚，已经怀孕，轻易也决不放弃练习与演奏的机会。这样一个孕妇所生的子女，在音乐的天赋上很有希望比普通的子女为高。

但心理功能的遗传，更不比体格形态的遗传，不容易被人捉摸。所以即在今日，也还很有人怀疑，以至于根本否认。在完全不明白遗传原则的前代，音乐才能的由来，自然是更成问题。多方面推敲的结果，还是以胎期内母亲的专心练习一端最为近情，最为显而易见。这原先只不过是一个解释，日久却成了一个事实。于是，凡爱好音乐而希望子女成为音乐家的母亲，胎气一动，便开始实施"先天"的音乐教育。

这种努力，因为音乐本来有遗传的倾向，所以表面上往往不落虚空，确有效果。于是，大家对于胎教的信仰，益发牢不可破。其实呢，努力而无结果，或不努力而有结果的例子，也所在而有。不过，他们也无暇过问罢了。

胎教不比习性遗传，从没有人为它做过科学的实验；也是因为它根本无法成立，所以无须实验。不过，达尔文的著述里，有过这样一段故事，可以权当一个实验的例子。

植物学家霍克尔①（Joseph Hooker），是达氏最亲密的一个朋友。有一次，写信告诉

---

① 霍克尔：通译胡克，即约瑟夫·道尔顿·胡克（Joseph Dalton Hooker，1817—1911），英国植物学家。1839 年，获格拉斯哥大学医学博士学位，后作为海军军医，参加罗斯船长到南极的探险，沿途采集了许多动植物以及藻类标本。他研究美洲及亚洲植物的关系，证明了进化论对植物学的实用价值。著有《植物种类》《新西兰植物手册》《植物属志》等。

达氏，说新近发见了一个胎期印象的例子。霍氏有一位同宗女子生了一个孩子，身上有一个褐色的"记"。据她很坚持的说，这"记"是一个胎期印象所产生的。原来，当初在怀孕期内，她曾经向一位朋友借了一本很贵重的书。这位朋友再三叮咛小心翻阅，不要有所污损。有一天，偶不经心，给泼上了一大滴墨水，一阵惊慌和懊恼，竟把这滴墨水的印象，深深的镌在胎儿身上。

霍氏似乎很相信这个解释。所以达尔文回答他说：

> 你将来如有闲暇，能够把你所以相信此种解释的理由告诉我，我一定很感激你。我自己也曾经注意过这一类的事，我手头也有些零星资料。但我始终以为除了碰巧以外，别无其他合理的解释。以前我父亲在产科医院里服务的时候，亨德医生（William Hunter）曾经告诉他说，他自己曾经当面询问几千个将近临盆的孕妇，在怀孕期内，有过什么可以影响她们的相像的事物。同时，把她们的答复分别记录下来，以便生产后可以对勘。结果是，生前的印象虽多，生后的特点却百不得一；即或有些特殊的形态上的表见，他们也往往在事后另外找一个合式的解释，好比剃过胎头以后，替婴儿做上一只尺寸恰好配称的帽子一般。

达氏的话是很对的。胎期印象与婴儿生后的特点，即使有相同或相似之处，也不过是一个巧合，而不足以证明因果的关系。自达氏以至今日，我们对于胎儿发育的智识更有进步，对于遗传的了解，更不知增加了多少。胎教与胎期印象的旧说，自然更显得是一种迷信，一种没有科学根据的传说。

我们只知道，一个胎儿的发育，是循着受精之顷所命定的遗传的路线进行的。它和母亲的关系，始终是一种寄生的关系。除了受保护和营养以外，对于母亲更没有其他的需求。母亲的意志虽强，用心虽勤，也不教这种预定的路线，发生多大的转变。

约言之，我们不承认胎教，只承认胎养。一个孕妇，与其用尽心力于避凶趋吉，战战兢兢的惟恐胎儿不克健全发展，何如于自己的营养、运动，以及其摄身之道上面，多多的注意。那时间子女再不健全，也就只好归诸遗传，而问心可以无愧了。这才是真正的"尽人事以听天"。

从优生的立场看，胎教不但无益，而且有害。假如有一个很有志力的女子，和一个志力薄弱或遗传不甚清白的男子相遇。要是这女子明白遗传的原理,她和他虽可以有相当的交情,却轻易不肯走上婚姻的路。但若她只信胎教而不懂遗传,那就很危险了。她可以说,此人我不妨和他结婚,他的本人我虽不能加以感化、纠正,我们的子女我至少可用胎教的方法使之一归于正。这种女子和这种婚姻,在西方笃信宗教的社会里确乎有。但动机虽好,结果却是很可悲的。其可悲的程度,要在中国守贞与守节的女子之上。

胎教的旧说,本来不值得这样仔细的批评,死老虎原不必再打。不过,它还不是一只死老虎。六七年前,作者在日本京都买到一位文学博士下田次郎[①]做的一本《胎教》。此书以文学论,也许有它的价值;以科学论,却是一本七分神话、三分学术的杂凑的东西。但说也奇怪,从大正二年起至大正十三年止,此书竟发行到五十二版之多。

更奇怪的是,此书在中国,早就有译本[②],是某书局的"女子丛书"的一种。从民国三年到九年为止,也就发行过十版。九年以后,又添过多少版,就不得而知了。胎教的迷信,在一般人中间的潜势力,观此便可见一斑。

它既有这样大的潜势力,我们这一番评论的功夫,似乎是不是白费的。陈兼善先生编的一本《胎教》,名字虽和下田的相同,立场和资料恰几乎完全相反,即和本文的讨论很相吻合。读者可以参看。

---

① 下田次郎(1872—1938):日本文学家、女子教育家。除著有《胎教》外,还于 1904 年初版《女子教育》一书,并由贾丰臻译为中文。
② 此"译本",系宋嘉钊所译,由中华书局 1914 年初版。

29　从乡村的育婴堂谈到托儿所和幼稚园

卢祝平

1936年4月1日

题　解　　本篇原载《江西地方教育》第 40 期。发表时间为 1936 年 4 月 1 日。撰著者卢祝平，生卒年及籍贯未详。时任江西省督学。除本篇外，还撰有《对于本年本省地方教育之展望》《保学师资问题》《国难愈亟愈要教育》《学校教育与家庭教育》《儿童年闭幕后》《家长教育与佣妇教育》等。

《江西地方教育》，地方教育旬刊，1935 年 3 月 1 日创刊于南昌，由江西省教育厅主办、编辑并发行。旨在"研讨地方教育问题，介绍地方教育学术，记载地方教育实况，辅导本省地方教育事业"。主要栏目，有特载、言论、计划、视导报告、地方教育通讯、教育消息、书报介绍等；主要撰稿人，有程时煃、朱希仁、赵可师、王钟琳等。1941 年 7 月改名为《国民教育指导月刊》，附题为"江西地方教育"；1946 年恢复《江西地方教育》刊名，重新分卷计期；1947 年休刊；1948 年 9 月续刊，定为"新 3 卷第 1 期"，年底终刊。

目前乡村中的慈幼事业，仅仅是有数的育婴堂而已。这些育婴堂的成绩如何？笔者不敢臆断。但据数年前江苏的施耐劳医师的调查称，华中一带育婴堂的婴儿死亡率约在百分之七十。另有人调查，华北一带为百分之八十左右。从这些数字上可以推知一切了。

事实上，恐怕还不止此数。因为所调查的地方不多，不足以代表全体；并且被调查者为了种种的关系，不一定肯把真实的情形宣布出来。一考育婴堂内部的设施，恐难尽养护的能事。或许每天除喂几次吃不饱的奶以外，别的什么多谈不到。如此育婴，婴儿焉不得死？这种育婴堂实在配不上称"慈幼"二字，因为事实上只做了临时留养的工作，没有达到育婴的目的。这仅有的乡村慈幼事业，确有使大家注意而加以整饬的必要。

笔者的意思，如果要办育婴事业的话，每一育婴堂必须有相当的卫生设备和养护设施。每三个或四个育婴堂必须聘有经验的护士一人作巡回指导，由县政府统筹办理。否则，宁可不办。因为少挂一块育婴堂的牌子，或许反会减少民众弃婴的机会。

至于乡村慈幼事业的实际价值，办育婴堂实不如办托儿所。因为社会经济的衰颓、人口的增多，是民众弃婴的主要原因。育婴堂不过是救急的治标办法，离治本之道尚远。而况育婴的结果，大半是白费钱、白费力，得不偿失！与其办既不慈幼又不经济、无补于农村的育婴堂，毋宁办托儿所来得实惠！

托儿所，不但可以维护家庭中原有的婴儿或幼儿使获适宜的较良的养育，而且可以解脱能生产的妇女之羁绊，使能照常从事其正业或副业，直接增加家庭收入，间接充裕社会经济。不是一举而数善备吗？这种托儿所在工厂的附近及乡村农忙的时期尤其重要。

托儿所创自法国，现在推行成绩最佳者当推苏俄。据统计，从一九二九年至一九三四年间，永久性的托儿所床位从六万五千余个增至七十万余个，暂时性的农忙托儿所从二十五万余个增至四百五十余万个。人家的推行成绩这样，我们该不该急起直追？

除了托儿所以外，乡村幼稚园实在也很需要。因为三岁以前的小孩可以进托儿所，而三岁以后的仍得要成人的招〔照〕顾抚育。继续托儿所作用的只有幼稚园（当然，目前所需要的是平民化的幼稚园）。幼稚园除继续托儿所作用外，另有相当的教育，使幼儿的身心得到健全的发展，替小学教育植其基础，并可作改良家庭教育的中心。

有人说，办乡村幼稚园太贵族化了。其实，办乡村幼稚园的需要比城市来得大。因为乡村大多是劳动的妇女、能生产的妇女，而且家庭教育较城市妇女为差。我们应该大声疾呼，要办幼稚园，应从乡村或工厂附近办起。过去幼稚园的偏设于城市，确是教育上的失策。

总之，"托儿所"和"幼稚园"的慈幼效率，以及其事业的影响要比"育婴堂"来得切实而伟大。有志于乡村事业者、有志于儿童事业者，请勿河汉斯言。

30 前学龄教育与国民基础教育

雷沛鸿

1936年4月1日

另图 18　雷沛鸿像

题　解　本篇原载《广西普及国民基础教育研究院日刊》第 408 号。发表时间为 1936 年 4 月 1 日。本文转录自《雷沛鸿文集（下册）》第 194～197 页。

撰著者雷沛鸿（1888—1967），字宾南，广西南宁人。早年毕业于两广高等工业学堂，历任广西左江师范、南宁中学监督。1913 年考取公费生赴英留学，后赴美深造，获欧柏林大学文学学士学位、哈佛大学哲学硕士学位。归国后，历任广东甲种工业学校校长、上海法政大学经济系主任、江苏教育学院研究部主任，并出任广西教育行政官员。1933 年后，在广西领导发起"国民基础教育运动"，为普及教育另辟新径，并使其成为"国民教育制度"之蓝本。1940 年后，任广西大学校长、广西教育科学研究所所长，在百色创办西江学院。著有《英国成人教育》《丹麦成人教育》《国民基础教育论丛》等。

"前学龄教育"是雷沛鸿创立的一个独特概念，旨在与通行的"学龄前教育"这一概念区别开来。这两者的不同，主要反映在"初始学龄"的殊异上。当时全国通行的《小学法》，承袭了"壬戌学制"的规定，以 6 足岁为初始学龄；而雷沛鸿依据广西省的特殊情况，在其主持制定的《广西普及国民基础教育法案》中，将初始学龄规定为 8 足岁。如此，前学龄教育即包括如后三段：托儿所（2 个月至 4 岁）、幼稚园（4 岁至 6 岁）、蒙养班（6 岁至 8 岁）。

《雷沛鸿文集》，韦善美、马清和主编，广西教育出版社 1990 年初版，分上下两册，分列教育泛论、国外教育、国民基础教育、国民中学教育、国民大学教育、教育外篇等类别，共计 83 万字。1993 年，再出《雷沛鸿文集续编》，计 46 万字。它们基本囊括了雷沛鸿有关教育思想和主张的文论。

国民基础教育①规定，儿童的入学年龄为八足岁。此事并非偶然。反之，实为事前充分考虑了国民基础教育实施的对象所处的现实社会环境、经济环境而后决定。

原来我们的中国学制，严格地说，只能作为学校系统看待，而不能作为民族教育体系。因此之故，我们在广西办理国民基础教育时，便要极注意过去的错误而切实避免。因为它既称为"国民基础教育"，便与过去的义务教育或小学教育截然不同。这是要说，我们必须注意社会的经济力量，而务求其真正地成为国民的基础的教育而普及于大众。

因为过去的义务教育，只看见儿童——不论它把入学的年龄如何规定，概以儿童为对象，而看不见成人；同时，又单纯地只看见儿童，而看不见社会。因此，我们特别重视社会经济问题，同时又顾及儿童心理与学习能力，而切实规定之于《国民基础教育法案》②。

其一，凡儿童自八足岁，便开始进入国民基础学校；并规定，八足岁至十二岁的四个岁历年度之中，受二个学历年度的国民基础教育。

此外，对于十三岁以上、十八岁以下的青年男女，过去如果失学，法案均规定之，使接受一年期的国民基础教育。

此外，对于十八岁以上、四十五岁以下的成年男女，过去如果失学，法案又均规定之，使接受六个月的国民基础教育。

此外尤其重要者，就是在成人教育的部门里，我们把壮丁与妇女分别实施，等量齐观。这就是说，壮丁的国民基础教育，将据本省《民团训练条例》，组织民团后备队、常备队、预备队，而于各种训练中同时办理；妇女的基础教育，则因妇女在过去被忽视，在实施国民基础教育时，应特别予以注意，随之，凡八岁以上至十二岁，十三岁以上至十八岁，十八岁以上至四十五岁，甚至四十五岁以上的妇女，都为国民基础教育的大气所包围、所熏陶，而不能忽略或遗漏一人。

唯其如是，广西全省境内无论老少、无论男女、无论贫富，都要普遍地接受国民的

---

① 国民基础教育：此处系指当时广西省自定的普及教育制度，而非全国通行的国民教育制度。
② 《国民基础教育法案》：包括三份文件，一为《广西普及国民基础教育五年计划》（后将"五年计划"更定为"六年计划"），二为《广西国民基础教育研究院开办计划》，三为《广西普及国民基础教育试办区规程》（后将"试办区"更名为"指导区"）。这三份文件均由广西省政府通令颁行，具有地方法规的性质。

基础的教育。如儿童，一达八足岁的入学年限，都要受这一种规定，而被强迫接受这一种教育。

在过去通都大邑之儿童，六岁便开始入学。受了几年教育，因为学习能力与教育心理的不健全，依然无所得、无所助于生活。而穷乡僻壤的儿童，则六、七岁不能入学读书，六十、七十依然不识一字。因此之故，我们必须作如此规定。至于"法案"所以规定由八岁起至十二岁止的四个岁历年度中，仅有二个学历年度之受教育时期者，完全为着社会经济环境所限。诚以我们大家的经济能力，不能普遍地接受四年的基础教育，所以规定在四年之中入学两年。另一方面，给予受教育者以便利，学者可以继续两年读完，或一年就学半年或几个月，或一日就学半日等等，分期受足四个学历年度。另方面，如果社会经济能力增强，基础教育能够普遍地延长，则或半年、一年，甚至二年，均可于此八岁至十二岁之间，酌量延长，而不必牵动其他教育制度。

在目前，受过两年国民基础教育的儿童，如果得到家庭经济能力之许可，可以升入中心国民基础学校，以接受两年继续教育。毕业后，并得升入国民中学，及其他普通中学及大学。国民中学为了适应社会环境之故，又分前后两期，修业年限各以两年为期。前期入学年龄，为十三岁至廿岁。修业期满，得择优派往各指定地点服务，或回家庭参加农、工、商实际生活。后期入学年龄，为十八岁至卅岁。除国民中学之外，还要创设许多相当于中学程度的学校，如垦殖学校，如工厂学校等，以适应伴随国民基础学校教育而来的实际需要。

国民基础教育既规定儿童八岁为入学年龄，在事实上，便发生两个问题：

其一，原来在六岁送子弟入校读书的父兄，至此而必欲其延至八岁，殊不近情。而要学校收留这一种儿童，在学校本身又没有特设的班级可以安置。因此，必须赶快另设办法。

同时，又因过去的幼稚园只是照顾四岁至六岁的幼儿，在势又不能无意识地延长至四年。即或勉强收受，在父兄方面，觉得过去六岁的小孩子可以练习一些读、写、算的初步工作，现在仍回幼稚园专习游唱，不能满意；在儿童方面，自幼稚园直接进入国民基础学校，亦有许多不相适应之处。

因此之故，乃于幼稚园之后、国民基础学校之前，办理蒙养班。

过去办理的幼稚园，书本气太重。这是因为，我们的通常习惯，以为一个人离开家庭、进入学校，便只有读书的观念所致。其实，幼稚园的功能，并不在于读书、识字；反之，它应注意儿童的天性与兴趣，而充分利用游戏、歌唱，以培养儿童良好的习惯。唯其如是，幼稚园的小朋友，实不能一下子便闯入国民基础学校。因此，我们要办理蒙养班，在父母许可之下，招收六岁至八岁之间的幼男幼女，使他们在未入国民基础学校之前，能先一步获得读、写、算知识的启蒙。

在蒙养班、幼稚园之前，还有托儿所的一个阶段，以收受初生二个月后以至四岁的婴孩。于是，我们制定《前学龄教育实施办法》，以便进行。

前学龄教育与国民基础教育联合办理，将使广西境内全体民众，均能自初生以至老死，都在国民基础教育的历程中，吸收国民基础教育的大气，而使教育真正地成为民族教育体系。在个人言，教育成为人生历程。在其中，它与有生以俱来，与有死以俱去。在民族言，教育成为社会历程。在其中，它与有生以俱来，却不与有死以俱去。诚以整个民族没有老死，教育是一个社会历程，不随一个人的老死以老死；反之，它是生生不已，长生不死。所以"教育是长生"一词，便成为我们对于教育的基本概念。

前学龄教育的托儿所、幼稚园、蒙养班，虽不明令强迫，但要扩大机会，使人人都能享受。如果这种机会不能均等，只是实际问题——社会经济问题——作梗。不过此项问题，不是单纯地运用教育力量所能解决。反之，我们期望着经济、政治、社会各方面的通力合作，给予教育以助力，以达到此宏愿。

最后，让我郑重提示一个要旨，这就是：当真要使国民基础教育发展成为民族教育体系，必须得到时间与空间的培养。

31　幼稚教育的前途

袁昂

1936年6月10日

题　解　　本篇原载《福建教育》第 2 卷第 6 期"幼稚教育特辑"。发表时间为 1936 年 6 月 10 日。

撰著者袁昂，生卒年及籍贯未详，字达千。早年毕业于江苏省立第一师范学校。1931 年考入中央大学，1935 年毕业于中央大学教育学系。历任福建省教育厅职员、民众教育处电化教育股股长、《福建教育》主编、福建省立闽清县简易师范学校校长。1941 年受聘任江西省立实验幼稚师范学校教务主任。与郭祖超合著有《幼稚教育》，独著有《教育原理大纲》，撰有《中国幼稚教育之瞻望》《英国幼稚教育的发展》《婴儿园的课程研究》《一个婴儿的发展》等。

有关《福建教育》，参见前文《师范学校"幼稚教育"学科教学谭》题解。

在此政府推行义务教育与识字教育，一般人努力于上述两种教育实施的当儿，似乎大家把幼稚教育事业都丢到脑后去了；甚至有人反对现有的幼教事业，说它是贵族教育，是教育上的装饰品，根本不适应社会大众的要求。这确是幼稚教育的一个厄运时期。在此，我们研究教育的同志，应该首先把眼睛拭个干净，不能盲目的随声附和，更应该大家平心静气，依客观的事实来说几句话。

幼稚教育的前途如何？我们不能仅把现实的困难和错误来决定其命运的。现在的幼稚教育事业，确有许多不满人意的地方。但这是制度和方法的问题，不是幼稚教育的本身有什么罪恶，不可以或不值得提倡。相反的，这正显示幼稚教育还在幼稚时代，必须予以努力推行，才能有长足的进步和相当的实效。作者想根据下列三个方面，来说明幼稚教育的前途。

一、从历史方面说

我们稍一检阅中外的教育史实，我们便可相信教育的领域有"向下延"的趋势。

在西洋，大学兴于十二世纪，中学校起于十四世纪"文艺复兴"以后，小学到十六世纪"宗教革命"以后才设立，幼稚教育直到十八九世纪方见提倡。从西洋教育史上去搜寻，特别重视幼稚教育思想，无论何人，没有不首先遇到孔美纽斯[①]（Comenius）、裴斯泰洛齐（Pestalozzi），乃至福禄贝尔[②]（Froebel）诸伟人的。但这些伟人的思想，都是天才的直觉，所以只富于暗示，而缺乏学术上的研究。到了最近，才有比较的有系统的学术的幼稚教育出现于世。而对于幼稚教育的特别注意，也成为教育界的一个主要潮流了。

谈到我国新教育制度的历史亦复如是。最初，政府只注意派遣留学生，在北平设立京师大学[③]，以为培植少数领袖人才，国家、社会就有救了。后来，又感到这种主张的错误，才设立中学和小学。至于真正的幼稚教育的诞生，不过近十年[④]的事。所以就时间方面看，我国新教育的历史虽然简短，而其演进的轨迹，和西洋的"如出一辙"。

总之，从历史方面说，幼稚教育是"教育领域下延"整个过程中的必经的阶段，我们可以预卜其前途的发展。

[①] 孔美纽斯：通译夸美纽斯，即扬·阿姆斯·夸美纽斯（Johann Amos Comenius，1592—1670），捷克教育家、教育学理论的奠基者。著有《母育学校》《大教学论》《世界图解》等。
[②] 福禄贝尔：通译福禄培尔。
[③] 京师大学：京师大学堂，创设于1898年，系中国近代最早创设的国立大学，为北京大学的前身。
[④] 此"近十年"，是指1927年南京国民政府成立后，大学院尽力推进幼稚园的设立，并主持制定了《幼稚园课程暂行标准》而言的。

二、从社会需要方面说

我们从社会的需要方面,也可以看出幼稚教育的前途的。但是各国的社会情形不同,对幼稚教育态度就不免两样。当今世界各国对幼稚教育的态度,归纳言之,有下列三种。

1.家庭应负起幼稚教育整个的责任,视其他幼教机关为不得已的设置

德国、美〔英〕国都抱这种态度。

德国虽然是幼稚园的发祥地、福禄贝尔的祖国,但是幼稚教育的机关,如托儿所、幼稚园等,在德国并不十分发达。因为德国人相信家庭是教育、养护幼儿最好的地方,非到家庭破坏至不能再负上述诸责任时,决不令幼儿入其他幼教机关。一九二〇年全国教育会议宣称,慈幼团体既不能应一般对于幼稚园的需要,邦政府及地方教育当局便有起而设立此项机关之必要。不过,此项议案到现在还未见实行。近年来,德国国社党有"妇女回家去"的政策,更显示妇女职责在教养家中子女,而给家庭教育保障以有力的证据。

至于英国,从来是注重家庭教育的国家。在英格兰的境内,虽然也有十五个托儿所、五十五所婴儿学校(nursery school),但一般社会人士都坚信,儿童的品性、态度,必须由家庭来培育,以保存国民个性的差异,而求社会文化不断的前进。大哲学家罗素(Russell)说过"学校不能替代家庭"的话。他以为,亲子之爱更不是家庭以外的教养机关所能供给的,故儿童公育无异为社会掘坟墓。所以,在英国婴儿学校的目标中,有了这样的规定:"在儿童的群体生活之中,施以良好的健康训练,造成一个类似良好家庭的环境。"在这个目标中,把婴儿学校的任务,侧重在健康训练,并把它比拟一个家庭。可见英国的重视家庭教育了。

2.普设公立幼教机关,以代替家庭的全部责任,逐渐达到废弃家庭的目的

抱这种态度的,全世界只有苏联一国。苏联的态度是依照其政治生命而确定的。在封建或资本主义社会里,儿童是双亲的所有物,不但有血肉关系的存在,并具有一切教育的权利。这个权利,苏联社会主义者绝对的加以否认。他们以为每个儿童不是属于双亲的,而是属于社会的,属于人类的。只有社会存在的时候,一切个人才得发展、才得生活。所以儿童是属于社会的,而非双亲的。教育儿童的权利,也当属于社会。

由家庭教育所赋予双亲自身的偏狭性，于儿童精神上的要求，社会主义者是绝对加以拒绝的。由于这种逻辑的推论，所以苏联近年来，有百万以上的儿童入幼稚园，十七万以上的婴儿入托儿所，二十五万的幼童入儿童馆了。家庭的废弃，仅是一个时间问题耳。

3.家庭与其他幼稚教育机关共存共荣、互为滋长

美、日、意、奥与我国，无不抱此种态度。他们以为家庭有家庭的好处，学校也有学校（指幼稚机关）的长处，二者不能也无庸偏废。

例如美国的幼稚教育目标，在平均发展儿童良好的习惯，训练其社会的活动，养成良好的品性与体格。日本的幼教目标，在保育幼儿，使其身心得到健全发达，涵养良好的习惯、德性，以补助家庭教育。我国幼稚教育目标中，也有"协助家庭教养幼稚儿童，并谋家庭教育之改进"等语。

我们分析了各国对幼稚教育的态度，我们可以得出一个妥当的结论，就是各国对幼教的注意成一常态的分配。用政府力量尽量使公共幼稚教育发展，与把幼稚教育的全副担子搁在家庭肩上的国家，都是占最少数的。大多数的国家，都是属于第三种态度。

吾们知道近代家庭的破坏、机械工业的兴起，社会需求公共的幼儿教养机关，实在是一种不可讳言的事实。德国国社党以"妇女回家"的口号来收拾失业大众的"人心"，并非真的每一个妇女能蛰居家庭教养儿童也。

三、从儿童研究方面来说

近代儿童心理学、儿童学、儿童教育〔学〕等学科的产生，如雨后春笋。这些学科，昭示我们的是些什么？不外是幼儿教育的重要性、教法和教材耳。

一般心理学者已一致承认，儿童多数的习惯确立在六岁以前。吾们养蚕，知道珍视蚕蚁；养鱼，要保护小鱼。要教育社会文化之后继者，岂可忽视幼稚儿童！

然而，幼稚儿童的能力，不像生产儿童能力的普遍。在百个母亲中，能尽教育任务者，恐至多不至一二人。儿童导师的任务，和律师、医师的任务，一样的艰难，一样的高贵，决非不学无术的女子所能胜任的。

据作者所知道的，她们有的把儿童当作蠢物，任意的鞭挞；有的把幼儿当作玩物，任意的玩弄；有的把幼儿当作成人的雏形，处处干涉其行动、泪灭其天性；有的把幼儿当作成人的附属品，事事代他料理，养成依赖的习惯。我想今后无论如何，幼儿教育的责任，逐渐由家庭移转到公共的或国家的幼教机关，是一定不易的趋势。

总而言之，我们从教育历史、社会需要或儿童研究各方面来看，都觉得幼稚教育的前途"方兴未艾"。

32 儿童玩具的研究
——在福州广播电台的演讲词

梁士杰

1936年6月20日

题　解　　本篇原载《福建教育》第 2 卷第 8 期 "儿童年言论特辑"。演讲时间为 1936 年 6 月 20 日，发表时间为 1936 年 8 月 10 日。原发表时副题为 "六月二十日在福州广播电台播讲"，今副题系编者所拟。

演讲者梁士杰，生卒年未详，福建云霄（今属漳州）人。早年毕业于师范学校，1927 年受聘为厦门私立宽裕小学校长，1929 年任教于集美幼稚师范学校。1932 年 7 月，任集美男子小学校长。次年赴上海，任儿童书局编辑，与陈鹤琴合编《分部互用儿童教科书　儿童南部国语》。后归福建，历任福州实验小学校长、福建省立师范附小校长。1946 年赴菲律宾，任纳卯市中华中学校长，致力于华侨教育。著有《幼稚园教材研究》《幼稚园的设备》《怎样做幼稚园教师》等。

有关《福建教育》，参见前文《师范学校 "幼稚教育" 学科教学谭》题解。

一、玩具的价值

儿童是喜欢玩的。除非他是睡着了或是病了，不然他总不会停止他的游玩。儿童的玩，是喜欢应用玩具的。他无论拿到什么东西，拿到竹竿就当马骑，拿到贝壳就当钱用，拿到小背椅就当车拉。儿童的应用玩具，是社会意识的开展，这是很值得教育者加以研究的。换句话说，玩具在儿童教育中，具有下列的效能。

（一）增进学习的兴趣

儿童们是喜欢游戏的，是整日地在动的。所以，他们常常在游戏当中表演接触到的自然生活及社会生活的状态。但是，我们若要使儿童们在游戏里面，学习处理环境里的一切事物，就要供给他们以适当的材料和工具，然后可以增进其学习兴趣。例如，当儿童们用积木建筑房屋时，我们若供给他们以各种动物的玩具布置其间，则更能增进其兴趣。

（二）扩充知识和经验

我们想要扩充儿童的生活经验、培植儿童的知识，就要藉助于玩具。因为一切的玩具，均与自然和社会有密切的关系，儿童们在游戏里面玩弄某种玩具的时候，于不知不觉之中即可获得某种的经验与知识。例如，当儿童们在沙箱里装排动物园的时候，我们若供给他们以松香制成的鸭、雁、羊等玩具，他们定能知道：鸭是会游的，应布置在池塘里；雁是会飞的，应布置在空中；羊要吃草的，应布置在山上。诸如此类，均可以使儿童把搜求知识的经验和游戏打成一片。

二、选择玩具的标准

儿童玩具的价值，既如上述。但设置玩具应以什么做标准？这是很值得研究的问题。因为这个问题，对于儿童教育效能以及社会经济，都很有关系。兹就管见分述于后。

（一）须能增进儿童学习兴趣的

玩具不但是要增进儿童生活的愉快，且须可以增进儿童学习兴趣的。能增进儿童学习兴趣的玩具，则儿童可于玩具上增进发表及创造的能力。例如教儿童识字，只教他在书本上读，儿童必会感到没趣，且也不应该这样教。我们若能运用玩具，使儿童在玩弄玩具时，获得学习的机会，则儿童必感无限兴趣。兴趣是经济学习法则的要素。有了兴趣，则教学方易收效。所以置办儿童玩具，应先问一声：对于儿童学习有何功能否？

（二）须合于儿童的能力及兴趣的

儿童所喜欢的玩具，和成人绝对不同。我〔成〕人所喜欢〔的〕；成人所视为珍贵的，未必是儿童所需要的。例如成人所视为珍贵的珠、金、玉，在儿童看来，反不若贝壳、皮球有趣。所以置办儿童玩具，要问一声：是不是适合儿童的能力及兴趣的？

（三）须合于卫生条件的

儿童所喜欢的玩具，未必尽能适合卫生条件，这是我们所应注意的。例如通常儿童所玩的棉球，既不能洗涤且易藏垢，给儿童玩弄，适易传染疾病。再如市上所发售的刀枪（指金属类所制的）尖利异常，很易闹出流血等情弊。所以置办儿童玩具，须先问一声：合不合卫生条件？

（四）须含有艺术意味的

有颜色、有图画的玩具，常为儿童所喜欢。但是所着的颜色要能调和，所画的图要儿童化，方是适合儿童艺术的法则。例如，儿童爱假面具的兴趣总比爱瓷菩萨来得深。这就是，一合于儿童艺术的法则，一则不适合。所以购置儿童玩具，须问一声：适合儿童的艺术意味否？

（五）须合乎经济法则的

所谓经济法则，含有两层意义：一为经济；一为坚固耐用。美观耐用的玩具若是价值高，不是我们所应采用的；若价值贱，不美观虽耐用，也不是我们所应采用的。我们所以要采用的玩具，须是经济耐用的。例如洋玩具汽枪（每具约十元以上），总不若上海制的竹机关枪（每具小洋两角）来得好。所以购置儿童玩具时，我们须先问一声：合乎经济法则否？

（六）须合于本地风光的

本地所出产的玩具，儿童接触的机会多，而社会上、家庭上也较易购置，所以儿童们很爱他。例如，无锡惠山的儿童对于泥菩萨的玩具定很喜欢。[①] 虽然洋玩具有时候因为形式奇特，也可以引起儿童的爱好，但我们总须设法仿制，不应贸然采用。上海所制竹机关枪，即仿制日本也。所以购置儿童玩具时，我们须先问一声：是不是本地能出产的？

三、儿童玩具的种类

购置儿童玩具的原则，上列已详叙述过。兹列举儿童玩具的种类于下。

（一）体育玩具

体育玩具，是学校里必有的设备，最好是露天及室内均有。因为露天的设备只能于晴天时给儿童游玩，若有了室内设备，则无论风雨天，均有供给儿童游戏的场所。体育玩具，不但可以发展儿童身体的健康，培养儿童快乐的情绪，且可以增进儿童的运动技能，及养成互助合作、守规则、勇于试验等习惯。

（1）发展全身的筋肉及给以手脚、肩背等优越活动用的：

滑梯——可以使儿童们爬上溜下。

秋千——可以使儿童们坐或站在平适的木板上打荡。年龄较小的，可用椅子秋千。

绳梯——当儿童往上爬或往下降的时候，须运用全身的力量。年龄较小的，可用阶梯。

巨人步——当儿童初学玩这种玩具时，须手脚并用；纯熟了，则以表演各种姿势。

（2）均衡身体的发展用的：

天梯——可以使儿童各筋肉都得到平衡的活动。

浪船——摇动的时候，可以使儿童想法支持自己身子，使不会倾倒，且可以使儿童运用身、手、脚。

木桥——当儿童从这边走向那边去的时候，须用力支持着身体的均衡。

摇马——摇马的构造，专恃其重心不易出支点。所以儿童前后摇动时，不易倾倒。

---

① 因无锡惠山盛产泥人，且形象生动，远销四方，当地儿童多以此为玩具。

但须保持支点在适当的地位。

三轮车及雪车——这两种车，玩弄时，须手足合作，及须保持身体的端正。

（3）练习手眼合作用的：

弓箭——练习打靶。

软绳子——练习跳绳用。

水枪——喷水用。

（4）表演用的玩具：

木刀，竹剑，假面具，木碗，木碟，木杯，玻璃造成的鸭、猫、熊，橡皮制的走兽、飞禽、皮球。

（二）常识玩具

（1）自然研究用的玩具：

望远镜——视察远地风景、事物用。

三棱镜——分析日光颜色用。

凸凹镜——放大照片及缩小照片用。

显微境——观察细微的物品用。

鱼缸——养鱼用。

电影机——演放电影用。

电话——通话用。

（2）识字用的玩具：

缀法盘——练习缀法用。

木戳子——用以印字。

动物牌——看图认字用。

植物牌——看图认字用。

（3）识数用的玩具：

蛇螺盘——加减算术游戏用。

闪烁片——认识数字、数数用。

画片数字——认识数字用。

（4）图片：

图画什志——如《儿童画报》《低级儿童常识画报》《我的画报》。

画片——描写小朋友生活的照片。

其他——可在报章杂志剪集成册，供儿童翻阅。

（5）音乐玩具：

锣、鼓、钹、木鱼——可以给儿童练习节奏用。

蒙氏音乐教具——可使儿童练习看谱。

福建教育

兒童玩具的研究

梁士杰

六月二十日在福州廣播電台播講

（一）玩具的價值

兒童是喜歡玩的。除非他是睡著了或是病了，不然他總不會停止他的遊玩。兒童的玩，是喜歡應用玩具的。他無論拿到什麼東西：拿到竹竿就當馬騎，拿到貝殼就當錢用，拿到小背椅就當車拉。兒童的應用玩具，是社會意識的開展，這是很值得教育者加以研究的。換句話說，玩具在兒童教育中，具有下列的效能：

1.增進學習的興趣　兒童們是喜歡遊戲的，是整日地在動的；所以他們常常在遊戲當中表演接觸到的自然生活及社會生活的狀態，但是我們若要使兒童們在遊戲裏面，學習處理環境裏的一切事物，就要供給他們以各種動物的玩具和工具，和木建築房屋時，我們若供給他們以適當的材料和木建築房屋時，我們若供給他們以適當的材料木建築房屋，然後可以增進其學習興趣。例如：當兒童們用積木建築房屋時，我們若供給他們以適當的材料和工具，則更能增進其興趣。

2.擴充兒童的知識和經驗　我們想要擴充兒童的生活經驗，就要藉助於玩具。因為一切的玩具，均培植兒童的知識，就要藉助於玩具。兒童們在遊戲裏面玩弄某種玩具的時候，於不知不覺之中即可獲得某種的經驗與知識與自然和社會有密切的關係；兒童們在遊戲裏面玩弄某種玩具的時候，於不知不覺之中即可獲得某種的經驗與知識。例如：當兒童們在沙箱裏裝排動物園的時候，我們若供

給他們以松香製成的鴨，雁，羊等玩具，他們定能知道鴨是會游的，應佈置在池塘裏，雁是會飛的，應佈置在空中；羊要吃草的，應佈置在山上，諸如此類，均可以使兒童把搜求知識的經驗和遊戲打成一片。

（二）選擇玩具的標準

兒童玩具的價值，既如上述，但設置玩具應以什麼做標準？這是很值得研究的問題。因為這個問題對於兒童教育，效能以及社會經濟，都很有關係。茲就管見分述於後：

1.須能增進兒童學習興趣的玩具不但是要增進兒童生活的愉快，且須可以增進兒童學習興趣的。能增進兒童學習興趣的玩具，且須可以增進兒童學習興趣的。能增進兒童學習興趣的玩具，則兒童可於玩具上增進發表及創造的能力。例如：教兒童識字只教他在書本上讀，兒童必會感到沒趣。例如：教兒童識字只教他在書本上讀，兒童必會感到沒趣，且也不應該這樣教。我們若能運用玩具，使兒童在玩弄玩具時，獲得學習的機會，則兒童必感無限興趣。興趣是經濟學習法則的要素，有了興趣，則教學方易收效。所以置辦兒童玩具，應先問一聲對於兒童學習有何功能否？

2.須合於兒童的能力及興趣　合於兒童所喜歡的玩具和成人絕對不同。我人所喜歡的，未必是兒童所喜歡的；成人所視為珍貴的，未必是兒童所需要的。例如：成人所視為珍貴的珠金玉，在兒童看來，反不若貝殼皮球有趣。所以置辦兒童玩具，要問一聲是不是適合兒童的能力及興趣的。例如：

三八

33 幼稚教育的新动向

张达善

1936年11月5日

题　解　本篇原载《江苏省小学教师半月刊》第 4 卷第 7 期"动向原则"栏。撰成时间为 1936 年 11 月 5 日，发表时间为 1936 年 12 月 16 日。

撰著者张达善，生卒年及籍贯未详。时为江苏省小学教育工作者，且热衷于教育与心理的实验研究。除本篇外，还撰有《儿童节和儿童的生日》《养成儿童卫生习惯的理论和实施》《师范教育实施之改进》《儿童玩具的分年配当》《从儿童福利谈现代儿童教育》《青蛙怎样知道春来了》《收复区儿童心理卫生的实施》《几件有关儿童幸福的提议》《儿童记忆错误的实验和研究》《家庭教育的动力和动向》等文论，著有《师范教育的理论与实际》等。

有关《江苏省小学教师半月刊》，参见前文《祝儿童节》题解。

近年来，一般诟病幼稚教育的人们，认为今日幼稚教育的缺点至少有五：（1）幼稚教育无补于读书、识字；（2）容易养成儿童虚荣、娇养的习惯；（3）不能普及于贫苦儿童；（4）不能适合中国现社会的需要；（5）装饰教育的教育。

这些被认识的理由，确实有些不可否认是由于幼稚教育走上了歧途，有些则为观念上的误解，被一时情绪的支配。但是无论怎样，幼稚教育的改进，确有事实上的需要。

为了整个儿童教育的打算，今日的幼稚教育，似不能不另行决定一个新的动向：一方面，从方法上改善以往事实上的缺点；一方面，用事实来纠正一般的错误观念。这个新动向是什么？个见以为，当从下列五点入手。

（一）教育形式从有限的变为无限的

自来，都是把幼稚教育看做某一种特殊训练。教育的活动，就只囿在小小的幼稚园里；在幼稚园里实施幼稚教育，在幼稚园外就无所教育。因是，在儿童生命的需要上不切近，而幼稚教育的本义尽行失去。

儿童的生活，具有多方面的兴趣；儿童的活动，不能范围在幼稚园里。幼稚园，只是每日生活活动的一部分；幼稚教育的实施，只应以幼稚园为幼稚教育的发动点，而不应囿于幼稚园。幼稚教育的实施，要能使在幼稚儿童活动的所有范围内注意及之。

所以，幼稚教育的形式是无限的，幼稚教育的实施是多方面的。而幼稚教育的负责者（指幼稚教师），不能单从事有限形式的训练方面，而应从事无限形式的推进方面。换言之，一个幼稚园的教师，不只是在幼稚园里训练幼小儿童，而应深入儿童的家庭，使儿童的家庭训练和幼稚园训练发生一致的呼应。这种教育的形式，使儿童在任何活动范围内都能自然地受到训练。这才是幼稚教育的正常动向。

在部颁课程标准中，幼稚儿童每天在园的时间，全日约六小时。则每日定一小时的家庭指导，未尝不是极可能的事实。纵然因为时间的限制，教师亦未尝不可将儿童在园时间缩短一小时，每日以二小时的时间，轮流分赴儿童的家庭中，作简要的实际指导。一般父母，尤其是农村中，他们的知识是非常浅薄，这种需要是如何的迫切！这样，幼稚教育的势力，自能多方面的扩张了。

（二）活动中心从幼稚园移到家庭

幼稚儿童的生活，以家庭为中心；儿童生活的动〔环〕境，以家庭为最大的势力。因为儿童每日在园的时间只占四分之一，每日的生活，衣食住行，大部在家庭中。现在，把儿童一切的活动中心安插在幼稚园中，则这个中心，如何能和各方面相维系呢？这不是理论上的不可能，而是事实上的不可能。

幼稚园为中心的活动，事实上不能和家庭发生密切的关系。而况各个儿童的家庭背景不同，以同一中心演绎成不同的环境活动，是如何困难？反之，以儿童的家庭为活动的中心，在儿童的自身，是适应的、调和的。然后以归纳的方式，使和幼稚园中的活动相呼应，则事实上既可不致发生困难，而效果上亦能适合活动的动机。

  一般幼稚园的训练方法，大都是先和儿童讨论一种习惯的训条；或是巧妙些，在自然的情景中利用儿童的活动，使儿童发现某种训条在生活上的需要，使儿童认清这种训条的重要，然后令儿童永久的实行。但是，结果因了各个儿童的家庭环境不同的缘故，不是停止，就是改变了，终于是同样的停止了。

  所以，新的合宜方法，应从家庭指导入手，让儿童的父母，就其自己的环境，诱导儿童养成自然的习惯。然后，一切的谈话和讨论，从家庭中心出发，使幼稚园成为一个结论所在，也可以说效果的检查所，就不致遭遇到失败了。（现在的幼稚教育，虽也利用家庭联络为方法的，但这种联络，和以家庭为中心的方法相距尚远。）

（三）推进父母教育作幼稚教育的手段

  幼稚教育要从有限的形式改变为无限的形式，要以家庭作活动的中心。但在目前一般的家庭状态下，则不能不以推进父母教育作幼稚教育的手段。

  问题儿童之所以成为问题，许多心理学家、心理卫生学家都认为，来自问题的父母和教师。一般儿童的父母，对于教育既没有相当的认识，对于儿童的性格学又没有初步的了解，要单凭家庭的力量来协助幼稚教育，自为不可能的事实。

  但在幼稚教育的本身，决不能因为一般父母对于儿童一切了解的浅薄，就停止进行。所以幼稚教育者，可以在访问家庭的殷切中，指导儿童生活习惯的机会里，注意到父母教育的灌输，使父母们都能明白教育、了解儿童。间接的父母教育有了进步，直接的幼稚教育就自然推进。

  例如：父母对于儿童教育的重要认识清楚了，父母对于儿童的一切自会重视；父母对于儿童的性格研究明白了，儿童"我观行为"的严重性，自会知所避免。再以儿童生活习惯的养成论，父母对于养成某种习惯的意义了解后，则督促儿童的习惯自易成立。所以最有效的幼稚教育，是要以推进父母教育作幼稚教育的手段。一切幼稚教育的方法虽然好，但以推进父母教〔育〕作手段，则更可臻于至善之境。

（四）整个教育方法要着眼于儿童性格学

  "性格学"是什么？这是精神分析心理学所最重视的，不是性格的品态，亦不是性格的类别；而是说明人类诸种行为方式的发展及其互相关系，是研究人类心理构成中的变迁。

心理学家君克迈①说："我们都需要了解人性，正如我们每日需要吃饭一样急切。"②这句话，正是幼稚教育方法的着眼点。儿童是白纸一样的纯洁心灵，他的行为、他的情绪、一切心理状态的发展，都是从哭泣上开始。他没有目的，更没有成见，一切的都要让经验来给予。

因此，幼稚教育者倘使明了了他们的整个性格，则所安排的、所创造的，自能合乎儿童的发展，而培养成伟大的性格。

（五）儿童生活习惯的训练要顺乎自然

在儿童的生活中，可以发现儿童的整个性格。儿童生活习惯的训练，可以培养儿童性格的正常发展。但是这种发展，是需要自然的，不是矫揉造作的。一种矫揉造作的训练，不仅不会成功，而反走上了失败之途。我们用一个训练儿童克服困难的事实为例：

> 一个三岁的孩子，正在用积木堆砌宝塔。教师走来，看到孩子的建造，很是高兴。孩子看到教师高兴，他也高兴，并且使用新方法来堆砌。但是不幸得很，宝塔倒塌了。于是，教师为了养成儿童克服困难的精神，就极力的鼓励孩子，努力重行堆砌。一面看着孩子堆砌，就一面赞赏着。但是他赞赏的，不是宝塔，而是孩子。不幸又倒了。如是三次四次，都不成功。孩子还不曾发脾气，只是不高兴已极，正要预备哭。教师怕他真的哭下来，就坐在他旁边，开始来帮助他。并且告诉他，不要怕困难，以后遇到这样情形，要再继续下去。

当然，教师的力量已尽到了十二分，不能不算是良好的训练，似乎没有什么不自然。

---

① 君克迈：通译孔克尔，即弗里茨·孔克尔（Fritz Kunkel，1889—1956），美国精神病学家、心理学家。他试图将心理学、社会学和宗教整合，并运用于性格发展理论之中。
② 作者原注："见夏斧心译，君克迈：《心理卫生丛谈》（商务版）。这是一本讨论儿童性格的佳著，从事幼稚教育者不可不读。"

不过，我们细细的分析一下，孩子的心理，从这情形上明白了什么？我想，孩子的感情，并不如教师最后所嘱咐的那样简单。他会明白到"我不如人""小孩子是不会堆宝塔的""以后不再单独做如此困难的工作"和"当我不高兴的时候，就有大人来帮我来做不会做的事"等等观念。训练的整个，完全失败了。

倘使教师在看到儿童用积木砌宝塔的时候，教师所赞赏的是宝塔，而不是儿童。宝塔倒了以后，儿童就不致焦急；儿童再重行砌的时候，亦不逗留。则儿童的"我观"没有开端，要人赞赏的心不会急切，则其困难之克服、建筑的创造，自能从经验的客观立场，启示其一切。没有一些造作的作用，就能自然的达到成功。既不觉痛苦，更不致灰心，甚至发生卑逊的情绪。

总之，幼稚教育是以儿童的性格、儿童的背景，为实施的参照点，则幼稚教育的动向，当可不致走入歧途。否则，立脚点发生了问题，无论教育的方法是如何的有力，则其力量的发挥，将永不能出乎幼稚园的范围，效果的获得，只是欺骗的结局。

十一. 五日

34 修改《幼稚园课程标准》的我见

张雪门

1936年11月28日

题 解　本篇原载《中华教育界》第 24 卷第 11 期。撰成时间为 1936 年 11 月 28 日，发表时间为 1937 年 5 月 1 日。

有关撰著者张雪门，参见前文《中国幼稚教育已到了十字街头》题解。

中国自蒙养院相关制度确立后，学前教育长期并无统一的课程规定。1928 年 5 月，在第一次全国教育会议上，陶行知提出《审查编辑幼稚园课程及教材案》。会后，大学院组织课程委员会，在拟订中小学课程标准的同时，也着手拟订幼稚园课程。1929 年春，陈鹤琴主持拟订的《幼稚园课程标准草案》完成。

1929 年 8 月，该草案被定名为《幼稚园课程暂行标准》，由教育部颁布试行。此为我国幼稚园课程标准的发端。1932 年 10 月，教育部在组织专家对其进行修订后，颁行《幼稚园课程标准》。1936 年 7 月，此标准经再次修订后，仍以《幼稚园课程标准》为名颁发。从 1929 年至 1936 年，幼稚园课程虽三历其变，但在张雪门看来，其中仍存在诸多未尽如人意之处。于是，他撰写此文予以探讨。

有关《中华教育界》，参见《普及乡村幼儿教育》题解。

我在《请修改现行〈幼稚园课程标准〉》[①] 一文里，重要的提出三点：

---

① 《请修改现行〈幼稚园课程标准〉》：查张雪门此期所发表的文论，此文标题当为《修改现行〈幼稚园课程标准〉问题》。该文发表于《教育杂志》第 27 卷第 2 号（1937 年 2 月）。

第一，儿童的个体，不论体力、思想、习惯和情绪，都不是单独的发展，大半由于环境。所以，教育——尤其是形成行为型最基础的教育，应根据社会，有正确的具体目标。

第二，儿童发展的各阶段，不是各个分离的，是彼此继续的连系。所以，幼稚园也和中小学一样，应有一贯的宗旨，遵照民国十八年四月二十六日国民政府公布之《中华民国教育宗旨及其实施方针》。

第三，儿童的知能，在初生六岁内发展的最快，每一年间都有相当的差异。所以，幼稚园应有确定的年龄，才能有组织课程的标准。

我所提的第一点，凡治"儿童学"者，类能言之，不必"赘言"。现在所应讨论的，是十八年政府公布的《中华民国教育宗旨及其实施方针》能否仍与现在我国社会的环境相适合。

七年来，国内外的情形变迁悬殊。但三民主义的教育，并不违反时代的潮流，更未见和我国特殊环境相左。何以言之？我国今日的社会，依旧是处在帝国主义和残留的封建势力之下。因为处在第一种压迫底下，所以民族观念薄弱，形成了买办、汉奸等意识，摇尾乞怜的丑态，和仰仗外资下而过非人的生活。因为处在第二种压迫底下，所以只有安分守己、散沙一样的老百姓，而没有积极反抗、铁一样团结的力量。这是社会的生活决定了人类的意识，决不是人类的意识改变了社会的生活。

在目前国难严重的时候，旧制度业经没落，新壁垒尚未造成。只有凭着现时代的暗示，集中力量，向帝国主义与封建势力争斗，才能完成"民主〔族〕独立、民权普遍、民生发展，以达到世界的大同"之目的。那末，在教育上，封建时期的道德观念，自然已成化石，不值一顾；便是欧美资本社会业经衰落的教育，也用不着眷恋；至于社会主义时期的教育，中国现在环境非苏俄可比，更无仰攀之必要。

说一句老实话，我们未脱离帝国主义与封建势力压迫之前，只有根据三民主义，向反帝及反封建的路上，确定我们的教育方向。依照小学教育的总目标，我现在对于幼稚教育，拟了四类目标：

1. 关于发展儿童心身的

（1）培养幼儿强健的体格与精神。

（2）力谋幼儿应有的快乐。

2. 关于培养民族意识的

（1）唤起幼儿民族的自信力。

（2）培养幼儿厌恶帝国义侵略的情绪，为争民族之自由作奋斗的决心。

3. 关于培养国民道德基础的

（1）培养幼儿团结的习惯。

（2）培养幼儿自动的积极精神。

（3）培养幼儿客观的态度。

4. 关于培养生活所必需的基本知识、技能的

（1）训练幼儿劳动生产及有关职业的基本知能。

（2）启发幼儿运用算术、文字及科学的兴趣。

现在，应进而讨论到幼稚园时期年龄的规定了。查《现行学校系统说明》，仅有"幼稚园收受未满学龄之儿童"[①]一语。究竟这些未满学龄的儿童，是五岁呢？是四岁呢？还是生后六个月呢？都未有明白的规定。年龄既这样的笼统，课程的标准自然更难正确。

世界各国对于学龄前儿童教育机关所收儿童的年龄期，并不一致。但幼稚园之前，已多由社会设立婴儿教育机关（如苏俄之育儿院、法国之托儿所、英国之婴儿学校[②]，其实这三种的年龄也有差异）。

若从儿童身心发展的阶段来分，我主张：初生到二足岁，划定了当作一个时期；三四岁，是一个时期；五六岁，是一个时期。至于每一个时期教育机关的名称，倒不必拘泥。如果说三四岁是婴儿园，那末，四岁到六岁，正是幼稚园了。

二岁以前，幼儿言语还未完全，此时最宜注重身体的保养，当然和婴儿园教育应有分别。四足岁前和四足岁后，虽相差仅有一年，然"社教性"的差别颇大。在幼稚园时期内，这五岁（从四足年到五足年）、六岁（从五足年到六足年）之间，从心理研究上，

---

① 此语系1928年8月9日中华民国大学院颁布《学校系统表》中所附的说明。该表及其后所颁布的《小学法》《小学规程》中，均已规定"6岁入学"。

② 婴儿学校：通译保育学校（nursery school），由麦克米伦（McMillan）姐妹所首创。其开办过程为：1908年开设实验诊疗所，1910年改称学校治疗中心，1911年发展为野营学校，1913年正式命名为保育学校。1918年《费舍法案》通过，正式承认保育学校为国民学校制度的一部分，并将其纳入地方教育行政的管理范畴。

自应有相当的差别；更当从儿童的智力年龄、生理年龄与实足年龄，求出其相符于每一年龄之点。若根据纯粹科学上来研究，这两年心理差异的程度，把早熟的训练提开，更还得考虑个性不同的原因，及各种能力发展的背景。当然，不是本文所能尽。

若要明白这两年间儿童心理上差异的概况，供区分每一年教材及其活动的标准，如干塞尔[①]的《学龄前儿童之智力发展》（Gesell：*The Mental Growth of the Pre-School Child*）、推孟[②]的《智力测验》（Terman：*Measurement of Intelligence*），及我国流行的"比纳－西蒙智力测验"[③]，都很可以参考。

现在，我从《儿童教育杂志》（*Childhood Education*）六卷三期第一〇三～一〇六页，荷尔姆斯《四年与五年儿童异点的报告》中，选择若干条于下（表7）。

表7　四年组与五年组儿童发展水平比照表

学年 能力	四年组（从四足岁起）	五年组（从五足岁起）
生理	（1）感觉的官能，大致均已完备。 （2）腿、臂和躯干部大筋肉的发达，形成了特著时期。 （3）手稍有精美的一致。	（1）精神的活泼追过了感觉。 （2）肢部和躯干的大筋肉，继续发达。适应韵律的运动，更优越而自由。 （3）手稍微可以多做一些工作了。

---

① 干塞尔：通译格塞尔。
② 推孟：通译特曼，即刘易斯·麦迪逊·特曼（Levis Madison Terman，1877—1956），美国心理学家。1905年在马萨诸塞州的克拉克大学获博士学位。自1910年起，长期供职于斯坦福大学，1923年当选为美国心理学会主席。主要贡献有二：一为修订比奈－西蒙量表，创制斯坦福－比奈智力量表；二为对数千名天才儿童进行了长达数十年的跟踪研究。
③ 比纳－西蒙智力测验：运用比奈－西蒙量表来进行的智力测验。比纳，通译比奈，即阿尔弗雷德·比奈（Alfred Binet，1857—1911），法国心理学家；西蒙（Simon，1873—1961），法国医生、心理学家。1905年，比奈与西蒙一同创造了测量智力的方法，编成了比奈－西蒙量表，1908年发表该量表的修订本，1911年发表该量表的第二次修订本。不久，该智力量表便传播到许多国家。

续表

学年 能力	四年组（从四足岁起）	五年组（从五足岁起）
游戏和本能	（1）多倾向于感觉的游戏。 （2）对别人工作表示兴趣的很少，且极不易受暗示的影响。 （3）为动作的兴趣而涂鸦。以后，才逐渐能把所涂的附加象征的意义。 （4）先单堆积木。以后才能用积木堆房子。 （5）喜欢收集各种新异的东西。 （6）表演游戏很简单，大半模仿某一种的动作。 （7）和别个儿童的游戏虽开始，但很少组织。	（1）从自动的兴趣唤起感觉以外的游戏。 （2）能接受暗示，利用暗示。 （3）计划做一件出品，且因企图增进美观及功能起见，不惜时加改造。 （4）对于收集品，能加以整理。 （5）表演渐细，节目加多，且有时更须求助于各种工具及材料。 （6）儿童在一起游戏的需要渐切。为成就其充分的游戏理想时，常有待于别人的合作。
发音	（1）初时发音，大半仅为模仿，或发表当时自己的经验。 （2）待后，对他人所发表的，有短时间的注意力，且能尽简单的供献。	（1）发音因为要交换经验。 （2）倾听他人的经验，在同一问题中，能参加自己的意见。
社交	（1）初时，个人的倾向特强，欢喜独自玩耍。 （2）时或两人并坐，用同样的积木，可做出两样的东西。待后，儿童们常在一处共同工作。但每人各做自己一部，和别人商议实在太少。	（1）游戏上更能合作，行为上更能适应。在一种普通的事物上，可以和别的儿童共同工作。对别的儿童的意见，有更大的兴趣。 （2）群儿集合一团，设计并建筑车或房子。大家并肩而坐，彼此比较、评论各人的工作，或者认为，若用他们所有的积木集合起来，必能做成一所较好的房子。
心智	（1）注意力大半是自动的。对命令及指导的注意，比前进步。 （2）在一个时间，就能进行一个命令。 （3）见了一种东西，就能说出这一种东西的名称，但不能形容其性质。 （4）数目和距离的概念，不十分清楚。 （5）想像属于再生的居多。真实和想像之间，颇难分别。 （6）好奇多问的时期。 （7）因经验浅薄，推理极不确切。	（1）理会命令的力更大。 （2）在一个时间里，能保留好几个命令，且保留的时间亦较久。 （3）能用条件来解释东西。 （4）依照对象的东西，计算数目长短及大小。 （5）想像更能自由控制与更含有创造的性质，对真实和虚构渐知辨别。 （6）对于探索原因和结果的问题兴趣日增。 （7）推理渐近于正确。

年龄既定，班级也得分别。因之，课程范围便当依据各班级的能力，加以差别。为求同志们研究起见，现将工作、游戏、音乐、文学、语言、算术、常识七种活动，按着各种的目标、作业类别及各年作业要项，列举于下。至原有静息、餐点两种，不妨移入

教育方法要点中，不必包涵在课程范围之内。而各种的最低限度，现在既无标准测验和量表，和小学同一理由，似可删去。将来如有时间，当另辟一文论之。

一、工作

（一）目标

1. 普通的

（1）满足儿童工作的天然需求。

（2）促进支配环境的欲望与能力。

（3）发展贯彻目的的意志。

（4）培养劳动生产的兴趣。

（5）成就分工合作的团结精神。

2. 特殊的

（1）使儿童熟悉各种物件的性质与数量。

（2）使儿童观察一切东西的颜色和构造格外清楚。

（3）使儿童获得使用工具材料的经验及其整洁、经济等习惯。

（4）使儿童工作计划的进步。

（二）作业类别

（1）参加家庭与幼稚园的实际工作。包括：在家中，洗围巾、熨围巾，做饭时打蛋，可以织带子、腌蛋；在幼稚园内，可以装饰教室，每天吃点心时，可不用碟子，自作纸盘等代用品，及洗碗、铺台布、开会时印刷门票……

（2）模拟成人等职业工作。模仿工人，用积木做公园、盖房子、筑车站、装电杆；用陶土或糯米粉作汤圆，用陶土、蜡泥或面粉包饺子；有时开医院，用粉笔作药片，用白粉当作药末，用各种颜色水当作药水；在园子里种瓜、种豆、种玉蜀黍。这些都是按照成人各种职业的活动，或用真的东西，或用想像的东西，适合幼儿能力可以表现出来的工作。

（3）模仿自己家庭的工作。这些工作，如替娃娃作被，作帽子、衣服，给娃娃作菜、烙饼，用厚纸、木块或木片作成娃娃的床和桌椅。这些为娃娃衣、食、住、用而做的工作，全是按照其家庭的背景，一一的模仿出来。

（4）美术工艺。这类材料很多，如贝壳、色珠、水彩、蜡笔等，但和上三类不同。这类，并不为应用而工作，其目的为求美丽。如把贝壳摆成各样图案，用水彩图画发表美的观念，把木珠按照各种形式或颜色，串成各种式样。

（三）各年作业要项（表8）

表8　四年组与五年组儿童工作作业要项表

类别		四年组（四~五岁）	五年组（五~六岁）
家庭与幼稚园的实际工作		（1）用拖刷刷地板。 （2）用抹布拭桌子。 （3）洗刷早点用的盘碟。 （4）分盛早点。 （5）打蛋。 （6）做纸盘。 （7）铺台布。 （8）用纸做成标识，如出口、入口等。	（1）用扫帚扫地，用拖刷刷地板，洗拖刷。 （2）用毛帚拂衣土，再用抹布拭桌，洗拖布。 （3）洗围巾，用熨斗压平。 （4）做果子酱，炒米花。 （5）腌蛋。 （6）织带。 （7）装饰教室。 （8）印刷入场券。
摹拟成人等职业工作	积木	（1）单独的建筑居多，如用恩物第三、四、五、六种，构成房子、火车等。 （2）结构上，木块如有多余，能设法运用。	（1）用大积木（如 Hill Floor block）共同建筑，如医院、炮台、货车等。 （2）使用的范围更大，常需要轮、绳索及他种的木条、木片。
	木工	（1）用锤活动。 （2）无目的地钉合木板。 （3）开始学习用砂皮纸。	（1）能用小斧、锤、锯、螺旋器等。能做偶人的床、桌及书架。 （3）油漆已经做成的东西。
	泥工（附面粉工）	（1）做球、饼、碗、烛台、碟子及禽兽。 （2）学习使用细小工具，如梳、细竿等刻花纹。 （3）随意制造。	（1）做禽兽、人、花瓶。 （2）把所制造成的东西，加以更精致的修饰。 （3）制造应用的东西。

续表

类别	要项＼学年	四年组（四～五岁）	五年组（五～六岁）
摹拟成人等职业工作	纸工	（1）剪画片。 （2）粘画片。 （3）折纸，如风琴、桌子等。	（1）剪纸人、扇子及各种花草。 （2）制造拾锦本及纸链等。 （3）折纸的经验更进步，如纸船、纸篮等。
	园艺	（1）着园丁整理园地。 （2）采野花，浇水。 （3）喂鸡。 （4）拾菜叶饲兔。 （5）玩弄小耙、小锄、小铲。	（1）参观农田及菜园。 （2）移种，种麦，种瓜，种玉蜀黍。 （3）收拾鸡埘，养鸡。 （4）掘地给兔子居住。 （5）锄地，耕草，耙土。
模仿自己家庭的工作	缝纫	（1）用针，用布，用剪刀。 （2）替娃娃穿衣服。 （3）替自己做手帕及石子袋。	（1）使用工具更顺熟，且知节省材料。 （2）制造娃娃衣服、被褥。 （3）在衣服和口袋上作种种花纹。
	娃娃（即人偶）	（1）使用娃娃的什物。 （2）照料娃娃，如喂饭、弄摇篮等。 （3）选娃娃的衣服。	（1）替娃娃制造东西。 （2）"管家游戏"更有组织，如预备膳餐、铺被等。 （3）熨娃娃的衣服。
	整洁和烹饪	（1）扫除娃娃房。 （2）洗刷娃娃盘碟。 （3）用想象的东西充食物。	（1）点缀娃娃房。 （2）做娃娃用的盘碟。 （3）做鲜花饼、山查〔楂〕糕。
美术工艺	恩物	（1）玩第十种恩物，已知分别颜色。 （2）色板仅能作合凑的排列。 （3）在沙床上，能造地道及禽兽的巢穴。	（1）串珠时，已能运用颜色和形式，做成有意味的排列。 （2）排列色板，颇含图案的意味。 （3）在沙床上，能建筑农场或河道。
	图画	（1）开始从图画中发表理想的东西。 （2）试用颜色蜡笔。 （3）所画的，是根据儿童所喜欢的及所信的，但多不合于真实。 （4）作简单的连接图案。	（1）创作的兴趣进步。 （2）学习调色和配色。 （3）画人、船、太阳、火车及一切设计中活动材料。 （4）图样渐精致。

二、游戏

（一）目标

1. 普通的

（1）适应儿童爱好游戏天然的倾向。

（2）增进儿童身体的健康。

（3）发展筋肉及感官之连合及敏锐作用。

（4）训练团结、奉公等习惯。

（5）矫正民族身体的缺点，并制驭冲动。

2. 特殊的

（1）藉表演的表现，使经验更有组织、更有意义，战胜恐惧，养成勇往直前的精神。

（2）增进推理、思索等能力。

（3）发展自我表现，并能享受有节奏的活动之艺术意味。

（4）从游戏中获得交换知识、技能等经验。

（二）作业类别

（1）矫正游戏。这一类，好像从前的柔软操。其目的，在矫正儿童体格，有正确的姿势，而使他们筋肉平均发展。用机械的，如秋千、摇床等；不用机械的，采取环境的事物，使儿童模仿，如溜冰、滑车等姿势。

（2）感觉游戏。这一类游戏，为锻炼儿童感官的敏锐，并使和筋肉连合作用发达起来。有联络多种感官的，也有停止了他种感官而使特种的感官作单独的练习。

（3）表演游戏。包括用器的、不用器的、个人的、团体的，种种模仿成人职业或动物的活动，以及表演故事等游戏。简单的，如鸟飞、马跑；复杂的，如建筑市场以及演剧。

（4）猜测游戏。包括用暗示的，如"听琴寻物"；凭感觉的，如"瞎子捉人"；及稍带些思考的，如"小孩不见了"。

（5）节奏游戏。节奏游戏，是一种协韵律的动作。简单的，如拍掌、踏足，以适合琴声的节奏；复杂的，如用全身的动作，以求合于拍子；再复杂的，带有跳舞的形式，如土风舞等。

（6）竞争游戏。关于这一类竞争游戏，应有时间、空间的限度。多是互助的，而不是个别的。如"伦敦大桥""传球"及"听音争坐"等。

（三）各年作业要项（表9）

表9　四年组与五年组儿童游戏作业要项表

类别\要项\学年	四年组（四~五岁）	五年组（五~六岁）
矫正游戏	（1）用器械的，如椅子式的秋千、摇马等。 （2）爬、跳、滑、跑、捉、逃等自发运动的技能渐进。 （3）尚有单独动作的倾向。 （4）运动中发生快感。	（1）用器械的，如平常的秋千及滑车等。 （2）爬、跳、滑、跑、捉、逃等动作，采有意义的表情。 （3）学习对己、对人的安全动作。 （4）运动时发生快感。运动有效时，也渐知愉快。
感觉游戏	（1）单独的玩球——滚、抛、掷、拍。 （2）如联络各种感官的游戏——如"我拿小球在手中"。	（1）与别人交换滚球。 （2）一种感官单独的游戏——如"瞎子捉铃"。
表演游戏	（1）自发的个人或小组织的表演游戏，如在娃娃房里做吃饭、睡觉、穿衣等事。 （2）表情唱歌，简单的用手指，复杂的用动作，但各个人，都是做的同样的活动。	（1）以表现从经验或想像中得来的理想，如做火车、电影等团体组织游戏、故事剧。 （2）唱歌游戏、有组织的合演游戏。各个人并不都是做同一样的活动。
测猜游戏	（1）自发的猜测游戏，有好奇的喜悦，而无藏觅的能力，如把手掩住别人的眼睛说——"你猜我是谁"。 （2）受暗示的探寻，如听琴寻球或珠子。有时虽用感官，但躲着的孩子，一定出声叫唤，使探寻者得以辨别。	（1）无形式的组织，用自己的感官，开始作错误试验的探寻，如捉迷藏。 （2）用推理的探寻，如仅凭抽象的言语形容，以寻得所形容的物体或人。
节奏游戏	（1）个人能反应琴声简明的拍子，如走步、跳步、拍掌、摇手等。 （2）稍能反应音乐中所奏的情绪，如作快步、慢步、飞、睡等姿态。	（1）能参加团体，作有节拍的运动，如鸟飞、马跑等。 （2）能适应土风舞及小兵队等音乐，以变换心境。

续表

学年 要项 类别	四年组（四～五岁）	五年组（五～六岁）
竞争游戏	不用。	（1）应有严格的时间、空间的限制，如听音争坐、松鼠抢窝等。 （2）分队联接的竞争游戏，如传球、豆囊换位等。

三、音乐

（一）目标

1. 普通的

（1）满足儿童唱歌的欲望。

（2）启发并增进欣赏音乐的机能（包括口唱和乐器）。

（3）藉共同唱歌或共同奏乐的经验，以培养儿童伟大、雄壮的情绪。

（4）增进儿童对于事物（如工作、游戏、自然……）的兴味。

2. 特殊的

（1）养成儿童轻清的歌音。

（2）训练儿童调息与发音高低的技能。

（3）发展儿童节奏的感觉及动作。

（4）引起儿童音乐创造的兴趣。

（二）作业类别

（1）欣赏乐音。包括乐器及口唱的声音。从简单的范围，逐渐推至广大的领域。凡唱歌声、弹琴声、留声机所发的声、鸟啼声、狂风拔树声以及火车开动声、工人等吆喊声，都可以使儿童一一静听。久之，渐能分别各种音色与音程。更进，可以辨出各种所代表的情绪。最后，引起儿童的模拟来。

（2）律动。对于音乐节拍的反应，经过身体的动作，如拍掌、摇首、快步、跳舞等。也有经过乐器的使用，如用铃、磬、鼓、钹等独奏或合奏。

（3）唱歌。关于这一类材料，有家庭歌、职业歌、叙事歌、滑稽歌、催眠歌、气象歌、时令歌、游戏歌等。大概又可分为表情唱歌及唱歌游戏的两种。

（三）各年作业要项（表10）

表10　四年组与五年组儿童音乐作业要项表

	四年组	五年组
欣赏乐音	（1）听乐音，如听教师唱歌弹琴的声音。 （2）辨音，如辨别各种的音色，不论口唱及乐器。 （3）模拟音，如模仿啼鸦及鸣钟。	（1）欣赏乐音的，程度较高，范围亦较大。 （2）听乐音，如听留声机、风铃、梵钟、打哼、撑船、飞机种种的声音。 （3）辨音，如分别音乐的情绪。如军歌的慷慨、跳舞曲的喜乐等。 （4）模拟音，如模仿歌声及一切有节奏的韵律，间或使用乐器。
律动	（1）步伐的快慢、轻重，分走、合走、倒走、圆走等合拍动作。 （2）拍掌、摇手、拱头、缩腿等合拍姿态。	（1）身体的合拍动作，如土风舞、问安舞等。 （2）乐器的，如用铃、磬、鼓、钹以合琴的节拍。
唱歌	（1）歌词简单，多含有音无义，如"屈拉屈拉拉"等。 （2）表情唱歌，多用手指表情。即有用全身者，亦限于自演。	（1）歌词的内容渐重，如叙事歌、职业歌、时令歌等。 （2）唱歌游戏。全身动作，彼此合演。

四、文学

（一）目标

1. 普通的

（1）增进儿童文学的兴趣。

（2）发展想像。

（3）培养正确的思想。

（4）陶冶民族的精神。

（5）扩充各种知识。

2. 特殊的

（1）促进语言发表的技能——文法正确，语音和悦，表情自然。

（2）养成组织观念的能力。

（3）引起文字的需要。

（二）作业类别

（1）故事。关于这一类的欣赏和练习，有科学故事、寓言、动物故事、神话、传说、神仙故事、小妖故事、巨人故事、近时故事、洪荒时代及野蛮人故事、各地生活故事、名人故事、佳儿故事、笑话等。

（2）歌谣。关于这一类的吟味和表演，有儿歌、民歌、绕口令、急口令、颠倒歌、游戏歌、谜语、时令歌等。

（3）绘图故事。关于这一类故事画的阅览，有纯图画的故事及带文字的图画故事。

（三）各年作业要项（表11）

表11　四年组与五年组儿童文学作业要项表

	四年组	五年组
故事	（1）爱听故事。 （2）对故事爱发问。 （3）重述故事。 （4）内容方面，以神仙故事、动物故事、小妖故事为多。	（1）选择故事，请教师讲。 （2）爱说自己编出来的故事。 （3）讲故事，能引起别人的趣味。 （4）内容方面，渐能欣赏寓言、科学故事及各地生活故事。
歌谣	（1）喜听歌谣中韵律。 （2）喜听儿歌。	（1）渐了解歌谣中的意义。 （2）歌谣的内容渐重，也能探测浅近的谜语。

	四年组	五年组
唱歌绘图故事	（1）对画片，能指出各种的名称。 （2）爱阅故事图。	（1）对画片想出故事来。 （2）探究图画故事，兼及附带的文字。

五、语言

（一）目标

1. 普通的

（1）满足儿童发表的欲望。

（2）启发组织思想的能力。

（3）增加社交的兴味。

（4）促进领略别人意见的能力。

（5）扩充经验及字汇。

2. 特殊的

（1）发展谈话的技能，如语法正确、口齿清晰、发音和谐、态度自然。

（2）养成发表上有选择相当字句的能力。

（二）作业类别

（1）自由谈话。包括课前、课后随便的谈话，及上课时的一问一答。

（2）特殊谈话。包括在某一种特殊环境底下的谈话，如带儿童去旅行，在公园中或农场内的谈话。

（3）讨论。这一类，如在有组织的团体中，对每一种作业商量简单的计划，以及照管屋子和器械的责任。

（4）报告。这一类，如某种活动后，作有趣味的报告。

（三）各年作业要项（表12）

表12　四年组与五年组儿童谈话作业要项表

	四年组	五年组
自由谈话	（1）和教师或别的儿童谈话，卖弄自己的经验。 （2）对立〔言〕谈者，渐知礼貌。 （3）谈话的材料，以眼前者为主。	（1）注意别人说话的意义。 （2）对谈时，能使用谦虚的谈吐，如"请你""可不可以"等。 （3）渐能超越时间的观念。
特殊谈话	（1）谈话纷乱。 （2）专好向教师发问。 （3）只会发表自己的意见。	（1）谈话能和原有的经验相连接。 （2）能向团体说话。 （3）别人说话时，能静静地听着。
讨论	（1）讨论有开端，没有结果。 （2）想说就说。 （3）模仿举手。 （4）说话有时忘记了意思。	（1）讨论会有结果。 （2）隔一会，讲一会。 （3）值得赞成的才举手。 （4）说话不离主眼。
报告	（1）能够记住了片断的消息。 （2）对团体虽能说话，但并十分注意别人。	（1）能够记住了重要的事情。 （2）有那种谈话、故事使大家听得很有趣的能力。

六、算术

（一）目标

1. 普通的

（1）培养儿童应用算术的兴趣。

（2）启发时间重要的观念。

（3）发展应付环境的能力。

2. 特殊的

（1）扩充算术的术语、数目及度量衡等知识。

（2）养成估量实物及使用工具的习惯。

（二）作业类别

（1）用量。这一类，包括一切非正式的体重、形式、时间、距离等差异及其应用。

（2）用数。这一类，包括一切非正式的用钱、计算、读数、记数。

（三）各年作业要项（表13）

表13　四年组与五年组儿童算术作业要项表

	四年组	五年组
用量	（1）比较物体的大小高低，如比较椅子等。 （2）认识三体——球体、圆柱体、正方体。 （3）站在磅上，欢喜知道自身的体重。 （4）知道上学及放学的时间。 （5）在桌上做事，能预先留出空地方来。	（1）估量容积以求使用，如取足做一只碗用的泥土等。 （2）认识几何形的范围加增，如方形、角形等。 （3）能用量杯量水、天平称泥。 （4）留心钟表，看什么时候应该做什么事。 （5）在实际上，会使用"尺"丈量材料。
用数	（1）知道使用钱币。 （2）喜欢数数。 （3）背述十以内的数目。	（1）知道钱币的价格。 （2）能计算出席、缺席及比较的人数。 （3）背述十以上的数目，有时在黑板上记数。

七、常识

（一）目标

（1）引导儿童对于环境（自然与社会）的观察与欣赏。

（2）培养利用自然、改造环境、组织团体、满足生活的最初步的习惯。

（3）促进人和环境（自然与社会）关系的认识。

（4）养成科学的客观态度。

（二）作业类别

（1）家庭生活。包括家庭的组织，衣、食、住、行的设备和动作，以及喜庆、卫生、纪念等，一概在内。有的儿童可以实地参加，有的可以作游戏的表演。

（2）学校生活。包括幼稚园中的喜庆、纪念，动物的饲养，植物的种植，收获与制造以及自然现象的观察与游戏。

（3）校外生活。包括各种的公共建筑及各种的职业，如公署、车站、邮局、医院、军营、市场、公园、农人、工人、商人等及其活动。

（4）野外生活。这一类，如观察农田、菜圃、鱼塘、牧场、森林，到海边散步，山上野餐，秋季在枫林拾红叶，春季移植野花，拾蛹带到幼稚园来培养。

（三）各年作业要项（表14）

表14　四年组与五年组儿童常识作业要项表

	四年组	五年组
家庭生活	（1）扮演管家的游戏。 （2）团体活动的范围，以家人、父子为主体。 （3）使用管家一切的东西。	（1）管家的游戏更有组织。 （2）活动的范围更复杂，如请客人、请医生，对社会习惯的知识更增进。 （3）使用家具，且能自制东西，以解决其活动上的需要。
学校生活	（1）对各种纪念日，知道是例假的日期。 （2）和各种自然物相接触，逐渐明白各种自然物的名种〔称〕及形态。 （3）对校中各种活动发生兴趣。	（1）知道各种纪念日的意义。 （2）对各种自然物的认识更清楚，且熟习了各种饲养、培植的特性。 （3）对校中各种活动，做得更精致，而且更有方法。
外校生活	（1）喜谈校外各种建筑及各种职业。 （2）模仿校外片断的生活。 （3）对校外各种现象，都发生好奇的快感。	（1）对校外各种建筑及各种职业，观察得更清楚，且能作有条理的报告。 （2）校外的活动，常能从作业中全盘表现出来。 （3）对校外各种现象，发生客观上的认识，且渐明白和自身的关系。
野外生活	（1）观察自然，欣赏自然。 （2）好奇的采集各种石子、贝壳、果实等。 （3）虽和别人在一起，但少组织的能力。	（1）利用自然，满足生活。 （2）把采集的东西，能作初步的分类研究。 （3）分工合作，制驭环境的经验渐进。

本文各年作业要项，多参照毕业同学[①]实施的报告。如济南省立第一实小附属幼稚园袁秀先君、太原友梅幼稚园李荣华君、信阳省立师范附属幼稚园汪金菊君、邢台省立师范附设幼稚园李蟾桂君、绥远省立第二幼稚园李宝华君、天津昭慧幼稚园吉婧芬君及本校中心幼稚园沈秀梅君（所供献的意见尤多），应该在这里附带声明。

民国二十五年十一月二十八日
张雪门识于北平幼稚师范学校

参考书：

（1）民国二十五年七月部颁《幼稚园小学课程标准》。
（2）甘师禹译：《幼稚园与初小课程指导书》（香山慈幼院出版）。
（3）张雪门著：《幼稚教育新论》（中华书局出版）。
（4）张雪门著：《幼稚园教材研究》（中华书局出版）。
（5）唐毂译：《幼稚园课程研究》（中华书局出版）。
（6）魏志澄编：《幼稚园教材及教学法》（黎明书局出版）。
（7）张雪门译：《儿童日用游戏器具》（儿童书局出版）。
（8）*Childhood Education*, Vo. 6, No. 3, 4, 5.

---

① 此"毕业同学"，指香山慈幼院北平幼稚师范学校的毕业生。她们毕业后，已在各自工作单位服务有年，并随时将工作计划或心得向张雪门汇报。

35 普遍推行幼稚教育与托儿所

叶冶钧

1936年11月

> **题　解**　　本篇原载《江苏省小学教师半月刊》第 4 卷第 8 期。撰成时间为 1936 年 11 月，发表时间为 1937 年 1 月 1 日。
>
> 撰著者叶冶钧，生卒年及生平事迹未详。
>
> 有关《江苏省小学教师半月刊》，参见前文《祝儿童节》题解。

一、绪言

世界各国教育进展的趋向，都是自上而下：先有高深学术的研究，而后才去促进中等及初等教育的发展，最后始注意及幼稚教育的实施。社会上最幼弱的份子，往往最后享到他们应享的权利。

近年来，从儿童健康及心理、卫生的研究，都感觉学龄前儿童的教育及环境，对于一身〔生〕心身的影响甚大。而且学校里儿童身体检查的结果发现，多半的病态，系发源于极幼稚的时期。故为人类的幸福计，心身的健康，不能不从幼稚时代去着手注意。以此，幼儿教养的机关——托儿所、育婴园、幼稚园——成为社会上一种不可少的组织了。

二、托儿所在幼稚教育中所占的地位

托儿所与幼稚园及育婴园的性质，虽略有差异，而最大的不同，却在于设办者的动机。幼稚园及育婴园的设立，为辅助家庭教育的不足，并给儿童以较合于理想的环境及团体活动的机会。托儿所的产生，虽然也有上列的目的，但其主要动机，却为代替家庭教育的功用。

一个幼儿进幼稚园或育婴园与否，在乎个人的兴趣。但进托儿所者，做父母的却有不得已的苦衷。在此女子职业日趋发达的时代，育儿的职务往往不能充分兼顾，所以不得不有代劳的人。因此，托儿所就很自然的应时代的需要而产生了。

三、托儿所的史的观察

托儿所之设立，远在幼稚园之前。后来的幼稚园及育婴园，都是由此演进出来。当十九世纪初年，英国有一个大实业家名鸟温①（Robert Owen）者，抱改良社会的热忱。他于一八一六年，在苏格兰的纽兰拉（New Lauard②）设第一个婴儿学校（infant schoal③），专收他所办纱厂中工人的子女。因此，年幼的儿童，不但有相当的教育，而且有安全的场所可以寄托。这是托儿所的开山鼻祖。

法国当一八四四年，在巴黎创设第一个托儿所，称为 creche（即小床之意），收年龄很小的儿童——自十五天到三岁——也是专为工人的子女而设。此项幼儿教养的机关于一八六二年始为法国政府所承认，得到公家经济上的补助，同时政府定下设立的标准。

美国第一个婴儿学校，也是鸟温所创办。他为推广实业起见，曾在印第安那的哈孟

---

① 鸟温：通译欧文。
② 此处英文"New Lauard"误，当为"New Lanark"，为地名，通译新拉纳克。
③ 此处英文"infant schoal"误，当为"infant school"，一般译为"幼儿学校"。

尼①（Harmany, Indiana）买地开工厂。于一八二六年，他为工人子女设一婴儿学校。后来，美国人仿他的办法，在美之东方，开办好几个的婴儿学校。真正美国人自办的托儿所，于一八六三年，在非拉特尔非亚州②创设。因为专为白天寄托之所，故有 day nursery③之称。其产生的直接原因，为南北战争。当时因男子出去从军，故女子须自谋生活，而托儿所就是代替任职的场所。到了现在，美国工商业发达之区，托儿所林立，因为这已经成为现今经济制度下所不可少的组织了。

近一年来，罗斯福④复兴计划中，也将办托儿所一项列入。据说有下列四种目标：

（1）任用失业教师。
（2）为穷苦的儿童谋幸福。
（3）辅助家庭教育的不足。
（4）为慈善机关、幼儿教育机关及家庭的模范。

据去年八月儿童部的报告，全美有四十四州采取此种政策，计设立二千五百个托儿所。其中，收五万个二岁到四岁的儿童，并任用教师约一万人。此项托儿所，全系全日制度。因为成绩很好，美国政府有拟永久设办的意思。

至于苏俄幼稚教育的设施，规模最大。全国共有三百万儿童在幼稚园、育婴园及托儿所中。

国联⑤儿童幸福委员会（Child Welfare Committee of League of Nations）鉴于经济凋敝对于儿童的影响，曾对欧美各国有下面的建议：

> 不景气的现象，对于儿童的心理有很坏的影响。失业的家庭，为一种愁云惨雾所笼罩。儿童在这种空气里生长，极不合于理想。所以，社会应当设法，使各年龄的儿

---

① 哈孟尼：地名，英文全称为"New Hamony"，通译"新和谐村"。中文所跟英文"Harmany"有误。欧文在英国改造社会的实践受阻后，变卖了产业，在美国印第安纳州购地，营建了新和谐村，继续试验他的共产主义理想。
② 非拉特尔非亚州：通译费城（Philadelphia），为美国城市，位于宾夕法尼亚州东南部。
③ 此英文，可译为日间托儿所。
④ 罗斯福：富兰克林·德拉诺·罗斯福（Franklin Delano Roosevelt，1882—1945），通称"小罗斯福"，是美国第 32 任总统。
⑤ 国联：全称为"国际联盟"（League of Nations），是《凡尔赛条约》签订后形成的国际组织。

童有离开家庭环境的机会。年小的，入托儿所或育婴园；年大的，到公共游戏场或图书馆。总之，以离开家庭的时间越长越好。

托儿所在我国的教育史上，正在嫩芽初茁的时期。最近一年来所创设者，仅限于上海、广州、南京等处，而且每处仅有一所。实际上，幼稚教育在我国已有三十年的历史。当光绪二十九年张百熙等奏定"学堂章程"时，就有蒙养学堂章程[①]的产生。这就是我国幼稚教育的萌芽期。到了民国以来，公私立幼稚园的设立，已有相当的成绩。但是直到三十年后的今日，才有托儿所的组织。

四、托儿所与时代、社会的需要

现时，我国女子职业日益发达，各种工作都有妇女去参加。

家境困难的妇女，若有机会，无不愿到工厂里去做工。有的地方，因女工工资较低，所以人数反比男工为多。此种工厂林立之区，为劳动妇女而设的托儿所，是社会上刻不容缓的事业。不但幼儿的安全问题为负管理地方之责者所应当注意，就是教育方面，也不宜一刻忽视。

至于智识阶级的妇女，从事职业生活而不能兼顾育儿的职务者，近来日益加多。现时各机关、各学校，都有女子的足迹。按选拔才能的宗旨，能不能因其有子女之累，而取消其公务员、教员或其他职员的资格？根据于优生学者的眼光，这些智识阶级的妇女，正应奖励其多生子女。但是多子之累，使有志于社会服务或学术研究的女子，望之而却退。在人种方面，在事业方面，这是国家莫大的损失。现时为补救此种损失，吾人极应多设托儿所，以代人母的职务。如此，则在学术上及事业上有贡献的女子，不至于因儿女之累而牺牲其前程了。

上面云云，不过是指出智识阶级妇女所感到的困难。至于农夫、农妇，朝夕在田间

---

① 蒙养学堂章程：此处指《奏定蒙养院章程及家庭教育法章程》。

操作，无暇保育其子女。如果他受了儿女保育的牵累，就影响到他们生产的工作。常见农忙之际，农民有禁锢幼儿于室内，自往田野工作，一任其幼儿呼喊啼哭；亦有驼在背上，俯仰田间工作；亦有揣至田野，就卧田旁，而己则在田间工作。

幼儿得不到适当的保育而疾病死亡的，虽无统计可考，其数必大有可观。农民不能好好的保育幼儿，是受了职业的影响。职非仅为个人生活，实则提供劳动生产于社会、国家。故社会、国家对于农民之幼儿，必须有以保育之。此非慈善家之赐予，实农民应享之权利。

所以劳动阶级的妇女，终日为衣食而奔走，何暇兼顾儿女抚养及教育的责任？她们的幼儿，如有寄托的机会，寄托与否的问题岂有考虑的余地？而且，为儿童幸福设想，在专家手里过日子，实远胜于在缺乏育儿智识的母亲怀抱中。所以，不论为智识阶级或劳动阶级的妇女，初生的婴儿或稍长的幼儿，托儿所的设立，实是造福无穷！

五、结论

总之，要普遍推行幼稚教育，在原则上，以普设托儿所为先决条件，在实际需要上，也无不以设立托儿所为最有效的办法。它直接代替了家庭教育的功用，同时，还给幼儿以较合于理想的环境及团体活动的机会。我们一面希望各处多设托儿所，一面希望政府订立推行的办法，指导并督察托儿所制度的普及。这样，幼稚教育的推行，自然会收得事半功倍之效了。

二十五年十一月

36　我国幼稚教育目下应走的途径

吴增芥

1936年12月16日

题　解　　本篇原载《江苏省小学教师半月刊》第4卷第7期"幼稚教育号"的"动向原则"栏。发表时间1936年12月16日。

撰著者吴增芥（1906—2005），江苏江阴人。成长于教育世家，其父为吴研因。1925年考入中央大学教育系，1929年大学毕业，获教育学学士。后历任中央大学实验学校、苏州女子师范学校、浙江大学师范学院、苏州社会教育学院等校教职。致力于教育心理学研究，并热衷于儿童心理实验。中华人民共和国成立后，长期担任江苏师范学院和苏州大学教授。著有《理想的培育法》《学习心理》《心理学与小学教育》等。

有关《江苏省小学教师半月刊》，参见前文《祝儿童节》题解。

一、幼稚教育的目标

幼稚教育的目标是什么？这个问题，不是三言两语所可回答。教育目标，是根据社会的状况和国家的需要而订立的。各国的社会情况不同，需要各异，教育目标也就悬殊。幼稚教育既是全部教育里的一个阶段，他的目标，当然也跟着国家、社会的需要而定。

譬如，美国人民爱好自由、勇于进取，自由、自治、自食其力的风气，在政治上、经济上都充分的表现着。各州的教育制度可以不同，就是本州内各校的情形，也绝不是划一的。美国幼稚教育实施的原则，最注重的是自由、独立、创造。幼稚园里的一切活动，都是从一年四季环境的变易而产生。没有固定的课程，也没有教科书；一切工作，让儿童自己去创造，教师不加干涉。

我们再看和美国完全相反的苏俄，幼稚园的设置，是为着代替做工的父母解决困难，并在幼儿时代培养一种苏俄特有的社会意识。他们认为，设立幼稚园的目的是"发达儿童唯物世界观，创造活动的力量以及集体的习惯"。根据这种目的，定了如下的各项目标：

（1）儿童积极参加于他自己生活的建造。

（2）注重于社会有用的劳动。

（3）确立对当代生活的密切关系。

（4）引导儿童对于自然研究及唯物的世界观的浓厚的爱好。

（5）利用说话和实际故事，使儿童得着具验〔体〕的理解生活的现象。[①]

我国幼稚教育的目标，部颁《幼稚园课程标准》规定为下列各项：

（1）增进幼稚儿童身心的健康。

（2）力谋幼稚儿童应有的快乐和幸福。

（3）培养人生基本的优良习惯（包括身体、行为等各方面的习惯）。

（4）协助家庭教养幼稚儿童，并谋家庭教育的改进。

二、我国幼稚教育设施的途径

（一）幼稚园的普及

就目前的情形看，幼稚园的数量，真是很少很少。这少数的幼稚园，是办在城市里，而且附设小学内做点缀品。这种幼稚园，不消说，是替有钱人的母亲分劳，穷苦的小孩子当然没有份儿。做母亲的，乐得花几块钱，把小孩子送进去，免得许多麻烦，自己可以舒舒服服过着休闲生活。

---

① 作者原注："《幼稚园演变史》（商务）。"此书为张宗麟所著。

我们要问：幼稚园是不是供有钱人子弟享乐的地方？是不是专替有钱的家长们看管孩子的？我们可以干脆的说"不是"。我们当然承认，幼稚教育的主要任务，是在为幼儿谋幸福，为父母们分劳；但决不是专为少数人打算，而不顾多数人的福利。

今后的幼稚教育，自应力求普及。在乡村和工厂附近，更应设置幼稚园，以帮助真正忙碌的母亲们免除麻烦。这样的幼稚园，当然是人人可以进去，不受到金钱的限制的。不但如此，幼稚教育的设施，一方面要尽量为孩子们谋幸福，还要根据国家的教育宗旨，训练幼稚儿童成为国家所需要的未来的民众。

（二）施行初步的生产训练

"训练劳动生产及有关职业的基本知能"，是我国小学教育目标之一。在幼稚园里，虽然因儿童年龄太小，还谈不到什么职业方面的基本知能，但是应施行初步的生产训练，养成其劳作的习惯和生产的兴趣。幼稚园全部课程，要把这种训练做中心。

譬如音乐，宜指导儿童多唱关于日常工作、劳动和描写农人、工人生活的歌曲。如有机会，可以欣赏工人在工作时的歌声，如"杭育、杭育"的声音。

幼稚生所听的故事，也应富有生产意味。有人或许以为，这一类的材料不容易引起他们的兴趣。这是一个错误。因为只要故事切合他们的生活经验，组织奇特，多动作，多反复，他们听起来是津津有味的。下面的《猴子做糕》的故事，就是一个例证：

> 小猴子有三位朋友：一位是白鸡，一位是黑狗，一位是花猫。一天，小猴子找到了一大把麦子，要想去种在田里。
>
> 小猴子对白鸡说："白鸡，我们来耕田。"白鸡说："我不愿意。"
>
> 小猴子对黑狗说："黑狗，我们来耕田。"黑狗说："我不愿意。"
>
> 小猴子对花猫〔说〕："花猫，我们来耕田。"花猫说："我不愿意。"
>
> 小猴子只好自己耕田去。
>
> 田耕完了，小猴子对白鸡说："白鸡，我们来种麦。"白鸡说："我不愿意。"
>
> 小猴子对黑狗说："黑狗，我们来种麦。"黑狗说："我不愿意。"
>
> 小猴子对花猫说："花猫，我们来种麦。"花猫说："我不愿意。"
>
> 小猴子只好自己种麦去。

过了三个月，麦子成熟了。小猴子对白鸡说："我们来割麦。"白鸡说："我不愿意。"

小猴子对黑狗说："我们来割麦。"黑狗说："我不愿意。"

小猴子对花猫说："我们来割麦。"花猫说："我不愿意。"

小猴子只好自己割麦去。

小猴子割了许多麦子，对白鸡说："我们来做糕。"白鸡说："我不愿意。"

小猴子对黑狗说："我们来做糕。"黑狗说："我不愿意。"

小猴子对花猫说："我们来做糕。"花猫说："我不愿意。"

小猴子只好自己动手做糕。糕蒸熟了，气味很香。

白鸡嗅到糕的气味，跑来对小猴子说："我们有糕吃了。请你分糕给我吃。"小猴子说："不做工的没得吃。我不愿意给你糕吃。"白鸡只好饿着肚子走〔了〕。

黑狗嗅到糕的香味，跑来对小猴子说："我们有糕吃了。请你分糕给我吃。"小猴子说："不做工的没得吃。我不愿意给你糕吃。"黑狗只好饿着肚子走了。

花猫嗅到糕的气味，跑来对小猴子说："我们有糕吃了。请你分糕给我吃。"小猴子说："不做工的没得吃。我不愿意给你糕吃。"花猫只好饿着肚子走了。

小猴子坐在小椅子上，吃他自己做的糕，吃得真快活。

再说游戏活动，他的重要目的，虽在增进幼儿的健康和发展筋肉的连合作用，训练感觉和躯肢的敏活反应，不过教师在选择教材时，要注意能启发其思想、培养创造的兴味、多做建设的活动（如用大积木搭房子），并常指导儿童模仿农人和工人的各种动作（如农人播种、收割等的动作，木匠的锯、刨，铁匠的打铁等动作）。

幼稚园课程里的工作，更占重要的地位。应多指导儿童沙箱装排和做简单的木工、泥工。通常幼稚生的工作，偏于纸工方面。今后如果我们要实行初步的生产训练，似宜侧重木工。此外，如栽种植物和饲养小动物，在生产训练上都有重大的意义。

（三）培养教师对于幼儿保育的技能

"增进幼稚儿童身心的健康"，是幼稚教育一项重要的目标。的确，四岁到六岁的孩子，在在需要成人们的照顾。假如用适当的方法保育他，那末他一生的幸福就打定了良好的基础。幼稚教师对于小孩子的保育，必须有相当的训练。

照部颁《三年制幼稚师范课程标准》里规定，在第二学年设"保育法"一科。教学的目标有五项，就是：

（1）使学生充分认识保育之重要意义。

（2）使学生明了保育合理的方法。

（3）使学生能实施健康教育，养成儿童良好习惯。

（4）增进学生对于保育儿童之兴趣与诚心。

（5）使学生于服务时，除固有职务外，兼能注意社会上一般儿童保健事业，并协助进行。

本科所列教材，分为婴儿保育法、未及学龄儿童之生活及习惯指导、未及学龄儿童之疾病预防及看护、儿童福利事业等项。

作者以为，幼稚师资训练机关，应特别重视幼儿保育。不但要使师范生"知"，还要叫他们"行"，而"行"比"知"尤为重要。根据这一点，在实施方法方面，必须多多实习，使未来的幼稚教师，真有预防和看护小孩子的普通疾病的本领。如果这一科的教学，仅仅是讲述和阅读，决不是切实的办法。除注重实习外，尤须常往医院或保育机关参观，以增识见。

（四）充分联络家庭，推行父母教育

我们都承认幼稚教育的重要，大家也都承认幼稚教育必须力谋改进。可是四岁到六岁的小孩子，除了幼稚园的生活外，大部分时间，是在家庭里受父母的教养。我们如果真要为孩子们谋幸福，决不是把幼稚园弄好就算，必得进一部〔步〕去施行父母教育。

什么叫父母教育呢？简单些说，就是叫人怎样做父母——做父母的人关于儿童身心发展和教育方法应受的训练。

我国小孩的死亡率很高，而死于非命的不在少数。严格的说，父母们不但不能保护他们，反而做了刽子手了。有许多小孩子，因父母的愚昧断送了性命，真是冤枉。

就品格方面说，据近来心理学的研究，渐渐使我们了解，一个人最初五年的生活，是人生最重要的时期。在这五年中，儿童能获得许多的习惯、脾气、态度，并足以影响他以后的生活。幼儿的家庭环境，对于他们既有重大的影响，父母教育的重要也不言而喻了。

教育父母的工作，是很繁重的，决不是可以全部委诸幼稚教师（事实上也负不了完全的责任），应由教育行政机关统盘筹划。但幼稚园教师，应充分和家长们联络，有时去访问，有时请家长来谈话。常常和家长们谈谈关于儿童营养、睡眠、整洁、教导等问题，并请其督促儿童，养成卫生习惯。其他如卫生演讲和展览会，可以相机举行。如果能够成立一个"父母会"，研究儿童教育问题，并联络家长们的感情，那就更能收效了。

37　幼稚教育的研究
——介绍三个幼稚园

周文山

1936年12月20日

题　解　　本篇原载《安徽教育辅导旬刊》第 2 卷第 22、23 期合刊。发表时间为 1936 年 12 月 20 日。

　　撰著者周文山（1912—？），江苏丹阳人。南京晓庄学校高中部师范科毕业生。1930年秋，随杨效春在安徽省立第二中学任教，主持创设了该校幼稚园。1931年春，又与杨效春、金海观同赴成都，在成都大学实验学校任教，再次主持创设幼稚园，并对成都市幼稚教育状况进行了广泛调查。1933年，还与杨效春同赴山东邹平，主持创设了邹平实验学校幼稚园。后任教于南京中央大学实验学校。依据前两所幼稚园的办学经验，撰著了《幼稚园中心活动》一书，由上海儿童书局于1934年初版。

　　《安徽教育辅导旬刊》，地方教育旬刊，1935 年 5 月 11 日创刊于安庆，由安徽省教育厅主办、编辑并发行。旨在"商讨地方教育实际问题，介绍最新教育方法，传布各地教育消息，藉以辅导本省教育服务人员之研究、进修"。主要栏目，有论著、讲演、特载、通讯、大事记等；主要撰稿人有李兴业、盛克猷、李玉波、杨自丹、陈天怀、朱泽甫等。终刊原因及时间未详。

　　我自研究幼稚教育以来，不到六个年头，已经我的手创办了三个幼稚园了：一个在安徽休宁万安街（前安徽省立第二中学附设幼稚园）；一个在四川成都（国立成都大学实验学校幼稚园）；一个在山东邹平实验县（邹平实验学校幼稚园）。这三个幼稚园，现在还是继续办着哩！

研究幼稚教育，是我最爱的。这三个幼稚园，就是我研究的场所。我的主张、办法及其他的一切，在我看，似有与其他的幼稚园不同。但是否是对？还得和大家研究。

（一）我的主张

无论任何人办教育，都有他的主张，除非"盲人骑瞎马"。我办这三个幼稚园的教育主张是这样：

（1）大众化。

我们的幼稚园，不是富家子弟的教养所，而是大众孩子的园地；我们的教师，不是太太们的奶妈，而是大众孩子的生活指导师。所以，我们特别注意招收劳苦大众的孩子，不要他们的钱，只要他们的孩子来。至于富家的孩子送来，我们还是一样的收。因为我们在原则上，是一律平等看待孩子的。

不过，为什么又要注重劳苦大众呢？其原因就是，劳苦孩子的生活，没有富家孩子的生活合理。所以，应该先让劳苦的孩子享受幼稚园的幸福，万不可专让富家的孩子享受。

（2）平民化。

我们的幼稚园，既是大众孩子的生活园地，他们的家庭生活是非常简单、朴素的，所以我们幼稚园的一切一切，都要适合平民化的条件。无论是设备，无论是孩子吃的点心，无论是教师的生活，都要平民化，绝对不能现出一丝贵族味儿来。

这不但是在劳苦大众生活上看，应该如此；就是站在我们国家经济立场上看，也是不允许我们贵族化的。老实说，我们中国根本还没有资格贵族化哩！

（3）生活化。

我们主张"生活就是教育"。教育离开生活，这教育就是假的；生活离开教育，这生活也无意义。我们的教育，是生活化的；我们的生活，是教育化的。

我们教孩子受健康教育，就要过健康生活；我们教孩子受劳动教育，就要过劳动的生活；我们教孩子受科学的教育，就要过科学的生活。总之，我们要教孩子受什么教育，就过什么生活的。

（4）公开化。

我们办教育，绝对不能闭门造车，应该公开让大众来参观，让大众来批评；并且要与附近的幼稚园联络，研究、讨论解决实际生活发生的问题。我们不希望我们的教育进步则罢，如欲不断的进步，惟一的，就是要公开化、不守秘密。

（5）科学化。

科学的头脑，在我们中国人是最缺乏的了。从科学的发明史上，就可见出。现在，我们国族衰弱之最大原因，也就在此。

我们要赶上欧洲各科学发达之国家，那在幼稚园，对这一点就得格外注重，供给科学的把戏给孩子们玩，造成一个科学的环境，让孩子们过科学的生活；常常刺激孩子们发出科学的问题，养成好问的习惯，有创造的倾向。

同时，幼稚园一切的东西，都管理得条条有理，无形之间给孩子们有一种科学管理的影响。

（二）我们的生活

我们的生活不是呆板的，而是常常在变化中。什么时候有什么时候的生活，就有什么时候的教育。譬如，秋天过秋天的生活，就受秋天的教育。凡秋天的自然界、气候等等，都对孩子们研究。至于怎样的研究，限于篇幅，不能多谈，请参阅拙著《幼稚园春夏秋冬的中心活动》（儿童书局出版）。

并谈到我们的日常生活程序，大致规定如后（表15）：

表15　幼稚园日常生活程序表

时间	生活程序	备注
7:00—8:00	起身、大便、洗脸、早餐	家庭生活
8:20	到幼稚园去	
8:30	升旗、唱党歌、早操	
8:40—9:00	开早会、检查清洁	
9:00—9:30	谈话	
9:40—10:00	游戏、唱歌	
10:00—10:30	点心	

续表

时间	生活程序	备注
10:40—11:20	工作	计算在内
11:30	放午学	
12:00	午饭	
1:00—2:00	午睡	
2:00—2:40	野外活动或自由劳动	拔草、饲养动物、浇菜 讲故事顺便教识字
2:50—3:20	讲故事	
3:30—4:00	扫地、整理用具	
4:00	降旗、放学、唱歌	
4:00—5:00	自由活动	家庭生活
6:00	晚饭	
7:00	睡觉	

这张生活表，每个家庭一张，使学校、家庭生活打成一片。

（三）我们的设备

我们的设备，以适合儿童心理、生理为原则，且是国货、土货。凡是洋货，根本不能进幼稚园的门。有许多设备，假使中国没有，那就不用。

在设备中，关于游戏器具、劳动工具、科学玩意儿及卫生用具为最多。至〔于〕我们的设备单，因篇幅有限，不能列在此。

（四）我们的家庭联络

我们对家庭联络特别注意。可以说，每天教师都要到孩子的家庭去谈谈，藉此介绍教育儿童的方法。有时候，或邀请孩子的家长来幼稚园谈谈。

但其中最要紧的，就是教师对每个孩子的生活上，有问题都是要向家长报告的。还有孩子的成绩、身体健康，时时向家长报告，使其知道教师的关心。

此外，还有母姊会、成绩展览会，都是我们照例举行的。我们对家庭联络，做得很使我们满意。每个家长对幼稚园都十二万分的关切，常常赠送玩具来及点心来，给大家玩，给大家吃。这是我少见的现象。

（五）我们的教师进修

教师要站在时代的前面，不能做时代的落伍者。因此，我们就得常常的阅书，常常的找问题研究，彼此观摩，或组织幼稚教育研究会。

我在这三个地方，都组织有研究会，大家常在一块讨论、研究。这三个会，最有成效的，是成都的研究会了。会员有二十余人，每月开会一次，都是很圆满的，都感觉有很多的进步。

（六）我们的艺友训练

我主张，幼稚园不但专教孩子，还要做为训练师资的场所。幼稚师范办在幼稚园里，是最切实际的、最合理的。凡是愿学幼稚园教育者，跟着幼稚教师从做上学的，他就是"艺友"。

艺友的办法，是教育家陶行知先生所创。其理论，请参考陶氏著的《中国教育改造》和戴自俺先生著的《晓庄幼稚教育论文》[①]二书。我在这三个幼稚园当中，就训练了六位艺友，他们现在，都成为很受社会欢迎的教师了。

我办了这三个幼稚园后，对中国幼稚教育有二大希望，兹写在本文之尾，作本文之结束。

（1）希望幼稚园普设到乡村，使农村的孩子，都能享受到幼稚教育的幸福。

（2）希望每个幼稚园，都变为训练幼稚教师的场所，训练一大批的教师来到乡村，去干乡村幼稚教育，使其普及。

于中央大学实校

---

① 《晓庄幼稚教育论文》：书名当为《晓庄幼稚教育》，系孙铭勋、戴自俺合作编著，于1934年3月由上海儿童书局初版。

38 幼稚园游戏教学研究

禅素英

1936年12月16日

题 解　本篇原载《江苏省小学教师半月刊》第4卷第7期"幼稚教育号"。发表时间为1936年12月16日。

撰著者禅素英，生卒年及籍贯未详，女，时任幼稚园教师。曾与黄勖哉、程淑珍合编《幼稚园游戏一百六十种》，由商务印书馆于1935年6月初版。

有关《江苏省小学教师半月刊》，参见前文《祝儿童节》题解。

一、游戏教材

关于游戏教材所要讨论的，可分三点来说：（1）教材的来源；（2）教材的范围；（3）选材的标准。兹分述于后。

（一）游戏教材的来源

游戏教材的来源，约有下列各种。

（1）因某中心活动产生的。幼稚生的生活和活动，都是整个的。所以，幼稚园没有什么科目，也不必要有固定的日课表。游戏是全部活动中的一项，试看部颁《幼稚园课程标准》教学方法要点中，说得很清楚：

各种活动（音乐、游戏、故事和儿歌、社会自然、工作等）于实际施行时，应该打成一片,〔无〕所谓科目。打成一片的方法,应该以一种需要的材料(应时的,如三月的植树节、十月的国庆、秋天的红叶、冬天的白雪等〔等〕;在环境内发现的,如替玩偶做生日、公葬某种已死的益鸟、开母姊会等),做一日或两三日的中心;一切活动,都不离乎这个中心的范围。

　　游戏既是某种中心活动的一部,那末游戏材料也可根据某个中心而产生。譬如研究中心是种菜,那末就可做种菜、拔菜等游戏。

　　(2)自己创造的。幼稚生的游戏,范围很广的,溜滑梯、荡椅、坐摇板、摇木马、搭积木、拍球以及其他身体的活动,都是游戏。教师认清了这一点,尽可以根据儿童的生活和兴味,创造出种种的游戏。

　　(3)我国社会上固有的。我国社会上固有的游戏,有许多是很有价值,而且很有兴味的。这些游戏,做起来很简单,随时随地都可举行,不必用什么器具。如老鹰捉小鸡、猫捉老鼠、竞拍大麦等类的游戏,在穷乡僻壤的幼稚园里,实在可以多多的采取应用。

　　(4)由玩具而引起的。儿童看见玩具,没有不爱玩弄的。有些玩具,除儿童自行玩弄外,还可利用它做各种游戏。例如,皮球是一种很好的玩具,我们可以应用皮球做各种游戏,而且变化很多,儿童的兴趣自然非常浓厚。

　　(5)由书本参考来的。幼稚园游戏教材,可以说顶不觉得贫乏了,因为随时都有采选的可能,并且参考书籍也可说不少。像《幼稚园游戏一百六十种》(商务书馆出版)、《幼稚教育丛刊第五种·游戏》(南京鼓楼幼稚园出版)、《幼稚园及小学低级游戏教材》(上海幼稚师范丛书社出版)等,以及其他音乐方面有关游戏的,都可以斟酌采用。

　　(二)游戏教材的范围
　　幼稚生可做的游戏,大概可分为下列的几类。
　　(1)感觉游戏。就〔是〕练习触觉、听觉、视觉等的游戏,如闭目摸索、听音找人等。
　　(2)节奏游戏。听音做出各种动作的游戏,如听音而作鸟飞、蝴蝶飞、兽走等游戏,是很有趣的。
　　(3)计数游戏。如摸豆囊、滚皮球等,可兼习计数。
　　(4)故事表演和唱歌表情的游戏。

（5）追逐游戏。追逐也是决定胜负的一种游戏，不过，追逐的人数是极少的。

（6）竞赛游戏。竞赛是儿童游戏中最重要的原则。这类游戏的结果，胜负很显明的。有的胜负的责任归团体，有的归个人。

（7）摹拟游戏。模仿某种动作的游戏，叫作摹拟游戏。

（8）我国各地方固有良好游戏。我国各地方固有的良好游戏，儿童做起来很有趣味的。不过这类材料，是有地方性的，教师应随时利用。

（三）选材的标准

儿童所爱好的游戏，是与年龄有关系的。幼稚园儿童的年龄，是从四岁到六岁的，大概是喜欢富有动作和模仿性的游戏。教师选择游戏教材，必须十分注意。兹将选择教材的重要标准，列举于下。

（1）要在儿童经验以内的。游戏教材如在儿童经验范围以内，那末他对于游戏方法容易了解，做起来自然富有兴趣。假如游戏的内容是儿童所不熟悉的，那末儿童必感到困难，也得不到游戏的益处了。

（2）要多变化的。游戏方法必须多变化，才能引起儿童的兴趣。呆板的游戏，儿童做起来非常乏味。譬如，利用皮球的游戏，可有许多变化，时而滚球，时而传球。在同一时间内，有种种不同的玩法，儿童自然觉得快乐了。

（3）要安全的。游戏的目的，是要使儿童身体强健、精神愉快。假如所做的游戏超出乎儿童能力之外，或者非常剧烈（如长时间的奔跑、角逐等），不但不能达到我们的目的，反而贻害儿童，不可不注意。此外，游戏时不能引用有危险性的玩具，以防伤害身体。

（4）要简单的。游戏方法复杂，非幼稚生所能做的；而且复杂的游戏，教师再三详细的解释，儿童仍不能理会。秩序固然不容易维持，结果也不会圆满的。所以游戏方法务必简单易行，时间也不宜过长，以免疲倦。

（5）要有教育意味的。游戏的目的，不是要儿童随意取乐，而是含有极大的教育作用。有许多游戏，虽可博得儿童的欢笑，但内容粗俗，或包含不道德的行为或不正当的观念的游戏[①]，如果取作教材，匪特无益，而且影响儿童的行为。

---

① 此处"的游戏"三字疑为衍字，似应删去。

（6）要适合儿童个别需要的。幼稚园儿童的年龄不齐，需要不同，教师选择游戏时，对于这一点务必顾到。一种游戏，也许不适合于全体儿童的，所以应视儿童的年龄、需要、兴趣，应用适当的教材。

二、游戏教学法

教儿童游戏最重要的一点，就是教师要参加儿童的队伍里，做游戏的一分子，忘记自己是成人。此外，还有对于游戏教学法的重要点，兹分述于下。

（1）游戏的方法，要先体察儿童的能力，把儿童能力上所不能做的，或做不成功的省去，以免儿童因不能做而废止，或因中途失败而懊丧。

（2）游戏的地点，不限定在教室内，不限定在恩物、玩具上；应利用户外的草地、树荫下一切的自然界，做好的活动地方。

（3）游戏的方法和用具宜多变化，时间亦不宜过长。

（4）儿童游戏时，教师应特别留意指导，以防失误。

（5）做无论那一种游戏，应养成儿童有始有终的习惯，不可半途而废。

（6）有少数儿童会不愿参加团体游戏，那也不必强迫。教师可用暗示法，吸引儿童来参加；同时，可以用分组教学，分组或个别活动。教师务须注意特别指导。

（7）游戏的目的是调节儿童的身心，可与唱歌联合教学。

（8）教师的态度要和蔼，动作要敏捷，使游戏不失为活泼、灵巧的活动。同时，教师要注意自己是全体儿童的中心，也就是小领袖，须用暗示的方法，矫正儿童的动作，鼓励儿童的兴趣。对于胆小、幽静或年龄幼小的儿童，要时时用柔和的态度、赞誉的口气，鼓励他玩，并须防止其他小朋友的嘲笑。

（9）游戏时秩序的维持，也是一个重要问题。参加游戏的人，必定要遵守规则。在游戏时，如遇有犯规的，可暂令其退出，以免妨害团体活动的进行。不过，在儿童玩得顶快活的时候，不妨让儿儿〔童〕发泄感情，如拍手、欢笑等。

39 修改现行《幼稚园课程标准》问题

张雪门

1937年2月10日

题 解　本篇原载《教育杂志》第 27 卷第 2 号。发表时间为 1937 年 2 月 10 日。

有关撰著者张雪门,参见前文《中国幼稚教育已到了十字街头》题解。

有关《幼稚园课程标准》的制订过程,参见前文《修改〈幼稚园课程标准〉的我见》(以下简称《我见》)题解。从《我见》首句的交代来看,本文理当撰成于《我见》之前。只因《我见》注明了成稿时间,而本文仅知发表时间,故依据本套书编例,只能"反先为后"。

对《幼稚园课程标准》所持的不同立场和看法,大体可作为判别幼教界"南派"与"北派"的依据。时有"南陈北张"之说,即因陈鹤琴代表南派、张雪门代表北派的这种争鸣而来。1937 年 7 月 8 日,中华儿童教育社在北平举行第六届年会时,"南北之争"便十分热烈。

张雪门晚年在《幼稚教育五十年》中,清楚地回忆了这场辩论:"从沪、宁来的社友们多觉得,学龄前时期即注意于民族的改造,实在太早。北方的社友们觉得,现在已是什么时候,需要有何种的民族,才能冲破当前的艰危,使我中华得以永久独立存在。从上午十一点辩论开始,到了下午,还没有得到结果。"后因惊闻"七七事变"消息,方不得不终止这场激烈的辩论。"七七事变"及其后的全民抗战,以事实支撑了"北派"的论点。

《教育杂志》,教育月刊,1909 年 2 月创刊,由商务印书馆主办、编辑并发行。历任主编,有陆费逵、朱元善、李石岑、唐钺等。该刊旨在"研究教育,改良学务"。主要栏目,有主张、论说、学术、教授管理、教授资料、史传、教育人物、教育法令、章程文牍、记事、调查、评论、杂纂、质疑答问、绍介批评、名家著述、附录等；主要撰稿人，有陶行知、陈鹤琴、周予同、唐钺、何炳松、黄觉民、赵廷为等。在其办理过程中，有过两次中辍。1948年12月终刊，共出33卷382期。

《幼稚园课程标准》，由民国十七年十月起，教育部约合幼稚园、小学各科研究有素者①分别担任起草。到十八年八月，起草整理完成，由教育部令行各省市，作为"暂行标准"试验推行，并限于十九年六月以前，开具意见，呈部参考。随后，又延长了一年。

二十年六月，教育部另组"中小学课程及设备标准编订委员会"，从事汇集各方意见，研究修订。

按：

此次标准的修订，在幼稚园方面更动者：第一节"幼稚教育总目标"，由三项而改为四项（加增"增进幼稚儿童身心的健康"一项）；第二〔节〕"课程范围"，对音乐、故事儿歌、工作、餐点四项中节、目，亦仅有少数的加增。

到了二十一年十月，正式公布，施行全国。

二十五年，教育部又函约专家，作第二次的修正。幼稚园除第二节"课程范围"略有增加外，对第三节"教育方法要点"，仅加"奖励办法"的一种。

从上面所引短短的过程，已足见费去了七年的光阴。而七年中课程的修改，除内容略有增加外，对于课程的总目标，可说绝无丝毫的改变。

回忆七年来我国的社会，北伐告成后，是何种景象？"九一八"后，又是何种景象？再环顾七年来国际上，苏俄"五年计划"的告成，日本、德国先后退出国联，意大利的吞并阿比西尼亚②，以及英、日、美、法诸国之放弃金本位制，这些又是何等剧烈的变动！教育不能改造社会，也当适应社会。现在社会之变动，如是的速；而我国教育，尤其是基础教育之修改，如是的少。其重大的原因，不外二种：第一是迷恋于幼儿的现阶级；第二是拘泥于儿童的本位说。

查现行《幼稚园课程标准》，开宗明义，在第一条总目标底下，一则曰"增进幼稚

---

① 此"研究有素者"，指陈鹤琴、郑晓沧、张宗麟、葛鲤庭、甘梦丹、杨保康等人。
② 阿比西尼亚：通译埃塞俄比亚，位于非洲东北部，1936年遭意大利入侵。

儿童心身的健康"，再则曰"力谋幼稚儿童应有的快乐和幸福"。好像教育除了为满足儿童这一阶级身心的健康和快乐以外，更没有别的目的。

在二十世纪研究教育的人，相信发展儿童心身是唯一的教育宗旨，当然是不会的。但我相信，先后主事的人，至少以为：对于社会过于远大的目标，不是这一阶段儿童所能反应；与其注意超出儿童经验的课程，不如捉住儿童现时的心、身。不然，大、中、小学，俱应遵照民国十八年四月二十六日国民政府公布之《中华民国教育宗旨及其实施方针》，而幼稚园为什么可以例外？这是因为迷恋于幼儿的现阶段，所以忽略了启迪全民的宗旨。

殊不知，婴儿期和幼儿期乃是儿童各种习惯养成的时期。无论习惯之为善、为恶，一经养成，即根深蒂固而不能改变。儿童最初的经验，似乎未见得过分增长；但是这种行为究竟是保留着，而影响于日后成人的行为，实在是万分的重要。

奥国心理学家阿特来①（Afred Adler）说："儿童的行为型，到实足三岁时，就构成了。自此以后，儿童行为受环境的影响，很难改变，不过使他的经验，结合于他以前所构成的行为型罢了。"美国哥伦比亚大学师范学院荷靳斯曼幼稚园②，于一九零五年开始公民的训练，到一九二一年，这种民治主义的试验已风行于全国。苏俄当开始第一次"五年计划"（一九二七）时，对于幼稚教育，举行各地主持"社会教育人员委员会"，规定如何养成苏维埃的公民。可知教育的程度，虽有因阶级而不同，但自始至终，都当从同一目标出发，只应继续，而不容歧视。

此外，或许可以说，是由于儿童本位之流弊？儿童本位的学说，总以为人的身心是一种特殊的，只要现在把这些发展健全了，能够应付儿童简单的生活，就能够适应将来复杂的社会。殊不知，儿童身心的发展，断不是由于个体的单独现象；一切环境的刺戟，才足以增进个体身心发展的经验。这些经验，几乎可以说，是全出于社会的。杜威曾

---

① 阿特来：通译阿德勒（Alfred Adler，1870—1937），奥地利精神病学家、个体心理学的创始人。著有《自卑与超越》《人性的研究》《个体心理学的理论与实践》等。
② 荷靳斯曼幼稚园：通译霍瑞斯·曼幼稚园。霍瑞斯·曼（Horace Mann，1796—1859），美国教育家。他主张，任何人都应该接受公共教育。他推动马萨诸塞州建立了公立中小学系统，被誉为"公立学校运动之父"。1887 年，哥伦比亚大学师范学院为进行男女同校实验而创设"霍瑞斯·曼学校"，幼儿园仅为其中之一部。该幼儿园的师资优良、设备齐全、课程丰富，为当时美国幼儿园中的佼佼者。

说过:

> 假设住在此〔北〕寒带的哀司基摩人①的家庭中,同时有三个婴儿产生。在他产生的第一日,即将其中的一个带到中国,别一个带到美国,其余的一个即留在原来的家庭中;然后,各给以该地方所能供给的最好的教育。待至他们都长成时,我们有许多证明与理由,可相信:那一个长育在哀司基摩家庭的小孩,其思想、习惯、言语、举动等,一定是一个真正道地的"哀司基摩";在美国受教育者,其智力及道德的习惯上,一切必定像美国人的样子;养育在中国者,一切必然像中国人。

可知社会环境力量之大。

况我国的社会,一方面封建势力既未铲净,一方面帝国主义的侵略又盛,若教育实施上无正确的方针,在儿童意识、习惯上,岂不要受绝大的影响吗?社会原是会变化的。未来社会的结构、机能,固不能一一预先推定,但社会的发展途径,自有必然的趋势。我们分析过去,把握现在,对民国十八年四月二十六日国民政府所公布的《中华民国教育宗旨及〔其〕实施方针》,实不能承认幼稚园之可以例外。

《幼稚园课程标准》,除应遵照《中华民国教育宗旨及其实施方针》以外,更须改进的,应有简明的目标。像现行的内容,未免太紊乱,而且太笼统。

在第一节"总目标"底下第四项:"协助家庭教养幼稚儿童,并谋家庭教育的改进。"我总以为,这不过是一种方法,而不是目标。况且第三节"教育方法要点"第十六项上已有,更无重赘的必要。若以为,我国社会知识程度太低,一般家长不知家庭教育为何物,所以在这一阶段中不得不另定目标,其实,他们对于小学时儿童应该给以何种的家庭教育,也未始不须由现任教员的协助。在小学教育总目标中,既无这一项规定,那么在幼稚园中,也当然可省。

又,第三项之"培养人生基本的优良习惯"。所谓习惯之是否优良,本没有绝对的一定标准。许多古时所谓的好习惯,但到了现代,反变成了落伍的行为。殖民地反抗的举动,总难得帝国主义的赞许。所以,习惯的优良不优良,常随各个人意识而定,如没

---

① 哀司基摩人:因纽特人(Inuit),旧称爱斯基摩人,分布在从西伯利亚、阿拉斯加到格陵兰的北极圈内外,分别居住在格陵兰、美国、加拿大和俄罗斯。

有正确的标准，很可以因人而异。

所谓正确的客观标准，就得以社会背景和时代要求为前提。说到这，更不得不依据《中华民国教育宗旨及其实施方针》而加以具体的规定。这种规定，当然还须经相当时间的严密研究、讨论与审查，但至少须包含下列的几点：

（1）培养儿童健全的体格与精神。

（2）促进儿童团结、自动的兴趣。

（3）训练儿童劳动、客观的习惯与态度。

（4）唤起儿童对民族的自信心。

（5）煅〔锻〕炼我儿童为争中华民族之自由、平等，而向帝国主义作奋斗的决心与实力。

各级教育，本来不是孤立的阶段，而是人类整个生长的一部分，绝不能与其他部分分离。注意这种"联系性"，所以，幼稚园教育可以做小学教育的基本训练。抑更有进者，幼稚园教育又没有小学教育之有学龄的规定。我以为，这一点，也是现行课程的笼统性〔的肇因〕。六岁以内的儿童，即据心、身发展的一端言之，其速率，实较快于任何时期。就是知能，也逐年之间有相当的差异。从下列的表里，很可供我们的证明。

一岁儿童的知能——

（1）用手取物，左手或右手，略有区别。

（2）加以一点扶助，能稍稍走几步。

（3）单独匍匐。

（4）能说二三个字，如"爸爸""妈妈"。

（5）能懂得简单的口授命令。

（6）能够不错误地模仿几种动作，如点点头等。

（7）能认识几件东西或几个人。

（8）没有创造性的，能用木块游戏。

（9）能观看刚落下来或藏在那边的东西。

（10）能执杯饮、喝。

二岁儿童的知能——

（1）能自动执笔乱涂。

（2）能单独行走。

（3）能爬楼梯。

（4）能说五个到五十个字。

（5）能服从简单的命令，如"把皮球放在桌上"。

（6）能模仿他人画一条垂直线。

（7）能指出图中所认识的东西。

（8）能堆积三四块石子的塔。

（9）能在三尺至七尺或更多的距离间，拾取皮球，或投掷皮球。

（10）能很好的运用调羹。

三岁儿童的知能——

（1）能灵巧地将木块放入盒子里，并将其他玩物拿开。

（2）能学跳。

（3）能跨门槛。

（4）于会话时，能用句子。

（5）更能受人指挥，如开未锁的门户等。

（6）能做化妆模仿。

（7）至少能说出图画中三件相熟东西的名称。

（8）能用木块做种种的建筑。

（9）喜欢藏匿，但为时不能久。

（10）验查物件，常常把东西解开或凑合。

四岁儿童的知能——

（1）能刷牙齿。

（2）有跑、攀援的能力，而不常撞和跌。

（3）能宕秋千。

（4）能讲述最近的经验。

（5）能供屋内及附近地方的差遣。

（6）能做某种戏剧的游戏。

（7）能认识形状的不同，如长方形、正方形。

（8）能制作泥型，能染色、绘画、缝纫。

（9）能比较线的长短。

（10）能扣衣纽、结衣带。

五岁儿童的知能——

（1）能自己洗面，而不把衣服弄湿。

（2）能滑冰。

（3）能对音乐作合拍的轻跳。

（4）能用成人的言语（不用孩子语）。

（5）能接连做三件简单的委托事务。

（6）能与别个儿童玩，而不争吵。

（7）能识别美丽和丑陋的图画。

（8）能依照所喜欢的某种计划绘图，并能绘成。

（9）能背诵十二个字的长句。

（10）能临摹三角形。

可是，现在学校系统的说明，在初等教育段，幼稚园收留未满学龄之儿童，范围没有一定。所以，一个幼稚园里的儿童，有的六足岁，有的仅不到三足岁。以同样的课程，企谋全体儿童——知能不齐的儿童——的反应，这当然是不可能。因之，其各科最低限度的成绩，也只能多半出于主观的估量了。

试看美国哥伦比亚大学师范学院的荷勒斯曼幼稚园，把全体儿童按着年岁分为三组：第一组，是二岁半至四岁；第二组，是四岁至五岁；第三组，是五岁至六岁。维斯康新州①幼稚园（Wisconsin State Kindergarten）里，四年团和五年团，是截然分开的。所以，这些地方的课程内容，都得有客观上具体的排定。

总之，用去七年的工夫，《幼稚园课程标准》仅有量的增加，而无质的变更。这原

---

① 维斯康新州：通译威斯康星州，美国州名。

因,一方面是蔽于幼儿的现阶段,以致放弃了启迪全民的宗旨;另一方面,又泥于儿童本位的学说,竟然忽略了我国特殊的环境,且内容又太笼统而混杂。要想修改,今后至少须有简明的目标和幼稚园学龄明白的规定。至于课程的范围,拟另作一文。现在仅举前提,恕不再说。

参考书

(1)袁哲译:《儿童研究》(大东书局)。

(2)张雪门著:《幼稚教育新论》(中华书局)。

(3)钱亦石编:《现代教育原理》(中华书局)。

(4)陈鹤琴著:《儿童心理之研究》(商务印书馆)。

(5) P. S. Hill: *A Conduct Curriculum for the Kindergarten and First Grade.*

(6) *Childhood Education*, Vo1. 6, No. B, 4, 50.

40　儿童心理与家庭教育
——在上海青年会演讲词

陈鹤琴

1937年3月24日

题　解　　本篇原载《兴华》第 34 卷第 10 期。发表时间为 1937 年 3 月 24 日。副题系编者加拟。

　　原发表时，文前附有如下说明："本埠公共租界工部局华人教育处处长陈鹤琴氏，昨日下午四时，在八仙桥青年会讲演《儿童心理与家庭教育》，听讲者达二百余人。兹将陈氏演词摘要记录于后。"记录者，在篇末署名"琴"。

　　有关撰著者陈鹤琴，参见前文《儿童教育的根本问题》题解。

　　《兴华》，周刊，其前身为创办于 1904 年的《兴华报》，1917 年 1 月由报改刊，由上海华美书局主办并发行，由传教士潘慎文主撰。后曾改名为《兴华周刊》等。该刊除发表与基督教有关的文章和译述、报道教会消息、介绍教会学校情况外，也刊有国内外大事记、新书介绍、文学作品等。主要栏目，有论说、教乘、经筵、小说、传记、杂俎、谭丛、文苑、时局等；主要撰稿人，有贾志道、康毓英、吴桂春、庞雨门等。1937 年终刊，共出 34 卷 1000 余期。

一、感觉逐渐发达[①]

小孩出世时，本是无智无识、无能无权的动物，又似瞎、聋、哑、跛、疯、瘫，全

---

① 本文中的此级标题，均系编者加拟。

身残缺不全的小孩儿。

所感觉到的，第一是"痛觉"，如用针刺他的皮肤，便会觉到痛而哭。次是"视觉"，如用蜡烛向婴儿眼边照，他便会眨眼。又有"听觉"，若以声近其耳旁，则其身摇跳动。次又觉到"饥饿"，如因饿而哭闹。

以上各种状态，大多数的婴儿，在出世后三天以内便会发生，但也有需一星期或数星期后始有。

婴儿视觉的发展，是逐渐进步的，要到第九个月，才能确定认识人和物体。平常小孩在一岁左右，便会走路、谈话。走路，是婴儿自由解放的第一步。

在自然、社会环境中，去适应自然、社会环境。小孩之动作，是受着外界刺激反应的。逢着好看的东西，便不管一切去取。

中国昔时，是以静的态度来教养小孩。外国对于儿童教养方面，是主张动的。

二、儿童最爱好动

外国小孩，在冬天时，常穿了冰鞋，滑雪车，去作溜冰等运动，所以身体强壮。我国小孩则不然。一到冬天，父母〔要他〕穿着棉袍，紧关在家里。

小孩见冰好玩，便想去玩，父母便要打他、骂他。要知，他不去玩了冰，不知道冰的性质是如何的。所以，如果一个小孩不给他动的机会，结果对于小孩的智识及各方面发展，是有很大障碍的。

到六岁时，除了父母之外，没有小朋友同他玩时，他会感到十分苦闷。应以各种物件给他玩弄，以作他想象伴侣。

小孩好奇心，比成人还浓厚。洋娃娃头上的发，他要去剪光，心想剪后会不会再长出来。跑到厨房下，看见斩断的鸡腿，他要拿起来，像医生接骨一样地弄。这类举动，都有科学的心理。

小孩子除了好奇心以外，常常好问。譬如，他见一只表在走，他便要问："这表为何会走？"你应该解释给他听。

此外，做父母的，不应代他代做事情。譬如，教小孩子游水，你应该让他自己下水去游泳,使他自己能得着宝贵的经验。

三、善喜模仿别人

小孩是最喜欢模仿的。有一天,我看见我的小孩子拿了一块破烂的棉絮,裹着身体在玩。那时我想,还是立刻把他破棉絮夺去呢,还是让他玩弄?还是叫他把棉絮丢掉,还是用别的东西来代替呢?仔细一想,我便对他说:"这是很脏的,有恶性味的,你跑到你妈处去拿一块干净的。"他听了,便到他妈处换了一块干净棉絮。这个例子说明,凡小孩做不好的事,不应骂他或堵塞地阻止他,可用替代法,使他既快乐而又舒服。

除了〔用〕上面两种方法去指导外,还应有鼓励法,去积极鼓励他。小孩总喜听好话的。有了一件新东西,就要给别人看。这种心理,个个小孩都有。我们正可以利用此种心理,去支配他。

我的小孩子小的时候,常常坐在我的旁边画图画,画后给我看。我总对他说:"好,我替你写个名字收起来。"倘使画得好,我格外的奖励他几句。所以,他很高兴画。倘使你不加可否,他就不知道他所做的是好还是坏,而兴趣都给你消灭了。

总之,我们要用合于儿童心理的方法,去培植、去教养孩子们。

41 幼儿姿势训练的实际

周尚

1937年4月10日

另图20 周尚像

题 解 本篇原载《教育杂志》第27卷第4号。发表时间为1937年4月10日。

撰著者周尚(1901—1996),江苏昆山人。1921年,在厦门大学攻读新闻学,1923年,转上海大夏大学就读,1926年毕业。1929年,担任上海市教育局第二科科员,为中华儿童教育社骨干社员。1934年,由上海市政府派赴美国留学,在密歇根大学深造,获卫生教育学硕士学位。归国后,历任中央大学、大夏大学等校教授,讲授健康教育和性教育课程,并任侨务委员会华侨教育处处长、上海市立师范专科学校校长等职。主编《现代父母》《青年健康》和《健康乐园》杂志。著有《幼稚园的卫生教育》《战时卫生教育》等。

有关《教育杂志》,参见《修改现行〈幼稚园课程标准〉问题》题解。

一、幼儿姿势的重要

"儿童是我们藉以走向进步之路的军队。"这是美国前大总统胡佛[①]讲的。的确,儿童对于我们社会,是不可缺少的宝贝。然而,儿童自身最需要的是什么?我第一个答

---

① 胡佛:赫伯特·克拉克·胡佛(Herbert Clark Hoover,1874—1964),美国第31任总统。

复，是健康；第二个答复，仍是健康；第三个答复，还是健康。造成儿童健康的因素却很多，姿势是一个很重要的因素，但不惹人注意。所以，特提出这题目。

克（Keer）氏指出，兽类的肩臂是支撑着身体，而人类恰相反，用身体去维持肩臂。因此，人类身体的负担比其他兽类重，而姿势的正确遂成问题。从各专家调查的结果知道，犯姿势不良的人数，占百分之六十以上。欧战《征兵军事条例》规定，脊骨左右弯曲过二十四公厘的，不准入伍。美国曾发现，一万五千二百三十一个候补兵犯这缺陷，其中混合着各种民族和各种职业份子。这证明，职业、人种与病情没有正面的相关度。

姿势全靠身体各部互相保持平衡。高塔、高楼的建筑，基盘总大于顶点，所以使重心点不致越过基盘的范围，以免倾覆。可是我们的身体，适成反比例，上大下小，头重脚轻，故时时伸足扩大基盘，保住重心。如果重心点离基盘越远，那末支持平衡也越难，姿势不由地将歪斜。

幼儿发育迅速，每令重心点升高，身体各部的平衡不易维持，姿势便容易发生缺陷。况且，姿势的生长过程是畸形的，肌肉、骨骼极易变态；幼儿又易受肺结核、贫血、软骨等病而妨碍姿势。据推孟①（Terman）和阿尔麦克②（Almack）报告，儿童早年即为脊骨弯曲的开始，姿势不良百分之九十以上造端于一至五岁间。这里，可知幼儿姿势的重要性了。

二、优良姿势与健康

优良姿势的意义，不仅是立得直、坐得正，它是良好的正确机体和身体各部有效的运用。优良姿势反映出平衡和美观，作事效率高，身体强健，正是合着美国卫生学家台尔③（Diehl）所谓"优良姿势是我们的一种资产"。他还郑重说，许多人找寻位置，因为姿势不良，予人第一个不良印象而失败。

---

① 推孟：通译特曼。
② 阿尔麦克：通译奥尔马克。
③ 台尔：通译迪尔。

固然，优良姿势与健康很有关系；但一般人，往往言之过甚，反使人失信用。事实上，偏腰曲背、脊椎过于弯曲，每使腿胫和背脊受剧痛。两肩有高低，则肋骨被压迫在低的肩臂间，同时，高的一部分肩臂间的肋骨，又离得很远，妨害它们的活动，阻碍空气进口，尤其有害肺尖。肺的不能活动一部分，其细胞组织变作柔弱，易罹疾病，肺结核即由此开始。

脊骨弯曲病的人，百分之七十患单叶肺结核，尤以右叶为多。胸膜的紧贴，亦为必然的结果，心被拥挤到上端与胸前壁相贴，致呼吸不顺，心房更挤大量血液于肺叶。俾获充分的氧气，遂使心房肥大肿胀，大动脉流转随之而变，血压亦变，腹部脏肠被排挤而向下垂，横膈膜或竟成垂直状态，脾、胃、肝、肾的位置都受移动。内脏下垂，易致便闭；同时因紧压血管，痔疮易起。

我们常见的驼背，不特有害胸腔，且使消化器因倾轧而离开本位，遂致折叠、曲折，受压的道官，只有停止功用，自然的蠕动受阻。这里微生虫很易聚积，很易繁殖，许多毒质不能由粪便排出，而流至身体各细胞组织中，卒致便闭、水泄、胃肠气胀、血液循环不畅、头痛、神经受刺戟和疲倦。他如慢性枝气管炎、枝气管肺炎，以及因足部上发生的病症，大多要归咎于姿势的不良。

总之，身体好像机器，有一部分地位不对，就不能有良好的工作。

若是一个儿童营养良好，呈显着玫瑰色的面颊，活泼泼地游戏，这个儿童的身体便可维持平衡。假使一个儿童瘦弱，面色灰白、没精打采、常感疲倦，他站立时，便将屈身垂头。这种姿态，普通叫作"倦容的姿势"。这并不是说，每个儿童有了好的姿势，即很健康；也不一定说，每个疾病的儿童，都将有不良的姿势。我们的意思是，儿童的健康，与维持身体有密切的关系。

三、优良姿势习惯的养成

优良的姿势是：

站立时，有十足的身长，两足支持着体重；头抬高，颔内向，胸挺出，肩胛平坦；腹向内，背依自然趋势，略有屈曲；膝垂直，两足平分，头、背、腿各部，在侧面成一直线。

坐时，躯干竖直或向前，曲在股部，腰和脊骨保持直形，不宜倾斜；休息时，身躯得稍向后。

行时，足跟先着地，前趾后着地，然后重量运至前部，同时两手随之摇动，头部向前。

卧时，以朝天睡或侧睡为宜。朝天睡，即以立的姿势移至床上，身体伸展得越长越好；侧面睡，须留心脊骨弯曲，蜷伏应在股膝部，上身务宜挺直。

父母或师长，不能够希望很小的儿童有年长儿童的同样底姿势。年幼的儿童发育时，他的姿势渐渐变迁。例如：一个幼儿正在学走的年岁，他的腹部，比较年长的儿童要凸出；五六岁儿童的腹部筋肉应该强健，足使腹部近于平面。

维持身体平衡的习惯——优良姿势，当在儿童学习控制他的身体时，慢慢地学习。第一，在婴孩时，学习坐，学习爬，然后学习走几步路，最后才能行走。经过这几个阶段，他渐渐学习如何维持身体平衡。在儿童整个历程中，他继续不断的学习这些功课。他怎样学会大多靠筋肉的力量维持身体垂直。而这些筋肉，该逐渐地生长得坚强，他遂能自由的运用筋肉。

四、从婴孩时期至儿童时期

幼小的婴孩，用他的蹴踢、啼哭、伸臂和爬行等动作，作为他的运动。他需要这些运动，我们应该让他这样运动。不要穿着紧小的衣服，也不要包扎得不能动弹，阻止他自由行动。睡眠时，身体的位置宜时时更换，每天让幼婴肚腹部向下睡一二次，那么身体各部，得能平均发展。

当母亲饲喂他，为他穿脱衣服、为他洗澡或与他游戏时，母亲可握执他身体各部分，使他运动。早晨洗澡前、晚间卸衣后，让他在暖房内平坦的床上游戏，为时约自十分钟至二十分钟，可增婴孩发达肌肉的机会。

五六个月时的婴孩，已能自己打滚，并可试行坐起。试行坐起时，他举起他的头，拱起他的背，紧缩他的腹部筋肉，冲撞他的手足。当他的腹部和其他躯干的筋肉强固了，他就能容易坐起来，并能维持坐的位置。让他高兴时，听他自由试坐；但他没有能力前，不要勉强令他起坐。

当他赤身时，我们可注意到，他的腹部筋肉，在每次试行坐起时，常是拉紧着。婴孩初次坐起，他的背部自肩至臀，要有很好的支撑。如果用束腰带等拦住他在椅子或坐车内，那末椅子或坐车一定要有适当的靠背。不然，他将全恃一根束腰带了。不可让他悬荡摇动，也不可使他挂在绳带上坐着。

婴孩到了七八个月光景，他已能自己坐起。这时腹部、背脊、臂肱和腿胫的筋肉已很坚实，尽可让他用手脚爬行。爬行俗称"爬田鸡"，有益筋肉的发达，可助日后站立和行走姿势优良。这时，每天应在木制的游戏栅圈里二三次，待他利用手、膝、脚等坐起来。我国的立桶①，与儿童健康似有不合之处。

追后，儿童执住小床或游戏栅圈两旁，学习站立。然后，他渐渐学习不靠任何东西，将他身体平衡放在足部。最终，他会走几步路。婴孩无能力时，万勿鼓励他行走。学走过早，常使腿足弯曲。因为那时他的骨骼尚未坚实，两足不能胜任支持体重。

当儿童初时学会了站立和行走，他的筋肉虽较婴孩时强健，但还不能够工作得很好，所以走路时仍摇摇摆摆，两足犹不能完全维持身体的平衡。可是这种不稳固的步伐，为时很短，不久他自会控制筋肉而保持平衡。但一个儿童，如犯了软骨病，学走的时间也许要延长，摇摆的步伐也许也要延长的。

五、学习优良姿势的习惯

全身充分的发达，原是优良姿势的基础。全身充分的发达，要从活动的游戏中得来。像攀爬、投球、跑步、跳跃等，都值得提倡。但只靠身体的发达，还不中用，必须顾到筋肉有力维持身体的平衡。这些筋肉乃是：（1）腹部的筋肉；（2）尻部的筋肉；（3）肩胛和上体躯干的筋肉；（4）腿胫的筋肉。

腹下部的筋肉应向内，使下腹成平面形。婴孩初学行走时，他的腹部较胸膛挺出。

---

① 立桶：旧时给刚会站立的婴幼儿练习脚力的器具，下有隔板，底下可以放脚炉取暖。婴幼儿扶站其中，不会跌倒，但行动受限。

及长，肚腹的筋肉渐强壮，而向内拉进，于是腹下部平坦。最终，腹部不比胸膛凸出了。

尻部筋肉有了良好的发达，可助下部脊椎拔直，保持儿童背脊不致过于凹曲。儿童年长，便可学习挺直了。

肩颈和上身躯干的筋肉，能帮助胸部挺起和颈部向内。许多儿童有机会自由游戏，却并不用到这些筋肉，因为他们没有篱笆或树枝去攀登，也没有木条去摇荡。如果希望这些筋肉渐强，足以支持胸膛挺出而呈显着好的姿势，这些筋肉，一定要有多量的运动。

欲求儿童身体维持良好的平衡，那末足的适当应用必须注意。如应用足部正确，则儿童的体重即在足掌和足的外边，足趾一直向前，两足内边成平行线。穿着适当的鞋子，保持两足的平形〔行〕，足趾一直向前，可助体重平衡。但如何使足获得正当的工作，则大半依靠足的正当姿势，使足的一部分筋肉有力量。

如果儿童在学习站立和行走时，这些筋肉有力量，自可逐渐灵活，及帮助支持全身的良好平衡。万一这些筋肉不十分强壮，或儿童的体重偏在两足内边，那末他走路时足趾要向外，脚踝转向内，足的长弧形变扁平，卒致身体不能维持平衡。足趾向外展开的儿童，他的体重常会失掉平衡的。扁平足的儿童，常使腿向内弯，走时膝盖相撞。盼望足的筋肉能维持良好位置，当特别注重跳跃、奔跑、舞蹈和趾尖走路，以图筋肉坚强。

六、如何帮助儿童发达优良姿势

究竟用什么方法，能助儿童发达优良姿势？说来很多。今择重要的几点，如注意一般的健康、衣鞋、睡床、被褥、桌椅、玩具、运动器具，以及各种游戏等等，写在下面，以供参考。

（一）一般的健康

健康的儿童，可有最好的姿势。我们盼望儿童有良好姿势，先要当心儿童一般的健康。儿童早年的健康，不外缺点和传染病的防治、清洁、饮食、睡息、性卫生各事。详情参考拙著《幼稚园的卫生教育》(在商务印书馆出版)。

要使儿童健康而活泼，应请医师指导。一周岁内的婴孩，每月由医师诊察一次，以便指导健康和卫生事宜。一年内，至少该有四次详细的体格检查。第二年的婴孩，至少隔三四个月，请教医师指导和检查。自三岁至六岁，每年至少求医二次。

过度疲劳和营养不良，常为姿势不良的重要原因。所以，儿童日常生活，要保证着良好的营养，并预防疲劳。营养不良和疲劳，身体的筋肉便难能支持身躯垂直。适当的丰富的食料，晚间睡眠充足，日间的休息有度，适宜的户外运动，都是使儿童恢复健康的良策。

定期的康健检查，我们应该大加注意。国人囿于习俗，大多轻忽这点，实属错误。从定期的健康检查中，医师可告诉我们儿童的姿势情形。他可发现使姿势不良的病症，如软骨病、营养不良或过度疲劳。他还可指出不良姿势开始的记号。这种记号，为我们所漠视的。苟其不良姿势的习惯正在进展着，医师将察知原因，而设法改正。他会指导我们变换儿童所穿的衣服，特别是鞋子。如果他看出某种畸形，即可介绍儿童赴骨科医师求矫治。他更要指示关于儿童的一般卫生事宜，例如睡眠、休息、食料、劳动、日光、空气。凡这些，都是直接有关姿势的因素。

（二）衣服与鞋履

一个儿童，决不能养成优良的姿势，除非他的身体没有不适当的衣服受拘束，而能自由的正常发育。衣服要使儿童自由生长、筋肉活泼灵动，不可过于紧小，压迫着儿童的任何骨骼，或任何柔软的细胞组织。

婴孩的尿布，不该束缚得过紧，也不该用广厚的尿布硬把两腿分开得太远。婴孩初生数天中，忌用紧的束腹带，否则，不免将限制腹部筋肉的活动，而阻碍其正常的发育。

幼儿的肩胛，很容易向前变作坏的姿势，假使被裤带等放在两肩的外边时。因此，内身衫裤等的绳带等物，该放近儿童的颈项边。内衫如不用束带，那是更所盼切的办法。若用束带，则以阔的、背上部成十字形的、重力在近颈项处的，才可使儿童的肩胛维持天然的位置。裤带须缚在两边，避免缚在前面或前面附近，否则肩胛容易向前或垂下；同时，悬缚得不能太紧，以免腰部或肩胛用力拉拖而受损。

睡衣尤应宽松，儿童得能转动、伸张。假使儿童学习站立，他的鞋子、袜子，务必要适合，俾足部获有良善的发育。儿童的足，容易被形式不合的鞋子或太小的袜子遭到损伤。

鞋子，一定须依照足的天然形状。我国的尖头鞋子，实在违背健康原理。没有购买或缝制前，儿童宜立于纸上取鞋样。鞋应比足阔四分之一英寸，长二分之一或四分之三英寸。

鞋子以皮鞋的半统靴，靴舌与靴头连成一块的为上乘。鞋底应坚实、平坦，略有弹性而不滑动；鞋跟不必有，但在足跟和弧拱下宜较厚。完全平形的鞋底，却并不合式。鞋口宜狭小，鞋跟恰好配称，鞋面要柔软，鞋头须广阔，然后足趾便于移动。

靴鞋破裂了要补的时候，则须特别当心，不可把靴鞋改短、改小或变更原有的形式。儿童的靴鞋破坏在什么地方，该详细的观察；靴鞋的破坏，是参差不一的。该请医师检查足部，如儿童犯扁平足，则他的鞋子要特殊的纠正。关于纠正一点，可询问医师。

袜应购宽大的，让足趾自由活动，并须有适合的形状，配合足的大小。

（三）睡床与被褥

儿童应独自在床上睡眠，睡床该广大，足使有地位能转身、移动。床垫和褥子，该坚固而平坦。如此，儿童眠下，可十分平服。沉落的床垫，会使身体鬈缩成不良位置。枕头最佳不用；如用，则以小而低的为上乘。高而大的枕头，压迫儿童的颈项弯曲，殊非得计。被，该轻松而宽敞。

（四）桌椅

年幼儿童，需要低脚椅子。家庭中，可用肥皂箱自制。高度，以儿童两足平踏到地为标准。坐位不要太深，应让儿童的下部背脊靠诸椅背。这样说来，坐而深长，不得过于儿童的大腿。

桌子的高低，以儿童坐在椅子上很安适的应用为度。

有了这套桌椅，儿童便能用膳，并做各种的游戏。学校课室桌椅的标准，根据皮奈脱《学校姿势与座位》（Bennett, H.E.: *School Posture and Seating*, Boston, U.S.A., 1928, p.211）一书所载为合格。他的扼要点，系"当儿童身体垂直，两臂作膳写姿势时，桌面应与前臂下部（肘与腕间）高低相等"。

（五）玩器与运动器具

简单的自制运动器具，即在狭小的场地或阳台或墙门间，也可运用的，已够帮助发展儿童的筋肉了。

攀援，是良好运动的一种，是发达肩胛和他部筋肉、维持优良姿势的善法。一根平横的木条，两端紧缚住垂直的东西，高度以儿童用足趾站立可以握牢为准；或用一套攀登木条，各木条高低不等的横斜着成十字形，令儿童有攀爬的机会。

小小的一座梯子，谨慎地横着，钩紧住两端，可作登援之用。把梯放平，两端紧缚垂直物件，有一手高低，儿童用手悬荡于梯，一级一级的攀荡着。

一座高度适当的滑梯，儿童自梯子跑到顶上一泻而下，给他学习步伐和平衡的正确性。

箱子和木板，可用作推拉转动，确是一件良好运动的器具。不过，这些东西要详细审查过，以防钉子。

儿童的想像与成人不同。有时他想像的东西，比实物有趣：一只方橙〔凳〕当作汽车，比真的玩具汽车有味；青竹竿当作马，玩来玩去，玩不厌的。

大小相称的三轮脚踏车，有益足部运动。惟两足须有良好的位置，才可正确的放在脚踏板上。幼儿在城市热闹街道间骑三轮脚踏车，却很危险；在后场或竟在两旁人行道上骑踏，要有负责的人看护，才可安全。

有几种玩具和运动器具，非特不能助儿童身体发育正常，并遗害姿势，或仅用身体的一面，而忽略了另一面。有一种玩具车，只用一足推动的，也许引致身体一面的发达。另有一种玩具车，坐位太阔，强令儿童两腿胫分开，以致大腿畸形。

七、竞戏可助优良姿势习惯的发达

这里介绍的集中竞戏，适合于二至六岁的儿童。这些竞戏，都是在无形中操练筋肉、维持身体有垂直的位置，予儿童感觉到正确的坐立，帮助儿童在平日坐、立、行生活中，养成运用全身的好习惯。教导幼儿适合应用身体，并不是件难事，只要适应他的想像和模仿。

如果各种的运动是竞戏，幼儿便渴望参加。有了几个游伴，如兄弟、姊妹或其他儿童，和他一起玩耍，他的兴趣便格外浓厚。大多儿童喜欢扮演和假装、虚构。假扮一个纸头洋娃娃或一个巨人，较普通运动有兴趣。同时，也可使幼儿容易明了：表演纸头洋娃娃时，他必须平扁着他的背部；表演巨人时，他必须伸展着他的身长至最长度。利用了这些想像的竞戏，他可学习合法的站立，腹部缩进，胸腔挺出；行立时，两足成平行线，足趾向前。

竞戏是有关整个的身体姿势，并能健强身体各组的筋肉。容许儿童玩耍各种的竞戏，以资运用各部分的筋肉。竞戏有站立的，有坐卧的。要使儿童明白，希望他自己有全身良好的姿势，卧、立的各种竞戏应彼此替换举行，以便坚强各组的特殊筋肉，同时可免儿童过于力竭。

不要让儿童游玩得时间过久，而致疲劳。十分钟至十五分钟有视导的和富有兴趣的游戏，要比长期间无精打采的好得多；每天短时间的游戏，要比偶然想到的长时间游戏有益得多。

八、几个竞戏的例子

竞戏的种类很多。各种竞戏，影响各种姿势和各种筋肉。对于坐的、立的姿势，对于足部、腰部的筋肉，都赖特殊的竞戏。现在介绍几个竞戏的例子于下面。

（一）偃卧的竞戏

这竞戏的功用，是帮助儿童收缩腹部、挺直背脊。今举三例。

（1）纸娃娃贴在地板上。令儿童睡平，两手向外伸，两足挺直，假扮一个纸头洋娃娃躺在地板上。叫儿童缩进腹部筋肉，则下部背脊，可紧贴着地板。他还可装做，需要更多的浆糊黏贴，使背部紧碰着地板。

（2）书籍。儿童直躺于地板上，两手垂放在身旁，两足并合，扮演成一本关闭的书籍。每个儿童，要缩进肚腹、压迫背部，接触到地板。我们用下边的口令说：

某儿，放你的书本在地板上。

> 翻开你的书本，一、二、三、四。
> 关闭你的书本，一、二、三、四。
> 把书本拿起来。

当开书时喊"一、二"，两手应逐一向头顶方面伸展；喊"三、四"时，两足逐一向外伸展。手足都展开了，书也翻开了。关书的"一、二""三、四"，便是手足的还原，也是逐一的收回来。等到手足已还原了，书也关闭了。举行时，当注意腹部都向内约束。

（3）骑自由车。儿童平卧地板上，两手向头顶伸展，颔颈缩进，两足朝天，作踏自由车状。踏时，我们可说：

> 踏啊，踏啊，转动他的足啊。
> 骑自由车的人，到街头来了。
> 有时踏得快，又时踏得慢。
> 这真是快乐的走路方法。
> 有时踏得快，有时踏得慢，
> 最后他停止了，休息了。

（二）站立的竞戏

这种竞戏的功用，在帮助颔颈内向，胸腔挺出，伸展躯干的筋肉，并缩进腹部和背脊，成平面形。做这些竞戏时，该常常教导儿童怎样缩进肚腹。教师或父母在旁，可用一手放在儿童的下腹，一手放在儿童的臀尖，然后将下腹的手向上，臀尖的手向下。这样，儿童便可收进肚腹，臀尖下落。手碰到了下腹，可致下腹向内缩，这里该指示给儿童，使他明了筋肉的紧缩情形。这点该小小的着重一下，等到他反复练习后，他自能成功。

（1）树木。各个儿童报告，他愿做那一种树木。然后，每个儿童扮演他情愿做的树木，立成最好的姿势，头胸高举，颔颈向内，下腹缩进，手伸展出当作树枝。各种树木，都可模仿。各种树聚集起来，成为树林。风吹时，各树摇动；风息了，树枝都寂静无声，全体树木，都站立得姿态整齐。

（2）巨人。一个巨人，又高长，又强健，站立得非常正直。儿童扮演着巨人，用足趾走路。站立的姿势，像他们理想中的巨人一样的好。

（3）变戏法。各儿童都平卧着，静听变戏法的人的吩咐。不多时，他们都听到变戏法的人呼喊（变戏法的人，由年长儿童或父母、师长扮演）。于是，他们都起身，相聚成圆圈形。变戏法的人，允许他们变成一样很高很直的东西。每个儿童，就选择他所高兴做的人或物。有的喜做一座山，有的喜做一个塔，有的喜做一头长颈鹿……或者全体儿童假装一样东西。他们述明志愿后，变戏法的人摇了一摇小杖，各儿童乃如愿以偿。他们遂各演他们的东西，用足趾站立着，站得最高、最直，保持着最好的姿势。

（三）帮助肩胛平坦的竞戏

（1）风车。儿童直立，腹颔向内，胸凸出，装成一架风车的样子。两手伸展，向右旋转数分钟；两手伸展，向左旋转数分钟，表示风的方位变换了。两手转动的速度、快慢不等，因为风势也有大小的。

（2）鸭子。让儿童坐于脚跟上，头举高，颔内向，胸挺出，手举起，手指摸到肩头，肘节向背，靠近身旁，好像鸭子的翅翼。老师或父母说："现在大家摇摇摆摆，逶迤着走到仓廪场去。"行走时，儿童维持了鸭子的姿态，两肩自很平坦。

（3）螃蟹。儿童先以背向地板偃卧，然后用手足举起他的身体，腹部上升，背部面地板，最后他们面部朝向了天，横行，看来恰像一只螃蟹。

（四）帮助腹部筋肉坚强的竞戏

（1）小白兔。儿童面向地板，四肢支撑着身体，然后向前跳跃、疾动。

（2）骡子。儿童扮演做一只骡子，那骡子俯下了头。两手当作骡子前足，全身的力量完全靠着前足支持；后面两足的膝盖被缚住，离地竖起，作踢人的姿势。

（3）剪刀。每个儿童坐下，紧靠着墙壁，两足向前直伸，膝盖不准曲屈。他的二条腿，当作剪子的刀口，他的臀部、背脊、肩胛和头部，完全碰到墙壁。第一次，儿童先把左足提起，而后放下，继以右足如法表演。运动时，头部和背脊下部，必须靠紧墙壁。表演时，可吟下边几句话，先慢后快：

这里一把大剪刀，

剪，剪，剪。

这里一把大剪刀，

剪，剪，剪。

我在缝纫前，先要剪，

我在刺绣前，先要剪。

（五）帮助腿胫与躯干的筋肉坚强竞戏

（1）跷跷板。同样身长的两个儿童，扮作跷跷板。他们面对面坐在地板上，各人的两足彼此镶钳着。两人有适当的距离，两人的手互相紧握住；一人坐起前向，另一人用力伸长了身体躺下。他们继续着做这游戏，一人说"上来"，一人说"下去"，头、胸、腹各部，都该维持良好的姿势。

（2）象。儿童用手足走路，两腿挺直，模仿为一头巨象。膝盖不准弯曲，头应昂起，颔应内向，头可左右摆动，仿效象的躯干摇来摇去。

（3）鹭鸶鸟。儿童面向一坐椅，一足立于地，一足以足跟放于椅面，头弯下，设法以前额碰到放在椅上的一只足的膝盖上。碰到后，另换一足踏地，他足放在椅面。可照样的反复对调。

（六）帮助足部筋肉坚强的竞戏

（1）走绳索。用粉笔在地上划一根线，或两板间一条裂缝，代替一根绳索。儿童向着这条线缝上跑，要当心，要正确。这时，赤足用足尖，足趾内向，足跟外出，并用足趾试图把持地板。

（2）走山背。预备三根光滑的木板，各十英寸长，钉成三角形棱脊体，好像山的背脊，山峰高度为六英寸。儿童赤了足，用一足在山背脊斜面行走。足趾应向前，两足当彼此更换行走。

（3）踏沙堆。儿童赤着足，立于沙堆内或沙箱内，弄踏沙泥，并用足指〔趾〕夹沙。

九、矫正不良姿势的练习

许多儿童,生有正常的筋肉和脊椎,但他们坐、走时,已养成了恶劣的习惯。如果对他说,要立得直、坐得直,结果不特无益,且将每况愈下。所以,我们最先该教导他,如何站立、如何安坐,随后时时的演习。这样,他便觉得,怎样才算是正确的姿势。下面即是合乎上述所说的一种练习,每个儿童都可安全地练习的。

令儿童背墙立,踵距墙三英寸,臀、肩、头三部靠着墙壁,手臂弛懈地垂两侧。在这种情形下,筋肉弛懈时,则背脊下部与墙壁不相接触。假使儿童紧张他的腹部筋肉,并挺直背的下部,则背必与墙相遇,而并不牵动臀、肩各部。在背与墙之间,可用手探知是否背脊已碰到墙壁。最初,须先矫正了姿势,然后以背下部逼近墙壁。旋休息一回,透一口气,再如前放正了姿势,背下部逼近墙壁。初时,每天必须反复练习五次至十次。能力进步了,次数逐渐增加。儿童学习这项练习,同时要转动臀部的盘骨,并紧张腹部的筋肉。当他反复练习得成熟了,全不费力时,则可试图直坐于直背的椅子上,或仰卧于地板上练习。在行走时,他仍可保持背部垂直的姿势。这都是帮助儿童姿势的改正,并使他习惯于这种姿势的方法。

上边的姿势矫正动作,不过举一例而已。头、肩、足等各部,都有特殊的训练。训练时,还有团体和个人的分别。详可参考前说的拙著《幼稚园的卫生教育》"姿势"一章。

十、几种要素决定姿势的优劣

(一)优良姿势的条件

(1)身体一般的健康;良好的营养;避免疲倦;避免造成畸形的长期疾病;良好的视力和听力。

(2)适当的各种食料,帮助骨骼和筋肉的坚实,如牛乳、水果、绿色蔬菜、蛋和肉类。二岁以下的儿童,该进鱼肝油。

(3)充分的睡眠和休息。

(4)各种户外运动:奔跑、跳跃、攀爬。鼓励儿童参加各种竞戏和游戏,以资身体均齐的发达。

（5）穿着适当的衣鞋，不拘束儿童的骨骼、筋肉和柔软的细胞组织，让它们自然的发育。

（6）坐在靠背椅上，支撑着儿童背脊下部。椅须相当的低，可使儿童的两足平放于地板上。

（7）睡在平坦的床上，床垫要坚固安适；不用枕头，或用极低的枕头，儿童的颈项才能正直。

（二）恶劣姿势的原因

（1）身体一般的不健康；营养不良；疲劳；腺样体增殖和扁桃腺肥大等疾病继续延长；软骨病、婴儿瘫痪或骨骼和节骨的结核症所引起的残缺。又，视力和听力有缺陷，因此儿童常顷〔倾〕斜一面以便视听，久而久之，酿成丑陋的姿势。

（2）食料不适当，偏食少数种类的食物，如只吃面、饭、咸菜，而无牛乳或豆乳、绿色蔬菜、蛋、肉类和鱼肝油。

（3）缺少休息和睡眠，以致疲倦。

（4）户外运动种类不多，或只有某种游戏，故身体的筋肉不能全部发达，而只有偏于某组筋肉的生长。

（5）穿着不合适的衣鞋，压迫骨骼离开原有的地位，造成儿童不自然的姿态。

（6）坐在大椅子上时间过久。椅子过大，足踏不到地，背靠不着椅背，身体容易歪斜；坐得时间过久，容易疲倦，正确姿势殊难维持。

（7）睡在低陷的床上，床垫过软，枕头高大，必致强迫颈项向前弯曲。

42 怎样研究幼稚教育？

张宗麟

1937年7月10日

题　解　　本篇连载于《商务印书馆出版周刊》第241、242期。发表时间为1937年7月10日、7月17日。

有关撰著者张宗麟，参见前文《劳工幼儿团的使命——致张宗麟》题解。

《商务印书馆出版周刊》，先为周刊，后改月刊，1924年1月创刊于上海，由商务印书馆编译所出版部主办、编辑并发行，主编李伯嘉。旨在介绍商务印书馆之出版物内容。内容包括读书指导、读物介绍、读书笔记、书评、现代作家、世界名著解题、印刷常识等。主要栏目，有总类、哲学、社会科学、自然科学、应用技巧、文学、历史传记、语文学、美术、地理等。主要撰稿人，有陈啸仙、黎锦熙、王云五、朱通九等。1941年8月终刊，自周刊创刊计算，总共出版698期。

一、引子

算起来整整十年了。十年前的夏天，一群青年在举行大学毕业礼后，跑向社会去，有的做教师，有的做小官，有的做工程师，有的做买卖。

我总算被母校①留住做助教。"大学助教，是一个多末有面子的事。"在当时一般同

---

① 此"母校"，指位于南京的东南大学。

学中，都是这样想。可是我做助教，不但没有坐大学公事房，也没有替教授改练习本，我是被派在一个幼稚园①里去做研究工作（老实说，就是做幼稚园教师）。

这时候，我的心里到很快活。因为我在读书时代，也常常逃课到小学里去与孩子们玩耍，这次可以给我玩个痛快了。但是，朋友中就有人向我提出抗议，尤其是从事革命的朋友，简直没有一封信不骂我没出息；更骂我别有怀抱，什么"恋爱""遁世"等名义，加了我一大套。

我每次接到这类信，有时也会心里作跳，好比初做和尚的青年，常常想下凡去。但是那时候的生活，太使我留恋了。白天带着一群小孩子上山去，到田野去，唱歌、跳舞、尽情玩耍；晚上与三五位教授及幼稚园教师，谈到半夜。我的住处离幼稚园大约有一里路。每夜谈话会散后回来，在马路上走着，总是满肚子的快活。

那知战争②起来了，我的几位革命朋友③又想起我来，从革命地发电招我去当中学校长④。这时候，我们的大学虽然穷了，不过我们几个人的工作还是照常进行，并没有想到战争的可怕。但是这道突然来的电报，确是变了一个"起身炮"。在一个初春的寒夜，我们几个人商量的结论，我如留而不去，凶多吉少。因为接到从革命地来的电报的人，就有被杀的罪。师友们当然不愿意我白白儿丢掉性命。

我记得，我俏俏儿走的一天，送行的人，都有些说不出的难过。我硬着心头，忍住泪说出一句话来："半年后我必归来。"那知从此一别，我虽然不到半年又回到旧地，可是再没有机会重温过去三年的梦了⑤。

直到现在，算起来又是十年，我的工作兴趣、我的生活状况屡次变动，只有（也可

---

① 此"幼稚园"，即时任东南大学教授的陈鹤琴主持开办的南京鼓楼幼稚园。
② 此"战争"，指 1926 年爆发的北伐战争。
③ 这"几位革命朋友"，指张宗麟在浙江第四师范学校求学时结交的挚友。他们曾共同投身于"五四运动"，并发起成立雪花社，从事思想启蒙和宣传革命等活动。
④ 此"中学校长"，指宁波启明女中校长。该校位于宁波丝户巷，实际为中共宁波支部和中共宁波地委机关所在地，教师多为共产党员。张宗麟首次加入共产党，即在此短期担任启明女中校长之时。
⑤ 张宗麟离开南京的时间，为 1927 年 2 月初（春节前后）。后在绍兴、宁波、杭州逗留的时间，大体近 5 个月。在 1927 年 6 月下旬或 7 月上旬，应陈鹤琴之召重回南京。故言"不到半年"。但是回到南京后，并非重回鼓楼幼稚园任职，而是担任南京特别市教育局第二科的指导员，辅助时任科长的陈鹤琴负责学校教育，而不能像之前那样专事幼稚教育。所以他说，"再没有机会重温过去三年的梦了"。

说唯一的留存者）对于爱和孩子们玩的嗜好，始终没有去掉。

以上，是我个人从事幼稚教育事业的经过；也可以说，我正在说明，生在今日的中国，要想研究幼稚教育的不容易。不论男女，若要研究这门渺小、不足道的幼稚教育，都有不易排去的困难。

二、研究幼稚教育，应该先看书还是先看幼稚园

孩子们的行动，是可爱的；孩子们读的书，是不合成人口味的。研究孩子们行为的书，更没有像情书的有趣，也没有像其他科学的容易引人入胜。因为它的叙述太微细，有时甚至近乎儿戏。"除非你有了孩子们的心，你决读不懂童话、名著；除非你对于儿童的行为表示深切的同情，你决不能了解任何研究儿童心理、儿童教育的书。"这两句话，我很相信，是不欺骗任何青年的话。我举两个例子。

幼稚园故事的特点之一，是重复多。例如最通行的《三只熊》《老虎敲门》《三只羊过桥》《猫要尾巴》等故事里，重复句子、重复意义等，在成人们看起来，真是不值一笑。又如故事中的"有一次"（once upon a time），是幼稚园故事最重要体裁之一。这种体裁，文学家必将笑为太刻板、太幼稚。

又例如研究幼稚生的测验，不但不能举行团体测验，甚至个别测验都是极麻烦的。又如看幼稚儿童画的研究，真会使人喷饭。倘若这些材料给绅士们看到，真会骂我们发昏无聊。我不敢全称的断定青年们都脱了绅士们的气味；那末一上手就看这些材料，必定会笑幼稚教育完全是不足道的玩意儿，存了这样心的人，还能研究幼稚教育吗？

十八年的一个春天，有两位极热诚向学的青年男子①，来和我谈求学的方向，决定

---

① 此"两位热诚向学的青年男子"，即晓庄幼稚师范学校第三期学生孙铭勋和戴自俺。戴自俺晚年曾追忆说："有时讨论时，陈先生（陈鹤琴）来指导解决问题，有时由张先生帮助指导。当时和我一起的学生，还有一个男同志，即孙铭勋。我们两人那时有个思想问题，即男人是否学幼稚教育。我们先问张宗麟这个问题。张答：'我不就是个男人吗？'又说：'指导我们的陈先生，不也是个男人吗？'"（陈秀云编：《我所知道的陈鹤琴》，金城出版社2012年版，第46页）正是这番激励，使他们坚定了选择学习幼教的志向。

他们在晓庄过生活的计划。我当时很坚决的劝他们：到各种事业上去看看，什么事业合于你的口味的，你就去探求。

一个星期以后，他们决定学幼稚教育。当他们两人加入晓庄幼稚园的时候，有一大群人笑他们发痴，更有一些人责备我不应引他们去学幼稚教育，因为他们都是秉性刚强，又有相当的社会眼光的青年。那知这两位青年，不但爱幼稚教育；看他们五六年来努力的情形，大有终身从事幼稚教育事业的意向。

从实事的欣赏，引到符号的探求路上去，这是做学问的要诀。这句话，至少在研究幼稚教育的过程上是真的。

三、研究幼稚教育的那一部份

"麻雀虽小，五脏俱全。"幼稚教育虽然不值得绅士们的垂青，但是确有他的天地。研究这小小的天地，确实不是"一夜通"的玩意儿。我现在把它的内容大略说明，读者愿意研究那一部份，先作一个打算。

（一）第一部份，属于概论的

倘若不以研究幼稚教育为终身事业，或者不打算做幼稚园教师的读书人，他们或她们，只想懂得幼稚教育是什么一会〔回〕事，对于教育的常识上有些加增，对于儿童的认识有些帮助，那末只要做这步工夫，就够了。当然啦，要想长时期的从事幼稚教育事业的人们，对于这步工夫是必需要的。这里，可以分做几部分。

1. 对于历史的研究

幼稚教育成为一种学问，虽然不过百年，但是已经有它的简短的历史。幼稚园（kindergarten）这个名称，是德国人福禄培尔发现的。他是男子，并且是拿过枪杆子的兵。他因为爱和孩子们玩耍，所以跟着裴斯泰洛齐学做儿童教师。

裴斯泰洛齐是一位沉醉于儿童教育的哲学家，他的学生分为两大派：一派是主张象征的、自由的，就是福氏，就是创造幼稚园教育的始祖；另一派是开小学教学法先河的海尔巴脱①。所以，幼稚园教育，仅仅站在教育方法的观点上去估计，也是一个有历史演变的东西，不是像上帝造物样的捏造出来的。

福氏创造"幼稚园"的名称，意思是"儿童的花园"；幼稚园教师，就是"园丁"（kindergartener）。比儿童是"花木"，这是一个极有意义的名称。他的学说，是主张自由，并且主张，人的心灵与宇宙是同出一源，也好像可以互相象征的。宇宙间整个的或分离的原理，都可以引到教育幼小的儿童来的。他创造了许多种儿童恩物，精选了许多种儿童歌曲、儿童游戏。晚年，又确定了幼稚园教师最好是女性的事实。

他的名著 The Education of Man②，已有英译本（但我没有看到有中译本）；他的事略，在任何一本西洋教育史里都有些。比较容易看的，有一本《近代教育家及其理想》③里的福氏一篇。最近，张雪门君发宏愿，要介绍他的著作，已介绍了《母游戏》《儿童心理之研究》二册。

其次，是一位还没有死的蒙得梭利④。她是意大利人，是一位女医生，从研究低能儿转而研究幼稚教育。她是深信心理学上"转移学说"的人，所以她就主张，用训练感官的教育，代替许多心理训练的。她也有一套恩物，可是与福式恩物的意义大不相同。她的恩物，很像一般所用的心理测验的用具。

她的最大的贡献，是从生理学出发研究儿童教育。所以，在她的幼稚园里，遇有儿童犯过失，她从不责备儿童，只是很小心地检查儿童的生理上是否有反常的情况，例如不消化、睡眠不足、扁桃腺发炎等等。换句话说，她是用极周到的养护来做幼稚教育的骨干，用极精密的生理诊断来决定教育方策。

中国最早介绍蒙氏教育学说者，为但焘君。他在二十年前，就写了一本《蒙得梭利教育》⑤，在商务出版。她的名著 The Montessori Method 正、续二册，在中国只有介绍，没

---

① 海尔巴脱：通译赫尔巴特。
② 此英文为书名，通译《人的教育》。
③ 《近代教育家及其理想》：系张宗麟校友唐毅根据日文版所译，由中华书局1924年初版，后印行达8版之多。
④ 蒙得梭利：通译蒙台梭利。
⑤ 《蒙得梭利教育》：准确书名为《蒙台梭利教育法》。该书由但焘据日本人今西嘉藏的译本转译为中文。

有译本。张雪门的一本《蒙得梭利及其教学法》①，介绍得很简要。

2. 属于现状的研究

社会是不息的演变着。整个教育，是跟着社会的演变而演变。幼稚教育的发明者所发明的方法，好比瓦特的发明蒸汽机，它对于社会的一切关系，也必须跟着社会的演变而变更它的意味（至少是这样，甚至必须变更全部分的实质）。这里，我想举出两国幼稚教育的大略情况，来说明这点关系。

美国。美国地大物博，又经过前欧洲大战的赐与，它居然是全世界最有钱的国家；国内大富翁极多，靠大富翁而发小财的财主也不少。虽然近几年来也闹着失业人数的增加，但是比起别国来，富翁总算不少。所以，社会上幼稚园很发达，尤其是大都会里与高等住宅区，幼稚园不但数目多，并且各种设备也是应有尽有。老实说，近来全世界许多最合教育原理的儿童玩具、幼稚园设备、幼稚园用的材料与方法，大都是美国首先发明的。它不但发明，并且精益求精的研究。它虽然不能使全国人民普遍的享受，但是用幼稚教育实验的眼光来评量它，确是一个极有贡献的国家。读者可以先看 *Pioneers of Kindergartener in U. S. A.*② 得一个它的简史。倘若要知道最近状况（尤其材料部分），可以看 *The American Child*③ 月刊。

苏俄。这是一个奇怪而富有趣味的国家。国内一切设施，都合乎它的一贯主张的，幼稚园当然不是例外。它的幼稚园的长处，不是内容的见胜，而是能够普遍设立。凡是工厂区与集体农场区，都有幼稚园。它的幼稚园，是完全代替做工的母亲教养孩子的。所以，它对于孩子的教养，也就与别国幼稚园的方法不同。它对孩子是直接负责的，对父母负责的分量比较来得轻。关于苏俄幼稚园的参考材料，大多数散见在各种杂志上。陈子明④ 译的《现代欧洲教育家及其事业》，有一篇是苏俄幼稚教育，比较来得简

---

① 《蒙得梭利及其教学法》：准确书名为《蒙台梭利与其教育》。该书由上海世界书局于 1927 年 11 月初版。
② 此英文为书名，可译为《美国幼儿园先锋》。
③ 此英文为杂志名，可译为《美国儿童》。
④ 陈子明（1901—1979）：原名胜标，号陈亮，广东兴宁人。1921 年考入东南大学教育系。毕业后，先后在江苏省立如皋中学、扬州中学任教。1934 年 10 月起受聘于上海中华书局，担任《中华教育界》编辑。1937 年离沪回乡，翌年就任省立文理学院教育系主任，后任文理学院教务长。1953 年院系调整后，任华南师范学院教务长，兼任学报主编。著有《教育统计》《教育概论》等。

单、扼要。

美国与苏俄，是现代世界的两个极端的国家。它们的办法，都可以影响到与各该国性质相近的国家。读者倘若愿意研究英国、日本等国的幼稚教育，当然也有别的书可看（在各种杂志上，有时可以看到一二篇）。英文教育杂志 New Era[①]，可以找到些关于现代各国幼稚教育的新消息。

（二）第二部份，关于实施的

这部份材料极多，都是幼稚教师必须知道的。其中有关于组织的、课程的、各科内容与实施方法的。下列一张书单，凡是从事幼稚教育事业者，都有一读的必要（至少应该涉猎一次）。

（1）"幼稚教育丛书"一套，商务印书馆出版。已经出版的有：《幼稚园演变史》，张宗麟著；《幼稚园的社会》，张宗麟著；《幼稚园的故事》，沈百英著；《幼稚园的自然》，雷震清著；《幼稚园的音乐》，吴增芥著；《幼稚园的管理》，葛承训著；《玩具与教育》，陈济芸著；《幼稚园的设备》，苏顽夫编；《幼稚园的教材研究》，梁士杰编；《幼稚园的卫生教育》，周尚著，商务印书馆出版。

（2）《幼稚园故事一百六十篇》，沈百英编，商务印书馆出版。

（3）《幼稚园游戏一百六十种》，吴增芥编，商务印书馆出版。

（4）《幼稚园音乐一百六十首》，沈秉廉、沈百英编，商务印书馆出版。

（5）《幼稚教育》，张宗麟著，中华书局出版。

（6）《乡村幼稚教育经验谈》，孙铭勋著，儿童书局出版。

（7）《幼稚园组织法》，张雪门著，儿童书局出版。

（8）《新幼稚教育》，张雪门著，儿童书局出版。

（9）《怎样做幼稚教师》，梁士杰著，儿童书局出版。

（10）《幼稚教育论文集》，陈鹤琴等编，儿童书局出版。

以上各书的看法，可以依下列次序看。

---

① 此英文为杂志名，可译为《新纪元》。

第一步，先看（5），可以得一个综合的概念，知道幼稚教育内容是什么，应该怎样着手去探讨，并且因此知道各科的方法与材料的概要。（6）可以同时看。

第二步，看（7）（8）二本，可以得一个幼稚教育新趋势的概念。做了几年幼稚教师，自己觉得有些落伍了，有些烦厌了，那末极值得读这两册书，最适用于为大众教育孩子的幼稚教育书册。有志于为社会真心做些工作的幼稚教师，可以细读。

至于（1）（2）（3）几种，在现在的中国，可以说是幼稚教育的辞书。幼稚教师及小学校长，都可以作为幼稚教育实施时的查核用。幼稚教师倘若对于某个问题感到特别兴趣时（例如故事），那末就在（1）中抽出《幼稚园的故事》来读。

此外，我还想介绍一部英国的幼稚园的大丛书，名叫 *The Practical Infant Teacher*, edited by P. B. Balland[①]。能看英文的幼稚教师，值得备一部作为辞典用。

四、研究幼稚教育者必须注意的两件事

研究幼稚教育，除参观与参加幼稚园的实际工作，和阅读关于幼稚教育的书报以外，必须注意下列两件事。

（一）注意与幼稚教育有关的科学

与幼稚教育最有关的科学，有儿童心理学、儿童养护学、简单医药常识。其次如社会学、自然科学等常识，尤须熟悉。至于技能方面，如音乐的技术、绘画的技术、游戏的技术等等，都极重要。

总之，除非只想做一个幼稚教师匠人，那末只要会教孩子，只要会依像〔样〕画葫芦教孩子，就算完事。不然，除阅读幼稚教育直接有关系的书籍外，尤须多方涉猎直接或间接有关系的书籍。

---

① 此处英文为书名及编者，可译为《实践的幼儿教师》，P. B. 巴拉德编。其中人名"Balland"误，当为"Ballard"。

（二）注意遇到困难问题急速与人讨论

幼稚教师天天会遇到许多困难问题，遇了问题不求解决，是不应该的。解决的方法，最方便的是与本地教师共同讨论，如组织"幼稚教育研究会"等等。倘若遇到本地同志不能解决时，那末可以写信去讨论。在南方的，可以写信给陈鹤琴先生（上海工部局华人教育处）；在北方的，可以写信给张雪门先生（北平香山慈幼院）。讨论乡村幼稚园的问题，可以写信给戴治安[①]先生（北平香山慈幼院转）；讨论劳工幼稚教育的问题，可以写信给孙铭勋先生（上海威海卫路六五六号普及教育助成会转）。

著者很愿意与全国幼稚教育同志讨论问题。可惜这几年来，我的生活依然不会长时期的安定。例如前三年，就在三个地方：二十二年在四川[②]，二十三年在湖北[③]，二十四年又来山东[④]。不过，上面所开的几位先生，无论何时，都可以知道我的通讯处，所以随时可以请他们转寄。

---

① 戴治安：戴自俺。
② 此"在四川"，指1933年9至12月，受聘担任位于重庆郊区的四川乡村建设学院教务长。
③ 此"在湖北"，指1934年2月至1935年8月，受聘担任位于武昌的湖北教育学院乡村教育系主任。
④ 此"来山东"，指1935年9月赴山东邹平，担任邹平简易师范学校校长。

43 游戏与同情

郑晓沧

1938年7月

另图 21　郑晓沧像

题　解　　本篇原载《教与学》第 3 卷第 6 期 "教育评论"栏。撰成时间为 1938 年 7 月，发表时间为 1938 年 8 月 31 日。

撰著者郑晓沧（1892—1979），名宗海，后以字行，浙江海宁人。1914 年毕业于清华学校，旋赴美国留学。先后在美国的威斯康星大学和哥伦比亚大学的师范学院攻读教育学，分别获教育学学士和教育学博士学位。在清华学校和哥伦比亚大学，均与陈鹤琴同学。归国后，历任南京高等师范学校、东南大学教职，又与陈鹤琴同事。后历任中央大学教育学院院长、浙江大学教育系主任。中华人民共和国成立后，历任浙江师范学院、杭州大学教育系教授，浙江师范学院院长。著有《教育概论》《教育原理》等，译有《予之教育信条》《人生教育》等。

《教与学》，教育月刊，1935 年 7 月 1 日创刊于南京，由正中书局主办、编辑并发行。旨在探讨教育学术理论，"用归纳的方法，驭繁以简、化深为浅，以事实证理论，以方法求原则，又以打破从前专事空论、不讲实务、偏重枝叶而忘其本之流弊"。主要栏目，有战教动态、教育评论、教育论著、教学法、补充教材、教育文化消息、书报评介、教育文艺等；主要撰稿人，有顾颉刚、高行健、汤茂如、罗廷光、袁翰青、林贵华等。自 1938 年 9 月第 3 卷第 7 期起，迁至重庆续办；1942 年 2 月第 7 卷第 2 期出版后停刊，共出 7 卷 70 余期。

在那个"同情学校"里，我看见孩子们在花园里游玩。一个八岁的男孩，小心谨慎的领着一个十二岁的女孩子，她的双眼有布遮住，徘徊于花床间；另外还有一个用拐杖支着的孩子,在凝神注视别人玩耍。那位老师说道:"她实在不是瞎子,不过今天却轮到她扮瞎子,那个孩子轮着扮跛子。"

原来在一个学期里,每个孩子都有一天轮到扮瞎子。在那一天,用一段布把两眼遮住,一点也不漏光,而且相约不许偷着〔看〕,偷看了不是好汉。另有一天轮到做跛子、做聋子、做哑子。轮到了的人,种种事情是需要别人帮助的。所以,同时便有一个孩子被派去做帮手。这对于双方,均有教育的意义:一则因"设身处地"之演习,可以深切明了人间世善、苦之真相;一则由于亲身实地练习,可以培养成救济尘海中苦难之智慧与善心。

以上,译爱默生①所述故事一节,末二句略有改动。

表演为教学法之一种。初不必定有舞台与观众,一切想像的游戏,亦可视为表演。游戏为孩子们生活中所不可少的活动,流离颠沛中之儿童,亦非无游戏之生活。(六月二日《大公报》登载《端节中之难民》描写至为沉痛,大足以引起恻怛之心。其末段描写难民之游戏,极为生动。)

军兴以来,孩子们所玩的,多为防空、练兵等事。自因耳濡目染,出于自然(按:最近各地孩子们所玩的游戏之种类及性质,亦足供有心者的调查和探讨)。但除此以外,如伤兵,如难民,如为国捐躯者之孤儿、寡妇等,亦皆为良好资料。同时,并当有积极之一方面。如对于伤兵则有救护,对于难民则有振济,对于死亡将士之孤儿、寡妇,则并表演其教育上、经济上之扶助,方能引起"增进人间幸福与减少世界痛苦"之善心。

二七.七,于浙江大学

---

① 爱默生:拉尔夫·沃尔多·爱默生(Ralph Waldo Emerson,1803—1882),美国思想家、文学家、诗人。著有《论自然》《生命》《美国的哲人》等。

44　战时难童教育问题

张雪门

1938年8月15日

题　解　　本篇原载《今论衡》第 1 卷第 9 期。发表时间为 1938 年 8 月 15 日。有关撰著者张雪门，参见前文《中国幼稚教育已到了十字街头》题解。

《今论衡》，半月刊，1938 年 4 月创刊于武汉，由武昌科学教育社主办、编辑并发行，主编为汪奠基。该刊宗旨为"提倡科学实用的建国教育，宣传民族复兴和信心"。主要栏目，有抗战丛谈、诗录、编辑后记等；主要撰稿人，有夏敬农、刘天行、詹剑峰、阎宗临等。1938 年 12 月终刊，共出 2 卷 11 期。

自从敌军进了北平城以后，北平的天空虽依然是蔚蓝的颜色，太阳也依然是黄金一般的娇媚，但我们的心，每个人好像灌上了铅块，沉重地烦闷。除去几个必须看的朋友外，一天到晚，简直关起门来，不想外出。

晚上，在电灯下，常常商量怎样回南的办法。当时感到最难解决的，便是未成年的孩子们问题。如果把他们托付给别人，自己心里又放不开；如果带在一起，旅途上实在太不方便。最后，只有为着孩子们，把一个家庭牺牲[①]在北平地方，我自己一个人走了。假使目今敌人竟要把他们装到东京去，有什么办法！我一想到这批孩子们，同样地想到

---

① 此"牺牲"，指张雪门抛家别子，只身前往南方。此时，他的幼子仅两岁，且留在北平的家庭并无稳定的生活来源。

留在沦陷区域的儿童，心上好像刺上了一柄刀。

回南以来，我从青岛、济南而南京，而上海，经过南通、汉口而长沙，又从长沙而广州，而梧州，一直到了桂林为止。整整的半年工夫，更添上无数的儿童不幸消息。

我亲眼看见，上海弄堂口的难民家庭，大的儿童在马路上要饭、打仗，小的匍匐在垃圾桶旁边，更有的患着满脸的疮疥，倒卧在地面上。

我听到从济南逃出的朋友们说起，有一位母亲，把自己十个来月的孩子丢在水里，更有祖父，拿着木棒，赶跑了求抱的孩子。

在粤汉路上，我从铁路这一边跑过被毁的桥梁，好容易爬上了那一边的车厢，凄风寒雨，一阵阵送过来的，好〔多〕是儿子寻母亲和大人觅小孩的啼喊声音。

更从报纸上看到，某一个难民区里的儿童，被敌军整千累百的装走了；某一村庄里儿童，给敌人像鸡鸭一样的宰杀了，或者甚而至于煮食了。

然而，这些全是中华民族的继承人，全是下一代的抗战建国的主人翁。假使没有了他们，对持久战争中发生不利的影响，恐怕比物力、财力的断绝，问题还要严重。

为着企图克服这一困难，于是教育部办的"战区儿童教养团"，中国妇女慰劳自卫抗战将士总会办的"战时儿童保育会"，马超俊等发起的"中国战时儿童救济协会"，以及中华慈幼协会等，都雨后春笋般起来了。虽然有的是新成立的，有的成立已久，但为着救济难童，并施以适当教养，并培植民族幼苗、增加抗战力量、树立建国基础，其宗旨是同一的。

至于一切实施的办法，除中华慈幼协会根据原有的任务加以扩充外，其余战时儿童保育会方面：第一，是保育院之筹备及创设；第二，是保育方法之研究与实施；第三，是各地难童之调查、运接；第四，是一般难童教育工作之协助；第五，是各保育院的工作之视导。因为大家都要求即刻展开实际的工作，不及把更多的时间与精神用到理论的探讨上，所以，该会只从实际工作中，求取教训和进步。

至战时儿童救济协会的办法，只要凡属战区儿童，在十六岁以下、家境贫寒的，都在收容之列。六岁以下为婴儿期，注重保育及幼稚教育；六岁至十二岁为学龄期，注重国民教育；十三岁至十六岁为成童期，工读并重。将在湘、川、黔、桂各省，筹设教养院及教养团和难童班。

教育部规定《战区儿童教养团办法大纲》，一共计有八条：

（1）凡已陷入战区地方人民、家境困难、无力迁居地方避难者，其儿童，应由当地教育行政机关，督令当地小学教职员，组织战区儿童教养团，设法迁移至安全区域收容之。

（2）凡避难至他地之人民，对于子女无法教养者，亦得由所在地教育行政机关，利用战区小学教职员，组织战区儿童教养团收容之。

（3）教养团之经费，须由当地教育行政机关，就原有地方教育经费项下，设法筹拨。不足时，得呈请教育部酌量补助之。

（4）各地教养团之址，得利用当地慈善机关、庙宇、祠堂、公会、公所等公共场所；必要时，得租借民房。

（5）教养团除供给膳宿、衣服外，并应继续维持其课业。

（6）教养团得按儿童程度，分为高级小学、初级小学及幼稚园三部。

（7）教养团除由小学教职员担任教养、管理外，必要时，得聘请保姆或看护担任保育事宜。

（8）教养团收容儿童之人数，至多以五百人为限。

嗣后，振济委员会[①]为谋难童救济及教养分工、合作抗进〔建〕、推动效能起见，叠邀中华慈幼协会、中国妇女慰劳自卫抗战将士总会战时儿童保育会、汉口市难民儿童教育委员会、中国战时儿童救济协会指派代表，会同商讨联络、进行之工作，并期以该会各区特派委员，及所定之难民输送网总站暨各分站招待所，取得密切联络，规定实施办法大纲。

在该项大纲十五条中，最值得注意的，是第四条和第十三条：

第四条　是把全中国分成七个区域：京沪沿线及浙江，是第一区；皖北、鲁南、苏北，是第二区；皖南及苏浙边境，是第三区；鲁西、豫东南、冀南，是第四区；豫北、晋东，是第五区；绥、察、晋北、陕北，是第六区；豫西、陕东、晋南，是第七区。

―――――

① 振济委员会：亦作"赈济委员会"。该会在抗日战争期间，专设了难童教养院和振济学校。

第十三条　是为教育设施便利起见，各团体可依下列各项中心教育，注意推进实验，务使达到一项或二项之特别表现：（1）保育研究，一岁～六岁；（2）幼稚师范，十二岁～十六岁女童；（3）乡村教育，十二岁～十六岁；（4）工艺传习，七岁～十二岁；（5）短期小学，附设难民收容所附近，七岁～十二岁；（6）种植实习，十二岁～十六岁。

可是，难童教育实施以来，究竟情形怎样呢？有一位在保育院负责的，对我说过下面一段感慨的话。她说：

平时我们总以为难童从战区里逃出来，经过了不少的地方，增进了许多的经验，至少比后方的儿童认识清楚，能耐劳苦。谁知道，他们想家的念头，反比后方的儿童厉害，生活方面稍不周到，一些儿都不肯体谅，便瞪眼握拳，和当事人为难。如果饭开少了，那更了不得了，结群成队，便要打厨房、摔家伙。我们固然认这些难童是为民族的幼芽，是下一代抗战建国的主人翁，如果下一代主人翁都是这样的情形，还有甚么希望呢？

其实，难童在这一时代所受的刺戟，决不是平常时候刺激可比，当然行为的反应有些反常。

第一，他们离开了家人，骤然参加到各地的群众，因习惯、言语等不同，自然更引起从前在家庭团聚时的感想；更因救济的团体，当时只愿〔顾〕到从速完成妇孺疏散的目的，有的不免过甚其辞，说政府已盖造了好多大房子，穿衣、食用都是已经有办法了，在里面可以读书，还可以游戏，将来毕业之后，依然可以回到家里来。直等到儿童们面对现实，一切全没有想像的好，甚至于不如原来的家庭。这时候，怎能使他们不想家？更有什么办法，能使他们不对当事人怀恨？

第二，他们离开了亲热的家乡，终日在惊骇、恐惧、逃避中讨生活，睡眠不足，饮食起居都没有一定，长途奔波，不但精神上失了常态，就是生理上也日就衰弱，贪吃懒做，自卑躲避，都是一定的现象。如果我们不把这些客观的背境加以考虑，仅凭着主观上的估价，是没有不失败的！

至于难童的处置问题，仅据报章、杂志等材料，眼前只有两种办法：一种是留院教育；一种是分插各校。前者，如武汉方面之战区儿童教养团；后者，如广西儿童保育院的新计划。

本来，战时难童的教育问题，决不是消极的慈善救济的事业，且也不是敷衍遮羞的行为，它是抗战建国运动中重要的一环。

现在我们挣扎地和日本帝国主义作殊死战，为的是什么？不是为着求民族的自由、解放吗？也就是不要使我们一代和下一代的民族，给别人做了奴隶。假使我们把民族的幼芽抛开了不管，那末，我们的抗战，便成了无意义的努力。况儿童是长期抗战中的后备兵，也就是建设新中国的主人翁，如果不能把他们的身心发育得好，不但平添了工人、兵士们后顾之忧，减少了现时为国效劳的力量，且何以支持永久的奋斗？

但难童教育真能完成上述的目的，除非教育的内容已经能够做到了和抗战建国配合起来。可惜，我们现在一般的中小学，虽然新添几门战时课程的装饰品，究竟不是抗战建国的途径。与其把难童教育混杂在一般的平时学校里，我以为，倒不如保守其特殊场合，至少还可以免去意识的摇动。

然则难童的教育，到底应当如何实施呢？教育本来离不开政治的，而且是政治建设重要的一部门。中国现在的环境，若仍走资本主义的路，当然已感不通；若改走苏俄社会主义的路，也是望尘莫及。展开在我们面前的，还是封建势力的残余和帝国主义压迫。那末，站在反封建、反帝国〔主义〕的立场上，除非依据于唯一的三民主义，才能有新中国的建设。对此，难童的教育，不独仍应遵照民国十八年四月二十六日国民政府公布之《中华民国教育宗旨及其实施方针》，而且从婴儿起便得彻底的注意，庶几可以完成了整个教育的系统。

其次，过去学校的组织，总是以学校机关为主体。教职员对于学生，好像商店里的伙计应付主顾，且和当地民众没有密切的合作。难童的学校，似乎不必再采取商店方式，应该全体师生组织起来，变成一个灵活的团体。

校长当然是一位团长，教员便是团里的指导员，学生都是团员。团以下，按着学习的性质、工作的繁易程度的高下，再分成若干小组织。在师生共同生活底下，努力工作，努力学习，努力求长进，决使每一小组织都能够变成独立的活动机体。而且这种活动机体，还必须和当地民众打成一片。

在这里，无所谓规则，有的就是团体自己定的而且公共遵守的公约；在这里，更无所谓教学，有的就是经营公共生活的互教与互学。这个师生公共生活的组织，所进行的训练，是一种反个人主义的集体训练。一遇危险，便可化整为零；等到稍为平静，又可聚零为整。而且和民众打成一片以后，学校有了什么困难，民众便会起来帮助。至于六岁以下的儿童保育的工作，实重于儿童自动的工作，总以安置较后安全的地带为宜，当然另作别论。

再次，便当讲到难童的课程内容。在这里，便有两种具体的办法。

第一种，完全以抗战为中心，改变向来中小学原有的科目，尽可能地采用混合的活动。这当然最合于难童。但对于目前的人力，或者反为感到了困难。

第二种，仍旧袭用原来的科目，但改变各科的内容，并缩短不必有的无谓时间。这虽然是一种过渡的办法，却和一般教职员的经验相接，不妨多说一些。在目前的中国教育，大家都以为，应特别注重精神训练，以激发民族思想，更应该和反帝、反封建配合起来。然而，精神不是独立的官能，却须受着生活的支配。尽管一个人读的是农业的书，写的是农业的文，进的是农业的学校，但过的却是养尊处优大少爷的生活。这个人，我可以大胆地断定，决不会有农人的意识。要激发民族的思想，最好应在民族解放奋斗中讨生活。

可惜，现在我们仍不能摆脱第二种的办法。那末，在幼稚园里，只有利用各种的纪念日，组成儿童各种的设计，再经过游戏的表演、故事的推敲，有时再应用唱歌的吟咏。

在低年级小学里，须多用史地的材料。譬如，眼前抗战已经逼近了武汉，便可以把武汉地图翻开来看。这里离九江有多远？有多少路径可容敌人的进兵？武汉有什么工厂、有什么出产？从前有谁人驻过兵、打过仗？如果这里保守不住，对抗战前途会发生什么影响？凡此种种，都是很值得研究的问题，也正是培植民族意识最好的材料。

在高年级里公民训练，应尽可能的用报告时事和分析时事，来展开为国际知识、中国胜利条件，以及日本帝国主义侵略中国史等研究。中学的国文课，不必再读《秋声赋》之类的文章，尽可从报章、杂志中，找战地通讯及各种抗战的文艺材料。以后，更应增加中国近百年史、社会发展史等等。此外，更有人主张，劳动生产及有关职业的基本知能，也应该努力培养。

不错，从全〔民〕抗战以来，东南富庶之区已丧失净尽。此后，如果不能在贫瘠地方来开发，一定会形成民生中极严重的问题。可惜，我们从前的劳作教学，在中学不按着部定课程标准来考核，会考时又往往为贪图便利起见，把这一门省略了不试，于是，形成师生们轻视劳作的心理。

小学和幼稚园，大概都是注重表面的成绩。每一种工作，多半是有了固定的模样，然后再把已准备的工具、材料分给了儿童，令他们依样仿制出来，便以为已尽其能事。殊不知，作工的价值，在求儿童控制环境的欲望与能力的进步，并锻炼其"计划、实现"的意志。凡工作经济的过程、机巧的创造力，实比优良的成绩为尤要。

在这里，尚有一件重大的错误应该指出的，就是：一般的教师，只重视个人有出产品的劳作；对于开地、修路、浚沟等等公共合作的作业，总是不十分会引起他们的注意。今后在小学里，原料能自行生产的，务必自行生产。凡实在的环境，如工场、商店、田园……是劳作法的参考所和劳作材料的大来源，尤应充分利用。廉价的或不费钱买的东西，更应当鼓励儿童随时自行搜集，以备应用。

幼稚园里个别的手工，今后应设法改成团体的作业。在活动中需要什么东西，便应计划从什么地方去搜集工具和材料，怎样来制造。教师在其实行中，不过供给其知识、技能，唤起其应有的习惯与态度，但并不侵夺了他们的自由。此外，更有民权的训练、军事的训练、疾病的治疗，都可以在师生的公共生活中加以练习、加以纠正的，恕不赘述。至于知识的灌输，名词、条文等记忆，倒不是顶重要的。

从上所述，中国战时难童教育的工作，是伟大的，是艰苦的。从前的中小学，大半每天仅有几小时工作。遗族的教育、孤儿教育，虽在院保育，但受教者性质单纯，加以环境安宁，尚易解决。现在难童背境不一，情形复杂，而教育所负的使命，又非平时可比。若非具有清楚的意识、战士的心肠，能尽奶妈的责任，并能应用科学的教育技术，决不能担荷这一种伟大的使命。所以，难童的师资，不仅〔能〕望于一般口称"肯尽义务"的人，也不能望之于离前线过远的现有的小学教师。因为，前者把难童教育看作了慈善事业，未免失了难童教育的真意义；后者久处安适的地段，身心都比较松懈，很难明白帝国主义侵略的真相。

那末，要推动这一种新教育的基本人员，不得不求之于从战区里跑出来的教师们了！他们重视自己是黄帝的子孙，不肯替敌人作奴化的工具，更从血和泪的生活中，养成了铁一般的意志。他们和难童，是站在同一生命的线上。难童的痛苦，就是他们自己的痛苦；他们为难童尽力，也就是为自己尽力。

可怜从战区退出来的教师们，起来吧！我们已没有了眷恋，且把眷恋寄托在难童身上吧！我们已没有了前途，为什么不把未完的生命供献给难童身上呢？快起来罢，我们战区退出来的教师们！

45 记1939年家庭儿童节庆祝会

蔡元培

1939年4月4日

题　解　　本篇原载王世儒编《蔡元培日记（下）》第610～611页。撰成时间为1939年4月4日，出版时间为2010年9月。原发表时无题，今题系编者所拟。

　　有关撰著者蔡元培，参见前文《祝儿童节》题解。

　　有关儿童节，参见前文《祝儿童节》题解。

　　据蔡元培之女蔡睟盎忆述，因这届儿童节后未久即为其大弟怀新十周岁生日，故此次庆祝会有借儿童节提前为其庆生之意。同时，因为当时抗日战争的战局不利，蔡元培的忧国忧民之心也日甚一日。在儿童节举办这种无忧无邪的欢聚，对蔡元培未始不是一种放松。

　　蔡元培晚年，颇以家庭聚会为乐。如1935年7月10日的日记中记有："为睟、新、多三儿举行家庭休业式，唱家庭学校歌，邀儿辈同学十余人，款以茶点，长亲十余人留此晚餐。"（见《蔡元培日记（下）》第419页）所谓儿孙绕膝之乐，于此可鉴。

　　《蔡元培日记》，王世儒编校，北京大学出版社2010年9月出版。所载日记始自1894年，止于1940年。在此间的47年中，存有日记的年份仅31年，且有时断时续的情况。所记尽管不太完整，且颇为简约，但此原始记录，实为研究蔡元培思想的重要史料。

四日　火曜　晴，阴　儿童节

午后三时，在寓中开儿童节小小庆祝会。

到会者，除吾家大小五人①外，任夫人陈衡哲②女士及其女以书、其子以安，许夫人张景欧女士及其女舜华，喻国柱君及其子光明，盎儿③之同班生郑焕容女士、新儿④之同班生杨国华、Jose Rerheiro⑤二君，余天民、周新⑥、何尚平⑦三君。任夫人及余、何二君演说，睟盎奏钢琴，以书、以安唱双簧，又奏口琴，何君吹笛并唱福建民谣（《清明扫墓》），喻君演魔术，周君出"庆祝儿童节"五字之谜，我致开会词及闭会词。

闭会后略用茶点，并请到会小朋友钓鱼（抽彩）。

我作《儿童节歌》⑧（另图22），已见三月三十一日日记。养友⑨作《祝儿童节》二绝：

---

① 此"吾家大小五人"，即蔡元培、周峻夫妇二人，另加子女蔡睟盎、蔡怀新、蔡英多三人。
② 陈衡哲（1890—1976），笔名莎菲，湖南衡山人。早年入读清华学校，后赴美国留学，获瓦萨学院文学学士、芝加哥大学西洋文学硕士学位。1920年归国后，历任北京大学、东南大学、四川大学教授，是我国第一位女教授。其丈夫任鸿隽当时担任中央研究院总干事，故随同院长蔡元培客寓香港。著有《文艺复兴史》《西洋史》《一个中国女人的自传》等。
③ 盎儿：蔡元培次女蔡睟盎（1927—2012），浙江绍兴人。当年12岁，随父母在香港读书。中华人民共和国成立后，任中国科学院上海分院高级工程师（教授级）。历任第三、四届全国人大代表，第五、六届上海市政协常委，第六、七、八届全国政协委员。
④ 新儿：蔡元培四子蔡怀新（1929—2010），浙江绍兴人。当年10岁，随父母在香港读书。中华人民共和国成立后，任教于上海交通大学。1952年调入复旦大学，历任物理系讲师、副主任、副教授、教授。与人合著有《基础物理学》。
⑤ 此外文为人名，可译为乔斯·雷雷罗。
⑥ 周新：生卒年未详，江苏江宁（今属南京）人。蔡元培舅侄，周峻兄长周成之子。长期随蔡元培一家生活，当时也客寓香港。
⑦ 何尚平（1887—1970）：福建闽侯（今属福州）人。早年毕业于复旦大学，后赴比利时留学。归国后，在无锡创办女子蚕桑讲习所，在镇江开办女子蚕桑学校，担任中国合众蚕桑改良会总技师。后历任中法国立工学院、北京大学、广州中山大学教授，中国驻巴黎总领事，里昂中法大学校长等职。为中国科学社上海分社理事。与蔡元培熟识，当时也客寓香港。
⑧ 此《儿童节歌》的内容为："好儿童！好儿童！未来世界在掌中。若非今日勤准备，他年落伍憾无穷。好儿童！好儿童！而今国难正重重。后方多尽一分力，前方将士早成功。"此歌手迹后于报刊发表，并由其夫人周峻谱曲，广为传唱。
⑨ 养友：周峻（1890—1975），女，字养浩，江苏江宁（今属南京）人。蔡元培的第三任夫人。才、学、识三者俱备，擅诗画。早年就读于上海爱国女学时，认识蔡元培。1923年与蔡元培结婚，生育了女睟盎，子怀新、英多。经常与蔡元培以诗唱和或联句，琴瑟和鸣，故蔡元培以"友"相称。

韶光迅驶若山河，莫使髫龄悠忽过！
科学文章勤练习，将来报国效能多。
喜逢佳节艳阳天，活动精神羡幼年。
预祝前途多伟大，欢呼拍手共欣然。

天民写七古一首，衡哲、以书、以安、周新均有题词，晬盎、怀新、英多及许舜华均有画。

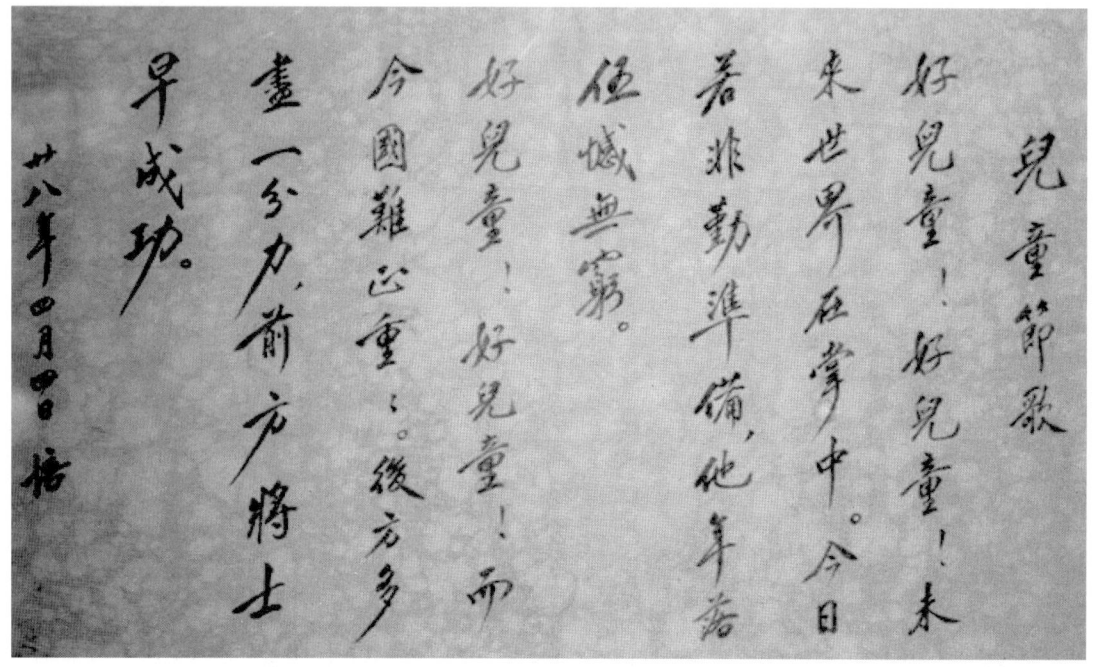

另图22　蔡元培《儿童节歌》手迹

46　儿童玩具与教育

陈鹤琴

1939年4月10日

题　解　　本篇原载《小学教师》第1卷第2期。发表时间为1939年4月10日。有关撰著者陈鹤琴，参见前文《儿童教育的根本问题》题解。

《小学教师》，教育月刊，1939年3月10日创刊于上海，由上海工部局华人教育处主办，上海工部局小学教职员进修会主编，上海民众书店发行。旨在"提倡具体教材，讨论实际方法"。主要栏目，有教师园地、书报介绍、教育消息等；主要撰稿人，有陈选善、葛鲤庭、张祖培、马虚若、王志成、姜元琴、马精武等。终刊原因及时间未详。

玩，是小孩子整个的生活。两三个月大的小孩子，就要在床上不停的动手踢脚，独自的玩。到了五六个月的时候，看见东西就要来抓。再大一点，就要这里推推，那里拉拉。到了会爬会走的时候，便不停的爬来爬去、走来走去。到了三四岁的时候，玩的动作更加繁多，方法也与前不同；从前只会拿木棒拖着敲敲，现在要把木棒背着当枪放了。到了八九岁的时候，喜欢和同伴玩拍皮球、打棒、踢毽子等竞争游戏。小孩子是以游玩为生命的。多给小孩子玩的机会，身体就容易强健，心境就常常快乐。

小孩子玩，很少空着手玩的。必须有许多玩的东西来帮助，才能玩得起来，才能满足玩的欲望。譬如，一个小孩子玩骑马的游戏，至少要有一条带子，或一根竹竿，才好跑来跑去的玩，才能玩得有趣。玩固然重要，玩具更为重要。

玩具有好有坏。好的玩具，可以帮助小孩子身心的发展；坏的玩具，便要发生许多坏的影响和危险。什么是好的玩具呢？我可以举几个例子来说。

好的玩具，能引起小孩子多种动作的。譬如皮球、毽子，都能引起小孩子多种动作。小孩子拿到皮球，有时用手拍拍，有时用脚踢踢。拍拍他，他会跳；踢踢他，他会滚。拍得重，他就跳得高；踢得重，他就滚得远。小孩子拿到毽子，踢的花样更多：有时一脚踢，有时两脚踢，有时跳着踢。像这种玩具，就是好的玩具，可以给小孩子玩。

好的玩具，更能启发小孩子的思想的。譬如海军棋、陆军棋、象棋和拼图等玩具，能启发小孩子的思想。小孩子下棋，一定要细心的想：怎样走动，才可以达到目的地？怎样走动，才可以避免对方的攻击？处处要运用思想，才能克服对方。小孩子拼图，如彩色拼图、故事拼图、纸板拼图、七巧板等，玩弄时也要运用思想，才可以拼得起来。如拼一个动物或一个人物，一定要选择适宜的木片，放在适当的地方，才可以拼得像。下棋和拼图，变化很多。因为多变化，容易启发小孩子的思想，所以也是好的玩具。

好的玩具，要能陶冶小孩子情绪的。譬如洋娃娃、乐器等玩具，都能陶冶小孩子的情绪。小孩子拿到洋娃娃，喜欢抱抱他，给他穿，给他睡，同他一起游玩。如果洋娃娃跌在地上，便连忙抱起来，疼疼他，深怕跌痛了洋娃娃的身体。小孩子喜欢听音乐、玩乐器，如口琴、铜鼓、喇叭、铙钹等。因为乐声优美，玩惯了，便会发生优美的情绪来。所以，这是好的玩具。

好的玩具，要能发展小孩子创造能力的。譬如各种大小积木，很能发展小孩子创造的能力。小孩子拿到积木，可以做桌子、做凳子、做洋娃娃的家庭。年岁大一些的孩子，可以用积木造桥、砌屋、筑城、筑炮台、筑壕沟，还可以用积木代替日用的物品，和许多小朋友开店做买卖。凡是小孩子要做的东西，都可以用积木做出来。所以，积木是小孩子最好的玩具。

好的玩具，要能唤起儿童尚武精神的，譬如枪、炮、兵舰等玩具，小孩子拿到枪炮，便会发生勇武观念，以军人自居。有时候，几个小孩子，在空地上或沙箱里布置阵线，建筑炮台军港，有时候布置冲锋。像这类玩具，小孩子也很喜欢玩，很能唤起小孩子尚武精神，所以也是最好的玩具。

以上所说，是好的玩具所表现的功用。至于好的玩具的质料，也来说一说。

第一要国货。我们替小孩子买玩具，一定要买本国制造的。只要买的时候留心看看玩具上的制造所和商行就行了；或者到国货公司去买，那里面都是国货玩具。

第二要坚固耐用。如木制的玩具，橡皮制的玩具，铜、铁及松香、布等制的玩具，都很坚固耐用。那些纸制的、蜡制的各种玩具，多不坚固，而且不耐用。化了钱买来，到了小孩手里，不多时就破碎了，这不是很浪费的吗！

第三要式样美观。如松香做的金鱼、鹅，以及各种动物、人物等，很能够引起小孩子的美感。我常看见许多丑陋、凶恶的玩具，如鬼脸、长颈猫、叫化子打架等，小孩子见了要怕的。有时候，竟被这些凶恶的玩具吓得哭起来。所以，一定要选择式样美观的玩具，买给孩子玩。

第四要大小合度。这大小，是依小孩子的年龄为依据的。如皮球，大小的种类很多。小的孩子，很喜欢玩大一些的皮球。因为年龄小的孩子，拿到皮球要拍、要抛、要踢，大一些的皮球比较的好玩。大的孩子，对于小一些的皮球也喜欢玩，因为有时候可以当做网球拍呢。所以，各种玩具，有的适合一岁小孩子的，未必适合三岁小孩子玩，有的适合三岁小孩子玩的，未必适合五岁小孩子玩。这是因为，小孩子的动作能力的发展各有不同。我们为小孩子选择玩具时，也要注意这一点。

第五要没有危险性。小孩子的玩具，有许多有危险的。如刀、箭、玻璃球、泥人、泥狗、毛狗、绒猫等玩具，有的容易伤害自己，有的容易伤害别人，有的藏污纳垢，容易传染疾病。我们替小孩子们购买玩具，要认清：凡是泥、玻璃、五金中的洋铁等制成的，都有危险性；凡是毛、绒、泥、五金中的铅等制成的，都有碍卫生，切不可以买给小孩子玩。

玩具不一定要化钱去买才算好的。能够指导小孩子自己去做的，而且玩的时候多变化的，也是最好的玩具。譬如，菱壳可以做风车玩，萝卜可以做娃娃，茧壳可以做花卉，厚纸匣可以做七巧板，都不要化钱去买，玩时都很有趣。还有，小孩子的环境中，一根木棒、一枝竹片、一块木板，也是玩具的材料。如能给小孩子简单的用具，如小锯子、小铁锤、钉头等，便能做出许多有趣的玩具来。我们对于小孩子有计划的活动，应从旁赞助他，使他做成功。这样，可以发展小孩子的创造能力，养成小孩子劳动的身手。

小孩子的玩具，不要让他随意乱放，要给他一个收藏的地方。玩时，拿出来玩；玩过了，随时收藏好。有的孩子，因为他的玩具没有收藏的地方，便放在抽屉里，或藏在墙洞里，有时放在枕头下。这样，不是弄坏，就是不见了。有时，放在别人的东西上面；有时，把别人的东西移开，放自己的玩具。这样利己害人的行为，更不妥当。所以，收藏玩具的地方，一定要预备的。有了收藏的地方，可以养成小孩子整齐的习惯和尊重他人的权利。

小孩子玩的玩具，要时常调换。不要让他玩到不喜欢玩的时候，发生厌倦，把玩具弄坏，或是摜在地上等不良的行为。要在玩到适当的时候，就替他收藏起来，另换几种给他玩。最好每次玩的时候，只须给他两三件，不要一起给他玩。新买的玩具和旧的玩具，要搭配起来，作有意思的调换，使他不觉厌倦，时时都玩着新鲜可爱的玩具。这样，可以养成小孩子爱惜物品的习惯。

遇到天气晴朗的日子，应该领着孩子到野外去玩玩。不要让孩子一天到晚在室内玩弄玩具。我们知道，室内的空气，远不如野外的空气新鲜。常在室内活动，是不合健康原则的。并且室内的一切物品，都是静的、呆板的；野外的花草、树木、虫鱼、鸟兽，多么活泼可爱！我们要指导孩子理解自然界的现象，养成他们科学研究和试验的精神，一定要带领孩子到野外去玩才可以获得。最好，每天下午到室外游玩半小时，每星期或半个月到野外游玩半天，比较终日在室内玩弄玩具要好得多。同时，还可以培养小孩子欣赏自然、爱护自然的兴趣和道德。这也该注意到的。

47 儿童保育问题
——在保育院院长会议上的演讲

陶行知

1939年10月下旬

题 解　　本篇原载《战时教育》第5卷第7期"儿童保育专号"。系演讲记录，记录者未详。演讲时间为1939年10月下旬，发表时间为1940年2月10日。文末附有如后文字："录自在保育院院长会议上的谈话。"编者据此拟加了副题。

保育院院长会议，此处指1939年10月20日在重庆求精中学礼堂召开的第一届保育院院长会议。会议主席为保育会副理事长李德全，到会的各地保育会会长共30人。会期10天，分为三个阶段：第一阶段汇报工作，第二阶段讨论提案，第三阶段为名人演讲和形成决议。

有关演讲者陶行知，参见前文《劳工幼儿团的接生婆——致孙铭勋、戴自俺》题解。陶行知时任育才学校校长，该校旨在培养有特殊才能的难童，在首次招生时，即派人分赴各保育院，通过智力测验、才艺表演等方式招收新生，因而育才学校与各保育院有着密切的关系。

《战时教育》，初为旬刊，后改为半月刊、月刊，1937年9月25日创刊于上海，后迁往汉口、重庆等地出版。1938年12月生活教育社正式成立后，《战时教育》成为该会会刊。主编为陶行知，发行人为戴邦，总经销为生活书店。旨在以生活教育唤起全民抗战，研讨战时教育的理论、内容与方法，并倡行"集体主义的自我教育"。主要栏目，有时事研究、教育短评、战时教育消息、海外通信等；主要撰稿人，有陶行知、满力涛、张宗麟、白桃、张劲夫等。1945年5月终刊，共出9卷百余期。

自从前年三月三十日在汉口成立了战时儿童保育总会①，在蒋夫人和冯夫人领导之下，已经先后开办了四十八所儿童保育院，收容难童将近二万人。这个中国破天荒之儿童公育运动，是一个伟大的社会运动，也是一个伟大的教育运动。我应当在这里，向这一运动之贤明领导者蒋夫人和冯夫人致敬，向这一运动之目光远大之发起人安娥②先生致敬，向这一运动之劳苦功高之实行者——全国保育院院长致敬！

在我参观几所保育院的时候，自然而然的发生三种感想：

一种是，保育院院长和工作人员的热忱和牺牲精神。在今天，我们就可以看见证据：从前几位胖胖的院长，现在是瘦了一些。

一种是，儿童的力量之大，超过了我们的估计。一个小孩，忽然在重庆不见了；一个月后，他在香港出现；再过一些时候，又在重庆见面。这种情形，谁也没有预料到。

一种是，问题之丰富令人烦恼，也令人高兴。可是，我们对于问题之来，是不应该因为它们麻烦而讨厌，倒要高高兴兴的去欢迎它们、研究它们、解决它们。

我遇见保育院的朋友，总是向他们要问题。所以，我今天谈的问题，都是大家共同感觉到的问题。我所提出的解决的意见，不一定对，还要请大家指教。

我遇到的第一个问题是：战时儿童教育怎么办？这些小孩子怎〔样〕教？过战时生活，才算是受战时教育。对于这个原则，儿童也不能有例外。我们应该教小孩们：团起来，做追求真理的小学生；团起来，做手脑并用的小工人；团起来，做即知即传的小先生；团起来，做百折不回的小战士。

这"团起来"的意思，就是教小孩们过集体生活。集体生活是怎样过法？要说明集体生活应该怎样过，最好是把假集体生活提出来做反证。

一群囚犯，被狱卒押着做工作，这不是真的集体生活。因为狱卒的压力一去，他们就会散了。他们是手在做工，心在逃走。心不在焉，则不是真的集体生活。一群赌博鬼

---

① 战时儿童保育总会：抗日战争时期，中国妇女界建立的具有统一战线性质的儿童救护组织。成立时间为 1938 年 3 月 10 日，而非文中所提"三月三十日"。武汉的战时儿童保育会成立后，全国各省市陆续成立分会，于是武汉的战时儿童保育会升格为总会。

② 安娥（1905—1976）：女，原名张式沅，曾用名何平、张菊生，化名张瑛，河北获鹿（今属石家庄）人。早年肄业于北京国立美专西画系。后加入共青团、共产党，在上海从事地下工作，与田汉结婚，从事歌词创作。抗日战争期间，倾力筹组儿童保育会和儿童保育院。当时，其子田大畏便就读于陶行知所办理的育才学校。

在赌场上赌博，这也不是真的集体生活。因为同床异梦，各有目的，各人想把别人荷包里的钱赢了来。把钱赚到手或输光了，便一个个的散伙。这里虽没有压力，但不是同心协力要完成一个工作。它是各有各的野心，要把别人的钱都赚来，以完成他个人的目的。

真正的集体生活，要有共同的目的，而且对这共同的目的，要有共同的了解。不但是停止在共同的了解，而且对于共同的工作，要有共同的参加。没有共同的参加，连那共同的了解也是假的。所以，从真正的集体生活中实施集体教育，必定要有共同的目的、共同的认识、共同参加。而这共同目的、共同认识、共同参加，又不可以由单个的团体孤立的树立起来。否则，又会变成孤立的生活、孤立的教育，而不能充分发挥集体的精神。

孟子说："先立乎其大者，则其小者不能夺也。"① 我们中国现在最大的事是什么？团结整个的中华民族，以打倒日本帝国主义，而创造一个自由、平等、幸福的中华民国。每个保育院的小集体，要成了这个大集体的单位，才不孤立，才有效力，才有意义。与这个大的集体配合起来，然后一个保育院内共同立法，共同遵守，共同实行，才不致成为乌托邦的幻想。

虽然我们要教小孩过战时生活、受战时教育，但他们所需要的最低的生长条件必需具备。否则，小小生命就难免枯萎，甚而至于夭折。所以，如何健全小孩们的基础生活，是一个迫切的问题。小孩们营养不够、保温不够，这是不可讳的事实。在这物价飞涨的时候，当然要增加经费。这一点，听说总会有酌量增加的准备，那是要向诸位道贺的。我对于这种苦处，尝过一点滋味②。希望总会在通盘筹划当中，能多增加一点经费，使小孩们可以好好的长起来。

我想，除了增加经费之外，还有两件事要做。一是食物，要根据已经有的营养研究的结果来配合。如果配合适当，则化一样的钱，而营养价值要高得多。比如把青菜和萝卜配合吃，远不如把青菜和黄豆配合着吃。青菜、黄豆、糙米饭，怕是最经济而合理的营养吧。其次，卫生的管理要周到、彻底。平常人只顾到饭厅清洁就算了，以为饭厅里

---

① 语出《孟子·告子上》。文中的"不能"，亦有作"弗能"者。
② 陶行知办理的北碚育才学校，全靠政府补助和募捐维持，常常需要向外界"化缘"。而化缘时"十叩柴门九不开"的境况是经常遇到的，所以陶行知说自己"尝过一点滋味"。

有纱罩，就保险了。殊不知，厨房的清洁更重要，毛厕的清洁尤其重要。假使毛厕里一只蛆都没有，恐怕连饭厅上的纱罩也可以省掉了。

一般的说来，保育院里身体的营养固然不够，但精神的粮食尤感缺乏。这文化的饥荒，宜如何救治？我想，一方面，要请总会拨款买书救治，一方面，要有一个大规模的捐书运动。每个保育院，要有一万本书不为多；总起来，就须五十万册。少到不能再少，也需十万册，平均每院二千册。我们知道，不但小孩要精神粮食才能长进，而且教师们也要有精神粮食才能留得住。

每个保育院有一千只手，但是缺少工具，不能做工，缺少田地，不能种植。这是一个严重的问题。这些手，如果有了充分的田地和工具，不但能增加一些后方的生产，而且小孩们可以得到自立的教育。中国有的是地，一定有法子解决。我想，每个小孩一分地，总不能算太多；每个保育院至少要有五十亩地，才能把小孩们的劳动生活建立起来。

保育院的先生都说太忙，忙不过来。这也是一个要解决的问题。一个茶杯，中间有点空，可以倒茶，因此，茶杯乃有了功用。庖丁解牛，运斧成风。倘使他的前后、左右、上下挤得满满的，则手儿动也不能动，又何能运斧成风呢？先生太忙，便无暇"温故知新"，依孔子的话，便不"可以为师"了。解决的办法：一是使工作有计划；二是酌量加几位先生；三是从小朋友当中提拔出干部来，加以训练，使他们分任一部分工作。但是，小朋友也是不可太忙啊！

一个有趣的小问题，是我遇到的。因为有普遍性，还有几分钟，也提出来谈谈。吃饭的时候，可以不可以讲话。我对于这个问题，也曾研究了一些日子。结论是，允许小孩在吃饭的时候讲话。第一，因为平常无论什么地方，吃饭的时候都讲话；第二，因为吃饭不讲话，则吃得太快，反难消化；第三，吃饭能讲话，则大家都高兴些。但是，要训练他们轻轻的讲。有时可以举行特别训练，一句话也不讲。和尚吃很热的粥，都没有丝毫声音，静得连绣花针落在地上，也听得见响。我们也要有这样的修养。但这只是偶尔一试，如同练习消防一样，不可常常做，反而有碍小孩的活泼。

还有一个难以解决的问题，就是你们有些难管的小孩。这些难管的小孩，有时是被称为劣童，或者被称为坏蛋。怎样解决呢？

（1）难管的孩子，多半不是劣童，也不是真正的坏蛋。这一个态度要立定。否则，你主观上咬定他是劣童，则一切措施都错，便愈管愈难管了。

（2）仔细考虑他所以难管的原因，在源头上予以解决。例如发明电灯的爱迪生，是被先生以坏蛋的罪名不容于学校。但他的母亲知道，他不是坏蛋，而是欢喜弄那先生不高兴的"毒药"而玩化学的把戏。

（3）体力充足、无法发泄的，有时捣乱。可多给他一些机会劳动或干体育游戏。

（4）先生也得检讨自己的功课、教法，是否合乎学生的需要程度。

（5）即使是真正的坏蛋，我想，开除出去无人指导，更要变坏，倒不如运用团体制裁，以纠正其过失。而且，团体若有办法，则有少数捣乱分子，可以培养团体中大多数人之抗毒素。

（6）此外，还有身心上有了缺陷的小孩，那是要医生及心理专家医治。

（7）曾经受过特殊折磨，而起了对人之反常态度，则先生及同学之同情、照顾，为不可少。

中国被难的小孩，连抗战将士的小孩在内，最少也不下于二百万。我希望，大家从保育院的窗户里，向外边再看一看。我们的工作，似乎应该放大一百倍来干。可是也不必等待，院门口的无家可归的小孩，不也是我们的责任吗？

保育院总会要负起这重大的任务，必须把培养新干部列入整个的计划。为着扩大保育的范围和对现任人员退职之补充，都需要这样一种新干部之培养。

再末，为着充实各保育院之精神食粮及有效的新技术，一个得力的研究部和编辑部之设立，也似乎是必要的。此外，还需要专家时常访问各院，作实地的辅导。有了新的干部，再加上研究部、编辑部和巡环的辅导，我想，不但保育院的许多问题可以迎刃而解，而且对于中国儿童公育运动，必定有层出无穷的、有价值的贡献。

48　记昆明难童学校筹办经过

蔡元培

1939年12月14日

另图 23　邵可侣像

题　解　本篇原载王世儒编《蔡元培日记（下）》第 651 页。撰成时间为 1939 年 12 月 14 日，出版时间为 2010 年 9 月。原发表时无题，今题系编者所拟。

有关撰著者蔡元培，参见前文《祝儿童节》题解。

昆明难童学校，系由中法热心人士共同办理的慈幼机构，亦名"中法儿童教养会难童学校""昆明友仁难童学校"。法方知名人物为邵可侣，中方知名人物，除校长孙福熙外，尚有教师张兆和、兼职教师沈从文等。该校于 1938 年至 1942 年，在昆明远郊呈贡乌龙浦的垂恩寺和净乐庵办理，当时收容了 150 名难童。

有关《蔡元培日记》，参见前文《记 1939 年家庭儿童节庆祝会》题解。

十四日　木曜　晴，阴

得邵可侣①函（邵君法国人，前北大教授，现云南大学教员），以中法儿童教养会难

---

① 邵可侣：雅克·邵可侣（Jacques Reclus，1894—1984），法国人。1928 年 5 月来华，受聘任教于上海劳动大学，后历任国立中央大学、北京大学、北平中法大学教职。当时受聘任教于云南大学，参与发起成立中法儿童教养会，并负责筹创难童学校。著有《太平天国运动》，译有《浮生六记》《九命奇冤》等。

童学校筹备经过见告。称：

> 该校校长孙伏园①，赴黔选领战区撤退之难童，第一批已在昆明北门街所租之临时校舍上课。俟呈贡县校舍完成，再行迁往。
>
> 儿童系由各保育院②选拔而来，均甚聪颖可爱。以后拟共收容难童五百名，施以学作〔做〕打成一片之教育。经费方面，业由教育部允予一次补助国币一万元，赈济委员会亦可按月津贴，法国外交部及安南政府均允协助。
>
> 此外，香港中国红十字会外人服务团亦来函，称愿按月予以经济上之援手。
>
> ……难童五百名仅伙食之费，即每月至少需八千元……现在进行募集私人捐款……
>
> 敝校说明书一百五十张及募捐收据一百张，另封寄呈……拟求为敝校赐题数字云云。

---

① 孙伏园（1894—1966）：原名福源，字养泉，笔名伏庐、柏生、桐柏、松年等，浙江绍兴人。孙福熙之兄。现代散文作家、著名副刊编辑，在新闻学上有"民国副刊大王"之称。此处疑为笔误，当为孙福熙。

② 保育院：全称为"中国战时儿童保育院"。

49　甚么是幼稚教育

曾绣香

1940年4月

另图 24　曾绣香像

题　解　本篇原载《教育学报（北平）》第 5 期"纪念高厚德先生来华服务四十周年纪念特刊"的"初等教育专页"。发表时间为 1940 年 4 月。

撰著者曾绣香（？—1953），女，籍贯未详。20 世纪 30 年代初，赴美进修幼稚教育。归国后，任燕京大学教育系讲师，参与在该系增设幼稚教育专修科和本科的工作，并担任主要专业课程的教学，认真指导学生实习和进行家庭访问，支持学生开办平民幼稚园。高足有卢乐山、叶秀英等。终身未婚，以校为家，爱生如子，被学生称为"曾妈妈"。著有《儿童应有的教育》《儿童教育》《儿童游戏》《儿童故事》等。

《教育学报（北平）》，教育年报，1936 年 3 月 3 日创刊于北平，由燕京大学主办并发行，燕京大学教育学会编辑。旨在继续贯彻"教育救国"理念，主张"对于学理、内容和方法等各方面，均应有精密的研究和了解"。主要栏目，有著述、译文、书评、乡村教育报告、教育学会工作报告、会员通讯、校友消息等；主要撰稿人，有阮康成、周学章、吴雷川、林维新、娄安吉、张东荪、星兆钧、许梦瀛等。1941 年太平洋战争爆发后，被迫停刊。

甚么是幼稚教育？教育家的解释各有不同。普通一般人以为，幼稚教育是专指儿童在幼稚园时期的教育。其实，儿童教育是整个的。不过为研究方便起见，就将儿童教育分成节段。

儿童的生长、发展与学习，是每日每时增进而变化的。此种节段，有人以儿童的年龄而区分，有人以儿童个性的发展而区分；自学校系统成立以后，又有人以学制而划分了。

最初的时期，是家庭教育。及至两周年时，入到婴儿园，使之受学校的初步教育。儿童四周岁时，可升入幼稚园。及至六周岁，可以入小学。所谓幼稚教育，即是包含儿童初生一直到小学三年的教育。因为儿童读完小学三年的课程以后，种种关于求学的经验、为人的习惯，已经有相当的基础了。

本文分析幼稚教育的方法，却是以儿童的特性为根据。

在第一期，儿童富于依赖性。

初生的婴〔儿〕，是青红皂白不分的。无论成人是怎样的待遇，他们都是一样的接受。因为他们是依赖别人的供养而生活，饥饿时不会觅食以充饥，冷热时不会自己更换衣服以适温度，所躺卧的地方虽然潮湿、污秽，也不会移动。因此在这个时期中，儿童的保养非常重要，父母能辅助儿童生长发育的快，父母也能阻碍、破坏儿童"快"的生活。做父母的，保养儿童的方法不同，其所得的结果，自然不能一样。

不幸，在中国，有许多父母未曾感觉它的重要，只能生育，而忽略了教育。子女未出生以前，既没有相当计划，子女产生以后，又没有长期的计算。儿童既然得不到合适的保养和教育，自然容易夭亡。就是将来长成，也往往因为没有受过合宜的教育，而缺乏生活能力，甚至变为社会上的不良份子。这实在是一个很严重的问题，需要以国家、社会的力量来改良这种现象。因为这并不是一家或一个小社会的问题，而是整个的国民的教育问题。

第二期是"自我"的时期。

在这个时候里的儿童，自身感觉世界上的形形色色一切物质皆为"我有"。例如，和三岁小儿谈话，不过三句，他便回答你说"我家也有"，或是"我家有的更大，并且很多"。不但口述，而且还用手来形容。每看到一件新玩具，他必高声喊叫是"我的，我要先玩"。在他眼中，并无别人。他所有的玩具，就是自己的亲姊妹、亲兄弟都不肯让。

婴儿园的教育，即应在此点着手。在一个家庭中，如有几个弟兄、姊妹，父母若是没有偏爱，或者彼此间也能产生自然的相让的精神。普通的家庭中，父母总是使年长的让幼小的，身体强壮的要顺随体格软弱的，男的要容让女的。父母利用此等教育于家庭中，当时固能免去许多纷争，但并不是在"自我"这时期中，所应给与儿童的完美教育。

"自我"的习惯，在家庭中若是已经养成，将来到学校、到社会上的时候，儿童就要感到相当的痛苦滋味了。因为家庭中是以爱情为主体，有血统的关系，可以彼此原谅、容忍。然学校和社会，是若干不相识的人集合在一起的，非有合作的精神不可。不然，是不能生活的。

这并不是说，要完全抑制"自我"，一切事务全要听到〔别〕人的指挥。但是儿童自幼应当有学习发言的机会，同时有机会利用清晰的语言，解释自己的思想和建议。这种能力，是将来儿童应付社会的重要工具，若再能不固执己见，在团体中一定要受大家的欢迎；在社会里，也不致同别人不能融洽。所以婴儿园的教育目的，第一使儿童不要养成自私的不良习惯，同时学习正确的语言，为发表思想的工具。

第三期是"交际"的时候〔期〕。

儿童自四周年至六周年，对于一切事务，不但要求与人合作，而且仿效别人一切的举动，以应付他的环境。

在燕京幼稚园里，有一次徐宝谦先生四岁的小儿，对他一位小同学说："曹雁生，我今天请你吃大餐。"当时，本园的先生不十分明白他的意思，因此就问他："你要请客，你母亲知道吗？"他回答说："我母亲告诉我说，今天吃饺子。"先生又问他说："为什么你不说请他吃饺子呢？"他又回答说："我爸爸请人吃饭，都说请人'吃大餐'的。"

去年秋季，有一个姓刘的小儿，年龄将四周岁，每日到幼稚园，喜欢同别的小朋友用排看〔着〕玩的积木打"麻雀牌"。两星期后，经过教员特别的指导，对于玩积木的思想，才稍微有些变换。

从这两个事实可以证明，家长平时的言谈、动作，在不注意时，已经被儿童摹仿去了。这种摹仿性，是儿童的本能。儿童自己也不知道什么是好的，什么是坏的，所以家长的言语、举动，影响儿童生活教育非常重大。

儿童在这个时期，喜欢与别的小朋友交际，享受共同生活的快乐。为父母的，在可能的范围之内，就当送儿童到一个小小的社会里去生活。幼稚园的教育，就是为这种需要而设立的。

适合的幼稚园教育，是藉看〔着〕儿童彼此的玩耍、共同工作的交际，养成儿童许多为人基本的习惯，如分工合作、担负责任、诚实可靠、行动按序、尊重别人的权利、接收同学的意见、摹仿同学的特长、独出心裁的创设等等。虽然没有同书本发生直接的关系，但是为人应有的常识、习惯，即在此时学习了。因为在一个家庭中，同年龄的儿童很少，家庭中的玩具不多，游戏的地方有限，也不能有专人对儿童负责指导。但是幼稚园，都能适应儿童的需要。所以，幼稚园教育，非有适合的环境，不能培植儿童的生长；家庭中教育，不过是幼稚教育的一小部分罢了。

第四期是"我能"。就是起始学习生活上，必须有的基本教育。英文所说的四个"r"：reading，writing，arithmatic and arts，读书、写字、算术和艺术。

人的生活，总不能永远依赖父母或是别的人，必须有自己谋生的本领，无论是用脑力、用技巧、用体力。一方面，自己的生活不成问题；同时，也能对国家、社会有所贡献。儿童在小学，正是起首学习自己生活的本领。本领的大小不同，学习利用的速率也不同。这乃是因为人的嗜好有区别，智力的发展也不能一致。有的儿童长于算学，有的儿童喜爱文学，又有的儿童爱好艺术。

适合的小学教育，于此时期给与儿童最大的贡献，就是引导儿童对于各种实地的生活发生兴趣，养成他们看书的习惯，并教以文字书写的方法和算术的基本知识，藉以引起他们求知识的欲念。虽然小学时间有限，所念的书籍只有三四十本，若是作人的基本资质大致已经养成，就是不能再深造，对于社会上的供献亦不为少。倘若在幼稚时没有好的教育作基础，养成了种种不良的习惯、性格，就是中学、大学毕了业，他所得的知识，不但不能改善他，有时反足以济恶。尤其在现在的国家中，幼稚教育的需要，比中学、大学教育的需要，更不知要多少倍。假如一棵树的根基稳固了，就是不用人工扶持，也能站得住。否则根基不固，就是用多少人工修饰它，也是不能有好结果的。

幼稚教育对人的需要，就正是这个道理。这一点不能忽略的。

初等教育專頁

甚麼是幼稚教育

曾繡香

甚麼是幼稚教育？教育家的解釋各有不同，普通一般人以為幼稚教育是專指兒童在幼園時期的教育，其實兒童的教育是整個的，不過為研究方便起見，就將兒童教育分成節段。兒童的生長，發展與學習是每日每時增進而變化的。此種節段，有人以兒童的年齡而區分，有人以兒童個性的發展而區分，自學校系統成立以後，又有人以學制而劃分了。最初的時期是家庭教育，及至兩週年時，入到嬰兒園使之受學校的初步教育，兒童四週年時，可升入幼稚園，及至六週歲，可以入小學。所謂幼稚教育即是包含兒童初生一直到小學三年的教育，因為兒童讀完小學三年的課程以後，種種關於求學的經驗為人的習慣，已經有相當的基礎了。

兒童之父 Johann Heinrich Pestalozzi ── 王肖芳木刻

本文分析幼稚教育的方法，卻是以兒童的特性為根據，在第一期，兒童富於「依賴性」。初生的嬰，是青紅皂白不分的，無論成人是怎樣的待遇，他們都是一樣的接受，因為他們是依賴別人的供養而生活，飢餓時不會尋食以充飢，冷熱時不會自己更換衣服以適溫度，所睡臥的地方，雖然潮溫污濁，也不會移動，因此在這個時期中，兒童的保養非常重要，父母雖軸

—155—

另圖25　《甚么是幼稚教育》原發表件（部分）

50 儿童教育运动与国民基础教育

雷沛鸿

1940年8月16日

题 解　　本篇原载《广西教育通讯》第 2 卷第 1、2 期合刊。发表时间为 1940 年 8 月 16 日。本文转录自《雷沛鸿文集（下册）》第 222~230 页。
有关撰著者雷沛鸿，参见前文《前学龄教育与国民基础教育》题解。
有关《雷沛鸿文集》，参见前文《前学龄教育与国民基础教育》题解。

一、儿童节与儿童教育

一九三五年[①]八月，国际儿童幸福促进会[②]在日内瓦举行第一次大会。与会者五十四个国家代表，曾通过著名的《日内瓦保障儿童宣言》。宣言要点，是各国男女对于儿童，不问其人种、国籍、信仰如何，应随时尽保护之努力和义务。这份宣言，不啻为划时代的确立儿童保障的宪章。

再就事实考察，世界各国，概有儿童节之规定。比如：美国定于五月一日为儿童节，

[①] 此处"一九三五年"误，当为"一九二五年"。
[②] 国际儿童幸福促进会：国际性儿童权利保障组织，成立于 1925 年 8 月，由 54 个国家的代表在日内瓦集会，会后发表了《日内瓦保障儿童宣言》，除提出了保障儿童基本权利的原则外，还建议各国设立儿童节，以唤起国人的普遍注意。此后各国的儿童节，以及"国际儿童节"的设立，均与这次会议及宣言相关。

又定十一月第二周为"贫苦儿童节幸福周";英国定七月十四日为儿童节;就是惨无人道的日本帝国主义,亦定于三月三日为男童节、五月五日为女童节。

至于我国,为保护儿童权利及唤醒国人注意儿童幸福起见,曾于民国二十年,由上海中华慈幼协会发起儿童运动,呈准国民政府,规定四月四日为儿童节。我国政府,并于民国廿四年八月至翌年七月,实施儿童年。由此可见,我国人对于儿童幸福之尊重,并图有以一洗从前蔑视儿童权利之积习。

溯自十八世纪欧洲,自然主义兴,卢梭[①]、裴斯塔尔齐[②]即极力提倡儿童个性之发展。后来,爱伦·凯女士更说:"十九世纪是儿童世纪。"即近今教育家杜威之"教育生活说",亦主张教育应发展个性,以适应社会。这种思潮,无不对我国今日之儿童运动有所影响。

及一九三一年,美国新教育家华虚朋[③]来游我国,演讲其创立之"文纳特卡制[④]"教育。此制有四个原则。其中主要者,为"儿童生活应童化",极力主张"儿童本位"教育。其与爱伦·凯,持论有多少相同之处。当华虚朋来华前后,我国学者纷纷介绍其学说,上海儿童教育会杂志[⑤]出专号论述。时值国民革命军定都于南京后,施行训政,依照孙总理亲手订定之本党政纲,对内政策以"全力发展儿童本位教育"为根据。于是,各省推进儿童本位教育,小学校多改为实验小学。上海市立实验学校之创立,由介绍华虚朋学说最有力的教育界同仁主持,实验天才儿童教育。江、浙各小学,多以发展儿童本位教育为提倡。

其他如陶行知先生所倡导的儿童工学团及"小先生制"之推行,更显示儿童力量之伟大。此不但施以儿童本位教育,而且儿童自己复能教他人,以推进社会文化。

---

① 卢梭:让-雅克·卢梭(Jean-Jacques Rousseau,1712—1778),法国启蒙思想家、哲学家、教育家。他提出了自然教育理论,主张给儿童以真正的自由,从小便建立起独立的人格,著有《爱弥儿》等。
② 裴斯塔尔齐:通译裴斯泰洛齐。
③ 华虚朋:通译沃什伯恩(C. W. Washburne,1889—1968),美国教育家。早年师从帕克,后获加利福尼亚大学教育学博士。1919年至1943年,任伊利诺伊州温内特卡镇的督学。上任伊始,他就从事教育实验,创立"温内特卡制"。1939年至1943年,担任美国进步教育协会的主席。1961年至1967年,任密歇根大学教授。著有《使学校适应儿童》《什么是进步教育》等。
④ 文纳特卡制:通译温内特卡制。
⑤ 此"上海儿童教育会",当为中华儿童教育社;此"杂志",即为该会会刊《儿童教育》。

及"九一八""一二·八"事起，日寇侵略日急，国难日深。由于外力之压迫，起于客观之要求，全国上下均感觉有备战之必要，则培养现代儿童，使其明了自身地位而知发奋，以为未来预备抗战者。此儿童力量之不可忽略，因而国府有儿童年之实施。

广西省于民国廿二年倡导国民基础教育运动以来，即以儿童与成人并重，加以政治力量推进，儿童管、教、养、卫之注意实施。基础教育之普及，诚为我国近年极堪注目，而且成绩显著者，为他省所未及。这些，都是有关我国儿童节运动之事实过程。

二、对于儿童认识错误的检讨

国人对于儿童，往往尚有几点错误的认识。

第一，有些人认为，儿童既属自己儿子，其与社会无关，更与国家、民族前途无涉；我儿之好歹，自我为之。做儿子的，除只知孝奉父母外，不知效忠国家。惟其如是，父母对儿童，小则过于溺爱，及其长大间，放纵成性，无所长进。这样，岂能成为良好之公民？

第二，有些人对于儿童，认为不识不知，每事必以成人为主，将儿童成人化，衣成人之衣，模拟成人之思想，学习成人之言行。至于成人之思想、言行，对国家、民族利益有无抵触，固不闻不问。结果，把儿童之天真活泼精神加以抑制，实失其创造性、灵感性之发展；同时，更使教育与生活脱节。此正是民族生长前途之大碍！

第三，有些人则认为，儿童尚幼，根本无教育之必要。及到了学龄，送入学校，教育之责即委诸教师，而忽略其家庭教育与社会教化。此种狭义教育思想之影响，遂造成学校教育与社会、家庭缺乏联系，而失却教育之效能。

第四，又有些人认为，儿童本无力量，更谈不到抗战建国的大事；以为儿童为未来成人之预备，等到儿童长大成人，报国也不迟。如是者，使儿童与现实生活隔绝，使教育与社会绝缘，是则儿童将何以适应？儿童教育本身之目的，以适应社会为转移。难道偌大的民族灭亡了，才使儿童救国、从头做起吗？

统观上述四种错误之认识，一方面，乃基于一般人之家庭观念形成和宗法社会的传统，遂把儿童认为私人所有，不能使儿童社会化。诚然，儿童为家庭之一员，但亦为社会组织之一分子，亦即国家将来之公民，为民族构成之基础。儿童自有其社会地位。儿童乃为国家之所有，乃民族生存之继承者。因此，儿童之一生成，就直接关系国家之福利，间接关系民族之生存及发展。所以，不能把这种关系民族生存之重大任务，而委诸私人之手去处理。儿童教导、民族生存之重大任务，正如黄主席所说："童子都是天真烂漫的，一片纯洁，教好教坏，都很容易。"所以，广西六年来所倡导之国民基础教育，其内容侧重爱国教育，即以民族为中心的教育，也就是为着重此点。

在另一方面检讨，一般人对儿童认识之错误，乃基于个人主义之狭隘思想及态度，忽略了儿童个性。一切教化，不能使儿童足以适应社会生活，甚至与民族生活无关。结果，把教育范围缩小，且只限于定式教育[①]、学校门墙之内。则其教育功能受此限制，又往往为时代淘汰，或与现实社会需要背道而驰。这样，不足以改进整个民族生活，何贵乎为教育呢？是故，国民基础教育之注重一贯的生长性，并使教育社会化，即就此以阐发之！

时至今日，正当民族抗战到了第二阶段，吾人继续争取最后胜利之关头。我们为欲达到民族解放之目的，则必须誓死把握抗战胜利；同时，我们为欲达到中国独立，则必须拼命努力建国。这是中华民族有史以来之伟大时代，明白这是重大的责任和艰巨的工作。但适逢时令，在当今伟大的时代来纪念儿童节，我们不能不把以往国人对于儿童之根本错误认识，作一个检讨与矫正，并就此机会，对于儿童观念给予新的审察。这才不失为纪念儿童节之重大意义。

诚然，在民族抗战的历程中，我们的总的目的，乃抵抗日本帝国主义之侵略，以求民族解放和中国独立。那么，儿童节是儿童运动的一个中心工作，其广泛涵义有：（1）儿童教育问题；（2）儿童养育问题；（3）儿童健康问题；（4）儿童保卫问题；（5）儿童救济问题；（6）儿童法律问题；（7）儿童劳动问题；（8）儿童研究问题；（9）父母教育问题；（10）其他儿童幸福问题。

---

① 定式教育：与"非定式教育"相对的概念或术语。它由"正式教育"与"非正式教育"所派生。前者指学校教育，它由法定学制所规定；后者指家庭教育、社会教育以及当时学制并未规定的托儿所教育和成人继续教育。此处所用"定式教育"，系指学制规定的教育。（参见《雷沛鸿文集》第18～28页）

欲把这些儿童问题在社会里求一个相当的解决，使社会发生一种理想的作用，以适合时代要求和促进世界文化之发展者，随之而起了一种社会普遍力量，这就是儿童运动。儿童节，就是儿童运动的一种方式。无疑地，儿童运动是一种社会运动。我们认清楚任何运动，不能离开其民族体系。换言之，我国儿童运动，就须适应中华民族生存之需要。

当今民族抗战之时候，吾人之纪念儿童节，应当把一切之儿童问题，放在中华民族问题里，求个总解决。就是说，把这种儿童运动配合民族解放运动，使其一同策进与扩展。惟其如是，方能达到抗战必胜、建国必成之鹄的，亦即完成三民主义之途径。基于这点做法，吾人今日之举行儿童节纪念，才有其真正的价值！

三、粉碎敌人野心及对我儿童之残暴政策

让我先揭示我们的敌人之野心，然后报告敌人对我们儿童的暴行。这不是替敌人夸张或强调敌人之厉害，用意在暴露敌人之无耻兽行，以激发世人共同对敌人之暴行谋彻底粉碎之。

试看日本三月三日之男童节吧。这礼节，是比女童节而有丈夫性的。是日，除全国人民庆祝儿童健康外，男童按例将素日所玩弄之武器、甲胄，悬挂于适当场所，上面盖以国旗，下面陈列米酒及白菖蒲以供奉之。这种风俗，与其谓象征武士道精神，毋宁说崇尚穷兵黩武之培养。

我们记得，白主任曾说过这样一段话：

> 我们试看日俄战争，日本为什么打胜呢？因为日本在日俄战争之前，还是受着人家的压迫。所以明治天皇的时候，用种种教育的设施宣传，尤其是对儿童灌输一种思想，就是说，俄国对他们国家的压迫，非打不可。之后日俄战争，俄国虽以重兵相对，却败于日本。所以日本人说，日本能战胜俄国，是归功于小学之儿童教育。

白主任又说过：

日本之侵略我华北，事前就尽先对其儿童宣传，说我们东三省的大豆、高粱好吃，务须抢了我们的东三省；又说，我们的天津雪梨好吃，务须占领我们的天津。甚至对其儿童说，我国为其生命线，定要整个征服我国。由此可知，日本之侵略我国，总利用对儿童灌输其侵略思想入手。

我们看了白主任这两段话，就觉悟敌人侵犯我国，很早就积极地从儿童入手，养成他们为侵略之继承者，其计至毒。白主任于我们倡导国民基础教育之初，就提醒我们，并指示我们，不要忽略儿童之力量。其于国民基础教育，特别对儿童之管、教、养、卫，乃负有建设广西、复兴民族之责任的。

在另一方面，我们审察敌人，他们不但培养儿童来侵略我国，他们还想尽方法来残杀我们的儿童。自抗战以来，其残暴行为，真为世人所发指！其惨杀我们的儿童，用飞机炸弹在非战区到处轰炸，逢有儿童之学校、保育院、医院，都遭敌焚烧殆尽。这次桂南抗战①，敌寇不但将所有战区之中学和文化机关焚烧，就是一切国民基础学校，都被敌焚毁干净。在战区的，暴敌强奸我们的女童，以刺刀杀戮我们的婴儿以怡乐。此惨无人道之暴行，无所不用其极；其兽行之暴露，可谓已达到极点。

还有，将我们的儿童强打毒针，以图灭我种族。倘遇生长较聪慧的儿童，则强拐运往日本，施以同化教育，养成其为日本人，以补充其战争人口。在占领区，对未被拐去之儿童，则强施以奴化教育，以图灭我民族思想，做其顺民。更有甚者，在我后方，敌人往往利用无知儿童当小汉奸，或扰乱治安，或刺探军情。

这种种残暴无耻兽行，竟出于今日廿世纪之所谓文明时代！吾人本维护人类文明立场，将敌人对我儿童种种兽行，暴露于世界，即以斩钉截铁的精神来消灭之。为此，今后我们国民基础教育，更应负起这种巨大的责任，去报复敌人，真是任重道远！

同时，在我们神圣抗战的进程中，我们的儿童，无辜被残杀牺牲的固然不少，而尚有迫切事实发生者，就是敌人侵我以来，难民流离失所。其中，流浪儿童亦为数不少，或流为乞丐，或变为小偷。甚或在逃难中，而有弃婴、溺儿之惨事，或不幸途中夭亡；

---

① 桂南抗战：亦称"桂南会战"。1939年11月至1940年11月，中国军队在广西南部地区抗击侵华日军进攻的作战。

幸而不致夭亡而罹疾病者，饥寒交迫，惨绝人寰！

同为中华后裔，儿童何其不幸若此！此固由日寇侵我所致，然抢救之道，实急不容缓！再可由此以唤醒国人对儿童加强教养，使其成为未来抗战有力分子，以充实抗战力量。

尚有无数抗战阵亡将士的遗孤，参加抗敌工作的同志无力抚养的贫苦儿童，这些都是等待着我们去抢救的。若不然者，任由这班难童或遗孤流浪，失了教养，不难由敌人拐去，或利用之作小汉奸。这正是我们中华民族一个莫大之损失。那么，我们不但失了一部分儿童抗战力量，反之，增加了抗战上许多困难了。因此，国民基础教育应本一贯"有教无类"之精神，以及"一视同仁"的态度，去援救无数的难童及遗孤。这种急而待举之重要工作，实在责无旁贷！

四、现阶段儿童运动的新动向

但是，我们如何善用我们的国民基础教育力量，把儿童训练起来、武装起来，不为敌人摧残与利用？那就要造成一个有效的教育运动及社会运动。这样，儿童运动才能成为一支抗战有力量的生力军。于此，国民基础教育切实配合抗战的需要，而其教育方针、内容、方法、教材、方式及一切设施，都给予适当的配合。这种配合，务求通过民族中心，以实现三民主义。唯有这种新做法，才适合中华民族之生存，而达到自由、平等之大路。

在民族生长的进程中，教育之功效，就是保生和传种。现在，敌人把我们置于死地，并且蓄意灭我种族，我们还不赶快起来抢救吗？教育，也是抢救民族的一种武器。今后国民基础教育的作风，在受教的对象方面，除成人教育外，关于一般儿童教育和难童、遗孤教育；于教育的实质上，切实以抗战建国的管、教、养、卫为原则。这种理论与实施，都以民族教育为中心，亦即以三民主义教育为中心。

我们知道，儿童节是由儿童问题为出发。它不仅是儿童自身问题，也是一种社会问题。同时，它与教育问题有联系。那么，儿童运动固然是一种社会运动，它是需要一个教育运动来推动的。换言之，儿童运动，需要国民基础教育力量以完成之。但不论儿童运动也好，国民基础教育运动也好，其性质同为社会运动，而两者都不能脱离民族体系而存在，惟有配合到民族解放运动中去求之，才见其效能。尤有言者，即在民族解放运动进展的历程中，也在发挥教育的功能。儿童运动与民族体系相关，倘无教育力量以推进之，即不能达到吾人理想之目的。是故，发挥国民基础教育的力量，也就是在民族解放运动中最基本的、最重要的而万不可缺少的！

今后国民基础教育之新动向，不但如过去一样，在数量方面，以扫除文盲为教育之着眼点，就算事功完成；同时，在教育实质上，要彻底充实其内容，实现三民主义教育，以加强儿童之民族意识、国家观念，启发民权运动之普遍运用，促进民生发展。必须如是，方能使儿童对抗战建国有正当认识，以及学习抗建技能，加紧抗建组织，矢志拥护抗建到底，充实抗建基础，而发掘抗建力量于无穷。又必须如是，方能使儿童明白关于持久战、全面战、全民战的战略和战术之道理。果尔，我们将来必定取得最后胜利，打退敌人，以达到民族解放、国家独立之最终目的。这才算达到儿童运动之目标，也就是国民基础教育所要完成之任务！

试观察一下我们儿童教育的好榜样吧：自抗战以来，新安旅行团[①]、广东儿童剧团[②]、厦门儿童剧团[③]，这三个流动的教育团体到桂林来，做了不少前方、后方的抗敌工作。他们还从工作中，不断地加紧学习。又如广西之学生军[④]，有不少还是年龄幼小的儿童。他们虽然是儿童，而具有正确的、深刻的民族抗战认识，则其行动自可惊人：他们不但是男学生勇于参加前线抗战工作，而女学生也不让男学生的。

自桂南抗战事起，各地国民基础学校教师，指导儿童做战时工作，协助军队，帮助政治动员，颇见功效。有些国民基础学校之儿童，当征兵之时，故意多报年龄，自愿去

---

① 新安旅行团：知名抗战救亡的青少年儿童文艺团体。1935 年 10 月成立于江苏淮安新安小学，宣传抗日救国主张。该团于 1940 年抵达桂林。
② 广东儿童剧团：亦称"广州儿童剧团"，为抗战救亡的青少年文艺团体之一。1937 年 9 月成立于广州。团员有 130 多人，年纪最大的 14 岁，最小的只有 9 岁。广州沦陷后，团员向广西撤离，坚持抗日宣传，于 1939 年 6 月抵达桂林。
③ 厦门儿童剧团：全称"厦门儿童救亡剧团"，为抗战救亡的青少年儿童文艺团体之一。1937 年 9 月 3 日成立，在厦门的街头巷尾演出各种抗日救亡歌曲和剧目，发起救国募捐。厦门沦陷后，团员前往越南、柬埔寨演出，在华侨中募捐，用以资助抗战。1939 年 6 月抵达桂林。
④ 广西之学生军：青年学生抗日军事化团体。由广西当局组织，开展抗日救国宣传，是广西抗日活动中的一支重要力量。

充兵役。小学儿童有这种救国牺牲精神，大家抢着上前线，抗战前途确有胜利把握！其他如各地方儿童之献金、募棉衣、征慰劳品，帮助地方建设，征工、征兵，都贡献了不少力量。谁还说儿童无能力救国？谁敢看轻儿童在社会中之地位？今后唯有加紧国民基础教育功能，而唤起之、教化之、策进之，把这种儿童运动，贡献到民族中去，乃为最光明而伟大的动向！

五、结语

今日之纪念儿童节，总括言之，有下列数点。试言之，以作本文之结语：

第一，尊重儿童，提高儿童地位，唤起国人对儿童幸福之注意。这些，乃与中华民族抗战有密切之关系。唯其如是，才足以建立全民族抗战的基础。

第二，把重视自己儿童的生日，改为重视国家的儿童节。从广义言之，把个人儿童之私有观念，扩展为国家、民族之公有观念。那么，在民族解放运动的进程中，儿童自有其责任与力量，亟应从而启发这种力量，使用之于"国家至上、民族至上"去。

第三，儿童节，本来是庆祝儿童快乐，互祝儿童幸福，为国珍重。但当着抗建尚未完成之今日，儿童节未足以庆祝个人快乐，唯待未来庆祝最后抗战胜利之时，方足以言快乐。况且，尚有许多不幸的难童遗孤急待救济，儿童个人快乐，更不能忘了抗战。吾人今日之提醒，即为抢救那些不幸的儿童。

第四，唤起儿童之深刻的民族意识，灌输抗战必胜之信念和建国必成的决心，培养儿童成为民族斗士的继承者和建国的未来人才，以配合持久抗战之需要，这都是国民基础教育当前之大任！

第五，儿童节是运动的一种方式，它是民族体系的一环。这种运动，是实现三民主义、救国家、救民族的一种途径，更足以充实民族斗争之基础。唯吾人应本推行国民基础教育运动之一贯精神和教育力量以推进之，以完成三民主义之抗建工作为要务！

51　《活教育》发刊词

陈鹤琴

1941年2月1日

题　解　本篇原载《活教育》第1卷第1、2期合刊。发表时间为1941年2月1日。原发表时题为《发刊词》，今题系编者所拟。

有关撰著者陈鹤琴，参见前文《儿童教育的根本问题》题解。

1940年10月，江西省立实验幼稚师范学校创立后，陈鹤琴便开始思索立校精神的问题。思索的结果，便是要施行"活的教育"，而不是"死的教育"。这种活教育，需要活的学校、活的榜样、活的教材和活的教法。这个"活"字，便成为了区别新旧教育的关键字。有鉴于此，在创办校刊之时，他便决定以《活教育》名之。

《活教育》，月刊，1941年1月创刊于江西泰和，可视为《儿童教育》的赓续。虽列名由中华儿童教育社办，但实由江西省立幼稚师范学校主办，主编陈鹤琴。旨在"提供具体教材，讨论实际方法"。主要栏目，有教育论坛、儿童训练、儿童文艺等；主要撰稿人，有程时煃、邱椿、钟昭华、周葆儒、陈选善、罗廷光等。停刊时间及原因未详。

"教死书，死教书，教书死；读死书，死读书，读书死。"这两句话，是陶行知先生在十年前描写中国教育腐化的情形。这种死气沉沉的教育，到今天，恐怕还是如此，或许更糟一点。

我们应当怎样使得这种腐化的教育，变为前进的、自动的、有生气的教育？我们怎样使教师教活书、活教书、教书活？我们怎样使儿童读活书、活读书、读书活？

这个问题，实在很重要；这个使命，实在很重大。本刊发行的唯一宗旨，就是要想负起这个使命一部份的责任。

我们不愿墨守成规来贻误子弟。我们要研究，所有的教材，是否适合儿童的需要；我们要研究，所用的教法，是否能够引起儿童的兴趣、启发儿童的思想、培养儿童创造的能力；我们要研究，种种教学上的设施，是否合于儿童的心理，是否合于三民主义。

我们要检讨既往，策励将来，把所有的教材重新估量，把所有的教法重新研讨。我们要利用大自然、大社会，做我们的活教材。我们做中教、做中学、做中求进步。我们要有活教师、活儿童，集中力量，改进环境，创造活社会，建设新国家。

要改进国民学校，先要从改进师资着手。实施这种活教育的园地，当然是国民学校。不过，要改进师资，应当先从改进师范教育着手。幼稚教育，是国民教育的基层教育；幼稚师范，当然是幼稚教育的原动力。所以，我们就把江西省立实验幼稚师范学校的创办经过写出来，作为本刊的创刊号，以表示我们对于基层教育之重视和提倡。

本刊同人，自问学识谫陋、经验浅薄，深恐有负本刊的使命，尚望国内教育同志，多多予以协助和指导。

52　儿童训育应该怎样实施的

陈鹤琴

1941年3月1日

题　解　　本篇原载《活教育》第1卷第3期"儿童训练"栏。发表时间为1941年3月1日。

有关撰著者陈鹤琴，参见前文《儿童教育的根本问题》题解。

所谓"训育"，现今通称"德育"，即"品格修养之指导"（陶行知语）。相关课程，清末有"修身"，民国前期有"公民"，民国后期有"党义"和"三民主义"。"训育"之称，在民国后期较为通用。此期，学校设有"训育处"或"训育委员会"等部门或机构，以及"训育主任"等职位。

有关《活教育》，参见前文《〈活教育〉发刊词》题解。

亲爱的教师：

今天我来和你们谈谈"怎样实施儿童训育"的问题。

空洞的标语，是没有效的。我曾经做过三个小小的试验，一个是在小学做的，一个是在幼稚园做的，一个是在师范做的。

一、小学的试验

有一天，我对一个小学老师说，我们的小学生，每天应当做几件事：

（1）我们每天要做一件好事。

（2）我们每天要读一点好书。

（3）我们每天要说一句好话。

（4）我们每天要认识五个字。

（5）我们每天要写日记。

这五件事，事先由我对小朋友详细解释。后来，小学老师叫他们逐条写在纸上，并且作为标语，有的挂在墙上，有的顶在柱子上。

过了几个礼拜，纸条破了。小学老师就叫小朋友把破纸条撕下来，丢在字纸篓里。标语式的训育，从此完了。

亲爱的教师，这种标语式的训育，有多大效用呢？我仔细考查了一下：单单讲讲，是不够的；贴贴标语，也是空洞的。

二、幼稚园的试验

从前我在南京鼓楼幼稚园的时候，做了一个调查。调查的结果，正可以证明：空洞的标语、挂图、画片，是没有多大用处的。

在幼稚园里，墙壁上挂了许多美丽的图画和照片。挂了一个多月，我就发生了疑问：这些画片，究竟有多大用处呢？我们化了许多钱，费了许多力，把他们一张一张的配上镜框，一个一个的挂在墙上，小孩子究竟有没有看见？看见了，究竟知道不知道？知道了，究竟知道了多少？

我就对幼稚园的老师说："我们来做一个调查。你先把镜框一起翻过来，再叫小朋友来，一个一个的问他们说：这里面是什么图？"老师就一张一张的问小朋友。结果，小朋友之中，没有一个完全知道的；只有十分之一二的小朋友，能够记得几张图而已。

调查之后，我就叫幼稚园教师把这些图画、照片，详详细细的讲给他们听。过了几星期，再一张一张的问小朋友。结果，小朋友就能够记得这些是什么图，而且知道图中的意思。虽然是没有完全知道，但是比上次没有讲过之先，好得多了。

这个调查，可惜没有发表过[①]。而当时所得到的统计，现在已遗失了。但是，大概的情形是如此的。

这个调查可以证明：单是悬挂图、照片，是没有效用的，一定要和小朋友详细解说的。

图画、照片，果〔固〕然可以用解说的方法来使儿童明了的。但是，标语的用意，是在乎做、在乎行动；单是讲讲、解说解说，是不够的。所以，像小学里讲过的标语，没有设法使儿童表现于行动，仍旧是没有效用的。

三、师范的试验

上学期，我在幼稚师范里，采用了另外一种方式来实施训育。

有一天，十二月二日，星期一，在纪念周上，我向学生提出"日行一善"的信条，先把这信条的益处详细的说明。

什么叫善？凡是有益于人的事，都是善。帮助别人，果〔固〕然是善事；在地上看见纸屑，就拾在字纸篓里，也是善事；把路中间的一块石头拾掉，也是善事；就是说一句好话，使别人快乐，也是善事。说了之后，我要学生在总理遗像的前面，严〔郑〕重的宣誓。

为什么要在纪念周宣誓呢？为什么要在总理遗像前面宣誓呢？"日行一善"，不是一件容易做到的事。随随便便宣了一个誓，那所得到的效果，必定等于零。而等于零的效果，反而增加了学生说谎、作假的机会和养成学生敷衍了事的恶习惯。宣誓不应随便，所以宣誓一定要很郑重，所以纪念周是很好的时机。

当时，我曾拟了三种宣誓的誓言：

（1）我愿从今天起，每天至少做一件有益于人的好事。

（2）我立志从今天起，每天至少做一件有益于人的好事。

[①] 张宗麟曾以《儿童的观察能力及其教育的功效》为题，将上述调查结果发表于《教育杂志》第 18 卷第 8 期（1926 年 8 月 20 日）。故此处"没有发表过"之说并不准确。

（3）我立志从今日起，日行一善。

第二种比第一种好。因为"立志"比"愿"来得有力，对于宣誓更加适宜。第三种是来得简洁，学生一致赞成采用。

在未宣誓之前，我再三郑重的说：

> 不愿立志日行一善的，千万不要举手宣誓；凡是宣誓的，必定要遵守誓言，日行一善。每天把所行的善事，纪在一本《日行一善录》上面，每星期交给导师考查。宣誓以后，各人还要在我的日记簿子上签一个名，以留纪念。

说了以后，就在总理遗像前郑重宣誓。宣誓后，就到我的办公桌上来签名。一星期后，各位导师考核他们的纪录。下面就是他们纪录举例：

十二月二日　星期一　晴　夏宗欧

从今天起，我立志日行一善。怪不舒服的，晒着的一绳衣服垂在地上。本来中间有一根木头顶住的，不致使刚洗的衣服拖在泥土。然而，那一根木头不知是被那一个弄倒了。我感到，垂在地上的衣服一定干得很慢，所以，我又把倒下的木头从新竖起，这样，使衣被的主人早点折着干的衣服。

十二月三日　星期二　晴　熊秀舫

下午一时，我到树林里去走一走，看见一位五十余岁的老太婆，拿着一把竹齿耙，在树下耙毛柴。那老太婆身体很衰弱，耙几下，呼几下大气。我看见这种情形，就连忙过去，帮着他耙了很多。后来有一位少妇来，把那些毛柴杠去了。我望望他们的背影，心中有说不出的快乐。

十二月四日　星期三　龚韫慧

在路上，看见一块手帕。我不知是那位同学的，便拾了起来，连声喊道："是谁的？"前面有一位同学听见了，回头着，说道："是我的。"便跑过来说道："是我的。"便跑过来接了去，并说："谢谢。"我也说："不客气。"

十二月五日　星期四　王舜琴

午饭后，到阅览室去阅报。见报纸乱得不成样，东一张，西一份。我就按照了日期，将他整理好。

每星期考查一次。考查之后，而且要加以评语，使得学生知道他们的《日行一善录》，是曾经有老师看过的。这种考查，究竟做到什么时候为止呢？要等到学生养成日行一善的习惯为止。

考核的时候，要注意到学生的作假。倘使作了假，那比不宣誓、比不做还要坏。所以，你一定要郑重的对学生声明：假定一天之中，没有做什么有益于人的事，那最好声明没有做；千万不要随便乱写，以博教师欢心。教师也应当把学生所做的善事，加以一番证实，务须免除作假的弊病。

四、总起来说

第一点我们要注意的，训育不尽是知识的问题，〔还〕是一种行为的问题。既然是行为的问题，你一定要使学生把行为变成习惯，才可以放手。

第二点，你要使行为变成习惯，你必定要在学生的心境中引起热烈的情绪，战胜那种行为所遇的困难。就以"日行一善"来说，要一个小孩子，从"利己"的观点转移到"利人"的思想，那是在他的生活中一件最大困难的事。你不能轻易的叫他战胜这种大的困难，要他轻易的改变他的思想，改造他做人的习惯；若没有热烈的情绪、坚决的意志，决不能达到目的。所以，当时我叫学生在纪念周上、在总理遗像前郑重的宣誓，在我的日记簿上签名留念，以表示决心。

第三点，习惯的养成，不是短期间可以做到的。所以，你要常常注意，时时留心，务使行动不要有例外，不要中途间断，以达到自然而然的地步。

第四点，要维持兴趣，比赛是一个好的方法。怎样比赛呢？用自己的成绩比赛，同别人的成绩比赛。与自己的成绩比赛，当然比与别人的成绩比赛来得妥当。比赛的结果，最好有一种具体的表示。什么统计表、什么统计图、什么挂图，都可以利用的。

53　活教育与死教育

陈鹤琴

1941年4月1日

题　解　　本篇原载《江西地方教育》第 210 期 "学术讲演" 栏。发表时间为 1941 年 4 月 1 日。

该文此前曾在《活教育》第 1 卷第 1、2 期合刊发表（1941 年 2 月）；此后，又见载于《小学教育》第 3 卷第 1 期（1941 年 8 月）；再后，还收入立达图书服务社出版的《活教育理论与实施》（1947 年 4 月）一书。

有关撰著者陈鹤琴，参见前文《儿童教育的根本问题》题解。

"活教育" 与 "死教育" 的 "对待性" 提法，是陶行知在 20 世纪 30 年代初所反复申述的。"死教育"，不仅包括中国传统的 "土八股"，还包括近代引入的赫尔巴特等 "洋八股"；"活教育"，不仅指 "五四" 以后引入的以杜威为代表的 "试验主义" 教育学说，还包括中国教育界人士自主的改造和创新。陈鹤琴正是据此来辨析两种教育之差异的。

《江西地方教育》，教育旬刊，1935 年 3 月 1 日创刊于南昌，由江西省教育厅主办、编辑并发行。该刊以 "研讨地方教育问题，辅导地方教育事业" 为宗旨。主要栏目，有教育法令、规程条例、教学大纲、教材、参考资料、地方教育状况、调查统计等；主要撰稿人，有程时煃、萧邦导、邱椿等。1941 年后停刊，1947 年复刊。终刊原因及时间未详。

亲爱的教师：

"活教育" 这个名字，恐怕你们已经看见过了。我想，这个名字一定会在你的脑海中引起许多的疑问：什么叫做 "活教育"？教育那有死的、活的呢？即使有的话，活教育与死教育有什么分别呢？我们人是活的，教师是活的，儿童也是活的；活的教师，去教活的儿童，难道这个不是活的教育吗？这种种问题，我想，你们一定会问自己的。也许你们会问我的：这些问题究竟要怎样解答的？

照普通的说法，教育可以分为三种：一种是家庭教育；一种是社会教育；一种是学校教育。家庭教育和社会教育，可以说是非正式的教育，是没有形式的教育。学校教育，是一种有形式的教育，是一种正式的教育。平常我们一谈到教育，就想到学校教育。我们现在且把社会教育、家庭教育暂时不提，先来讨论讨论学校教育。究竟怎样的教育，才算是活教育？怎样的教育，只配称死教育呢？

一[①]、十大区别

（一）活教育

（1）一切设施、一切活动，以儿童为中心、当主体。学校里一切活动，差不多都是儿童的活动。

（2）教育目的，在培养做人的态度，养成优良的习惯，发现内在的兴趣，获得求知的方法，训练人生的基本技能。

（3）一切教学，集中在"做"，做中学、做中教、做中求进步。

（4）分组学习，共同研讨。

（5）以爱以德来感化儿童。

（6）儿童自订法则，来管理自己。

（7）课程，是根据儿童的心理和社会的需要来编订的；教材，也是根据儿童的心理和社会的需要来选定的。所以，课程是有伸缩性，教材是有活动性，而可随时更改的。

（8）儿童天真烂漫、活泼可爱。工作时很静、很忙，游戏时很起劲、很高兴。

（9）师生共同生活，教学相长。

---

① 本文此级标题序号，均系编者加拟。

（10）学校是社会的中心，师生集中力量，改造环境，服务社会。

（二）死教育

（1）一切设施、一切活动，教师（包括校长）是中心、是主体。学校里一切活动，差不多都是教师的活动。

（2）教育的目的，在灌输许多无意义的零星知识，养成许多无关重要的零星技能。

（3）一切教学，集中在"听"：教师口里讲，儿童用耳听。

（4）个人学习，班级教授。

（5）以威以畏来约束儿童。

（6）教师以个人主见来管理儿童。

（7）固定的课程，呆板的教材，不问儿童能否了解，不管与时令是否适合，只是一节一节的上，一课一课的教。

（8）儿童呆呆板板、暮气沉沉，不好动、不好问，俨然像个小老人。

（9）师生界限分明，隔膜横生。

（10）校墙高筑，学校与社会毫无关系。

二、活教育与死教育的详细对照[①]

（一）课程

（1）以大自然、大社会作主要的教材，以课本作参考资料，这是直接的活知识，是直接的经验。（以课本作主要教材，是间接的死知识，或间接的经验。）

（2）各科混合或互相关联。（各科独立而不相联络。）

（3）不受时间的限制，没有分节的时间表，时间倒为功课所支配。（功课受时间的限制，一节授一课，不管科目的长短，时间一到，即须停课。）

---

① 本标题下所列各条正文中，前半部分（即括号外内容），为"活教育"的具体表现；后半部分（即括号内内容），为"死教育"的具体表现。

（4）内容丰富。（内容简单。）

（5）生气勃勃。（枯燥无味。）

（6）儿童自己做的。（现成的，由教师代做的。）

（7）整个的，有目标的。（片段的，没有系统的。）

（8）有意义的。（无意义的。）

（9）儿童了解的。（儿童不了解的。）

（二）教学

（1）多在户外。（整天在室内。）

（2）领导学生自动研讨。（只会照着课本呆讲，学生懂不懂不问。）

（3）启发式、诱导式。（注入式、填鸭式。）

（4）自动的。（被动的。）

（5）教儿童。（教书。）

（三）教师

（1）笑嘻嘻地，和蔼可亲。（板着脸孔，威严可怕。）

（2）声音悦耳。（声音粗糙。）

（3）说话有礼，多鼓励。（随便漫骂。）

（4）低音清晰。（大声喊叫。）

（5）行动轻快。（走路拖地。）

（6）立的笔直，坐的挺直。（立起倾斜，坐的驼背。）

（7）衣履整洁，面目清楚。（衣冠不整，头发蓬松。）

（8）态度从容。（脾气暴躁。）

（9）精神饱满。（没精打彩。）

（10）创造能力。（模仿。）

（11）健身。（多病。）

（12）快乐、乐观。（忧愁、悲观。）

（13）研究精神。（苟且因循。）

（14）乐业。（思迁。）

（15）互助合作。（孤独利己。）

（16）慈爱。（冷酷。）

（17）负责。（敷衍。）

（18）教学有技能。（教学呆板。）

（19）了解儿童心理。（不明了儿童的心理。）

（四）儿童

（1）活泼天真，独出心裁。（呆板，不活动的，死读书的。）

（2）自己找材料的。（模仿的。）

（3）兴趣浓厚的。（做事、读书毫无兴趣的。）

（4）身体健康的。（身体软弱的。）

（5）好问好奇的。（唯唯诺诺的。）

（6）知道求知的方法，而活用知识的。（学了许多死的书本知识，而不会应用的。）

（五）行政

（1）学生自己管理的。（学生由教师管理的。）

（2）考核成绩，在活动。（考核成绩，在纸片。）

（3）教学目的，在培养做人的优良习惯、服务合作的精神。（教学目的，在灌输知识、养成技能。）

（4）尊重儿童的人格，训导的方式是友谊的。（训导的方式，是防贼式的。）

（5）师生共同生活的。（师生界线分得很严的。）

（6）教师直接参加各种活动的。（对于各种活动，教师站在指挥的地位。）

（7）有组织、有力量的。（学生是一盘散沙，毫无组织的。）

（8）学校与学生，站在同一战线上，向学业上进攻。（学校怕学生有组织而与学校对抗。）

（六）设备

（1）课桌椅分开，可以移动的。（课桌椅是两张相连，死钉在地板上的。）

（2）座位，讨论式的，一组一组排列着的。（座位，听讲式的，一排一排，向着教师排列的。）

（3）图书、教具很丰富的。（图书、教具很简陋的。）

（4）学校的环境，整齐、美丽。（学校的环境杂乱、肮脏。）

（5）校内的布置，是学生做的。（校内的布置，是教师做的。）

（6）布置的材料，利用自然物和儿童的成绩。（布置的材料，是化钱买来的。）

三、结语[①]

上面所举的对照情形，仍旧是很简单的。若要明了详细的区别，只有待诸来日有暇的时候，再与各位详细的讨论。各位若有好的意见，务请随时见告；若能加以研讨而惠我结果，供诸同好，尤所欢迎。

---

① 此标题，系由编者加拟。

54　实施部颁"幼稚园常识课程标准"的研究

张雪门

1942年1月15日

题　解　　本篇原载《广西教育研究》第 3 卷第 1 期"国民教育"栏。发表时间为 1942 年 1 月 15 日。

该文后于《国民教育指导月刊（台北）》第 2 卷第 2 期（1947 年 3 月）"国民学校行政特辑"重新发表，本文第七部分"幼稚园常识的实施方案"之"（二）'六三禁烟纪念'（幼师生李蕙兰在板江幼稚园拟）"部分，即为此次发表时所补加。本文内容，后被改编为《幼稚园教材教法》（台湾新潮出版社 1959 年版）一书的第六章。

在《幼稚园教材教法》的"书后"，张雪门曾交代说，此书起草于广西三江县丹洲镇（其时，大体在 1941 年），然而，"丹洲起草不久，因事搁笔，直到胜利转平来台，检查残稿，始终仅有两章"。应该说，本文即为此"两章"之一。

有关撰著者张雪门，参见前文《中国幼稚教育已到了十字街头》题解。

"幼稚园常识课程标准"，实指《幼稚园课程标准》中有关"社会和常识"部分的规定。该标准于 1932 年 10 月颁行，1936 年 7 月修正，由三大部分构成：一为"幼稚教育总目标"；二为"课程范围"；三为"教育方法要点"。在"课程范围"之下，分列"音乐""故事和儿歌""游戏""社会和常识""工作""静息""餐点"七门课程。每门课程之下，均分列有"目标""内容大纲""最低限度"三项。本文便是以"社会和常识"之下的三项作为研究对象的。

《广西教育研究》，月刊，1939 年 1 月创刊于桂林，由广西省教育厅主办、编辑并发行。旨在"研究教育学术，交流教学经验"。主要栏目，有言论、研究与讨论、国民教育与师范教育、中学教育与导师制、职业教育、广西教育动态、译丛等；主要撰稿人，有曾作忠、张健甫、朱耀纲、阮镜清、程颂文、刘钧鸿等。1942年5月终刊，共出3卷29期。

一、自然、社会与儿童成长的关系[①]

现在，一般幼稚园指导儿童的常识，有的采用现成的课本，有的仅凭口头的传述。其实，儿童进幼稚园的时候，不论倾向、习惯、知识各方面，都已具备了若干经验。而这些经验的获得，实由于他的生活环境。

如果分开来说，第一种是自然的物质环境，第二种是人事界的社会环境。

这两种环境的存在，并不是为着儿童；但儿童一生〔下〕来，立刻发生了密切关系，且受其影响。譬如，人类堕地之初，眼睛能觉得光，这并不是说人生来就具有了觉光的眼力。假使当时环境根本没有了光，眼睛更何从觉起。然正因有光给他觉，才得到反应光的机会；更因为有反应光的机会，才能逐渐发展到"注视"与"追视移动的东西"。

不仅生理上发展如是，即知能上也莫不如是。譬如，儿童偶然拿着小木杆敲桌子，他在感觉上、动力上，一定得有一种新的经验，觉到满意，因而其心意中，对于拿木杆敲桌子的倾向，便经过了一番改造。以后，这种倾向格外确定，所以又将这一经验屡屡试行。几次反复以后，经验愈确定，行为完全可以受其支配。万一这一儿童后来在桌子上另望见了铅笔和白纸，依着他固有的倾向，又拿起铅笔来敲。不料这铅笔敲在白纸上的，现出来却是黑色的各种痕迹。那末，他的经验上，便不能像从前一样的满意。为着新境遇，一定要详细视察。铅笔和木杆既有分别，木杆和桌子、铅笔和白纸的关系，也较从前确定。他对于木杆和铅笔的经验，一定要改造过；对于外物动作的倾向发生的行为，也一定要有区别。

---

① 此标题与"二、幼稚园常识教学须知"，均为编者所拟。在《幼稚园教材教法》（台湾新潮出版社1959年版）中，这两部分的内容合为第六章第一节，标题为"自然、社会和儿童的关系及其在幼稚园中应注意之点"。编者拟题，即据于此。

总之，个体受外物的刺激，必唤起其固有的倾向；既有倾向，更生动作；动作结果，改变倾向；倾向改变，动作也随而改变。如此循环不息，经验便不断改造，对于物质的性质、内容，也渐渐地丰富了。

然而儿童的经验不仅由于接触自然环境而生，重要的还有社会环境的影响。乡村的儿童，对于田作物的名称、形态及性质，比同样年龄的城市儿童，要知道得多，其生产的兴趣、劳作的习惯，也超过于城市〔儿童〕，但总赶不上城市儿童的灵敏。所以，从小没有家庭爱的儿童，同情性不容易发生；娇养的独子，说话、做事的能力，都比较薄弱；生在喜食辛辣的民族，对辛辣的刺激当然不会有什么反应；在抵抗强暴的社会里，畏缩情绪自然要受压抑。

从此类推，个人固有的性质如何发展，常常受社会无形中的暗示。个人的秉赋各有不同，但其心理作用一定要受社会淘汰的程序。

二、幼稚园常识教学须知

总上所说，人和自然、社会相接触，在学习的意义上，最值得我们注意的：第一，是从各色各样自然、社会环境里的实践动作，获得了各色各样的自然、社会的经验；第二，是经验的实践又不断地改变环境，并不断的改变自己；第三，是经验不仅在于堆积和扩张，重要的还是在于有选择和支配等作用。

因之，我们对于幼稚园儿童自然、社会的指导，首应把握的，便是这一种的自然学习的基本历程；并不是抛弃了他们实践的行动，因袭地用书坊的幼稚园常识课本，经过了传统方法，再递给了儿童，把课程弄成了特殊的东西，反和生活不发生关系。所以，幼稚园的自然和社会活动，我在这里应特别唤起同志们注意的，有三种原则：

（1）扩充儿童对于自然、社会学习的基础。

（2）加强儿童对于自然、社会经验的改造。

（3）培养儿童对于自然、社会支配选择的力量。

怎样才能扩充儿童对于自然、社会学习的基础呢？

历来教育家都认，"自发活动"是学习的基础。而自发活动的根据，或在先天的倾向，或在后天所得的习惯、嗜好、兴趣。凡道德的、动〔体〕力的、智力的，都在内。自发活动根据的范围愈广，即学习的基础愈厚。

所以，幼稚园对于自然、社会的设备，断非几盆花、一缸鱼、一间娃娃房，便以为可尽其能事。最好，须有广大的院子，供儿童们养鸡、种花、盖房子、铺铁道等用；而且对于种植用具、建筑用具等，也都应有相当的准备。然后，事物的意义、工作的技术、客观的观察、持久的注意，以及合作的兴趣，都将在实践动作中养成；而学习的基础，也愈厚。

怎样才能加强儿童对于自然、社会经验的改造呢？

人类的活动，本来除内部要求外，无不由于外界的刺激。儿童好动，从早至晚，几乎没有一刻不和物质环境或社会生活相接触。这接触的动作，就足以催促本身经验的改造。倘若再加幼稚园适合的引导，则经验从一个问题转移到另一个问题，从一种反应转移到另一种反应，将连续不断的改造。

所以，儿童在未进幼稚园的时候，仅知道一些家庭和邻近的关系，即社交兴趣、工作能力，也都跳不出当时环境的束缚。一进到幼稚园，便和许多别家的儿童发生关系，自然加速经验的改造。此外，更有田野、工厂、市场、博物院等远足或参观，图书故事等补充想像，游戏、唱歌等表演动作，经验那里不改造得更广博，而发达更完备呢？

怎样才能培养儿童对于自然、社会支配的能力？

人类和环境（自然与社会）的接触，以获得经验，且以之求经验的改造。但经验之可贵，尤在能支配环境。这种支配的力量，决不是短时间所能完成。然而进幼稚园的时候，正可以开始培养起来。凡儿童能力所及的，他自有其下手的地方。他自选其工作，在他进行的历程上，无论要什么材料和方法，都可由他自己来担任选择、假定的责任。等到结果成功或失败，自然归他自己来享受苦乐，实在无需大人的帮助。教师在这种的活动中，仅必要时加以暗示和同情罢了。这不独蒙台梭利的训练如此，即近来一般幼稚园采用设计教学法①的，也莫不如此。

我们若果仅从"身心与环境交互反应而改变"的一点看起来，那儿童在物质环境（自然界）和社会生活中搜求经验，实比在幼稚园里来得自然而生动。因为儿童在天然

---

① 设计教学法：美国教育家克伯屈（也译基尔帕特里克）所创立的教学方法，曾在中国盛行一时。

的环境中，其学习的动机和其所学的地方就在他自己的本身，经直接参与和模仿以学习这些事物的机会永远存在。像这一类的搜求经验，实在是极生动的学习过程，且其学习又有切实的内容。然而，现在我们的幼稚园，不能仅凭儿童在天然里的经验，不得不加以选择。

这为什么呢？当然另外有其原因：

（1）天然经验太零碎。

（2）天然经验太矛盾。

（3）天然经验的获得太不经济。

（4）天然经验的范围太狭，不足以供远大的要求。

三、幼稚园常识的选材标准[①]

矫正天然经验的弱点。在幼稚园自然、社会的活动中，要想真能引出较有价值的功能，对于选材标准，至低限度，除根据适应儿童与社会的需要外，更应注意下列的五点。

（一）我们应注意的是"普遍"

这里所说的普遍，并不仅为求适合全国大多数儿童的经验；重要的，还是因现阶段儿童的经验实在过于偏小，不得不加以注意。

六岁以前的儿童，体力有限，足迹不外乎家庭和邻近的地方。因发展上的限制，自然无选择环境的能力。所以，一般极普通的经验，为生活所必需的，各受环境的束缚，仅能表现极小、极狭的反应。甚至有的儿童不知蔬菜的来源，有的自己不会穿脱衣服。而稍远大的人生常识，如国家，"五九""五卅"等纪念日集会，及卫生、礼仪等实践，更非他们所能了解。此外，自然、社会中某一种动作或现象，亦因环境关系，有的接触的机会特别多，有的简直连一次都没有。因刺激反应的不同，儿童的经验便各走极端。

---

① 原发表时，此标题为"选材标准"。"幼稚园常识的"六字为编者补加，为与编者前拟标题对应。后"四、五、六、七"的标题，均同此。

幼稚园的同志们，我们当明白，今日的儿童，便是下一代的民族。凡现代中华民族应负的使命，儿童虽小，也决不能例外。教育的工作，就在如何把握每一个民族应负使命的普遍条件，具体而微，做成实施的方案，以谋儿童的反应。

（二）我们应注意的是"新颖"

幼稚园的儿童，好新而厌旧：任何有趣味的活动，只能做一次，而不耐多次。我们选取的时候，为求适合他们的心理起见，固应如是。

其实，活动的本身，就是一种变化不居的东西。一年之中有四季。四季的自然物和自然现象不同，四季里的社会生活不同，而四季里各人反应的动作，更那里能够同得！就是在一个活动之中，儿童因环境或内部的要求，常有"偶发事项"的发生。我们当时也应姑且把原来的活动暂时停止，先满足了这一时的需要，以后再设法进行。

好新并非不良的倾向。人类正因为好新，才肯向新世界去探险，向新自然去求进步。我们若仅以儿童经验为教材，结果一定会引起他们的厌倦。所以活动的根据，重在以儿童固有经验为起点，逐步引到新经验上去。如利用跳、跑等已有能力，促成韵律的动作，并不老叫他们在已有经验里打圈子。

（三）我们应注意的是"果效"

儿童在幼稚园里〔参〕与一种活动，不论是自然的，社会的，在自然、社会错杂的活动，选择的时候，一定先须注意到效果。这效果的估量，应分为三方面：

（1）在价值上讲。儿童在某一种活动里，将得到些什么？身体上的、知识上的、技能上的、习惯上的，以及兴趣、态度等等，都应有一种客观的价值；甚至改造民族的观念、抗建的意义，也应一并加以考虑。活动定了标准，进行自能时时留心，结果又可以两相对核。

（2）在转移上讲。儿童在某一种的活动，将有利于何种的学习，也应估量到。譬如：儿童有了替娃娃做衣服、洗被、糊窗纸的经验，渐可引到服务家庭的实践；有了替娃娃房铺彩色地砖的兴趣，渐可引到几何形的研究；报告工作，可充担任主席的预备；搜集昆虫，将来学生物、学自然格外容易。

（3）在结果上讲。儿童在某一种的活动，有否完成的可能？这一种若果估量正确，不但能鼓励他们以后做事的勇气，且能提高他们独立、合作的精神。

（四）我们应注意的是"代表性"

儿童的经验，决跳不出环境的圈子。在我国的现阶段中，大家虽负起了民族解放的斗争，然而究竟尚未冲破封建势力和帝国主义两种的堡垒。谁能保证自己的经验不受这些的影响？尤其是没有选择能力的儿童。

我们指导幼稚园自然、社会的活动，若仅求适合儿童的经验，而对于经验的代表性不加以分析和选择，那末，神权和科学、崇拜英雄和团结全民，都将由同一的口吻传给了儿童，教育的价值必前后抵销，甚或形成了意识矛盾。

况幼稚园教育的时间有限，各种的经验，都须全让儿童一一亲听教诲，在事实上本不可能，而且也太不经济。这里，就当由我们来选有代表性的精品。例如，养蚕可以代表许多昆虫的蜕化，孵鸡可以代表各禽类的产生。恳亲会的游艺、募寒衣的表演，其过程都是一样。在教育的价值上，除练习作用外，有时实在不必把这些类似的活动再三重复。

（五）我们应注意的是"真实"

人类思想的实践，固然可以改变环境，但思想的来源还是由于经验。而经验的获得，实由于接触环境的行动。

可惜，我国历来对于儿童的指导，抛弃了第一步接触环境的行动，却替以代表观念的文字，再由观念来支配思想的实现。不但思想永远是观念的尾巴，老是跳不出旧观念的圈子，谈不到创造；更那里谈得到制驭环境，甚至连那些观念的意义，都弄不明白。

以后，学校里采用了图画，这当然是一种进步。然而，依然没有实际的行动作根据，总不容易使得观念正确。儿童脑子里所想为〔的〕国土面积，往往以为和地图所绘的一样大小。所以，我们指导幼稚园的自然、社会，首先应注意的是"真实"。凡扫地、抹桌、熬糖、爆米花，以及养鸡、养蚕、种玉蜀黍和各种小花，能够实在做的，都应让他们实际去做。

从做里所得的认识，才是真实的知识；从做里发生的困难，才是真实的问题；从做里所得的胜利，才是真实的制驭环境能力。游戏也可以做，然而代表不了真实。儿童一定先有了直接经验，然后可以补充想像。真实，就是树立直接经验的基础。

四、幼稚园常识的教学目标

自然、社会选材的标准既定，现在当进一步研究幼稚园对于这两种教学的目标。按部颁"幼稚园常识课程标准"所定的，共为四条。但一切，都应以中国现社会为根据。

中国现处于帝国主义与封建势力两重压迫之下，仍且负起民族解放的斗争。所以，这一段的教育，也必须以这一时期的社会做出发点，始能完成抗战建国的使命。

至于人和自然的关系，也是跟着社会为转移的。例如：原始社会时代，人类生产的力量很微弱，仅凭石头、木棒，大家成群结队去打鱼、打野兽，打回来，就一块儿吃用；到了封建社会，人类就得能使用铁制的耕具，以农业为生产的要素，多余的时间，才兼理纺织、酿酒、盖房子等手工业；等到了资本主义的社会，斧头、锄头等已成了废物，机器代替了一切，于是，生物和非生物，全须经过了机器的制造，造出来大批的商品。从有历史以来，都是如此；现在，当然也不会例外。

如果我们幼稚园常识教学的目标，仅限于目标的本身，抛弃了中国社会于不顾，那末，教育便变成了没有灵魂的工具了。兹特按照部颁"幼稚园常识目标"说明于后。

（一）引导对于自然环境和人民活动的观察和欣赏

生活环境里的事事物物，在我们现在以为很平常的，但在我们的幼稚儿童时期，没有一样不觉得新奇有味。昨夜的月这〔样〕地光明，早晨它到那里去了？云是什么做成的？是谁把它点缀在天空？水从早流到夜，从夜又流到早，为什么不疲倦？燕子秋季是回家去了，但它的家在那里？冬季草地上什么都没有了，为什么到了春夏，又这样的青绿、美丽？

这种种问题，只要我们成人不冷酷的加以拒绝和欺骗，他们自会常常把观察到而想到的，向我们提出。如果我们再能够加以鼓励，有时更引导他们作有意义的旅行，使他们观察本地方的名胜古迹、公园、博物院、市场、农村、军营，以及火车站、轮船码头等等，那末，他们的兴趣会由近及远，格外广大，格外发达，他们的问题，会从"是什么"，转移到"为什么"，都将一一保存在他们的经验里。

幼稚园教育，不要以为幼儿们这种的观察是无意义的。其实，他们的小心里，却因之发生了问题。问题的可贵，不在于因能解释而消灭，即因为愈能解释而愈增加满意后的兴趣，将从此打开了幼儿求知之门，树立了客观、科学的精神。对于下一代新中国民族建设的基础，是何等的伟大呢！

（二）增进利用自然、满足生活、组织团体等的最初步的经验

儿童是好动的。他们对于生活环境的事物，不但观察发问罢了，凡他们所注意的，都觉得有趣味、好玩，不是玩这样，便是玩那样。在泥地里种瓜、种豆、养鸡雏；在屋子里生小泥炉熬糖。我们成人谁没有玩过？等到瓜、豆长成了，雏鸡变大了，糖熬得了，小心里不知道多吗愉快，正和科学发明成功的时候一样。

有时，成人社会的事物，幼儿虽觉得好玩，但他们的能力不及，这些小公民，另有他们的办法：采取模仿的方式，大家来游戏，或选择纸、笔、颜料来画。经过了这些动作，新事物的意义，自会逐渐组织在经验里。将来只要碰着类似的机会，便会发生实践的行为；次数愈多，倾向将愈益坚定，而反应也愈加敏确。这不仅儿童利用自然、满足社会的经验如是，就是参加团体的组织，也如是。

种菜、熬糖等工作及模仿游戏，其活动的范围，决不老是限于一个人；只要两三个人在一起，便已成了一个团体的雏形。用什么工具？怎样做？谁来做？做的怎么样？要不要改变？这些问题，多会在这一小团体里进行上发生出来。那时，聪明的教师们，正可把握这一点，做幼稚园团体的初步训练。

（三）引导对于"人和社会、自然的关系"的认识

儿童对于生活环境的事物，经过了观察、实践、模仿种种的行动，将会慢慢地明白人和社会、自然的关系。如"幼稚园玉蜀黍熟了，大家来吃"这小小的一种活动，教师的指导，其目的，不仅是增进儿童们自然常识，且引导他们对于人和社会、自然关系的认识。

从下种到了吃用，中间本有不少的方法，更不知用多少的劳力、肥料和工具。但与〔每〕一次人的力量加上去，玉蜀黍更发育、繁荣。这是人和自然方面的关系。而另一方面呢，玉蜀黍的形态，以及它的生长受土壤、肥料的影响，客观地都呈现在人前，以

增进人类直接的经验,并且还供给人类的食用,这是自然和人的关系。

更进一步说,人类把力量加到自然的时候,不但是人和自然、自然和人的关系,同时人和人也发生了关系。没有锄头,锄不开地;没有耙子,就耙不了草。锄头和耙子,都不是小农人自己力量能够做的,便不得不求之于铁工厂的工人。那末,人和社会便先有了一层关系。等到供吃用的时候,先须把它分配给磨子去磨,厨子去做,然后教师和小朋友大家来吃。人和社会的关系,又多了一层。

新中国是实现"民有、民治、民享"的国家。那末,对于这民族的幼芽,首应引导他们对于人和社会、自然关系的认识,使他们有实践的行动,然后由小学而中学,而大学,才能深切感到:"三民主义"是整个而不容分割的主义。

(四)养成爱护自然物和卫生、乐群、互助、合作等的好习惯

人类的生活,本来和自然、社会有密切的关系。但在日常生活中,每一种的连带动作,在幼稚园的时候,也应该加以特别的注意。

过去中国,无可讳言的,是封建社会。到现在,仍旧占有若干势力。封建社会,是以农业为背境的。农人对于自己所种的禾稻等田作物,当然是特别的爱护;耕牛、青蛙等,都于农事有益,也在他们保护之列;甚至于水,也不肯浪费。但对于卫生,除天然锻炼外,便无暇去讲究了。生产,大多仅限于大门内的家人;足迹不出乡里,社交性很难发展。冬季虽偶有守望相助,平时总各管各的生活。

至于过惯了特殊、病态的繁荣都市生活的人,既不知物力的艰难,又无合作互助的需要,仅装点卫生的皮毛,对于阳光浴以及早睡早起等好习惯,恰是背道而驰。到了现在时期,这些脆弱的民族,那里担得起艰巨的使命!

所以,我们今后指导幼稚园儿童对于自然、社会种种的活动,更须积极地养成他们有爱护自然物和卫生、乐群、互助、合作等习惯来。

五、幼稚园常识的教学范围

幼稚园常识(自然与社会)的教学范围,按照部颁的课程标准,其"内容大要"共

有十条。为求简明起见，现在归作了五条，历举于下：

第一条　关于食、衣、住、行等生活需要，卫生方法，以及家庭、邻里、商铺、邮局、救火组织、公园、交通机关等社会组织的观察、研究，与本地名胜古迹的游览。

第二条　党旗、国旗、总理遗像等认识，以及集会、日常礼仪等演习。

第三条　纪念日和节日（如元旦、国庆……）的研究举行。

第四条　习见的鸟、兽、虫、鱼、花草、树木和日、月、雨、雪、阴、晴、风、云等自然现象的认识、研究，以及逐日气候的填记。

第五条　附近或本园内动植物的观察、采集，并饲养或培植。

有了这些的内容大要，我们更得根据本地的实际情形，把它具体的充实起来。不过，我国地大物博，任何人都不能作过分精密的估计。下面所举的，也仅是一般的说明罢了。

（一）生活需要

1. 关于食的方面

食物从什么地方来？怎样从菜圃、农田、果园、鱼塘、畜牧场到了店铺和市场？母亲怎样挑选新洁的食物？怎样烹调？经过了建设的校园、家事、开店铺或农场等活动，儿童将获得工具、材料、产品、方法等知识，卫生、耐劳、合作、计划等习惯，以及留心观察、大家协力的乐趣。

2. 关于衣的方面

母亲用什么东西做成衣服？衣服的原料是丝的、皮的、羊毛的，还是棉花的、麻的？怎样到了市场和店铺？怎样的又从丝、皮等做成了衣服？将用什么东西收藏衣服？怎样才能保持衣服的清洁？经过了娃娃衣服、被单、抬〔台〕布等缝纫和洗染，以及自己的围巾、手绢等试作，儿童将会有缝纫、洗濯、熨烙等经验，以及爱好清洁、美丽的观念。

3. 关于住的方面

住屋是用什么材料做成的？住屋分多少间？有什么区别？室中应如何布置？这些材料，都是从那儿来的？自来水装在什么地方？灶有什么功用？我们如果能使儿童用木头、纸张、匣子搭成娃娃房屋，做布置娃娃房中的用具，画房屋的图，更使他们有建设家庭、表演家事等游戏，并加以职工的图画[①]、故事和诗歌等补充，他们自会明白房屋的形状和构造，以及选择、参考、卫生的必要。

4. 关于行的方面

陆路上，交通器具有炮车、火车、汽车、电车、牲口车、洋车、脚踏车和轿子；水路上，有军舰、轮船、汽油船、帆船；天空中，有飞艇、飞机。有的地方，山上又有雪橇，冰上又有冰床。

这些器具，都是那儿来的？用什么材料做？人们乘火车、轮船，要用何种手续？应守何种规则？由那些人来管理？火车经过的地方有山洞、桥梁、轨道和车站，轮船也经过江、湖和码头，更有那些人来管理？如用积木或椅子来仿造车和船，使儿童扮演驾驶员及搭客，再经过种种的游戏，做卖票、收票及买票的纸币，更有硬纸标写战壕、车站、码头等名称，以及表演运送军械、邮件和货物，他们对于交通的知识格外发达，服从公意及自我表现的态度，也同时增进了。

（二）社会组织

1. 关于家庭及邻里方面

家庭里有那些人？有那些房子？有那些事情？住在那一条街？街上还有那些房屋？那些人住在那边？和自己家庭有什么关系？街市的道路，是用什么建筑的？由那些人来管理安宁、秩序和清洁？

儿童在这范围内，可以替父亲拿帽子、放衣服，也可以替母亲收拾家伙、扫地、拂桌、陪邻人说话、送茶点，还可以用积木搭娃娃的家庭，用棉絮、用布作娃娃，更替娃娃作缝纫、陈设、烹饪、整洁、请客等事，叫娃娃睡觉，唱安睡歌，扮演警察。他们经过了这些活动，才能认识家庭生活的意义，发生仁爱、和平的精神。

2. 关于商店、工场及农场方面

社会上各种职业有什么不同？那些商人住在什么地方？每天作些什么事情？工人作些什么事情？工厂里全是什么东西？有没有组织？他们的生活怎样？农人作些什么事情？住

---

① 职工的图画：此处指工艺流程图或劳动场景图之类的图画。

在什么地方？他们的生活又是怎样？这许多不同的职业，和我们的生活更有什么关系？

儿童在这一范围内，可以用泥土做果品及蔬菜，做开店铺及买卖的游戏，也可以学盖房子、铺铁路和农场，更可以种豆、种玉蜀黍，养鸡、鸭……从此，将逐渐了解各种职业的关系、制币的功能，以及使用工具的需要和方法。

3. 关于公共机关方面

从那条路去公园？公园里有那些动植物？有什么名胜古迹？和我们住宅最近的是那一个医院？医院做些什么事情？在邮政局里服务的是那些人？为什么在街道上设有邮政信箱？邮件如何从信箱到了邮局？图书馆、博物院中有什么东西？里面的人为什么都很静默？军队、救火队带的是什么东西？那些东西有什么用？

我们如果要使儿童有这些的知识和兴趣，只须给他们有各种表现的机会，如：用积木、树枝等在沙池上布置公园；用厚纸剪做动植物；用泥上做楼台亭阁；用各种东西，仿做军队、救火队、邮政局、图书馆和博物院、医院，治病、配药，扮医生和护士。

（三）团体活动

儿童初进幼稚园的时候，很少人能够加入团体的活动。有之，亦仅系偶发的，而不是组织的行动。

等他经过了多少次的早会——升旗、报告、计划，和晚会的降旗、批评、检讨，以及参加开学式、休学式、恳亲会、比赛会等，外加天天的作业，然后才知道对党国旗及总理遗像行敬礼。

怎样发表自己思想、怎样倾听别人意见，和怎样的措辞才能动人而且有礼，其余如说话须立起、每次只许一个人说话、要提议和表决都须举手、决议须得大多数的同意……也都须在日常的活动中逐渐熟习的。

（四）纪念日、节目〔日〕的活动

儿童能够做的，如：新年做贺年片，发请客帖子，带历书及月份牌到园里来；中秋赏月、玩兔儿爷、送礼；清明做花糕、青团，野餐，种树，插杨柳，祭阵亡将士墓；儿童节放风筝，抽陀螺，义卖，举行游戏；庆祝国庆日做国旗及万国旗，点缀教室，唱党国歌，提灯游行；总理诞辰做面桃，讲中山先生少年的故事，会宴；国耻日讲"五九"

"五卅""七七""八一三"等历史，看敌人暴行图，献金，游行示威。凡此种种，都能使他们明白纪念日、节目〔日〕的意义，发生抗战建国的热诚行动，并学会了对时令的注意。

（五）自然的活动

1. 关于植物方面

室中，可以种羊齿科植物，养水仙花和石菖蒲、文竹；室外，开辟花果园和菜园。

春天，可种各色花草，采玫瑰花或藤萝花〔做〕鲜花饼。夏日，可种豆，种瓜，刈麻；秋日，种菜，种麦子，收藏各色花草的子，而且把桂花熬糖作馅，藕可以作藕粉；冬天的梨可熬梨膏，山楂可以作山楂糕。如遇天气晴明，到郊外去观赏自然。秋季，在树林里拾红叶。春季里，采寻花木的花芽和叶芽，把野花移到园里来栽。

儿童从照料这种植物，因之认识玫瑰、藤萝、豆、瓜、蔬、石菖蒲等各种的特性和形态；从种植中，又获得了去草、修剪、灌溉等技能，并了解植物生长的程序，及锄、耙等农具的功能。利用自然以充实人类生活的观念，也在这一时间中打定了基础。

2. 关于动物方面

校园里，可以养燕子、鸽子、八哥；池溏里，可以养蛙、龟和鱼。在短时期里，去观察狗、猫、鼠、兔、鸡、鸭、蚕、蝴蝶、蜜蜂、叫哥哥①、蟋蟀等。

儿童要养这些小动物，必先为之预备住所及盛饮食的器皿，并须保持其清洁。有的，更须对动物施以特殊的训练，如叫狗在水里衔东西出来、鸽子传信等。每天还须小心它们的饮食和洗澡。因之，儿童得以逐渐明白各种动物的形状及习性，并时时发生讨论动物的计划。若再有影片、图画或故事等，那末，他们对动物的求知心，自然更加丰富了。

3. 关于自然现象方面

儿童在阳光下，用三棱镜分折七色，用手做种种的影子游戏，观察日晷和太阳对于植物生长的关系；在雨后，用竹管射水，洗手绢，把纸船或蜡制的鹅、鸭放在水上，观察各种花木；在风前，凉衣服，放风筝，吹胰子泡；在雪天里，堆雪人，溜冰，看寒暑

---

① 叫哥哥：蝈蝈的俗称。

表，试验三体变化；每天，更在《气象记载表》中，用颜色、形状来象证〔征〕阴、晴、风、雨、雪等气候。

因之，儿童得以明白各种自然力的伟大，并知道如何控制自然，供自己的利用。

六、幼稚园常识的教学方法

在上述的范围里，每一种的事物，儿童固然没有不喜欢的，也没有一样不喜欢接触的。不过，他们的注意力短，学习的能力薄弱，在时间上又不经济，即有所得，也往往偏小、零碎。所以，我们现在指导儿童，更应有适当的态度和方法。

（一）① 幼稚园儿童生活，须和实际的生活打成一片

所谓实际的生活，并不仅限于一乡一村；重要的，须根据于一国和一个民族。固然儿童年龄现时太小，尚不能适应远大的社会生活；但教师应注意的，今日的儿童，就是将来的民族青年，眼前放风筝，就是为将来造飞机的开端。这一种认识，是不可少。

次之，教师的容仪、服装、举动、趣味，也和儿童有密切的关系。一位和蔼而整洁的教师，活泼、天然，对生活环境中每一种事物都抱着热忱，自然提高了孩子们求知的兴趣。如果发见了蜥蜴，教师自己先骇走了，而希望他们还能够继续观察，这是断不会有的事情。

此外，教师的态度也应该注意。教师对于儿童，不过是一位顾问，最多也不过是一位指导人罢了。他不应强住牛头饮水，更不应该把现成食料，装到鸭子肚里去。

（二）教师明白了教学上的态度，更当讲求环境的利用

有的幼稚园空间较大的，室外的空场上，有运动场，有菜圃，有果林，有鱼塘、假山，当然可以尽量的发展，以丰富儿童的生活。若因种种的限制，只要有计划，室内也未始不可以布置。

---

① 本部分"（一）"至"（六）"序号，系由编者加拟。

我们更应该明白的，环境的设备，不仅在于场所，更须有相当的工具和材料。假使没有小斧、小锤、小铲、小锄、瓷罐、玻瓶、石子，以及量杯、软尺等，那末，儿童一个个便成了袖手旁观者，将如何引出活动来呢？

此外，尚有企图儿童发生某一种的活动，布置了某一种的特殊环境，随时改变，以期随时唤起他们学习的新动机。不过，这一种的布置，至少应留心三点：（1）要有明显的目标；（2）要新奇、生动；（3）要确能适合儿童大多数的兴趣。

（三）教师知道了利用环境，还得注意儿童的动机

儿童动机，本来随时发生的。例如：在旅行中，发生了移植野花；又因移植野花，而发生了开辟园地；再由开辟园地，而发生了研究地下的虫类。像这些的动机，好似一串不断的链子，跟作动作的进行而发生。假使当时教师不加注意，就会忽略过去。

又如：天下雪，可以引出堆雪人的动机；玫瑰花开时，可以引出做鲜花饼的动机。这是从儿童临时遭遇处处留心，捉住了机会，一样可以启发他们有味的动作。

此外，如各种的纪念日，使儿童有领略的必要，就得特殊设法，或利用画片、模型，或借重故事，刺激他们，以唤起他们的动机。

（四）有了动机，尚未决定活动目的的时候，我们教师还应加一次细密的估量

这估量，应分作两方面。一是主观的。主观方面，应估量教师自身的知识、能力、技术若何。在客观方面，应估量学生普遍的知能、人数若何，设备的工具、材料是否足用，会不会超过经费的预算等。

如果估量上觉得欠缺太多，而且又无法补救，在这种状况底下，虽有动机，也只可以放弃了。

（五）动机捉住以后，便得明白规定目的

拟具有系统的具体活动计划，把各科目材料，自然地安排在活动里。然后，更须有充分的准备。

第一要准备的，是各科材料的练习。不论故事、游戏、唱歌、工作，即使从前已经学过的，隔久了也不免生疏。况且为适合情境，大多总是采用新的材料，教师更非自己

练习一下不可。例如一件工作，从开头一直到了完成，本须经这几层手续：自己先须有明白的分析；再按着次序，一步步做去，看结果还有什么欠缺的地方；然后，再指导儿童，自然不会失败了。又如故事：先浏览一遍，得其大要；然后再分段，提出其各段的意思；再将重要的句子记住；最末，应该用适当的声音和表情。

第二要准备的，是各科知识的补充。幼稚园教师，不应自负知识高于六岁以内的儿童。有许多问题，他们虽然不知道，但未始不能提出。即据种植一项来说，种的是什么种子？将来生长时是什么形态？有什么用处，为什么有的土硬、有的土软？为什么要把土锄松？土底下是什么虫？它的性质如何、怎样生活？这许多问题，我们未见得样样有彻底的了解；即使了解，也未必真能够使得儿童明白。那末，怎好不预先补充呢？

第三要准备的，是教便物、工具和材料。小学教学，多仗挂图、模型等教便物；幼稚园所注重的，虽是儿童实际的活动，但为满足活动的进行和增进研究的兴趣起见，教便物仍旧是不能不准备的。种植、剪贴等，固然离不开锄头、耙子、种子、剪刀、纸张等；就是听留声机以后，若有军队、跳舞等画片，使儿童从听官里所得印象，再经过了视官的追认，一定格外有味。

（六）教师有了充分的准备，等到实施时候，自有得手应心的乐趣

然而，教师在实施中所处的地位，始终应记住的，是暗示而不是传授，是辅导而不是主宰。

当儿童自己没有动机，或虽有兴趣而没有具体的计划，当设法从环境中拟定待解决的问题，暗示他们大家来讨论，大家来想进行办法。尤应注意一般的孩子，免得每次常为少数儿童所牺牲。实行中遇必要时，教师应有技能或兴趣上的帮助、知识上的鼓舞，甚而至于习惯上的指导。更须随时留心儿童注意力的转移，很机灵的把握住他们，一直等到做出结果来为止。

观察、实验，是实行中应培养的态度；而需要工具、使用工具的倾向，也应该连带地培植起来。

真实的经验，本来由于真实的活动。但儿童所得的经验，多无系统，且有特别的关系。要在短时期里给他们得到深刻的印象，却非借重故事、游戏等想像的补充不可。所以，教师在儿童自然或社会活动以后，往往采游戏的方式，以自然物生长程序及种植技

能为内容。有时,更描某种职业的行动或唤喊,以加添他们重复的耐味。此外,如《蚕的故事》《九一八的故事》,都能在幼儿视觉型想像丰富的时期中,使之发生更亲切的感想。

七、幼稚园常识的实施方案

最后,我愿意把上文所提动机捉住后,应拟具的有系统具体活动计划(也即是具体课程实施方案),自然、社会各举一个实例,以供结束。

(一)"初夏的小动物"(幼师生黄家玫在丹洲幼稚园拟)

1. 目的

(1)使儿童明白各种动物的形态、特性和他的生活。

(2)使儿童获得饲养动物及保持清洁等方法。

(3)使儿童了解动物和我们人类的关系。

2. 动机如何引起

先由教师购来小鸡、小鸭、小鹅等,预备给儿童们,从观察中引出他们的动机来。

3. 活动的过程

(1)教师引小朋友们来观赏小鸡、小鸭、小鹅等。从视〔观〕察中,渐渐可以使他们认识这些小动物的状态和区别。

(2)让这些小动物住在什么地方呢?要不要给他们食料?于是造笼,造栏,备饭米、蚯蚓、苦麻菜,以及做盛饮食器皿等工作,便可以开始了。

(3)从饲养中,讨论到每天喂食的时间,以及怎样保持清洁。

(4)更从食料中,想到了河边的小鱼,因而计划怎样去捉鱼。

(5)竹竿、丝线、鱼钩、蚯蚓都备妥了,天气好,便可以引儿童们到河边去钓鱼。

(6)水岸边,本来有不少的蝌蚪。用碗盛回校来养着,又可以观察它生长的过程。

(7)动物的故事和关于这些的唱歌、游戏,在儿童每一种活动后举行,都可以增进他们对于动物的趣味。

(8)文字可标示这些动物的名称,又可以当作记每天活动的符号。

（9）有多少条蚯蚓、多少条小鱼、量几杯米、好多的蝌蚪，全可以给儿童们练习数学的机会。

（10）各种习惯，如借用别人的东西先须得别人的同意，喂动物食料以后必须洗手，都应在儿童每一次活动中，给培养起来。

4. 材料的准备

（1）工作：做竹笼、竹栏，垦沙地，采集蚯蚓及苦麻菜，做盛食料的竹罐、钓鱼竿……

（2）文学：《半只小鸡》《母鸡生蛋》《蚯蚓的来由》《三条金色的鳗鱼》《小青蛙和小灰蛙》（以上故事，除《小青蛙和小灰蛙》系由《小吹号手》——少年出版社出版——中选充外，余俱选自本院《儿童文学讲义》中）；《小鸡，小鸭》《青蛙》（以上谜语，全采自本地的流传）。

（3）音乐：《小动物园》（自编）、《青蛙》（自编）。

（4）游戏：《母鸡找小鸡》（见商务《幼稚园游戏一百六十种》）、《青蛙竞走》（同前）、《比赛钓鱼》（同前）。

（5）文字：鸡、鸭、鹅、小鱼、青蛙、鸡笼、鸭栏、鹅栏、鱼缸、青蛙缸，以及《我喂鸡》《今天钓鱼去》《蛙脱尾巴了》……

（6）数学：量竹栏，量米，数做得的鱼竿、钓得的鱼和捉来的蝌蚪……

（二）"六三禁烟纪念"（幼师生李蕙兰在板江幼稚园拟）

1. 目的

（1）使儿童明白鸦片战争的大概情形。

（2）使儿童明白吸鸦片者对自身、家庭及国家、民族的危害。

（3）使儿童知道敌人怎样毒害我沦陷区域的同胞。

（4）使儿童获得若干向民众作宣传的技术。

2. 动机如何引起

观乡公所监狱里的烟犯。

3. 活动的过程

（1）儿童从监狱里得到烟犯的印象，再经回校的报告，教师便可以进一步追问他们的原因。一个鸦片鬼下场的故事，正可以替这一问题作具体的解答。

（2）等到儿童知道了鸦片的毒害，可与商讨告诉民众的办法：怎样举行"六三"纪念，以及怎样的宣传。

（3）在举行仪式之前，讲林则徐及敌人出售毒品等故事，唱《拒毒歌》，用罂粟花、烟灯、烟枪等来装饰标语，以及"捉烟"等表演游戏，全须预先练习起来的。

（4）在纪念日，小主席已经从平时说话清楚的儿童中推选出来了。还可联络低年级小学生，一同来举行。更可参加乡公所的化妆〔装〕宣传。

（5）至于鸦片的花、果实以及收割、熬烟等程序，是以可〔可以〕用图画来补充儿童想像的。但不必太注重于记忆。

（6）布置会场，须用多少条凳子，有多大的面积，可容多少的人，全是练习数学的好材料。

（7）此外，表演的节目、标语的内容、画片的说明，又都可以唤起儿童文学的需求。

4. 材料的准备

（1）工作：剪贴罂粟花、烟灯、烟枪，做标语。

（2）文学：鸦片鬼下场的故事、林则徐焚烟的故事，敌人在沦陷区域毒害民众的事实。

（3）音乐：《拒毒歌》（见儿童书局《幼稚园秋冬两季的中心活动》）。

（4）游戏：表演鸦片鬼的下场故事；《捉演〔烟〕》（由商务《幼稚园游戏一百六十种》p.32"听琴游戏"改充）。

（5）文字：吸鸦片要抢〔枪〕毙，罂粟花收割、熬膏、开灯、上瘾、结果。

（6）数学：量会场的面积，数长凳、标语等条数。

备考：以上两条课程实施方案，系根据于广西省三江县的旧县城[①]。读者背境不一，万勿拘泥。

[①] 此"旧县城"，指丹洲镇。张雪门曾率广西幼师内迁至此办学；黄家玫和李蕙兰，均为当时的幼师在校生。张雪门写此文时，三江县的县城已改为古宜镇。

55　广西前学龄教育建设的研究

张雪门

1942年1月

题　解　　本篇原载《建设研究》第 6 卷第 6 期。撰成时间为 1942 年 1 月，发表时间为 1942 年 2 月 15 日。

有关撰著者张雪门，参见前文《中国幼稚教育已到了十字街头》题解。

有关前学龄教育，参见前文《前学龄教育与国民基础教育》。

《建设研究》，先为月刊，后改季刊，1939 年 3 月创刊于桂林，由广西建设研究会主办、编辑并发行，为该会会刊。旨在促进地方政治、经济和文化的发展。主要栏目，有研究报告、会务报告、建设资料、广西动态、专著、特载、选载等；主要撰稿人，有杨东莼、梁上燕、胡愈之、陈此生、林砺儒、沈钧儒、吴汝柏、李四光、张志让、张铁生、万仲文等。1944 年 6 月终刊，共出 10 卷 50 期。

幼稚教育，本来就是"前学龄教育"。本省对于这一阶段的教育，为两种：

（1）托儿所。收受一足岁断乳以后至四足岁以前之婴孩，施以保育。如环境需要及可能，也得收一足岁以前未断乳之婴儿，与其母亲约定时间，来所哺乳。

（2）幼稚园。收受四足岁至未满六足岁之幼孩，施以保育，以养成良好的习惯。保育期间为二年。

这一份《修正广西国民基础学校前学龄教育办法》在廿五年九月廿三日省政府委员会第二四七次议决公布，是配合着《二十三年普及国民基础教育六年计划》，依照《广西国民基础学校办理通则》第五条之规定，中间复经过"前学龄教育年"的提倡。分析过去，把握现在，对这一份建设，实有研究的必要。

我们从本月十五日《大公报》中，见到教育厅朱秘书《三十年教育施政成果的报告》。国民教育方面，至去年止，已有中心学校二千二百七十三所，国民基础学校一万九千二百九十八所。但各县所设的幼稚园（连幼稚班在内），根据本届《前学龄教育调查表》，截至现在为止，计（表16）：

表16 前学龄教育调查表①

全县幼稚园（以下简称"所"者，为幼稚园）	一所
河池幼稚班（以下简称"班"者，为幼稚班）	二班
富川	一所
平治	无
永淳	无
镇结	无
罗城	一所、一班
天峨	无
资源	一班
宾阳	无
钟山	一班
天河	一班
宁明	无
上林	无
象县	一所

---

① 此表题为编者所加。

续表

横县	无
榴江	无
藤县	无
绥渌	无
东兰	无
思恩	一班
蒙山	一所
忻城	一班
雒容	无
迁江	无
柳城	三班
恭城	十二班

　　以上廿七县，共设幼稚园五所、幼稚班廿三班。本省九十九县一市中，尚有七十二县一市未经寄到，约占已报到者二.七倍强。即令未报的县市所设之数，等于已报者之十倍，那末，全省前学龄教育建设的成果，也不过七百八十校[①]，实占中心校百份之三五弱，国民学校百分之四强。但事实上，决达不到这个数量罢。

　　我们要从这数量中，寻出其停滞不进的原因来。

　　第一，当然是受《国民基础学校办理通则》第五条的影响。

　　因为前学龄教育的实施，应视其基础学校环境的需要和能力而定。本来不是必须的，况在抗战严重的时节，凡百建设，都有财难之叹；托儿所、幼稚园又不得征收保育费，所收点心、中膳等不足之费，还须由公费补充（见《修正广西国民基础学校前学龄教育

---

① 作者原注："已报县份之校数 ×（已报县份成分 + 未报县市等于已报县份之成分 × 假定倍数）= 28×（1+2.7×10）=28×28=784。"

办法》第九条）。县政府的教育经费不足，乡镇公所更那里担任得起。

此外，更有一种重要的事实，便是缺乏师资！上年，省政府元月电饬各县设有幼稚班而无幼稚师资者，可函知本校[①]介绍。去年一年计：临桂县，上期需要十四名，下期需要八名；雒容三名；宜北二名；西隆三名；融县二名；思恩三名；龙茗六名；钟山一名；罗城二名；平治一名；绥渌三名；武鸣一名；三江二名；金县一名；恭城七名；上林七名；共需六七十人。结业生中，竟无一人可以分发。

即据本届《前学龄教育调查表》中，若雒容、绥渌、镇结等县，亦仍因缺乏师资的关系，以致前学龄教育无从进行。然而在另一面，因为行政上连系不够周密，有的县份虽已有幼师结业生，却分配在中心或国民学校服务（如迁江等县），也有在服务期间，不得往他县服务，而在原籍又无服务机会者。这种情形，在人事上若无调整办法，在目前前学龄师资缺乏之秋，再加上不必要的损失，实为可惜！

建设前学龄教育，除缺乏师资以外，尚有第二种的阻力，就是幼稚园（或班）的经常费，实在太少。

按经常费支配的标准，大概薪俸占百分之七十，办公费占百分之十，设备费占百分之二十。现在，据富川县富阳乡中心校幼稚班上年八月起经常费，作一个比较（表17）。

表17　富川县富阳乡中心校幼稚班经常费[②]

（一）薪俸	95元	主任薪金	24元（乡款津贴16元）
		教师薪金	21元（乡款津贴14元）
		工友	15元（乡款津贴5元）
（二）办公费	10元		
（三）设备费	5元（全年由县款开支60元）		

若按上表，以百分比计之，薪俸占百分之八六强，办公费占百分之九强，设备费仅占百分之四强。因为设备费过少，教师平时指导儿童各项的活动，除口头语言外，便无

---

① 此"本校"，即张雪门主持的香山慈幼院桂林分院幼稚师范学校。
② 此表题为编者所拟。

教具、工具等可以准备，教学便成了空洞的形式。结果，自然奄奄没有生气了。况设备费不足，非但不能满足儿童的需求，即教师亦苦无进修的资料。

更从主任的薪金和上年十一月份富川米价（见《广西省府公报》一二八一期第六页），作一个比较：假定一人月食米卅斤，月需米洋已廿二元二角；再加柴、米、油、盐等项，月需十五元；所余二元八角，那里足供一个人自己的另〔零〕用，自然更说不到仰事俯畜了。富川素负"金富川、银贺县"的盛名，前学龄教育经费的情形已经如此，其余当然更不堪设想！

本省普及国民基础教育研究院①，于二十五年有两批幼稚师范生结业②，到今日，大多数已经改变了职业；就是本校第二班的结业生③，据闻改行的也不少。这一问题，实和上一问题有连带的关系。如果无法解决，结果学校虽培训师资，但到了社会，依旧留不住。

此外还有一种原因，是训练前学龄师资的时间太短。

在现在经济困难、百凡待举的时候，如果担任者自身诚能对于这一阶段的教育抱有热忱和信仰，而且更具备了实施上一切的知能，未始不能克服环境。但事实上，本省各幼稚园（或班），自从商务④的幼稚课本受交通的阻隔，已改在黑板上写字、认读。小学的歌曲，多半采给幼稚儿童来应用。教师对教材的准备已经贫乏如此，而教学方法自然更谈不到了。

再考查我们的结业生服务时间请求解释的信件，多半还是"天雨儿童不来怎么办""某儿童爱打人，说之不听怎么办"等极寻常的问题。好一些的，也仅能依据学校所授予的有限知能，而不能创造；能小心处事，而不足以改造同人。希望这一类教师来解决环境的困难，是不可能的。因为已往训练前学龄师资的时间，实在是太短了！

---

① 普及国民基础教育研究院：广西省为推进国民基础教育而专设的研究和培训机构。1933年12月12日挂牌成立于南宁近郊的津头村，由时任广西省教育厅厅长的雷沛鸿兼任该研究院院长。该院下设秘书处、研究实验委员会和大众教育设施委员会，负有进行相关理论研究、制定实施方案、选点进行实验、提供指导和培训专门人才之责。
② 普及国民基础教育研究院为推行前学龄教育，特于1935年10月开办幼稚师范班，进行为期半年的专业培训。在此文写成时，已先后办了两班，即有两批结业生。
③ 此"本校第二班的结业生"，指香山慈幼院桂林分院幼稚师范学校的第二届学生。这批学生于1938年8月进校，1940年1月结业。
④ 商务：此处指上海商务印书馆。当时幼稚师范学校和幼稚园的教材主要由该馆提供。抗日战争期间，该馆先后迁至长沙、重庆。因战时交通不便，教材很难到位。

二十五年，南宁普及国民基础教育研究院的两批幼师结业生，专业训练的时间，仅有六个月；本校三批的结业生，也仅一年（第三届名义上虽是两年，但第一年为补充初中知能，在专业训练上，也只可说是一年）。

一位有专业精神的教师，至少须具备三种条件：第一种，是基本知识；第二种，是专业知能；第三种，是教育认识与兴趣。三种中，最难、最宝贵而又最费时间的，是第三条件。这一条件，须在有目的、有计划、有步骤的实际生活中培养起来的，决不是一年半载可以幸成。况现在服务的教师，多半是初中及高级小学毕业，连短期的专业训练尚未经受过呢！①

前学龄师资，本来不够本省的需要。但有了，又因为经费的困难，留不住。教师受训的时间太少，对教育自然不会有过高的热忱；而且入学的年龄又轻，更免不了见异思迁。虽然幼师招生的简章和各县报送的年龄都是十八岁，但按其实在，甚至有十三四岁的，为贪图一时公费的便宜，不惜捏造浮报。结业以后，虽有服务考核的计划（见《广西教育研究》二卷四、五期合刊中之《幼稚师范学校在广西》），又因辅导的组织不健全，所以也得不到实际的效果。

南宁普及国民基础教育研究院的两批幼师结业生，服务方正首途，母校已经消灭②。本校虽有"指导委员会"的设立，但因交通的修阻，答复结业生请求指导的信件往往都失了时效。而且仅凭书面的文字，未得真切的根据；以耳代目，大多是隔靴搔痒之谈。

至于实际上经济困难问题，因是属于行政范围，也只能空口慰藉罢了。况这一种的慰藉只能偶用，多用便加增隔膜。督学固然能负担行政上的问题，也能替下情上达，但省督学视察的范围过大，很难普遍，往往很多地方不能去，县督学又因教育经费的关系，不敢去。若都是不能去、不敢去，这困难，又只有教师自身来担认了！

大凡一种事业，如果成绩优良的反增添困难，处事怠忽者也少人过问，在教育心理上，正违反了"效果律"，结果必使负责者灰心，不良者格外放任了！

---

① 作者原注："见已报二十七县之《前学龄教育调查报告表》中，主任连教师共三十三人。计中心校高级毕业者四人，国中五人，初中肄业七人，初中毕业者六人，师训班结业七人，干校结业一人，本校结业三人。"
② 广西省政府于1936年6月决定撤销普及国民基础教育研究院，改办为广西教育研究所，故此处作者言"母校已经消灭"。

以上，仅就前学龄教育行政实施上言之。至于内容，请举三点分论于下：

第一，与小学校沟通问题。

中国一切的幼稚园、托儿所，多和小学分设。其结果，不但教学不能衔接，效力抵销，甚至连宗旨都不相连系。本省《修正广西国民基础学校前学龄教育办法》第四条规定，托儿所、幼稚园，以设于基础学校内为原则。不但设立的地点力求接近，并活动时间也十分一致。托儿所除桂林市稍有点缀外，其他各县尚未设立，且抛开了不说。幼稚园的活动时间，现在举足以代表多数的两份于后（表18、表19）：

表18　资源县延东乡幼稚班课程表[①]

时间 课程 星期	星期一	星期二	星期三	星期四	星期五	星期六
6:30—7:00	升旗及健身操	升旗及健身操	升旗及健身操	升旗及健身操	升旗及健身操	升旗及健身操
7:10—7:40	纪念周	国语	国语	国语	国语	国语
7:50—8:20	国语	算术	算术	算术	算术	国语
8:20—12:20	放午学	放午学	放午学	放午学	放午学	放午学
12:30—1:00	常识	图画	习字	常识	图画	习字
1:10—1:40	习字	故事会	唱游	工作	故事会	常识
1:50—2:20	唱游	唱游	工作	唱游	唱游	演讲会
2:30—3:00	课外活动	课外活动	课外活动	课外活动	课外活动	课外活动
3:10—3:30	晚会	晚会	晚会	晚会	晚会	晚会
3:30—3:40	落旗及放晚学	落旗及放晚学	落旗及放晚学	落旗及放晚学	落旗及放晚学	落旗及放晚学

---

① 表格格式有调整。

表 19　恭城县各乡镇中小学校一十二班幼稚班课程表 [①]

时间\活动\星期	星期一	星期二	星期三	星期四	星期五	星期六
7:10—7:30	升旗、早操	升旗、早操	升旗、早操	升旗、早操	升旗、早操	升旗、早操
7:40—8:00	整洁检查	整洁检查	整洁检查	整洁检查	整洁检查	整洁检查
8:10—8:25	朝会	朝会	朝会	朝会	朝会	朝会
8:35—8:55	常识	常识	常识	常识	常识	常识
9:05—9:35	唱游	唱游	唱游	唱游	唱游	唱游
9:45—10:15	故事	故事	故事	故事	故事	故事
10:25—12:00	放早学	放早学	放早学	放早学	放早学	放早学
12:00—12:30	工作	工作	工作	工作	工作	工作
12:40—1:10	庭园生活	庭园生活	庭园生活	庭园生活	庭园生活	庭园生活
1:20—1:50	自然	自然	自然	自然	自然	自然
2:00—2:30	静息（点心）	静息（点心）	静息（点心）	静息（点心）	静息（点心）	静息（点心）
2:40—3:10	整洁检查	整洁检查	整洁检查	整洁检查	整洁检查	整洁检查
3:20—3:40	落旗	落旗	落旗	落旗	落旗	落旗

这两份表中，科目和作息时间虽稍有差异，但各科教学多以三十分钟为一节，各节之间休息十分钟，正和基础学校初级前期班几乎完全吻合（廿五年九月《广西国民基础学校办理通则》第四十六条）。且各科教材，多半孤立：国语、算术、习字，不必说了；便是常识和故事等，也常常不相联络，和实际的生活环境更漠不相关。这不正像小学的书本教学吗？

---

① 表格格式有调整。

然而，六岁前的儿童，他们看宇宙一切，全是整个儿的现象：不但人、物、活动没有界限，有时连自己也包在一起。用客观的分析，作系统的学习，是成人的事，决不能合幼稚生的心理。福禄贝尔[①]说的好："幼儿模仿什么，知道了什么。让他学习鸟在空中飞，因而他得深入于鸟的生活；让他仿效鱼在水中快快地游，因而他对于鱼的同情非常的进步；让他表演种田人、磨坊人、面包匠的动作，他的眼睛才认识这些工作的意义。"

所谓模仿，并不是抽象的学习，而是整个行动的表现。部颁《幼稚园课程标准》[②]提到教育方法要点时，"音乐、游戏、常识、故事和儿歌、工作等，于实际施行时，应该打成一片，无所谓科目。打成一片的方法，应该以一种需要的材料，做一日或两三日内作业的中心；一切活动，都不离乎这个中心的范围"，也是这一个意思！

我们知道，课程有时固然可以根据儿童的想像，但想像亦必须以他们的直接经验为基础。这直接经验，就是行动；行动，又是整个儿不可以分。儿童一定有了某种的行动，始能用工作的建设、文字的标示、数学的计算，再然后，才要求到故事、游戏、唱歌等，来扩充他们的想像。若抛弃了整个行动，仅各在各的范围里，来利用儿童想像做教学的根据，结果，好一点的儿童还能够获得若干的零碎知能，否则只有压住牛头吃牛草了。

第二，教育目标问题。

本省幼稚教育总目标，在《修正前学龄教育办法》里，虽未经特别规定，仅有"施以保育，以养成良好的习惯"一语。但所谓良好习惯，必须以合于现阶段中国的需要为主。

中国是一个三民主义的国家，在抗战建国的过程中，眼前只有彻底的依据三民主义，始能培养现阶段中国所需要的民族幼芽。可惜，本省前学龄教育，仍旧依违于封建时代和资本主义之间，不是儿童一律须听教师的命令，便是要做什么，就做什么。

这两种教育的背景虽然不同，但都是以培养个人为中心。中国现时所需要的，不是英雄和伟人，而是整个民族团结的力量。这团结的力量，必须在儿童团体组织的活动中培养起来的。

幼稚生固然是年龄太小，不能采取严密的组织，认定在一个共同目标底下，集合千万群众，分工合作，按着计划进行。但教师能利用儿童动机，不论在游戏或工作上，

---

① 福禄贝尔：通译福禄培尔。
② 作者原注："见商务《部颁幼稚园小学课程标准》十五页～十六页。"

帮着他们计划，指导他们实行，参加他们检讨，未始不是常可以实现的设计。

又如，现在一般幼稚班的手工，多是教师给儿童模样，剪贴，涂色，照式仿造，没有目的，不用思考。为什么不垦植园艺、熬糖酿酒，以养成他们劳动生产的兴趣，及促进利用自然、克服环境的欲望与能力呢？打开幼稚园的大门，展开到现实的社会里去，不但敌机轰炸可供具体的教材用，而且募捐义卖已可先尽小国民的天职。

这当然和现在的幼稚园看作读书、识字或游玩的地方，是不同的。即以游戏活动言之，大多都把它看作发展儿童个体的身心。倘若教育有了正确的目标，那秋千固然可以为准备海军人才的初步练习，投环何尝不可供放射瞄准的煅炼呢？然而在目前，本省前学龄教育，不但没有这一种的设施，而且连意识上感到的，恐怕也很少罢。

第三，与各项建设配合问题。

《广西普及国民基础教育六年计划大纲》开头就说："以国民基础教育的力量，助成本省政治、经济、文化、社会各项建设。"从二十三年十月二十五日省政府委员会第一百五十二次会议决议修正通过以来，到现在，几乎已有八年的光阴了。

即据前学龄教育配合文化建设的一项言之，托儿所为特重保育的阶段。历来教育名家，即在各国亦颇少文化上的供献。幼稚园倡始于德国的福禄贝尔。近百年来，若意大利、美利坚、苏联等，都各依本国国情，各有专门著述。

中国前清末季，这一阶段的教育，开始即抄袭日本，后来又模仿美国，近来更有人注意苏联。这在历史上，有时自然不得不参考别国的材料。但其作用，仅在研究他们的原理与实施，和他们当时的政治、经济、社会情形，还出其相互的关系来，以充实自己的认识罢了。此外，便没有别的要求。

不信，请看福禄贝尔。他是以本能为基础、游戏为过程，以贯通上帝真理为目的。这难道还合于我们今日的需要吗？再看意大利的蒙台梭利——她是以感官为基础、思考为过程，以达到个人自由为目的。这一种初期资本主义的教育，且带有浓厚的英雄主义色彩，当然也不是我们的需要。

就是美国所风行的"行为课程"，他们以活动为基础、思考为过程，以培养民主政体的民族为目的，也非我们受帝国主义压迫下的民族所希冀。

在苏联，现在已没有了人剥削人的制度存在。这当然可以采自然与社会做基础，劳动做过程，俾得完成苏维埃的公民了。

我们中国，是正在抗战建国的过程中。一切旧有的文化，凡不适合大时代所需要者，已给无情的战火烧毁了净尽。但在战火中，亦可以煅炼出自己的文化精品。可惜，这一点还未有建设起来。至于本省的妇女，受制于男性压迫下，恐怕比任何省份还要厉害。托儿所、幼稚园如有办法，正是解放他们最稳当的捷径。

不幸，《普及国民基础教育计划》未能切实地配合他项建设。所以，妇女在未出嫁的时候，还可以在社会担一些责任；一结了婚，就深锁在家庭，不能出来。所谓民权，又无形中被减少了一半。其实，许多自治、自给政策底下的基层工作，如调查户口、盘查奸细、开荒种植，本省女子并不见得弱于男子，且有的地方，还比男子办得精细、周到。更可惜的，近一年来，我国政治建设远不如军事的快利，物价腾贵，生活日艰。而本省都市的前学龄教育，渐有"水涨船高"的倾向。托儿所、幼稚园，将来也许会变成了富家子女的乐园，徒使少数太太们更有安闲的余暇罢了。

翻阅当年《普及国民基础教育的计划》，更应该如何努力？

卅一年一月写于香山慈幼院幼稚师范

56　从幼稚教育说到幼稚师范教育

陈鹤琴

1942年3月

题　解　　本篇原载《活教育》第 2 卷第 2、3 期合刊。发表时间为 1942 年 3 月。本文转录自《中国学前教育史资料选》一书第 169～171 页。

有关撰著者陈鹤琴，参见前文《儿童教育的根本问题》题解。

本文发表之时，陈鹤琴主持创设的江西省立实验幼稚师范学校已办理年余，走上了正轨。国民政府推行的国民教育制度已取得初步成效，只是幼稚教育与幼稚师范教育尚未引起足够的重视。有鉴于此，陈鹤琴撰写此文，吁请"特别爱护"国家的幼苗，要求在学制中确立幼稚教育的地位，并在各省设立幼稚师范一所。

有关《活教育》，参见前文《〈活教育〉发刊词》题解。

《中国学前教育史资料选》，由中国学前教育史编写组编，人民教育出版社 1989 年出版。全书分"古代学前儿童教育""清末和民国时期的学前儿童教育""老解放区的学前儿童教育""附录"四部分，辑录史料百余则，近 40 万字。

幼稚教育，就是指学龄前儿童的教育。实施幼稚教育的场所有三种：一种是托儿所，专门容纳从出生到二岁的儿童；第二种是婴儿园，容纳二岁至四岁的儿童；第三种是幼稚园，容纳四岁至六岁的儿童。

幼稚教育到底有什么重要呢？依据生理、心理的发展过程，幼稚时期的教育，是很重要的一个阶段。在这个阶段中，幼儿身心健康的增进，身体和行为方面良好习惯的养成，以及各项知能的发展，都是决定他将来人格和体格的重要因素。所以，幼稚教育实在是一切教育的基础。

幼稚儿童就是国家的幼苗，应当特别爱护，给他们适宜的教育，这也就是延续国家命脉、培育民族新生命的唯一办法。世界各先进国家，象〔像〕苏联、德、意、英、美等国，哪一国不是对幼稚教育非常重视的？象〔像〕苏联的托儿所，连乡僻的地方都设遍了，数量之多，成效之大，没有一个国家可以和她相比。至于美国，不但注意到出生以后到六岁的学前教育，还进一步注意到产前的胎内教育。

我们中国却怎么样呢？说来很惭愧，无论是当局或父母，都向来不把幼稚教育看得很重。教育当局忽视它的原因，或许是为了经济关系，所以直到现在还没有承认幼稚教育在学制上的正式地位。做父母的忽视原因，却是因为知识不够，以为幼儿本来无知无识，还谈不上什么教育的。我们中国文盲数占全国人口百分之八十以上。大多数的家庭，都不能够担负这种培育幼儿的任务，甚至一部分受过教育的家庭也是这样。说来真是可叹！所以我国儿童的死亡率特别的高，身体也特别的弱，各种不良的习惯和行为也都是在那个时候养成的。在这种情形之下，不晓得残害了多少天真活泼的儿童，减少了多少国家民族的新生力量。这是多么可惜，多么危险！

那么，我们到底要怎样去发展幼稚教育呢？

这个问题我可以这样回答：

第一，要国家宣布幼稚教育在学制上的正式地位。过去，幼稚教育是由学校或慈善团体及私人来设施及提倡的，这无论如何是不够的。政府为民族前途着想，应当把幼稚教育在学制上的附庸地位撤销，而进一步去正式承认它应有的地位。试想，全国人民既有享受国民教育的权利，为什么反而不能享受幼稚教育呢？无论在理论上讲或从事实上讲，幼稚教育都有积极推行、普遍设施的必要。政府应当立刻确定它的学制地位，同时还要统筹全国的幼稚教育经费。

第二，是要教育界共同努力提倡，使全国父母普遍地认识幼稚教育的重要性，送他们的儿女进托儿所、婴儿园和幼稚园。社会上需要迫切了，幼稚教育就自然而然更易发展了。

第三，是大量地造就幼稚师资。如果全国要普遍设施教育，那么，一定需要大量的幼稚师资。要造就幼稚师资，就先要大量设立幼稚师范。以目前的经济情形及需要而论，各省宜先设幼稚师范至少一所,来负责训练全省的幼稚师资。再进一步说,我们要在各省设立幼稚师范。可是这些幼稚师范的师资又从何而来呢?这样,又需要幼稚师范的师资了。我们应当有一所专门造就幼稚师范师资的学校。如果经费有办法,顶好由政府设立一个幼稚教育学院,来做训练、研究和实验的工作;或则在各大学添设幼稚教育系或幼稚师范专修科;再不然,先设法办一个国立幼稚师范专科学校,来造就大批的幼稚师范师资,适应目前迫切的需要。

这种种都有了办法,幼稚教育就会突飞猛进地发展了!

57　怎样举行儿童节
——使社会认识儿童，使儿童认识社会

张雪门

1942年4月

> **题　解**　　本篇原载《湖南妇女》第 5 卷第 4 期"儿童节特辑"栏。发表时间为 1942 年 4 月。
>
> 　　有关撰著者张雪门，参见前文《中国幼稚教育已到了十字街头》题解。
>
> 　　《湖南妇女》，妇女月刊，1940 年创刊于湖南长沙，由湖南省新生活运动促进会妇女工作委员会主办、编辑，由青年书店发行。旨在报道湖南妇女在抗战建国中的贡献，并为湖南妇女的创作提供发表园地。主要栏目，有专载、回顾与展望、时论、工作特写、国际妇女、读书摘记、要闻广播、文艺、妇运报导等；主要撰稿人，有朱家骅、薛方少文、资道荣、黄秉贞、李润素、冯瑞瑶、刘起贤、柳黄翠筠、朱凤鸣等。终刊原因及时间未详。

　　我到桂林不久，正碰上第七届的儿童节①。当时，因听到孩子们的快乐的歌声，联想到北平的儿童，不知不觉流出泪来。现在，又是四个年头过去了，始终无缘和沦陷区域的儿童接触，但面对现实，仍有不少的感想。

　　首先，这成人的社会，到了今年的第十一届②，仍旧没有彻底的认识儿童。笨重的家具、辛辣的口味，只为着成人的打算罢了。顺从、安静，是儿童的美德；倔强、好动，

---

① 第七届的儿童节：1938 年的儿童节。其前不久，张雪门第二次来到桂林，开始筹办香山慈幼院桂林分院幼稚师范学校。该校于是年 4 月正式开办。

② 第十一届：第十一届儿童节，即 1942 年的儿童节。

是儿童的恶习。那一种不出于成人主观的成见？几曾认识到了儿童？

在幼稚园、小学方面，有〔显〕然另有一种对儿童的态度。设备务求丰富，点心必须变化，教师仅是儿童的尾巴。于是，儿童的〔由〕成人来负责任，是不可能的。即使认识儿童的成人，若没有正确的标准，也不一定有相当的收获。

"使社会认识儿童"，自是举行儿童节的一个标准。从这标准分析开来，又可以分做三种认识：第一种，是儿童独立地位；第二种，是儿童的重要；第三种，是儿童的能力。

什么叫做儿童的独立地位呢？就是儿童不是"小大人"，他自有其心理和生理，完全和成人不一样。许多儿童学和儿童心理〔学〕，讲的很清楚。如果没有功〔工〕夫去看，只要叫成人跟着儿童一样的动作，不出一小时，就可以把成人弄得筋疲力尽。成人不能做儿童的事，正和儿童不能做成人的事一样。这一点，要使社会认识清楚，可举行演讲会、儿童体格展览会及陈列儿童心理调查表等。

什么叫做儿童的重要呢？就是说，儿童在〔身〕体上，生理发达的速率、智能进步的速度，实比任何时期快速。人格者，习惯的综合，也全在儿童时期形成。语云"少长若天生"，术语上所谓"可塑性特大"，都可以显出其重要性来。这一点，要使社会认识清楚，除举行演讲会外，可搜集名人幼学故事图及年龄及身心发展表，陈列展览。

什么叫做儿童能力呢？就是说，儿童在发表上、建设上，不但〔其实〕不弱于成人。这一点，在旧教育中虽不易发现，但苏联儿童在五年中，要创立一个有七千五百万万株树的"小朋友森林"和增加一万五千万元价值的鸡卵出产。即据我国近年来的"小先生运动①"来说，已克服了不少的难关。义卖献金②，也不见得肯向成人低头。我以为，要把这一点表现出来，决不能仅限于自由画和成绩展览。如今年之担任主席、招待来宾、维持秩序、布置会场，都是绝好的证明儿童能力的机会。

举行儿童节，为使社会认识儿童；但儿童节的涵义，更当使儿童认识社会。我们前几次举行儿童节，最大的企图，勉强可算是以第一标准为中心。但仅有第一义，放松了

---

① 小先生运动：系由陶行知发动的教育运动。它鼓励小学生充当"小先生"，利用课余时间，教家中或左邻右舍的文盲识字。陶行知试图以此来冲破普及教育运动中的师资难关。据称，当时已有23个省市开展了小先生运动，并取得了一定成效。

② 义卖献金：当时为抗日救国筹募资金的活动，所募资金均用于支援抗战或公益事业。

第二义，很容易形成"儿童神圣"的错误观念。否则，也变成了个人主义。所以，"使儿童认识社会"，也是举行儿童节的重要标准。

要使儿童认识社会，最好使儿童参加社会实际工作。其次，在有目的的指导底下，去参观社会。再利用适合社会需要的教材，使儿童有表演的机会。

怎样使儿童参加社会实际工作呢？譬如，调查学龄儿童，先从一条街上入手，挨户敲进门去，按着预定的表格，究竟幼稚生有多少？失学的多少？如果失学的原因由于学校不够，那末，这些失学儿童在国家的基础上，是不容许这样的放弃。如果因为经济的困难，即使把教育送上门去，也无法接受。那末，这是不是社会制度显出了弱点？凡这种种社会的意义，都无须听成人们社会经济的演讲，只须使他们有这样一个参加的机会，便很快获得了认识。

参观社会，在有目的的指导底下，使儿童认识社会的真相，务须如上一种活动而有训练。即使逛了一条街，看参加儿童节的，究竟是那些人？从垃圾堆里拾物的孩子们，是不会来的；进出酒楼、替人擦皮鞋的孩子们，也是不会来的。难道他们不是中华下一代的民族吗？此外，还有充童工的，充婢女的，充童养媳的，也都是中华下一代的民族。如果成人们把自己的儿童从儿童节会场带出来，再使他们参观那些被摒弃于会场外的儿童生活，将会使他们坦白的心理，发生现社会的黑暗面了。

再次，要谈到儿童节的表演的材料了。我以为，与其演狐步舞，不如操童子军；与其唱喜乐歌，不如奏进行曲；与其展览美术品，不如陈列农产物。儿童固然弱小，没有成人的力量；然而，儿童的可塑性大，一切社会正确的意识的习惯，正可在这一时期树立起来。

福禄贝尔[①]说得好："幼儿模仿了甚么，知道了甚么……"成人们若能介绍现社会需要的教材，使儿童表演、模仿，当其手舞足蹈的时候，全神贯注，自会觉得这些活动的趣味来。

总之，我们为什么要举行儿童节？要使社会认识儿童，也要使儿童认识了社会。等到有正确认识的成人们，把儿童扶持起来，使他们自愿主持一切，才可说是完成了儿童节的使命。

---

① 福禄贝尔：通译福禄培尔。

58　新母教

潘光旦

1942年5月3日

题　解　　本篇原载 1942 年 5 月 3 日《云南日报》。本文转录自《优生与抗战》一书第 175～185 页。

有关撰著者潘光旦，参见前文《父母教育与优生》题解。

《优生与抗战》，潘光旦著，商务印书馆 1944 年 3 月初版。全书分 5 篇，分别论述优生与思想背景、优生与抗战、优生与人口政策、优生与家庭、优生在国外等内容。

三月八日是妇女节，四月四日是儿童节，五月八日是母亲节①。两个月之间，先后有此三大节日，是富有意义的。

当初有人规定这三个节日的时候，是否就用过一番心，我不得而知。不过，有妇女，斯有儿童；有儿童，斯有母亲。有此三种人格，民族的生命斯有前途，民族的健康斯有保障。三个节日最初规定的时候，也许没有人用过这样的一番心；规定以后，也许也没有人把三个节日或三个中的任何两个拼合起来，用类似的眼光加以论列。不过，我们不妨根据所谓"礼以义起"的原则，坚决的认为：把三个节日放在一起，并且很合自然、很合逻辑的排定了一个次序，决不是偶然的，而有深长的民族意义存乎其间。

---

① 母亲节：起源于美国，定为每年 5 月的第二个星期日。据查，1942 年的母亲节当为 5 月 10 日，而非"五月八日"。

所谓"礼以义起"的看法，是一种合乎情理的方法。情理始终存在。也许目前的人没有看到，或没有十分看到，或只是不自觉的经验到；到了后来，才有人看到，看清楚。于是，对于某一种观念或习惯，给一个新的或比较新鲜的解释。民族文化里，这一类的观念与习惯，即"以义起"的"礼"，真是非常之多。如今我们把三个节日，用民族的眼光联系了看，不过是千百例中的一例罢了。

到现在为止，节日虽多，却还没有"男子节"与"父亲节"；以后，大概也不会得有。没有这两个节日，而偏有妇女节与母亲节，这一层，就富有"礼以义起"的意味。而所谓"义"，不是别的，就是民族之义。

儿童的生、养、教，有人以为，完全是国家之事；有人以为，是父母应当平均负担的任务。不过，平心静气的说，国家与父亲，对于这样一件大事，固然脱不了很重要的干系，但主要的责任，终究是在家庭与做母亲的妇女的肩膀上。

苏联的佛塞烈爱夫认为，这是女子身上生物学的悲剧的一部分，而〔且〕是无可避免的。"无可避免"是一个事实，至于是不是"悲剧"，却要看一个人的立场了。

从个人主义的立场看，这也许是一个悲剧。因为这种责任，不免剥夺了一个女子自由发展与获取功名利禄的一部分的机会。而从民族的立场看，却是一出喜剧，近乎"荣归""团圆"性质的一出喜庆剧。女子而能体念到这个民族的立场，八厶为公，推小己以成大我，认为一己的辛劳和民族的保世滋大有不可须臾离的关系，从而从最大的贡献以至于牺牲中，觅取最富厚的快乐，则以悲剧开场的，也终有以喜剧收场的一日。其以世界、人生为本，属一大悲剧，无可挽救，亦无须挽救者，自又当别论。

三十一年四月四日那一天，我曾应昆明广播电台之约，广播《新母教》一题。这题目，对于上文所说的三大节日，可以说都适用，特别是对于后两个节日。儿童节那天，我既用口说了；如今应《云南日报》之约，借母亲节的机会，把它用文字再说一遍。

我认为，新母教应当有五个段落：第一个段落，是择教之教；第二个，是择父之教；第三个，是胎养之教；第四个，是保育之教；第五个，是品格之教。五个段落，是顺着来的。

甚么是择教之教？

教育，是一桩最大、最难的事业；母教，又是这桩事业里最最基本的部分。如今要全国民中比较健全的女子，人人负起母教的责任来，她们在事先，是不是应当有些充分的准备？

现在这种准备有没有？可以说，完全没有。现在高中和高中以上的所谓教育，只教人如何做一番社会事业。说得小一点，只教人如何找一种职业。再小一点，只教人学一套吃饭本领，并没有教人如何做父母，更没有教女子如何做母亲。师范教育也是一样的不着边际，它只教人如何做别人家儿女的老师，没有教人家如何做母亲，做自己的子女的老师。

这样，一面教女子实行新母教，一面却又丝毫不给她准备，不是等于教"盲人骑瞎马，夜半临深池"么？所以我以为，如果国家真要实行新母教，而全国凡属健全的女子真想做健全的母亲的话，她们第一件事，是应当向国家要求一种"母道"的教育，要求在高中和高中以上的学校里，添设种种和新母教有关系的课程。

"学养子而后嫁"在从前是一句笑话，从新母教的立场看，却是一条原则，一条金科玉律。儿女的生、养、教，是非于结婚以前有充分的学习不可的。这就是我所谓"择教之教"。

我们在高中和高中以上的青年，特别是女青年，要有这种坚决的要求，要选择她们所认为最有意义、最有价值的教育，要认定做父母，特别是做母亲，应有充分的学识与态度上的准备。

第二个段落，是择父之教。

要有好的母教，先得有好的家庭生活；要有好的家庭生活，先得有好的夫妇。《中庸》上说："天地之道，造端乎夫妇。"真是一点也不错的。所以，一个女子在结婚以后，想做一个好母亲，想实行新母教，第一要郑重的选择她的配偶。一定要选择一个家世清白、身体健康、品貌端正、智能优秀、情绪稳称、意志坚定的男子做配偶。惟有两个身心、品性都比较健全的人所组织的家庭，才会成为一个健全的家庭；也惟有这种家庭环境之中，才能实行新母教。

如果一个"巧妇不能为无米之炊"，如果一个"巧妻常扮拙夫眠"，是人世间最可以伤心的事（例如《西清散记》①里所讲的贺双卿女士一般），那末其它的一切，包括新母

---

① 《西清散记》：清人史震林所撰。因记录了有"清代第一女词人"之称的贺双卿的身世，而为世人瞩目。一般写作《西青散记》。

教在内，便无从谈起。就是勉强的做，也是事倍而功半的。所以，新母教的第二个段落，是要在婚前替子女选择一个良好的父亲，替子女在生前选择一部分的良好的血统或遗传，替子女在生后供给一部分的良好的榜样与家庭导师。有了好遗传、好榜样做张本，再谈母教，不就可以收事半而功倍的效果么？这就是我所谓的"择父之教"。

择父之教，大部分是属于所谓优生学的范围，表面上好像是和教育没有关系。其实，良好的遗传，是一切教育的基础，特别是母道教育。所以，不能不认为新母教的一个段落。目前教育事业的一大通病，正坐办教育的人对于这方面注意得不够。

第三个段落，是胎养之教。

我提到这段落的用意，只在打破几千年来中外古今所共有的一种迷信。我说"胎养之教"，我不说"胎教"。"胎教"，就是这种迷信。胎儿在娘肚子里，是无法施教的。孕妇在生活里所接受的种种印象，取得的种种经验，好的不能教胎儿好，坏的也不能教胎儿坏，可以说和胎儿全不相干。婴儿生来缺嘴，决不是因为母亲在怀孕期内看见了兔子；儿童有音乐兴趣与天才，也决不是因为母亲在怀孕期内多练了几天钢琴。这一类好坏的品性，是在遗传本质里早就成在了的。即使不见到兔子、不练习钢琴，也一样的会表现出来。

所以，胎教之教，是已经过去的了。胎教之教，丝毫没有科学的根据。不过，胎养之教并没有过去。胎养之教，有很大的科学根据。胎儿所需要于母亲的，一是保护，二是营养。保护不周密，营养不适当，都可以影响胎儿的健全发育。如果孕妇有不良好的习惯、不规则的生活常态、不和谐的家人关系，以至于饮食起居没有节制、喜怒哀乐的表现没有分寸，则势必影响到胎儿的安全和营养。一旦出世，多少要成为以前所谓"先天不足"的人（其实还是"后天失调"，是后天初期的失调）。

第四是，保育之教。

这是就儿童出世以后而进入小学校以前的一个时期说的。我说小学校，而不说幼稚园，因为我认为，幼稚教育应该是家庭教育的一部分，而不应另成一个段落。关于这个段落，我只准备提出一个原则，就是"自养"与"自教"的原则。

在"自养"的原则之下，一个母亲如果自己有奶，第一，最好不用代乳品。因为就营养的品质而论，天下没有一样东西，敌得过自己的母亲的奶。从避免传染病的机会来说，奶头上的喂养，比奶瓶上的喂养，也不知要高明得多少倍。

第二，最好不要用奶妈。一则因为奶妈的奶，大概不会比自己的奶好，说不定其中还带着传染病的种子。再则，奶妈的知识程度和生活习惯，大概也不会比自己母亲的好。婴儿虽小，无形中总不免有几分模仿（详见拙作《中国之家庭问题》一书）。我们常听人说："吃谁的奶就像谁。"这一层，和奶妈的选择有关系，和吃乳时候的模仿也有关系，是不能不提防的。在"自教"的原则之下，奶妈自然更用不得。你说她不管教，只管养；事实上，她是教了，并且教下许多要不得的习惯。

第二〔三〕，保姆也最好不请。做保姆的，也许是一个专家，假定在目前的中国，已经有这种很进步的人物的话。因为就儿童的幸福而论，天下没有一样东西可以敌得过、比得上母亲的爱。一分的母爱，比起十分的专家的知识来，价值要大得多。何况如果我们能照着上面说的择教之教的一番理论做去的话，结果每一个母亲都可以做一个教养的专家呢！

第三〔四〕，我们最好不要把儿童送进所谓托儿所，特别是中国式的托儿所。我们根本用不着这一类的托儿所。那是一种有几个钱的人躲懒的方法，推诿责任的方法，和对于新母教有兴趣的人完全没有缘分。就是国家来办这种托儿所，我们自己不用花钱，好像端的为我们减轻负担，我们也不感激，我们也不放心，我们良心上要觉得对不起子女。

子女的个性，只有父母最知道，而只有母亲知道得最清楚。托儿所一类的办法，也许可以在集体生活方面，或所谓社会化生活方面，给儿童一些初期的训练。但我们知道，人的性格是两方面的：社会化也要，个别的修养也要。国家文化所期望于我们的，也是这两方面的并行与协议〔调〕的发展。

一个儿童的社会化的训练，将来的机会正多。从小学校读书起，一直到学成服务，无非是这种机会。而个性的发见与启迪，应该是家庭教育的一个责任；也唯有家庭教育，唯有母亲，最能尽这个责任。教家庭以外的人来做，并且和别人家的子女混在一起，总有几分隔靴搔痒。

大家现在都在歌颂苏俄的制度。对于苏俄的儿童教养，大家也都在那里不断的称赞。但称赞的人，未必都知道苏俄的底细。在苏俄，关于儿童教养所贴的标语、所喊的口号里，我们知道，就有这一类的话：

"牛奶是牛吃的，人奶才是人吃的。"

"天下没有一件东西，敌得过母亲的爱。"

列宁夫人[①]，就是喊这一类口号喊得最响的一个人。苏俄的托儿所（所谓 créche），也和我们所想像的不同。这些托儿所，是为女工人在工厂旁边临时设立的。在白天，女工人得按了时间、停了工作，跑出来喂奶，喂自己的奶；到了晚上，还得把自己的孩子抱回家去。这不是正合着自养、自教的原则么？（详见哈勒女士：《苏俄的妇女》，Fannina Halle，*Women in Soviet Russia*）

第五个段落，是品格之教。

这是就儿童入小学校以后以至于成年的一个时期说的。目前的学校教育，就一切的步骤说，最大的贡献，是知识的灌输；而最大的缺乏，是品格的陶冶。这是谁都晓得的，也是谁也想不出办法来加以改正的。

在没有改正之前，家庭是唯一陶冶品格的场合。即使学校教育有一天真正能实施品格教育，家庭还是逃不了它的责任。换言之，品格教育的最大的责任，还是在家庭以内，还是母教的中心部分。实际上，家庭教育，就等于品格教育；母教，就是品格之教。上天下地、三教九流的无尽藏的智识，自有学校在教、社会在教，本来就用不着家庭来教，用不着母亲来教。

我们除非完全没有读过中国历史，否则，就知道古代有过多少的人才是母亲教出来的。而这些人才的所以成为人才、与所以被称为"人才"，是因为他们在品格上高人一等。战国时代的孟子、王孙贾，后汉的范滂，东晋的陶侃，宋朝的欧阳修、苏轼、岳飞，都是最好的例子。王孙贾的母亲、范母、岳母，教的是忠；孟母，教的是信；陶母，教的是廉；欧母，教的是节；孟母、欧母、苏母，教的也是苦学。

儿童时代不教，家里最可敬爱而最能明了儿童个性的人不教，而留到青年以后才教，让不很相干的老师、学校来教，让儿童对着校训，或在开月会与纪念周的时候，把"礼、义、廉、耻"，把"忠、孝、仁、爱、信、义、和、平"一类的大方块字看得烂熟，试

---

① 列宁夫人：克鲁普斯卡娅（Надежда Константиновна Крупская，1869—1939），女，苏联学前教育家。毕业于彼得堡女子高等学校，后任教师。十月革命胜利后，在教育人民委员部先后任副委员、委员职务，1929 年担任俄罗斯联邦教育人民委员部副部长。著有《国民教育和民主主义》，著作有《克鲁普斯卡娅教育文选》等。

问，又有什么用处？

第四段落的保育之教与第五段落的品格之教里，还有两三点应当特别提出的。第一点和第二点，也是两个原则；第三点，是母教的一个实际的方面。

第一点，是榜样的原则。

品格教育，在全部教育里，本来最难，但也是最容易。它用不着多说话，它用不着许多的书本，更用不着甚么仪器、材料。它所需要的，就是一个榜样。如果做家长的人的一言一动或不言不动，他的操守、出处、语默，无论对人的或对物的，都能守着相当的道德标准；儿童在前面如此，不在前面也是如此，始终一贯的如此，这就是品格教育。

儿童是最能模仿的动物。结果，也自然而然会收到不教而自教的效果。关于这一点，不用说，父亲的地位，差不多是和母亲的一样的重要。

第二点，是一个距离的原则。

人与人的关系，一面讲究相亲相爱，一面也要讲究适当的距离。所以，朋友之间，要亲而不狎，夫妻之间，要相敬如宾。惟有平时能讲究距离，临事才能真正的相亲相爱。在母亲与子女之间，这原则自然是特别的重要。

唯其有距离，所以亲爱之中能互相尊重；唯其有距离，所以在实行母教的时候，母亲可以客观的看出子女的长处和子女的短处；唯其有距离，做母亲的，才不会溺爱，不至于像孟子所说的"莫知其子之恶"①；才能于物质的除奶之后，让子女可以取得精神上的除奶机会；才不至于吞灭了子女的人格，教子女的人格成为自己的人格的一部分。

我们应当知道，精神病的一种，叫做"桃花痴"的，是根本因为母亲过于溺爱所致。以至于虽然到了发生异性爱而应当结婚的年龄，一个青年在精神上，还是撒脱不了他的母亲。父女之间，也有同样的可能性，也是应当提防的。

第三点，是性的教育。

这是一个大问题。性教育不能在学校里教，更不能成为一种课程。最适当的教师，是父母；而最适当的指示的环境，是家庭。子女成熟到那一种程度，发生那一种程度的疑问，被问的人，应当根据了日常接触的动植物的材料，以至于人类自身的材料，按着

---

① 语出《礼记·大学》，完整表述为："人莫知其子之恶，莫知其苗之硕。"意为：对于自己的孩子，总看不到孩子的缺点；对于自己的庄稼，总觉得禾苗长得不够壮硕。

程度加以答复，加以解释；不太多，也不太少，老老实实的，简简单单的，到子女暂时不再提出问题为止。

这是要准备的，要功夫的，要涵养的；要有聪明，能随机应变、触景生情的。试问，一个中小学的老师，自己还没有成婚，能担当起这个责任么？即使已经成婚，生有子女，他肯随时随地花费这种功夫么？

两性的教育，在全部的儿童教育里，目前最不受人理会。而其重要性，却又不在任何部分之下。从小处说，个人毕生的幸福，和他有关；从大处说，整个民族的运命，便拿它做基础。谁能负起这一部分的责任来，谁就是民族复兴的最大的功臣。而这种功臣，除了健全的父母而外，谁也不够资格。

我把五个段落说完了。但说话易，实行难。在实行新母教以前，我们有三个先决的条件：

第一，要做母亲的自己认识、自己主张，就是母亲的职业、母教的责任，是社会上最高的职业、最大的责任。我以前说过，假定男子是创造文化、产生财富的人，那女子就是创造"创造文化的人"的人和产生"产生财富的人"的人。能这样看，母教的责任，自然是高于一切了。

第二个先决条件，是要政府和负民族教育之责任的人充分的认识，而主张，而加以规定的，就是男女教育在高中与高中以上应当大致的分化，而不应当完全混同。这个要求，和上面所说的新母教的第一个段落"择教之教"互相呼应。女子教育大体上不从男子教育分化出来，女子便永远得不到做母亲的准备，提不起结婚成家、生男育女的意志和兴趣，还谈甚么新母教呢？

第三个先决条件，是要全国做父亲的人了解而帮忙的。他们要知道，结婚成家，不止是他和妻子的终身大事，而也是他的子女的终身大事，而从民族的休戚关系看，更是民族的终天大事。因为如果子女的遗传和教育有欠缺，一时受累的，不过是一家一代，而长期受累的，是整个的社会、整个的国家，以至于未来世代的民族。他更应当了解：在民族演化的机构里，在女子的最深沉的本能的认识里，他，做男子的，做父亲的，拆穿了说，不过是一个工具；恋爱、婚姻与家庭，是运用这工具的一些方法；而产生、养育与教导健全的子女，才是真正的目的。他如果知情达理的话，他应当从旁做一个良好的工具，而不应当以目的自居而妄自尊大。

59 中国未开发的幼稚园游戏新教材

张雪门

1942年6月15日

> **题　解**　　本篇原载《国民教育指导月刊（桂林）》第 1 卷第 11 期"中心国民学校音乐科专号"。发表时间为 1942 年 6 月 15 日。文中所举各例，均由桂林幼师的学生提供。例后标注县名，是为体现游戏的地方性；标注学生名，旨在鼓励学生们继续搜集此类材料。
> 　　有关撰著者张雪门，参见前文《中国幼稚教育已到了十字街头》题解。
> 　　《国民教育指导月刊（桂林）》，教育月刊，前身为《广西教育通讯半月刊》，1941 年创刊于广西桂林，由国民政府教育部国民教育司与广西省政府教育厅联合主办，由广西省教育厅编辑并发行，主编金开山。旨在进行国民教育的理论探讨，介绍相关实践经验，推进广西省国民教育的普及。主要栏目，有国内外大事记、教育论文摘要、国民教育实验区介绍、教育文化消息等；主要撰稿人，有胡叔异、王衍康、钱云阶、钟道赞、林宗礼、梁上燕等。1947 年 9 月转由广西省政府教育厅自办，1948 年 6 月停刊，共出 6 卷 63 期。

　　中国新教育是模仿外国，连教材也跟着外国的尾巴。大学的教本，固须用东西洋的原本；就是中小学的，也多是译本和准译本。

　　自从抗战以后，内地因运输的不便，一切教科书都比平时贵到七八倍，现在连出高价也还买不到教材。幼稚园又只好追寻旧路，向读书、识字中去求发展了。

　　其实，中国幼稚园的教材很丰富，也正和中国的矿产一样，全没有人肯去注意。

《母游戏》① 是幼稚教育史中一本有价值的书，是福禄贝尔②用来具体说明儿童内心的作品。内容所包含的歌曲、游戏，没有一种不是搜集于德国民间的流传；而且有如"拍饼"③等，简直和我国现行的一样。

因为儿童的生活环境，本来不像成人相差的远。处在类似的环境，吸收生活所需要的材料，当然有共同之点。儿童愈小，动作、发音……愈见得相像，也是这一种的理由。

中国当没有幼稚园的时候，或内地未办幼稚园的地方，那些四五岁年龄的儿童，也天天唱着、玩着。只要我们肯用一些功夫，把他们的歌谣、游戏等搜集拢来，加以比较分门，又都是大同小异的。可知民间流传的材料，因儿童的需要，自有其产生、流传、保存的可能。其适合儿童生活需要愈普遍的，其保存、流传的时间与空间也愈久远、广大。

民国十八年，我在北平整理过一部份手指游戏，记得是发表在那一年的《教育杂志》上。④ 去年暑假，给这里幼师生⑤订假期作业，无计划地叫每人都得记歌谣六七首。所得的结果中间，颇有不少的游戏的材料。随后，我帮助她们整理的时候，按着歌词、人数、准备、作法和备考等五项，依年龄的先后，选定了若干则，都可充幼稚园游戏之用。

所可惜的，我当时不会记谱，所以只有歌词，而没有记谱。但看着师范同学各用本地的音调，叠声歌咏，叶〔依〕节表演，怪有味地和幼稚园孩子们一起玩耍，谁说不是很适合的教材呢！

为着补救现时幼稚园教材的贫乏，企图引起国人研究民间流传材料的兴趣，现在特举下列十一个例子，聊当引玉的砖头罢。

（一）嘴嘴（全县，唐曼特）

歌词：

---

① 《母游戏》：通译《慈母曲及唱歌游戏集》。福禄培尔于1843年编成。张雪门曾自译此书。
② 福禄贝尔：通译福禄培尔。
③ 拍饼：四肢的游戏之一种。通为拍手游戏，即"你拍一，我拍一"之类。
④ 此处所指的当为张雪门发表于《教育杂志》第22卷第1号的《我国手指游戏在教育上的价值》。该文发表时间为1930年1月20日，而非"民国十八年"。
⑤ 此"这里幼师生"，指桂林幼师（即香山慈幼院桂林分院幼稚师范学校）的学生。

嘴、嘴，鼻子、鼻子，耳、耳，眉毛、眉毛，眼、眼。

人数：一个大人，一个小孩。

准备：大人抱小孩在膝上，拿着小孩子的手。

游戏法：

大人把小孩的食指，点小孩的嘴、鼻子、耳、眉毛及眼，随点随唱。如果小孩能够说话了，大人可和他同唱，也是随点随唱，等到小孩厌倦了为止。

备考：使儿童认识头上各部的名称。

（二）摇摇（荔浦，刘善球）

歌词：

摇摇，摇到外婆桥，外婆叫我好宝宝。糖一包，果一包。你要吃，就动手。吃不完，拿着走。

人数：一个大人，一个小孩。

准备：大人抱着小孩在膝上，脸对着脸。

游戏法：

大人口里唱歌，两手拉着小孩背上的衣服，向前向后的摇着。随摇随唱，唱完了停止。如想继续，再从头唱起。

备考：简单的用身子来适合节拍的一种运动。

（三）点虫虫（来宾，姜振英）

歌词：

点虫虫，虫虫飞，飞到婆家吃米堆。婆婆拿棍打，虫虫飞上瓦。生下红鸭蛋，留给弟弟送早饭。

人数：一个大人，一个小孩。

准备：大人抱着小孩在膝上，脸对着脸。

游戏法：

拿起小孩两个小拳头；每一拳头的食指，让它伸出来。口里唱上面的歌词，每一字，用食指撞一次；只有唱到"飞"字时，须把他两臂张开；其余，都是唱一个字，撞一次。

备考：简单的表情唱歌。

（四）王妈妈（全县，唐仁济）

歌词：

王妈妈，快倒茶，三个客人到你家。后门来了三匹马，两个癞子在打架。小狗子，汪汪汪。

人数：一人。

准备：两手各把大指与中指、无名指指头相顶，作成圆圈；再把右手食指串在左手的圈中，左手的小指套在右手的圆圈中；所剩的左手食指和右手的食〔小〕指，再两相接叠在一起。如图（原图5）。

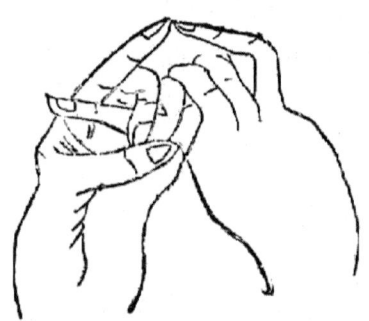

原图5 "王妈妈"游戏手指图

游戏法：

唱第一、二句时，右手食指摇动；唱第三句时，左手搭圆圈的三个指头相撞、相合；唱第四句时，右手搭圆圈的三个指头互相撞合；唱第五句时，左手食指和右手小指又互相撞合；第六、七句时，左手小指摇动。如果一遍完了，还想做时，再唱再重演。

备考：简单的表情唱歌，也即是手指游戏的一种。

（五）打铁（灵川，黄学静）

歌词：

早打铁，晚打铁，打把剪刀送姐姐。姐姐留我歇，我不歇，我要回家去打铁。

人数：二人。

准备：甲、乙两人，彼此相对，各合自己的手掌。

游戏法：

二人合唱。唱第一句时，各自拍手，又各出右手掌相拍，再赶紧缩回来，自己再拍掌。唱第二句时，各换左掌相拍一拍，即缩回自拍，再换右手相拍。从此，左右交换手掌，自拍、相拍、自拍下去，到一方告倦为止。歌曲是可以一遍遍继续唱着的。

备考：是一种手指的游戏，用手掌以适合节拍的。

（六）打大麦（宜山，谭枚瑜）

歌词：

劈劈拍，打大麦。大麦打得多，今年不饿啰。大麦打得少，今年要挨老鼠咬。

人数、准备、游戏法：全和"早打铁"同。

备考：也和"早打铁"同。

（七）那边高（湖南，李后松）

歌词：

那边高，这边高。那边矮，这边矮。一个豆腐打几块？

人数：二人。人数多时，可按照二人分若干组，继续做。

准备：两人对立着。第一人的左手和第二人的右手握着，高高举起。又，第一人的右手和第二人的左手握着向下垂。

游戏法：

第一人向着举高的两只手问："那边高？"第二人同样的望着上面的手答道："这边高。"第一人往低下的两只手问："那边矮？"第二人也望着下面的手答道："这边矮。"第一人再问："一个豆腐打几块？"第二人说："一个豆腐打一块。"（或二块，或三块……随便说打几块，就打多少块。）这时，两人仍不放手，从两人手下，同时转一转是一块，转两转是两块，转多少转是多少块，一直转到第二人所说的几块为止。以后的人再继续来做。如系两人，也可以从新再做。

备考：也是一种团体的游戏歌，可以练习儿童手足、身子的便捷。

（八）接连锁（百寿，陈华珍）

歌词：

接连接连锁，打扮爷娘告诉我。什么开？钥匙开。东门打鼓西门来……大哥来，二哥来。不怕你，锁起你。

人数：三人以上，都可以玩；最多可增至二三十人。

准备：全体儿童按着身子的高矮，彼此左右手相联，作成一大横列。推第一、第二两个身子最高的，作城门；其余的人，都作穿门的。第一和第二的，须把相联的手臂高举起，作城门的样子，预备让其余的人，一个个向城门底下钻。

游戏法：

穿门的，唱第一句；做城门的二人，唱第二句；穿门的，唱第三句；做城门的，唱第四句；穿门的唱第五句时，由横列最末（最矮的）一个人，开始俯着身子向城门底下钻进去。以后一大串的人，也都一个个跟着最末的人钻。等到钻完了，作城门的二人，也低头向自已所联的手臂下钻过，翻着身子，恢复了原状。穿门者唱第六、七句，同前钻入城门后，做城门的二人，唱八、九句，把手放低，握紧不许其余穿门者再钻进去。但穿门者应设法，以钻进去为要。如想再做，又可重新再继续唱歌。

备考：也是一种团体游戏歌，颇和"伦敦大桥塌倒了"相似。可以发展儿童的社交性及机警性。

（九）卖龙车（平乐，陈翠文）

歌词：

卖龙卖龙车，卖去水缸边。问：

"你爷爷在屋吗？""在屋。"

"在屋做什么？""在屋磨镰。"

"磨镰做什么？""围园。"

"围园做什么？""种菜。"

"种菜做什么？""又吃又卖。"

"分我羊吃么？""不分。"

"放羊吃你菜。""放火烧你羊。"

"要龙头还是要龙二？"

"龙头。""有角。"

"龙二。""狗仔二。"

"龙三。""猴子老三偷猪肝。"

"龙四。""一颗花生做颗刺。"

"龙五。""打下龙船爬下鼓。"

"龙六。""一盆瓜子一盆肉。"

"龙七。""七个姑娘娇滴滴。"

"龙八。""八个姑娘起宝塔。"

"龙九。""九个姑娘来请酒。"

"龙十。""打开后门偷大便吃。"

人数：五人以上。

准备：全体推二个比较大的儿童，一个做龙头，一个做问的，立在中央不动。其余的人，在龙头后，按着身子的高矮，一个拉着一个的衣尾，形成一纵列。龙头与问者相对。

游戏法：

龙头领着龙身子，一面转，一面唱。唱到第三句，又转回来，和立的人对了面。这时，龙就不转了。等到互问互答完后，立着的人去捉龙尾，始又大大地转动。唱歌时，从第三句起，都是龙头问，立人答。从十八句起，都是立者问，龙头答。问答完后，立人就要捉龙尾，龙头设法保护，不使他被捉住才好。等到立人捉住了龙尾，再一个个从龙尾捉到龙头。龙头被捉住后，立人就算赢了。十分钟捉不到，立者就算败了。若想做第二次的，可重新再唱。

备考：本则游戏，和"老鹰捉小鸡"一样；但多一种问答的韵语，变成了游戏歌；其作用，在训练儿童的敏捷和机智。

（十）梛梛果（义宁，张慧珍）

歌词：

梆梆果，什么人？过路人。过路莫偷我的瓜。你的瓜有好大？我的瓜才发芽／抽梗／开花／结果／像天那样大。

人数：三人以上。

准备：推一人担任管瓜，一人偷瓜；人多时，偷瓜的人也多。

游戏法：

偷瓜的人，绕着管瓜的和瓜走，边走边唱。同时，管瓜的人应对答他。歌词中第一、三、五句，属偷瓜的唱；二、四、六句，属管瓜的唱。偷瓜的人绕了一转又一转，所以歌词也就唱了一遍又一遍。管瓜的人对答，从"发芽"一直到了"像天那样大"时，就装着睡着了。那时，偷瓜的人就把每一个瓜藏起来，弄到管瓜的人醒来，全寻得了瓜，并捉到了贼为止。如果再想玩，那么偷瓜人和管瓜人，便须对换职务。

备考：这种歌，和西洋的"皮匠补鞋"略似；儿童除用感官外，并须借助思考，已接近表演的猜测游戏了。

（十一）关关箱子（江苏，杨谦）

歌词：

关关箱子，开开箱子，勿要被癞皮叫化子看见了。收好，收好。

人数：最少七人以上。

准备：全体排成一横列，每人紧靠着，把双手反过背去。推出一人站在外边，面对众人；另推一人，拿任何一物件，不要太大，也不要太小。

游戏法：

拿物件的人，从横列第一人，绕到末一人，再转绕不停。口里就念歌词，走到列队的人后面，就装样地把东西每人一放一放。等放好了，唱完了歌，就叫站出来的人猜东西究竟放在谁的手里。如果站出的人三次猜不着，就要罚一次表演；如果猜对了，就由被猜着的人来代做。

备考：这也是一种猜测游戏，但更须多用思考。

國民教育指導月刊 第一卷 第十一期

中國未開發的幼稚園遊戲新教材

張雪門

中國新教育是模仿外國的，連教材也脫離不了中國的尾巴。大學的教本固然用東洋的原本，就是中小學內也是課本和翻譯本。自從抗戰以後，內地因運輸的不便，一切洋書都比平時貴到七八位，現在退出高價也買不到教材的先後，規定了若干冊，那可充幼稚園遊戲之用。新可惜為，現當時不會兒譜，所以只有歌詞。商洽育兒社，各用本地的晉調，變換歌詠，叶節表演，但看教師循同學，誰說不是很適合的教材呢？寫着相當發現各種遊戲中的意趣，但起國人研究民間流傳材料的興趣，現在特舉下列十一個例子，藉資引玉的磚頭瓦鶚。

幼師生訂假期作業，無計劃地叫每人蒐稽記歌謠六七首。所得的結果，中國頗有不少的遊戲材料。隨後我幫助她們整理的時候，按齡歌詞、人數、作法和備考等五項，依年齡的先後，規定了若干冊，那可充幼稚園遊戲之用。新可惜為，現當時不會兒譜，所以只有歌詞。商洽育兒社，各用本地的晉調，變換歌詠，叶節表演，但看教師循同學，誰說不是很適合的教材呢？

搖搖

來賓 劉靜琨

歌詞：搖搖，搖到外婆橋；外婆叫我好寶寶，糖一包，菓一包，你要吃，就動手，吃下去，就滾走。

人數：一個大人，一個小孩。

遊戲法：大人抱着小孩在膝上，兩手拉着小孩背上的衣袖，向前向後的搖擺，唱當歌時，如搖擺快，再搖就唱，完了停止。

備考：簡單的用身子來適合節拍的一種運動。

點虫虫

來賓 黃瑞英

歌詞：點虫虫，虫虫飛，飛到姿家吃米堆；姿姿揚起打，虫虫飛上瓦，坐下紅鴨蛋。

人數：一個大人，一個小孩。

遊戲法：大人抱小孩剛個小拳頭，塗對着臉。擅着它仲出來，用食指擅一次，只有唱到「飛」一個字時，領把他兩臂張開，其餘都是唱一個字進一次。

備考：簡單的表情歌唱。

嘴嘴

全嶽 唐曼特

歌詞：嘴嘴、鼻子、鼻子、耳、耳、眉毛、眉毛、眼、眼。

人數：一個大人，一個小孩。

遊戲法：大人把小孩的食指點小孩的嘴、鼻子、耳、眉毛尾眼，隨點隨唱。如果小孩能夠說話了，大人可和他同唱，也是隨點隨唱。等到小孩厭倦了爲止。

備考：使兒童認識頭上各器官名稱。

全嶽 唐仁濟

王媽媽

中國新教育是模仿外國的，連教材也脫離不了中國的尾巴。......（原文內容較長，此處省略邊欄說明部分）

備考：使兒童認識頭上各器官名稱。

另圖26 《中國未開發的幼稚園遊戲新教材》原發表件（部分）

60 给幼稚生"工作"开一条新路径

张雪门

1942年7月15日

题 解　本篇原载《国民教育指导月刊（桂林）》第 1 卷第 12 期"中心国民学校劳作图画科专号"。发表时间为 1942 年 7 月 15 日。

有关撰著者张雪门，参见前文《中国幼稚教育已到了十字街头》题解。

"工作"，系当时幼稚园课程的名称，类似于"手技""手工""劳动"等。本篇介绍了幼教同仁在艰苦抗战之际，为解决幼稚园工作材料的匮乏，所另辟的"一条新路径"。其中，既有张雪门在长期幼教实践中的经验累积，又结合了广西当地特色，如橘子、柚子、凉粉子、荷叶、藕等均为典型的南方物产。可见，这条"新路径"首先便具有易于取材的优长。

有关《国民教育指导月刊（桂林）》，参见前文《中国未开发的幼稚园游戏新教材》题解。

部颁"幼稚园工作课程标准"[①]，在〔从〕编订以至修正，都在抗战发生之前。所以，有些材料到了现在变成无从购办，有的却又没有时代的意味了。

---

① "幼稚园工作课程标准"：系指《幼稚园课程标准》中有关"工作"的相关规定。该标准由中华民国国民政府教育部在 1932 年 10 月正式颁行，并在 1936 年 7 月修订。

"工作"的内容大要虽有十种①,仅就积木一类说,内地已很难找到有制造这种的熟练工人。即使有,也跳不出福禄贝尔②恩物的范围。

中国是正在抗战,同时还须要积极的建设。但对于这下一代的民族命脉,却依然让他们剪贴些花果、鸟兽的图形,或堆积村舍山景,让他们永远地在古式的田野气氛中讨生活,而且又因工具、材料的缺乏,一转再转,有的竟转弯到课本中读书、识字去了。

生活固然是教育,但生活并不全有价值。读书、识字是生活,胡吃、瞎闹也是生活。今日有价值的生活,在幼稚园中,自然当推"工作"的劳动。

即据种植的一项说罢。一方黄黑色的土地,一把种子栽下去,经过灌溉、锄草若干的劳动,不多几天,便长出绿油油的嫩芽来了。随后,再加以除虫、修整等动作,芽长发条,条又抽叶,叶盛花开,最后就结出有用的果实。

如果没有人的劳动,这芽从何来?叶从何来?而且儿童们经过了这一种的工作,始得理解了劳动才能生产、生产始有建设的意义,且更获得了各种植物生长的整个知识。又因为植物在长期的生长中,不时会发生各种问题。这类问题,正是供给儿童们绝好的思考机会,免得成"劳力而不劳心"的机械工人。

你如以为,那里有这许思考的机会?有的是。播种前,要计划种那些东西?从什么地方去采集种子?怎样辨别种子的好坏?种的时候,行种还是点种,还是分种,还是合种?灌溉,还是固定的担任,还是分组的轮值?还有……,太多了!

不但思考机会有这样的多,而且从掘土发现了蚯蚓,因以唤起研究益虫的兴趣;开沟用手,不如用耒耜的便捷,因此更发生了工具的需要。此外,还要养蚕,煮糖,做藕粉、山楂糕,及用橘子皮做果子酱,全是儿童们爱做而且能做的动作。只要幼稚园的教师能够设法引起他们的需要,儿童们将在这一类的工作中,更不知道要获得多少的技术,增进了多少的知识与兴趣。

像这一类的工作,这一类的生产建设,不但是现在工作教具缺乏时一种偶然的需要,

---

① 1936年修订后的《幼稚园课程标准》中,将"工作"的内容规定为以下十种:(1)沙箱装排;(2)积木;(3)画图;(4)纸工;(5)泥工及纸浆工;(6)缝纫;(7)木工;(8)织工;(9)园艺;(10)其他。
② 福禄贝尔:通译福禄培尔。

就是抗战胜利后，教具充分了，这一类工作的价值，实仍旧超越其他各类之上的。因为沙箱固然可以装拼城市，但所装拼的城市并不是真的可以居住；泥土固然可以捏制果实，但所捏制的果实决不能食用。只有在真实的工作中，始能发生真实的问题，获得真实的知能，而养成了真实克服环境的力量。

为供给各幼稚园参考起见，除种植玉蜀黍、豆、蔬菜外，现在特举已经试过的具体工作八则。读者如能举一反三，我们姑且不用全国生产增进的数量上来审检其成绩，单从未来的民族着想，全中国的儿童，将从四五岁起，都变成了具有生产建设的意识和兴趣的人。世界上更还有什么，能够比得上这一种收获的伟大呢？

（一）橘皮浆

材料：橘皮、糖、水。

工具：刀子、锅、罐或碗。

作法：

我们吃完了橘子，把橘皮用水洗干净了，再把皮内的白色中果皮，用刀刮了去，并且用水泡上一天（在一天内须换几次水）。然后切成细丝，用糖和水放在锅内煮。一直等到那糖和水混合了，用筷子一挑，那糖成透明而带粘性的珠形，急下不像水点一样，这便成功了。以后用罐或碗盛着，上覆以盖。无论是涂面包或单吃，全好。

注意：

在煮的时候须注意的：功夫大了就硬了，功夫小了成了水，太稀时不能成浆，也不好吃。

（二）糯米酒

工具：锅、蒸笼、漏杓、筷子、木板、白布、瓷盆、棉被。

材料：上好糯米、安徽酒曲、水、柴火。

作法：

早一日下午，将糯米浸在温水中。到第二天的中午，将糯米淘净了，用漏杓捞起，预把洁白的新布湿了水，平置蒸笼中。然后，把米倒在白布上，将笼盖紧。锅里放好水，再将蒸笼搁放在锅上，用柴火烧起来。等蒸笼的白色水汽直竖了，是糯米蒸熟的时候到了，就可以拿出来，倾倒于瓷盆里。再用少些的凉水拌之，以不粘手为度。（因为糯米性黏，若黏在一起，酒曲就不容易拌匀了。）将酒曲碾成细末，随手散在糯米上，用筷子和糯米拌匀。等拌匀了，再用手掌或木板拍紧，中间弄成一个圆洞。然后拿盖扣上，用棉被周围包好。隔了约二十小时，可以打开来看看。如果糯米圆洞中已生出酒来，就成了。

注意：

一个酒曲，大约可做五斤糯米；半个酒曲，约可做三斤。倘使二斤米，那就连半个酒曲都用不了。九、十月的天气，做糯米酒，可以用上面的法子。若在严寒的时光，盛糯米的瓷盆就须用厚棉被紧紧地裹起来，还须在很暖的地方，例如火炉的旁边，或厨房里、灶门口等。

（三）粽子糖

工具：锅、炉、铜盆、木棍、剪子、筷子、木板、湿布。

材料：白糖、香油、清水、柴火、饧糖。

作法：

先把白糖和水少许，放在锅子里，用炉火烧开。等到用筷子挑起糖来变成一条丝一条丝的时候，再将饧糖倒下，和糖水拌匀。更用湿布裹住锅子柄，把糖全倾倒在铜盆里。另拿出一点，用手拉长，做成绳子一样，放在木板上晾着。然后，再把铜盆里的糖，用木棍拌搅。等到凝成了一块，再用油手（手上先涂香油少许，以免受烫）拿出糖来，来回伸缩。伸缩的工夫愈多，糖愈变成了白色。再放在板上搓成粗条。将先晾的糖绳子并在一起，重搓一下，用剪子按着三角形一一剪开，就做成黄白相间的粽子糖了。

注意：

在铜盆里搅糖的时候，铜盆须放在水桶的上面。若要粽子糖带些别的果味，熬时，可放一些别的果汁就成了。

（四）柚子碗

工具：刀子、钳子、面粉或糠。

材料：柚子。

作法：

选形式较整齐的圆形的柚子，安置桌上放平，用刀切去其上部尖端。当切取的时候，刀须拿稳，然后切出来的碗口才可以平整。切好后，再去瓤（可用钳子，按枚慢慢取出来）。柚内瓤空，再用面粉或糠充填，使置于太阳下晒干。如未经晒干，切不可将面粉和糠先行倒出。否则，柚子碗的形式，便显不出圆状来了。

注意：

去瓤时如用手指，不要用力过猛，免得扳损果皮。又，南方潮湿，晾晒时常遇天雨，可将柚子碗搁置灶门等高、燥的地方。

（五）玫瑰酱

工具：大口瓶子或罐子、杵、臼、碗、筷子。

材料：正开盛的鲜玫瑰花、白糖。

作法：

我们把鲜玫瑰花从树上采下来，洗净并弄干了，去了花托、花心，并把自一个花瓣中的白色心子去掉。然后，用糖混在一起，即杵臼杵之，放在太阳底下晒。等到糖化了即成。

注意：

如要玫瑰花颜色鲜艳，可以放极少许的明矾粉。在晒的时候，不要弄进土去，所以必须盖上一玻璃片。在玫瑰酱做成后，如一时不用，须将瓶或罐口严封起来。

（六）凉粉果

工具：钵、布口袋、各种果子型的杯子、竹片、筷子。

材料：凉粉子、石膏粉末、凉开水、糖水、果汁。

作法：

将清水煮开，盛钵中待凉备用。再将凉粉子和石膏粉末拌匀，放在布袋里。袋口须捆严密。然后，放在凉开水中尽力搅揉，直到水成为半流动体（如胶体）时，即将果汁或糖水加入拌匀，再分倾于果子型的杯子中。待凉透了凝结成冻，再倒在另一只盆子里，即成。

注意：

一磅水约须凉粉子三两、石膏粉末一撮。在水中搅时，宜小心，勿使结块，边搅边用筷子调匀。如无果汁，单用糖水亦可。凉粉果有时倒不出来，须用竹片。这一工作，可充西餐中的果子冻用。

（七）荷叶灯

工具：小刀。

材料：荷叶、牙签、小腊〔蜡〕烛、洋火。

作法：

用小刀把牙签两端修得尖尖的，一端插入荷叶的中心，直插到荷叶的柄里。要用时，在另一头插上腊〔蜡〕烛，用火点着。儿童手拿着荷叶柄，在院子里走来过去，都可以照着玩。

注意：

荷叶须选完整的。点腊〔蜡〕时，不至于烧坏。叶柄长一些，可以负在肩上。

（八）藕粉

工具：擦、新白布、盆子。

材料：新藕、清水、白糖。

作法：

先用清洁的水，将买来的藕洗干净。再用擦擦碎，放在一块新的白布中，包起来用力去挤。未挤之前，先须得用一只盆子，以盛挤出来的藕汁。将盛汁的盆子放在太阳光底下〔晒〕干，便成白色的藕粉。

注意：

盛汁的盆子，可以选较大些的，免得狼藉。如果喜欢甜的藕粉，可以预先把擦碎的藕末和糖放在一起，再包在新布中挤汁。

61　活教育要怎样实施的

陈鹤琴

1942年10月15日

题　解　　本篇原载《活教育》第 2 卷第 7、8 期合刊"教育讲座"栏。发表时间为 1942 年 10 月 15 日。

该文后收入立达图书服务社出版的《活教育理论与实施》（1947 年 4 月）一书。

有关撰著者陈鹤琴，参见前文《儿童教育的根本问题》题解。

有关《活教育》，参见前文《〈活教育〉发刊词》题解。

一、绪言

"活教育"这个口号，我们在这里提出，已经有二年多了。到底活教育是要怎样实施？有些什么内容？一般的人还没有明了，我们也还不曾作一个有系统的说明。现在，让我们略为叙述一下。

"活教育"这一口号，是针对着目前中国教育的实际情况而提出的。活教育，可说完全是一种新的试验。

在教育史上，欧美各国，曾迭有新的制度发明。像福禄培尔、杜威、蒙铁梭利[①]、

---

① 蒙铁梭利：通译蒙台梭利。

德可乐利①、华虚朋②、拍克赫尔斯脱③等诸氏，对于教育制度的建立与教材、教法的改善，都有极大的贡献。

可是在我们中国，新的教育理论及新的设施、办法、制度，尚少有人提出。早年，如道尔顿制等，曾在北平、南京等处试验过。但那只是把外国的教育制度加以试验而已。我们自己，仅仅对于民众教育、乡师教育④，曾有几位学者，如晏阳初⑤、梁漱溟⑥、高阳⑦、陶行知、雷宾南诸先生，创导和实验几种新的设施。如：抗战之前，广西之国民基础教育及江西之保学制度，都值得重视；抗战以来，陶行知在四川实验天才教育⑧，崔载阳在广东试行民众教育。这些新试验，也都是值得注意的。

但是严格的说，一般的教育，仍多半是移植欧美各国学者所研究出来的方法、制度。这种方法、制度，有时未尽适合于我们本国的国情与需要。所以，我们应当另辟蹊径，从事于一种新的教育方法之探求。

这种新的教育方法，到底是什么呢？就是我们现在在这里提出的"活教育"。

所以，我们对"活教育"这一口号之提出，抱着无穷的期望。我们希望它能成熟为一个适合时代需要、符合民族精神的完善的教育制度，希望它能由理论走入实践，更希望它能由〔一〕隅一地之试验，发展而为普遍之推行。

---

① 德可乐利：通译德克罗利，即奥维德·德克罗利（Ovide Decroly，1871—1932），比利时医生、心理学家、教育家。他于1907年在布鲁塞尔近郊为正常儿童创立一所名为"生活学校"的新型小学。在进行课程和教法改革时，他建立了一种实验教学制度（又称德克罗利教学法），指导思想是：以儿童的兴趣为中心，"让儿童在生活中预备生活"。
② 华虚朋：通译沃什伯恩。
③ 拍克赫尔斯脱：通译柏克赫斯特，即海伦·柏克赫斯特（Helen Parkhurst，1887—1973），女，美国教育实验家、道尔顿制创始人。1920年在马萨诸塞州道尔顿中学进行实验，创立了道尔顿制，强调"自由"与"合作"的原则，还通过"实验室"的组织形式，解放了儿童的学习能力。著有《道尔顿制教育》。
④ 乡师教育：全称"乡村师范教育"。即通过设立乡村师范学校、培养乡村教师，来推进乡村教育运动的思潮或实践。
⑤ 晏阳初（1893—1990）：四川巴中人，平民教育运幼的领导者，创设了"定县平民教育实验区"。
⑥ 梁漱溟（1893—1988）：广西桂林人，创办了河南村治学院、山东乡村建设研究院，实验"乡村建设理论"。
⑦ 高阳（1892—1943）：字践四，江苏无锡人，民众教育运动的倡导者之一，历任江苏省立教育学院院长、广西大学校长等职。
⑧ 此"天才教育"，系指在陶行知创设的育才学校中，按学生的特殊才能进行教学的做法。该校创设于1939年，学生都是从各地难童保育院中经过智力测验和特殊才能选拔而来。

现在，让我们就如何实施活教育，分别叙述于后，以供读者之参考。

二、活教育的目的

"活教育"的目的到底是什么？我想，一定会有人提出这个问题。我可以很简单地回答说："活教育的目的，就是在做人，做中国人，做现代的中国人。"

诸位一定想：哦！原来就是这么一回事吗？那还不是老生常谈吗？

不错，这原是根据领袖的指示而定的。中国的教育，应当和外国的教育有所畛畦，它自有它的特性。这"做人，做中国人，做现代的中国人"，就是中国教育唯一的特点，不苟同于其他各国的教育目的。

亲爱的读者，我希望，你千万不要把"做人，做中国人，做现代的中国人"这一句话轻易放过。要晓得，这一句话，就是我们终身致学的目的。我们虽生而为人，生而在中国，生而在现代的中国；可是，有那几个，真正知道做"人"呢？有那几个，真正知道做"中国人"呢？更有那几个，真正知道做一个"现代的中国人"呢？做"人"不易做，做"中国人"不易做，做"现代的中国人"更不易做。

你要做一个"现代的中国人"，起码要具备几个条件。那几个条件呢？

第一个条件，是要有健全的身体。

身体的好坏，对于一个人的道德、学问，有绝大的影响。在外国，素来把身体的健康看得很重。像美国，更把健康列为学校七大目标训练的第一项。这是何等看重身体的健全！

我们中国人，向来被人讥为"病夫"。一到五十岁，就倚老卖老，自居"朽木"，准备息影家园，以娱"晚年"了。可是，外国人在这样的年龄，正是开始做事业呢！

这是什么原因？无非是因为我国人体质太差而已。所以，在这种情形之下，我们中国人对于这一点，当然要特别注重。我们有了健全的身体，才能应付现代中国艰巨的事业，这是毫无疑义的。

第二个条件，就是要有建设的能力。

有人说："有破坏，然后有建设。"这句话，或许有一部分的正确性。可是，我们中国,却向来破坏多于建设。结果呢?弄得凡百俱废。伪〔如〕偶有人努力于建设事业,反会被人嫉妒,指为好出风头。这真不是好的现象!

我们现在急切需要的,是各种建设。诸如文化、建筑物、山林、古迹等等,不仅要消极的保存,还要积极的建设。

就学校来说,学生在〔学〕校里,应当训练他们从事于种种建设工作。大一点的,为开辟校园、农场,设立工厂、图书馆;小一点的,修筑道路,整理桌椅,粉刷墙壁,布置环境。学校里面一切东西,一有损坏,就要学生自己去修好,一有缺点,就要学生自己去补救。

过去,学生建设能力往往太薄弱;现在,我们要把它培养起来,以适应国家的需要。

第三个条件,就是要有创造的能力。

中国人的创造力,本来是很强的。不论是文化抑或制度,在古代,就已经很好。只因近数百年来因循苟且,不知创造,及至科举一兴,思想就格外受到束缚。一般文人学士,摇笔呐喊的能力、本领虽有余,而创造的能力则不足。时至今日,我们急需培养儿童这种创造的能力。

儿童本来就有一种创造欲,我们只要善为诱导,善为启发,可以事半而功倍。例如苏联的儿童,竟能组织北极探险队。苏联的科学馆中,陈列着许多的儿童作品,什么飞机模型呀,汽车呀,精巧绝伦,就是成人做起来,也不见得胜过他们呢!

我有一做工程师的朋友,曾告诉我一件事,我觉得十分有意思。他说,英国有一个汤纳公司（Jurnared Co.）,是专门做玩具的。起初,他们做的玩具,都是装置完好的,让小孩子买去玩好了。后来有一次,那公司负责人汤纳先生,看见一个小朋友把玩具飞机、坦克等东西,另另〔零零〕碎碎的拆下来,又去左凑右拼的配上去,仍旧装配成一件完好的玩具。他看了,觉得很有意思。他就索性把各种玩具的零件卖给小朋友,让他们自己去装配。到后来,更进一步,他特意制造了许多小机器,让小朋友四个一组、五个一组,去自己动手,制造各种玩具。小朋友竟比玩玩具更高兴得多,连饭都忘记吃了。

这就是证明,儿童是喜欢创造的。我们只要加以适当的训练,不难养成他们这一种可贵的能力。

第四个条件,就是要能够合作。

我们中国人,个性很强,喜欢各自为政,在团体活动中,常常缺乏合作能力的表现。

外国人则不然，对于团体工作（team work）极其注重，常能牺牲小我，以成全大我。这种合作的精神，着实值得我们钦佩。

回顾我们自己，不免有些惭愧。当初，南洋各地，都是我们中国人一手开发，经济力全操纵在华人手里。可是因为我们缺乏合作，被外国的资本家，把我们各别击破，将经济权控制到他们的手里。新加坡的陈嘉庚①，就是被外国的橡皮〔胶〕公司打倒的。这好比打仗一样，你赤手空拳，孤立无援，怎么不会被人打败呢？外国人骂中国人为"一盘散沙"，可说一点也没有挖苦。我们自己一想，就不禁要为之寒心。

所以，我们对于小朋友，要从小就训练他们能合作、能团结，这才能使他们配做一个新中国的主人翁。

第五个条件，就是要服务。

总理曾经指示我们："人生以服务为目的。"如果我们训练的儿童，熟读各种知识、技能，可是不知服务，不知如何去帮助人，那这种教育，就可以说全无意义。人原是利己的动物，但如何制止这种劣性，而养成一种崇高的德性，这就是教育的目的，也就是使人与动物有所区别的方法。

动物都只知自私自利，而不知帮助别的动物，只有在生了小畜的时候，发生一种母爱。可是，这也只限于极短的时期。过了这个时期，小畜长大了，就又要互相争夺、互相噬啮了。狗是如此，猫是如此，动物莫不如此。人如果也不知道助人，不知道为大众服务，那么就一定变做一个自私自利、只知有我、不知有他的市侩，与禽兽也就相去不远了。如果人人如此，那么民族的生存极堪忧虑，国家的前途也万分危险了。

上面所说种种，可见要做一个"现代中国人"，是非常不容易的。"活教育"的目的，就是要训练儿童做这样的"人"，做这样的"中国人"，做这样的"现代中国人"。

---

① 陈嘉庚（1874—1961）：原名甲庚，福建厦门人。华侨企业家、教育家、慈善家。早年赴南洋经商，后自主创办企业，辟创橡胶园，成为百万富翁。后捐资在家乡集美创办各级各类学校，形成"集美学村"，并认捐400万银元创办厦门大学。即便在企业破产后，他仍毁家兴学，成为"华侨旗帜"。

三、实施活教育的对象

活教育的实施，当然包括一切教育在内。不论是社会教育也好，学校教育也好，都应当施行活教育。

不过，现在我们为实施活教育的初步试验及研究便利起见，先拟定了一种从幼稚园至小学六年级施行活教育的课程。

这种课程，是根据教育部最近颁布的课程标准，再参照实际的需要，斟酌物质条件的情形而草拟的。

四、组织

（一）年级编制

儿童的能力、体力、智力、年龄互有差异，而且所用的校具、教具也都不相同。比方，小学低年级学生的桌椅，就和六年级学生所用的相差很大，不能混用。这是因为年龄的关系。又比方，五、六年级的小朋友，可以让他们试验空气的上压力等，但是一、二年级的小朋友，对这种研究是不感兴趣的。这是因为智力的不同。

所以，为教学便利起见，我们暂且把各年级编制成下列的各阶段：

（1）第一阶段——自幼稚园至一年级。

（2）第二阶段——自二年级至三年级。

（3）第三阶段——自四年级至六年级。

一般的情形，一年级的课程非常呆板，像中高年级那样的照式上课、下课，较之幼稚园的弹性课程迥然不同。其中利弊，显然可见。

其实，幼稚园与一年级的儿童，在年龄、体格、智力上，都相差不远。这种显著的课程上的分隔，是很不适宜的。所以，在美国，早已实行"低年级幼儿园化"；英国的 infance school[①]，也是把幼儿园年龄的小朋友，与低年级年龄的小朋友打成一片。这些既

---

① 此英文，可译为幼儿学校。其中"infance"误，当为"infant"。

然都是很合理的措置，我们中国自然也应当效法。

所以，我们把幼稚园与一年级编作一阶段，觉得很妥当的。至于二、三年级编作一阶段，四、五、六年级编作一阶段，都是根据儿童的智力、体力和学习兴趣而编配。这种编制，并不是一成不变，可以有伸缩、有弹性。假如学校里没有附设幼儿园，那么把一、二、三年级合编为一阶段，亦未始不可。

（二）活动组织

（1）原则。

儿童的活动组织，我们依据两个原则来拟定：第一个原则，是"根据儿童生活需要"；第二个原则，是"根据儿童的学习兴趣"。

（2）场所。

施行活教育的儿童活动场所，在第一阶段，是小动物园、小花园、小游艺场、小工场、小图书馆；在第二阶段，是小工场、小农场、小社会、小美术馆、小游戏场；在第三阶段，是儿童工场、儿童农场、儿童科学馆、儿童世界、儿童艺术馆、儿童运动场、儿童服务团。

上面三个阶段中，活动场所有几处是相同的。例如，第一阶段中，有小工场、小游戏场；第二阶段中，也有小工场、小游戏场；第三阶段中，也有儿童工场和运动场。可是，这种场所的设备和教具，却因阶段的不同而各异。

至于儿童服务团，照理是各阶段都要有的。不过，高年级的服务能力比较强些，所以这里特别提了出来。在全校学生的自治组织中，我们还可以设置小警察局，让小朋友来做"小警察"。这种"小警察"，是轮流做的。他们因为要"律人"，所以不得不先"律己"，可以收"自治"的效果。

现在，学校的教室，可以改称为"活动场所"了。"教室"两个字，顾名思义，着重在"教"。现在有些学校，已经把"教室"改称为"工作室"了。工作室，着重在"工作"，也就是着重在"做"的。比起"教室"两个字来，好得多了。

不过，现在我们如果把工作室再改称为"活动场所"，那似乎更完善一点。因为"活动"包括了"教"，也包括了"做"，所以打破了"教"和"学"的界限。不惟打破了"教"和"学"的界限，还打破了教室内和教室外的界限。因为，现在教室固然是活动场所，教室外的大自然、大社会，也是活动场所。比较起来，教室的活动场所，不过是一个很小的范围吧了。

五、活教育的课程

活教育的课程是怎样的？

活教育的课程，是把大自然、大社会做出发点，让学生直接向它们去学习。

因为中国人对于受教育，向来有一种错误的见解。譬如，学生在学校肄业，称为"读书"，教师授各种学科，又称为"教书"。大家把"书"，看做唯一的教育资料。现在，我们就要矫正这一种错误的见解。

要晓得，书本上的知识，是间接的、死的；大自然、大社会，才是我们活的书、直接的书。活的，当然比死的来得好；直接，当然比间接来得好。过去，我们明明有无限丰富的活教材，却不知采用，只知道捧着书本子死读。

其实，书本子只能当作学习的副工具。无论是国语也好，常识也好，算术也好，无不皆然。如其〔果〕把教科书当作参考资料加以活用，得益当然也很多的。

世间有一种书呆子，不辨菽麦，不分妍媸。这些人，并不是因为读了书才变成了呆子，而是因为他们只晓得一味读书，而不去和真正的"书"——大自然、大社会接触，才变成呆子的。

现在，我们在这里主张大家去向大自然、大社会学习，就是希望大家能把过去"书本万能"的错误观念抛弃，去向活的、直接的"知识宝库"探讨、研求。现在，我们要从幼儿园到小学六年级这一段实施活教育，那么，关于它的课程，到底应当怎样编制呢？

编制这种课程，有两个原则。一是根据最近部颁的新课程标准。部颁标准新近又曾修订过，不过还没有经过各方好好地实验一下。二是根据当地儿童与环境实际需要情形。

在这两个基本原则之下，各阶段又分别拟定编制课程的原则：第一阶段，以采用大单元编制为原则；第二阶段，除国语及算术外，采用大单元及活动中心编制；第三阶段，除国语及算术外，采用活动中心编制。至于教材的组织，由各阶段分别厘订活动单元。

依照活教育的理想，国语、算术的课本教学，也应当打破。不过，依照目前中国的情形及社会上的传统习惯，一时当不能取消。为补救起见，只有想法尽可能改善这些课本的内容及教法。

当年，德可乐利叫儿童自己编了教科书研究，华虚朋也叫儿童自己编教科书来应用。他的目的，就是要小孩子直接去接触各种知识。譬如讲到鱼，就要让小孩子看到真正的鱼，让他们观察鱼怎样呼吸，怎样转弯，怎样浮沉，让他们自己来解剖鱼体，研究鱼的各部。

我们要鼓动儿童自己研究的精神，即以一虫一豸之微，也能很好奇的去研究。教科书上的知识，实在很靠不住的。譬如，教科书上画了一幅蜘蛛网的图，大家画起来，总是八卦形的居多。有一次，我发愿要观察一下，到底蜘蛛结的网，它的网是八卦呢，还是九卦，还是十卦、十一卦？后来，我仔细观察了好几个蜘蛛的网，发现它们有的是廿一卦，有的是廿六卦，不一而足。才知道，一般人对蜘蛛网的观念，是错误的。儿童能够直接去学习，去研究，结果，收获当然要比只靠书本的大得多。

六、活教育的方法

活教育的教学方法，也有一个基本的原则。什么原则呢？就是"做中教，做中学，做中求进步"。

这一个原则，可说是脱胎于杜威博士当年在支加哥[①]所主张的"寓学于做"（learning by doing），但比较杜氏的主张，更进了一步。不但是要在"做"中学，还要在"做"中教；不但要在"做"中教与学，还要不断地在"做"中争取进步。杜威在支加哥的时候，把课程都打破了，教师、学生都在一起做，名之为"实验学校"（laboratory school）。

活教育的教学，也并不注重过去班级教学的课程，而着重于室外的活动，着重于生活的体验，以实物作研究的对象，以书籍作辅佐的参考。换一句话说，就是注重直接的

---

① 支加哥：通译芝加哥，美国城市。杜威早年曾任教于芝加哥大学，并办理有实验学校，以探讨教育新理。

经验。这种直接的经验，就是使人进步的最大动力。直接的经验，也就是活教育教学方法的第一个原则。

在幼儿园至小学六年级这一阶段之间，教学的目的，是在使小孩子获得均衡的发展。在这一时期，并不是专门培养儿童某一技能，或使他们精习某一特殊学科。我们不能让刚苗芽的幼苗早熟、结果，我们也不能让小学年龄的孩子，去偏习某一学科，使他们有畸形发展的趋势。这是活教育教学方法的第二个原则。

活教育教学方法的第三个原则，是"自动的研究"。过去把学生牵着鼻子、耳提面命的教学方法，未免有些落伍了。最宝贵的，是儿童们自动研究的精神。这种精神，是小朋友们本已潜在的，不过因为种种的限制，使它不能流露出来罢了。

我们现在最要紧的，就是启发他们这种自动研究精神。我曾经看见一个姓叶的小朋友，在厕所里的墙壁上刮了硝，自己来作炮仗，做得兴高采烈。我看了，觉得很有意思。我们先前大家只晓得，硝是在化学实验室内玻璃瓶里的；现在，这小朋友却知道，硝是可以从墙壁上去刮下来的，还知道硝可以做炮仗。这种知识，他那里得来的呢？这就是因为他有自动研究的精神，才研究出来的。

活教育教学的第四个原则，就是"积极的鼓励"。积极的鼓励，比消极的责罚好得多。但是，一般老师却常只知道责罚小孩，而不知道鼓励小孩。

我的大孩子一鸣，因为受了老师的责罚，把算术看得像头痛一般，至今还没有改变对算术的态度。我的小孩子一心，有一次写大字，得了几个"双圈"，回到家里，就埋头练字，孜孜不休。这就是鼓励的效果。我有一个朋友的小孩子，有一天在家里弹琴，刚巧有一位外国教士来看他的父亲，见了这小孩子在弹琴，就笑嘻嘻地说："你弹得不差呀！你要学弹琴吗？"这小孩子很喜欢弹琴，可是往常没有人称赞过他。现在，他听了这一句话，不觉高兴得不得了。后来，就常常学弹琴。现在，他已经从外国专习音乐，学成回国了。这也是鼓励的效果。各位看，鼓励的作用不是很大吗？

活教育教学的第五个原则，是"具体的比较"。比较就是衬托。一块黑的东西，和一块白的东西放在一起，黑的就益显其黑，白的就益显其白。旧诗中有一句："万绿丛中一点红。"这一点红，衬托在绿色之中，就有了比较，红的更加好看了。我们对于教学，应当常常采用比较法。有了具体的比较，事理就益加明了。

活教育教学的第六个原则，是"分组的学习"。一般的学校，大都是采用分班制。

分班制，是教师与学生在注意力上交流，只适宜于注入式的教学；分组学习，是小朋友和小朋友，以及小朋友与教师双轨线的交流，适宜于互相讨论、研究和工作。

活教育教学的第七个原则，是"集体的竞赛"。在学校里面，个别的竞赛容易引起小朋友的骄傲及嫉妒，不如集体的竞赛可以养成爱护群体及牺牲小我的美德，还可以避免个别竞赛可能引起的弊病。

在说明了活教育教学原则之后，我还愿意略述一下活教育教学的过程。

活教育教学的过程，可以分作四个步骤：一是实验；二是参考；三是发表；四是检讨。

每一个小朋友，都应当有一本他自己的工作簿。在这工作簿上，编他自己的教材。譬如一个小孩子，他研究一只活的青蛙。这种研究和观察的工作，就是第一个步骤"实验"。

但是，这种实验是不够的，他还需要更多的参考书。什么关于青蛙生活的科学小品呀，故事呀，儿歌呀。他要看这一类的书，这是他在做他的"参考"工作，也就是教学过程的第二个步骤。

他在参考了这些书之后，可以写一篇关于青蛙生活的报告，或则编一个木偶戏或故事，或则是童话，或则来演一幕自编自导的关于青蛙的小小戏本。这就是教学过程的第三个步骤。

在这一步骤之后，老师就和小朋友在一起，检讨这一个学习过程。这就是第四个步骤了。

七、教师

从事活教育教学的教师，一定要具备几个基本的条件，才能够胜任愉快。关于做一个活教师的条件，我曾经在一篇文章中特别说明过。现在，再扼要来说一下。

（1）要爱护儿童。不爱护儿童的人，必不为儿童所爱。儿童既不爱他，就不信仰他；不信仰他，就不会听从他的领导。

（2）要能够了解儿童。不了解儿童，就会和他们隔膜。儿童把你看做外人，不把你看做他们一群中的一份子。

（3）要有积极的态度。对人、对事，都要从好的地方看，许多事情就不会发生问题。

态度消极的人，他会对自己从事的工作渐渐发生厌倦，对自己所相处的一群儿童发生厌恶。

（4）要有研究的精神。能研究，才能够进步。一个以已有的知识为满足的人，他就会蹈固步自封的弊病。他自己能够研究，才能够指导小朋友去研究。

（5）要有改造环境的能力。他能够改造环境，辟草莱为坦道，化荒野为乐园。这种能力，还可以收潜移默化之功，使小朋友也有改造环境的力量。

（6）除具有国语修养外，须有一种专门学科的特长。

（7）须有健全的体格。

八、设备

在设备方面，我们可以分四方面来讲：

（1）场所。活动的场所，除了充分利用自然环境和社会环境之外，还可以将原有的教室分别改造为各种活动场所。

（2）校具。各种校具和课椅、黑板等等，都以能够移动为宜。

（3）教具。要应用各种实物和仪器。

（4）教材。教材分两部分：一部分是基本教材，就是大自然和大社会；一部分是参考教材，就是图书、杂志和报章。

九、考成

在每一个活动完成之后，我们就要举行检讨会，把实验、参考和发表的三种纪录和作品，仔细批评、考核。如果小朋友的成绩能够达到最低标准，就给他一个奖章。这种奖章，是什么呢？

在物质条件很艰难的情形之下，当然不一定要有铜质或铝质的美丽奖章分送给小朋友。这原是仿效童子军①的一种办法。

我们现在，可以制定几种代表各活动中心的木质图案。这种图案，可以用来盖在每一个小朋友的成绩簿上。比方，一个小朋友研究青蛙，成绩达到了预定的最低标准，就奖他一只青蛙的图案，戳盖在他的成绩单上。这种图案，就是用来代替抽象的分数的，可以随时考查。

除此之外，还可以从小朋友成绩中，挑选各种活动成绩特别优良的，举行公开的展览；另外，再赠给奖状，去鼓励他们的学习兴趣。

当然，要从事这种教学活动，并不是顶容易的。设备要充足，教师准备要充分，小朋友要善为指导。在开始的时候，一定会遭遇几次失败的。但只要大家不怕烦、不灰心，就一定能得到美满的收获。

教师应当要抱着学习的态度去教。他需要用一本簿子来记录他的教学情形、困难或心得，以资改进；还可以和同志在一起检讨，共同设法解决困难，贡献自己的心得。

这是一种新的试验。在我们所预料的困难和挫折后面，却隐藏着无限的希望和愉快呢！愿与亲爱的同志们共勉之。

附录 活教育实施方案

一、原则

（一）学做人，做中国人，做现代中国人。

（二）大自然、大社会是我们的活教材。

（三）做中教、做中学、做中求进步。

二、对象

从幼稚生到小学六年级儿童。

三、组织

（一）年级编制

---

① 童子军：系"Boy Scout"的译名，是由英国传入的青少年组织。它由罗伯特·贝登堡创立于1908年。该组织以重视野外活动训练著称，很受青少年欢迎。1912年武昌文华中学的严家麟率先将其引入中国，很快便风行全国，得到政府扶助，成立了"中华全国童子军协会"等组织。

因儿童的能力、体力、智力、年龄上的差异，以及所用的校具、教具的不同，兹为便利教学起见，特将各年级编配如下列各阶段：

（1）自幼儿园至一年级——第一阶段。

（2）自二年级至三年级——第二阶段。

（3）自四年级至六年级——第三阶段。

（二）活动组织

（1）原则。

根据儿童的生活需要；根据儿童的学习兴趣。

（2）场所。

第一阶段——小动物园、小花园、小游戏场、小工场、小图书馆。

第二阶段——小工场、小农场、小世界、小艺术馆、小游戏场。

第三阶段——儿童工场、儿童农场、儿童科学馆、儿童世界、儿童艺术馆、儿童运动场、儿童服务团。

四、课程

（一）编制原则

（1）根据最近部颁新课程标准。

（2）参照本省实际情形。

第一阶段——以采用小单元编制为原则。

第二阶段——除国语、算术外，采用大单元及活动中心编制。

第三阶段——除国语、算术外，采用活动中心编制，各阶段厘订活动单元。

（二）教材组织[①]

五、方法

（一）原则

（1）直接的经验。

（2）均衡的发展。

---

① 此标题下，原文即无展开内容。

（3）自动的研究。

（4）积极的鼓励。

（5）具体的比较。

（6）分组的学习。

（7）集体的竞赛。

（二）过程

（1）实验。

（2）参考。

（3）发表。

（4）检讨。

六、教师条件

（1）爱护儿童。

（2）了解儿童。

（3）要有积极的态度。

（4）要有研究的精神。

（5）要有改造环境的能力。

（6）具有国语修养外，须有一种专门学科的特长。

（7）须有健康的体格。

七、设备要合乎儿童学习的活动

（1）场所——将原有教室分别改造为各种活动场所。

（2）校具——活动课桌椅、活动黑板等。

（3）教具——应用各种活动教具及各种仪器。

（4）教材。

基本教材——大自然、大社会。

参考教材——图书、杂志、报章。

八、考成

（一）方法

每一种活动完成后，举行检讨会，将实验、参考、发表三种纪录及作品，详加研究。

其成绩如能达到最低标准者,即可给以奖章。

（二）奖励

（1）奖章。

种数——采用代表各种活动中心的木质图案,以资识别。

记绩——按照活动成绩,将奖章盖在分数成绩簿上,以便考查。

（2）奖状。

每学期将各种活动成绩特别优良者,除举行公开展览外,并给奖状,以资鼓励。

62 怎样教导幼稚生

钟昭华

1943年6月12日

题 解 本篇原载《活教育》第 3 卷第 1 期"训导问题专号"。撰成时间为 1943 年 6 月 12 日，发表时间为 1943 年 7 月 1 日。

撰著者钟昭华（1901—1994），女，浙江德清（今属湖州）人。早年就读于益智高等女学校。1919 年毕业于杭州市私立弘道女子中学师范科，旋留校任教。1923 年任教于南京鼓楼幼稚园，未久受聘为南京女中幼师科教师，后又转赴大夏大学，主持幼师培训工作。20 世纪 30 年代初，担任南京鼓楼幼稚园园长，主持开展了一系列幼教实验。编著有《怎样办幼稚园》等。

有关《活教育》，参见前文《〈活教育〉发刊词》题解。

"培养人生的各种基本优良习惯"，是幼稚教育总目标之一，也是幼稚教师应负的重大责任。我们究竟怎样来培养幼稚生优良习惯呢？我们究竟怎样来教导幼稚生的呢？

为什么有的儿童个性倔强，不肯听话？为什么有的儿童有坏习惯，总不易改掉？为什么有的儿童总不爱说话？为什么有的儿童喜欢破坏？为什么有的儿童好哭？为什么有的儿童在幼稚园里很好，一到家里就不同？为什么有的儿童不愿意参加团体的生活？为什么有的儿童有种种古怪的脾气呢？这种种问题，我们做幼稚教师的，一定时常会遇到的。

如果我们不明白问题的发生原因，我们不去解决问题的困难，那末，我们如何能教导幼稚生呢？要明白问题发生的原因，要解决问题的困难，下面的几个基本原则，是必须做到的。

一、开始教得好

我们曾经听到一句西方格言:"Well blgun is half donc。"① 这就是说:"开始做得好,一半做到了。"中国也有一句话说:"审慎于始。"无论做件什么事,开始的时候,如果我们能够很谨慎、很仔细的去做,一定可以做得好一点;如果开始做得不好,结果大概不会好的。

做事如此,教小孩子也是一样的。一个小孩子初进幼稚园,就遇到一个新的环境,就要做一些新的事情,看见一些新的人物,过着一种新的生活。做教师的,就可以趁此机会,因势利导给小孩子一个很深刻、很良好的印象。教师可从一个新的环境中,来指导他这样做人,得着应有的态度,来培养他做人的优良习惯。

学成〔生〕初来的时候,并不怕生,但坏习惯却是不少。他在家里,对于整洁,从来没有注意过,每天到园,总是满面涕痕、头发蓬乱。问他:"洗了脸、梳了头吗?"总说:"没有。"因此,教师每天替他做整洁的工作。这样做了不久,他觉得,应该洗了脸、梳了头再来上学的。慢慢的,就爱整洁了。现在,据〔居〕然头发梳得光光,自己知道要常常剪了指甲,回家向妈妈闹着要洗澡了。

幼稚生初来园,往往有许多坏习惯不容易改掉,有许多好习惯没有训练过。所以开始时,定要多多的注意各个儿童的行动。不知自动的,要他们自动;不爱整洁的,要他们多做整洁活动;不爱招呼人的,和他们天天打招呼。要他们学得好,做得好,学了再做,做了再学,始终不懈的教,时时刻刻的做。

二、养成好习惯

上面所说的"开始教得好"这句话,好像只注意到开始的时候好就够了。其实,开始的时候要好,以后还要好的。我们要把好的地方,保持恒久;我们要把好的行动,做成习惯。儿童如果有了好习惯,那就不容易变坏了。

好习惯究竟怎样养成呢?教师应当明了幼稚园全部课程的组织与重要性,不重在知

---

① 此处所载英文有误,当为"Well begun is half done。"。

识的灌输，不重在技能的学习，而重在优良习惯的养成。要把优良习惯，综合在全部课程里。

譬如，吃东西以前，一定要先洗手。这是幼稚生一进幼稚园，就开始训练的。有一天，宝中跟着大家念儿歌，念得很起劲，忘记了洗手。教师请小朋友吃点心的时候，宝中忽然喊起来说："老师！我还没有洗过手呢，不能吃！"这可见得好习惯之重要了。

幼稚生喜欢捉昆虫。在我们幼稚园里，差不多个个小朋友都会捉的。但是，起初的时候，他们捉了昆虫就弄死，有时拿来喂鸡吃，有时拿来引蚂蚁。这种残杀性的戏弄，可以说是一种坏习惯。后来，教师把捉来的昆虫，装订在标本盒里，把标本拿来布置教室。幼稚生也就把戏弄变成了研究，把残杀变成了爱护。这又岂不是一种好习惯？

三、积极的鼓励

要养成好习惯，不是一件容易的事，要费相当的时间，要用适宜的方法。教师不能强迫儿童去学，教师也不能强迫儿童去做。儿童怎样才肯去学呢？儿童怎样才肯去做呢？积极的鼓励，是最好的方法。

在幼稚园里，鼓励儿童的机会是很多的：在作业的时候，鼓励儿童做事勤快，鼓励儿童学习，鼓励儿童爱惜公物；在自由活动的时候，鼓励儿童互相帮助，鼓励儿童先人后己，鼓励大的儿童帮助小的儿童；等等。

午会的时候，明珠不来排队，还在玩推车推小宝宝。教师就说："小朋友，今天我来看看那个排队排得最快。"明珠一听见，马上放好推车，放好小宝宝，跑过来了。夕会的时候，国英排队排得最快。老师说："国英今天第一个站好，看看明天那个得第一。"这样鼓励了多次以后，幼稚生对于排队集合，都能很迅速的了。

小班的小朋友志英，有一天在静想的时候，要到整洁室去。她把脚趾颠〔跷〕起轻轻地走出去。教师看见了，就称赞她几句。后来别的小朋友走出去，也会不知不觉轻轻地走了。

人都是喜欢听好话的，儿童更加如此。幼稚园里，凡是可以鼓励儿童向上的，我们一定要抓住机会去鼓励儿童。鼓励可用言语，或者实物，或者图表。究竟那一种有效呢？图表不及实物，实物不及言语。

四、与家庭合作

幼稚教育，原是辅助家庭教育的不足。幼稚园，等于儿童的第二个家庭。一切生活习惯、做人态度，已经有了相当的经验。如果家庭能用说理的方法来教导儿童的，那末进了幼稚园，教导起来就不至于感觉十分困难了。如果家庭没有顾到儿童的习惯，没有顾到教导的方法，那么进幼稚园后，许多困难就会发生的。

兴禄是一个很聪明的孩子，但是他很强横，常常欺侮别人。有一天，小宁被他打得脸上发青，跑来告诉老师。老师就把这种情形告诉他母亲，罚他停学一天。他母亲非常赞同。原来，兴禄在家里也常常打他弟弟。他母亲说："如果以后他再打弟弟，我也不让他到幼稚园里来了。"这样，经过几次的停学，兴禄的打人习惯据〔居〕然改掉了。

小薇在家不肯吃蔬菜。她妈妈来请教老师，想些什么办法使小薇爱吃蔬菜。教师就在幼稚园里，特别提出吃蔬菜的好处，还唱了《蔬菜歌》。后来，她回家也喜欢吃蔬菜了。

做幼稚教师的，一定要明了每个儿童的家庭情形，要和家庭取得联络，要把幼稚园里教导儿童的方法，介绍到家庭里去；儿童在家庭里的生活情形，教师也应该时刻注意。如果遇到关于教导儿童方面的困难问题，双方来互相商讨，来彼此改进。这样，不至于使儿童过两重人格的生活，不至于使儿童在幼稚园里有所得，而回家后就完全忽略了。

五、要以身作则

这是一句做教师的老生常谈。虽然是老生常谈，但的确是做教师的随身法宝。怎样才能做到以身作则呢？不是发命令，也不是摆老师架子，也不是指责别人；是要忘记自己是一个教师，要参加到儿童的队伍里去，成一个大儿童；要行动多过于说话，让儿童看了你的行动得到暗示，不知不觉会跟你一同学，跟你一同做得好。这样，儿童才会信仰你，才会听从你，才会养成好习惯。

午睡的时候，小朋友很安静的睡在小床上。大部份还没有睡着。徐老师同在一间房子里，却大声和别人说话。这样，小朋友也就彼此说话了。最好，徐老师也能和小朋友一齐睡觉，小朋友就容易睡着了。

六、真正爱儿童

昨天，我们幼稚园里举行教学演示。坐在我旁边的一个小朋友对我说："我真佩服幼稚园的老师，他们整天和小朋友为伴，整天都很有兴趣。这真是不容易的。"我就说："喜欢小朋友，就会有兴趣；不喜欢小朋友，当然不会有兴趣的。所以幼稚园教师，一定要真心爱儿童的人，才能做的。"

幼稚教育，可以说全部是爱的教育。幼稚园里如果没有了爱，一定会死气沉沉，毫无乐趣的。爱儿童，一定要出之于真诚；爱儿童，一定是不娇〔矫〕揉造作的。否则的话，儿童也决不会爱你，儿童也会对你虚假的。

幼稚园时期的儿童，最易受感化。无论有什么问题，你只要用"爱"来感化他们，一定可以收到效果的。因为这时期他所信仰崇拜的，就是教师。有时，甚至于父母的话，不及教师来得有效。所以，教师如出于真诚的要他学好，他一定可以做到。

所谓爱儿童，不是选几个聪明好看的儿童来爱，不是因为他家里有财有势才来爱。爱儿童，是不分智愚、不分阶级的。对于懦弱的、可怜的儿童，应该更加予以同情，给以温暖。这样，才能使教师与儿童之间，发生极浓厚、真挚的感情，才能使幼稚园成为一个乐园。

怎样来表显爱儿童呢？教师要常常面带笑容，说话和蔼。幼稚生最会看人脸色。如果你是充满了爱的一副脸色，他们就肯接受你的教导；如果你板着脸，没有一点情感的对待他们，他们一定不肯接受你的教导的。

七、个别的指导

幼稚儿童的个性，各不相同。因此，训练的方法也就不能一样了。做得好的时候，不难用鼓励的方法，来促进大家的进步。做得不好的时候，我们怎么办呢？我们要避免损害儿童的自尊性，不能在大众面前直接说他的不好。

但是，我们就听其自然了吗？个别的指导，是很好的方法。幼稚教师，是整天和儿童一起生活的。除了团体作业的时候是指导多数的儿童学习外，其他的时间，一定常常参加儿童的自由活动，常常和儿童个别谈话。我们可以问问他家里的情况、生活的情形。再把考查所得，对于某一儿童有什么缺点，就婉转开导，用适合于他的个性的方法来对付他。这样，儿童即使有不良的习惯，也自然而然会渐渐改善的。

小珊是一个沉默的小孩子，不大爱说话。他最喜欢画图，连自由活动的时候，也是坐在那里画。有一天，教师检查腊〔蜡〕笔，少了一坐〔些〕。问问小朋友，大家都说没有拿。第二天，玉玲一早跑来就告诉老师，说他昨天和小珊一路回去，发现他的工裤袋里有好几枝腊〔蜡〕笔。老师心里明白了。

等到大家不注意的时候，就和小珊谈话。先请他把画的图画拿来给老师看。老师大加赞赏，说他画得真好。问他家里有腊〔蜡〕笔吗。他说："没有。"老师说："你这样喜欢画图，将来老师一定送你一盒腊〔蜡〕笔做奖品。不过，听说昨天你借了幼稚园的几枝腊〔蜡〕笔，回家去画画，是不是？"小珊用两个眼睛向老师乌溜溜的望着，点点头。老师说："那末下午你把他拿回来。因为幼稚园的东西，是大家玩的。如果大家都拿回去，大家还有东西玩吗？"他说："没有。"老师说："对了。那末你下午一定把腊〔蜡〕笔拿回来。好不好？"他说："好！"到了下午，小珊果然把腊〔蜡〕笔拿来交还老师。

幼稚生看见了好玩的东西，就想拿来作为自己的。教师只要明白他这种心理，就把利害关系向他说明，他一定会知道怎样做是对，怎样做是不对的。如果教师把他当作偷儿办，在大家面前随便指责，损害他的自尊心，那他仍旧会去拿的；或者教师明明知道他拿了，而不去个别的指示他，那他会渐渐儿养成拿东西的习惯了。

最后，有一句话我要说的：幼稚生的教导问题，不是幼稚园的单独问题。如果家庭能与幼稚园取得同样的态度，实施同样的教法，小学能继续幼稚园的训导方法，那幼稚生一定可成一个优良的公民的。不然，幼稚园与家庭缺乏联络，与小学缺乏衔接，幼稚教师无论怎样费尽心力，是没有用处的。

卅二年六月十二日写于欧母院

63　战后学前教育实施纲领

陆秀

1944年4月

题　解　　本篇原载《中国教育学会四川分会报告——关于缩短现行学年，培养建设人才暨战后世界和平与教育改进之意见及会务概况》一书第 42～52 页。发表时间为 1944 年 4 月。

撰著者陆秀（1896—1982），女，字佛侬，江苏无锡人。1923 年毕业于北京女子高等师范学校保育科，同年参加中华教育改进会第二届年会，为幼稚教育组成员。1926 年，受命为京师公立第一幼稚园筹备员。1928 年毕业于湖北文华大学图书科。毕业后，任浙江大学工学院图书馆主任。后赴美留学，1934 年获哥伦比亚大学教育硕士学位。回国后，任国立西北联合大学家政系教授。1941 年主持创建成都实验幼稚园，任园长。中华人民共和国成立后，任成都市妇联副主任，捐资创办"婴儿之家"，是第二、三、五届全国政协委员。

《中国教育学会四川分会报告——关于缩短现行学年，培养建设人才暨战后世界和平与教育改进之意见及会务概况》，由中国教育学会四川分会主编，刊印时间为1944年4月。该书前言交代："中国教育学术团体首次联合年会，定于本年五月五日在国立中央图书馆举行，拟讨论缩短现行学年，培养建设人才，及战后世界和平与教育改造等三大问题。本分会接获总会（中国教育学会）函嘱提供意见，并编拟会务报告，俾便先期刊登年报，以供年会参考。"全书共五部分：（1）改革学制，缩短现行学年的意见；（2）培养实行实业计划最初十年所需人才的意见；（3）战后世界和平与教育改造的意见；（4）中国教育学会四川分会会务概况；（5）附录——中国课程的意见。全书约15万字。

第一章　总则

第一条　为谋战后学前教育普遍实施起见，特订定本纲领。

第二条　学前教育之实施，应以初生至六岁之儿童为对象。

第三条　学前教育应遵照《中华民国教育宗旨及其实施方针》实施，并须达成下列各项目标：

（1）利用科学保育方法，使学前儿童获得正常之生长。

（2）利用日常生活，培养人生基本习惯。

（3）增加学前儿童应学之快乐及幸福，以促进其身心健康。

（4）协助家庭教育儿童，并谋家庭教育方法之改进。

第二章　施教机构

第四条　学前教育之实施，以于原有之乡（镇）中心学校及保国民学校增设幼稚部为原则。但在人口稠密、经济丰裕之区域，得单独设立幼稚园。

第五条　乡（镇）中心学校及保国民学校幼稚部及独立幼稚园，分设幼稚、幼儿、婴儿等三组。幼稚组，招收四足岁至六足岁之儿童；幼儿组，招收二足岁至四足岁之儿童；婴儿组，招收初生至二足岁之儿童。

第六条　乡（镇）中心学校幼稚部，各组以招收六十名为原则；保国民学校幼稚部，各组以招收二十人为原则。

第七条　为教学及保育便利计，各组儿童应划分为若干小组。分组标准：幼稚组，每小组二十人；幼儿组，每小组十人；婴儿组，每小组五人。

第八条　乡（镇）中心学校幼稚部，设主任一人，教师若干人，保姆若干人，护士一人。保国民学校幼稚部设主任一人，教师若干，保姆若干人，护士一人。

第九条　乡（镇）中心学校及保国民学校幼稚部及独立幼稚园，聘用教师及保姆之标准如下：

（1）幼稚组，每小组（二十人）聘用教师一人。

（2）幼儿组，每小组（十人）聘用教师一人。

（3）婴儿组，每小组（五人）聘用保姆一人。

第三章 施行程序

第十条 学前教育于抗战结束后第五年开始实施。暂分六年普及。

（1）第一年度：各乡（镇）中心学校一律成立幼稚部，先行设立幼稚组，招收四足岁至六足岁儿童六十名。

（2）第二年度：各乡（镇）中心学校除继续办理幼稚组外，一律增设幼儿组，招收二足岁至四足岁之儿童六十名；指定三分之一保国民学校成立幼稚部，先行设置幼稚组，招收四足岁至六足岁之儿童二十名。

（3）第三年度：各乡（镇）中心学校除继续办理幼稚组及幼儿组外，并一律增设婴儿组，招收初生至二足岁之儿童六十名；第二年度已成立幼稚部之保国民学校，除继续办理幼稚组外，并一律增设幼儿组，招收二足岁至四足岁幼儿二十名；另行指定三分之一保国民学校，成立幼稚部，先行设置幼稚组，招收四足岁至六足岁之儿童二十名。

（4）第四年度：第二年度成立幼稚部之保国民学校，除继续办理幼稚组及幼儿组外，并一律增设婴儿组，招收初生至二足岁之儿童二十名；第三年度成立幼稚部之保国民学校，除继续办理幼稚组外，并一律增设幼儿组，招收二足岁至四足岁之儿童二十名；其余三分之一保国民学校，成立幼稚部，先行设置幼稚组，招收四足岁至六足岁之儿童二十名。

（5）第五年度：第三年度成立幼稚部之保国民学校，除继续办理幼稚组及幼儿组外，并增设婴儿组，招收初生至二足岁之儿童二十名；第四年度成立幼稚部之保国民学校，除继续办理幼稚组外，并增设幼儿组，招收二足岁至四足岁之儿童二十名。

（6）第六年度：第四年度成立幼稚部之保国民学校，除继续办理幼稚组及幼儿组外，并一律增设婴儿组，招收初生至二足岁之儿童二十名。

第四章 经费筹集

第十一条　乡（镇）中心学校及保国民学校增设之幼稚部所需之经常费，由省补助百分之二十，由县补助百分之三十，由乡（镇）保自筹百分之五十；由乡（镇）保自筹之经费，得由各保平均负担之。

第十二条　乡（镇）中心学校及保国民学校增设幼稚部所需之开办费，由各乡（镇）保自筹，并得由各保平均负担之。各乡（镇）保并应筹集相当资金，为购置幼稚部各项设备之用。

第十三条　乡（镇）中心学校及保国民学校增设幼稚部所需师资训练经费，全由中央负担之。

第十四条　乡（镇）中心学校及保国民学校幼稚部主任之薪给，应与小学部及民教部主任之薪给同额；幼稚组、幼儿组教师之薪给，应与小学部及民教部教师之薪给同额；婴儿组保姆之薪给，可教师之薪给酌量减低一级或数级。

第十五条　贫瘠省份及其他有特殊情形之省（市）推行学前教育，其经常费亦得由中央酌量补助之。

第五章　师资训练

第十六条　凡曾在国立、省（市）立及县立幼稚师范毕业，并持有证明文件者，方得聘用为各组教师或保姆。

第十七条　凡未具前条资格之现任公私立幼稚园教师，均应利用农忙或假期调集训练。

第十八条　推行学前教育所需新增之师资补充方法如下：

（1）增设幼稚师范学校，分设幼稚师范科及保姆科。

（2）在现有师范学校及简易师范学校，增设幼稚师范科及保姆科。

（3）招收普通中学毕业生，予以短期训练。

（4）举行合格教师之登记及检定。

第十九条　幼稚师范学校、普通师范学校或简易师范学校，得分设三年制幼稚师范科、四年制简易师范科、一年制保姆科、二年制保姆科。三年制幼稚师范科，招收初中毕业生；四年〔制〕简易师范科，招收高级小学毕业生；一年制保姆科，招收初中毕业生；二年制，招收高级小学毕业生，分别予以训练。

第二十条 短期训练班，亦设教师组及保姆组。教师组，招收初中毕业生及具有相当程度者，施以一年之专业训练；保姆组，招收初中毕业生及具有相当程度者，施以半年之专业训练。

第六章 校舍设备

第二十一条 乡（镇）中心学校及保国民学校幼稚部，应仍应用原有校舍。设原有校舍不敷分配时，得由县（市）就原校所在地址，择定相当地址规划建筑。建筑经费，以各乡（镇）保自筹为原则。如有不足时，由县（市）府补助之。

第二十二条 乡（镇）中心学校及保国民学校幼稚部，或独立幼稚园，均应有足用之设备。设备标准另订之。

第七章 设施要项

第二十三条 乡（镇）中心学校及保国民学校幼稚部之一切设施，均须遵照《幼稚园规程》办理。其婴儿组，得照《托儿所办法》办理。

第二十四条 乡（镇）中心学校及保国民学校幼稚部之课程及教导，均须遵照《幼稚园课程标准》办理。至婴儿组保育要则，另订之。

第二十五条 乡（镇）中心学校及保国民学校幼稚部，除办理校内之保育工作外，并得举办各项儿童福利事业。

第二十六条 乡（镇）中心学校及保国民学校幼稚部，应与家庭取得密切联络；并得指定办理优良乡（镇）中心学校及保国民学校，举办家庭教育实验区，以资示范。

第二十七条 乡（镇）中心学校及保国民学校幼稚部，得举办各项推广事业。其办法另订之。

第八章　辅导研究

第二十八条　各省设立省立实验幼稚园一所，分设幼稚、幼儿、婴儿等组，从事有关学前教育实验研究，并负辅导全省县立实验幼稚园及乡（镇）中心学校，及保国民学校幼稚部之责。

第二十九条　各县设立县实验幼稚园一所，负辅导全县乡（镇）中心学校及国民学校幼稚部之负〔责〕。

第三十条　各乡（镇）中心学校幼稚部，应负辅导所属各保国民学校幼稚部之责。

第三十一条　教育部组织全国学前教育研究会，各省教育应组织各省学前教育研究会，各县（市）教育局组织县市学前教育研究会，乡（镇）中心学校组织乡（镇）学前教育研究会，组织规程另订之。前项学前教育研究会，得与各级国民教育研究会合并举行。

第九章　附则

第三十二条　本纲领应于抗战结束后十年内完成之。

64　创造的儿童教育

陶行知

1944年9月20日

题　解　　本篇原载《战时教育》第 9 卷第 1 期。本篇系演讲记录，记录者为姜漱寰、马仲文。演讲时间为 1944 年 9 月 20 日下午，发表时间为 1945 年 4 月 1 日。

该文此前曾刊载于《儿童福利工作人员会议特刊演讲集》（1944 年 12 月 1 日），文字与《战时教育》发表者略有不同；还曾发表于《现代妇女》第 4 卷第 5、6 期合刊（1944 年 12 月）。因《战时教育》系陶行知主编，故录用此稿。

有关演讲者陶行知，参见前文《劳工幼儿团的接生婆——致孙铭勋、戴自俺》题解。

记录者姜漱寰，女，生卒年及籍贯未详，时任中国工业合作协会西北区妇女部主任，兼任宝鸡临时保育院院长，著有《四年来西北工合之社会服务工作》等。另一记录者马仲文，女，生卒年及籍贯未详，时任云南基督教女青年会民教部干事兼文书。

本演讲系应"儿童福利工作人员会议"之邀，在重庆两路口中央图书馆发表。这次会议，由宋庆龄、李德全等人发起组织，于 1944 年 9 月 18 日在重庆开幕。参加者，为全国儿童福利工作人员之骨干。研讨重心，为"检讨战时儿童福利工作，研讨战后福利计划"。美国援华会也派有代表与会。除陶行知外，应邀来会演讲者，还有王成发、熊芷、萧孝嵘、艾伟、关瑞梧、吴文藻、潘光旦等人。

有关《战时教育》，参见前文《儿童保育问题——在保育院院长会议上的演讲》题解。

创造的儿童教育，不是说教育可以创造儿童。儿童的创造力，是千千万万祖先至少经过五十万年，与环境适应、斗争所获得而传下来之才能、之精华。发挥或阻碍、加强或削弱、培养或摧残这创造力，是环境。教育是要在儿童自身的基础上，过滤并运用环境的影响，以培养、加强、发挥这创造力，使他长得更有力量，以贡献于民族与人类。教育不能创造什么，但他能启发、解放儿童创造力，以从事于创造之工作。

我们晓得，特别是中国小孩，是在苦海中成长。我们应该把儿童苦海，创造成一个儿童乐园。这个乐园，不是由成人创造出来交给小孩子，也不是要小孩子自己单身匹马去创造。我们右〔造〕一个乐园交给小孩子，也许不久就会变为苦海；单由小孩子自己去创造，也许就创造出一个苦海。所以，应该成人加入小孩子的队伍里去，陪着小孩子一起创造。

一、把我们摆在儿童队伍里，成为小孩子当中的一员

我们加入到儿童队伍里去成为一员，不是敷衍的，不是假冒的；而是要真诚的，在情感方面和小孩子站在一条战线上。我曾经写过一首小诗①，描写过我们在小孩队中应有和不应有的态度：

> 儿童园内无老翁，
> 老翁个个变儿童。
> 变儿童，
> 莫学孙悟空！
> 他在狮驼洞，
> 也会变过小钻风。
> 小钻风，

---

① 此诗题为《变个小孩子》，作于1931年，收入陶行知自编的《知行诗歌集》（上海儿童书局1933年版）。

脸儿模样般般像，

拖着一条尾巴两股红。

我们要加入儿童队伍里，第一步，要做到不失其赤子之心，做成小孩子队伍里的一份子。

二、认识小孩子有力量

我们加入儿童生活中，便发现小孩子有力量。不但有力量，而且有创造力。我们要钻进小孩子队伍里，才能有这种新认识与新发现。

从前当晓庄学校停办①的时候，晓庄的教师和师范生，不能回晓庄小学任职，私塾先生又被小孩拒绝，农人不好勉强聘请。不得已，小孩自己组织起来，推举同学做校长、当教员，自己教、自己学、自己办，并自称为自动学校②。这是中国破天荒的小创造。我听见了这个消息以后，就写了一首诗③去恭贺他们：

有个学校真奇怪，

大孩自动教小孩。

七十二行皆先生，

先生不在学如在。

写好之后，交给几位大学生，请他们指教。他们说，尽善尽美。于是，用快信寄去。第三天，他们回一封信。向我道谢之外，说这首诗有一个字要改："大孩教小孩"，难道小

---

① 晓庄试验乡村师范创建于 1927 年，次年更名为南京晓庄学校，1930 年遭国民党当局查封，1951 年才在原址复校。此处"停办"，当指被查封一事。
② 自动学校：全称"儿童自动学校"，立案时定名为"南京晓庄佘儿岗农村小学"。1932 年 8 月，由胡同炳等十余位晓庄少年共同发起设立。后在陶行知指导下，设立了董事会，募得了专项基金，并向当局成功立案。
③ 此诗题为《自动学校小影》，作于 1931 年，收入陶行知自编的《知行诗歌集》（上海儿童书局 1933 年版）。

孩不能教大孩吗？大孩能够自动，难道小孩不能自动吗？而且大孩教小孩有什么奇怪呀？这一串"炸弹"，把个"大"学〔字〕炸得粉碎。我马上把他改为"小孩自动教小孩"。这样一来，是更好了。黄泥腿的农村小孩改留学生的诗，又是破天荒的证明——证明小孩有创造力。

又有一次，我到南通州①去推广"小先生"，写了一篇一分钟演讲词。内中有一段："读了书，不教人。甚么人？不是人。"我讲过后，有一个小孩子马上来说，陶先生，你的演讲，最好把"不是人"改为"木头人"。"木头人"比"不是人"是更好了。因为"不是人"三个字不具体，桌子不是人，椅子也不是人；而"木头人"，是给了我们一个具体的印象。这也证明，小孩子有创造力。

我们要真正承认小孩子有创造力，才可以不被成见所蒙蔽。小孩子多少都有其创造的能力。

三、解放儿童的创造力

我们发现了儿童有创造力，认识了儿童有创造力，就须进一步把儿童的创造力解放出来。

（一）解放小孩子的头脑

儿童的创造力，被固有的迷信、成见、曲解、幻想层层裹头布，包缠了起来。我们要发展儿童的创造力，先要把儿童的头脑，从迷信、成见、曲解、幻想中解放出来。迷信要不得，成见要不得，曲解要不得，幻想更要不得。幻想是反对现实的。这种种要不得的包头布，要把他一块一块撕下来，如同中国女子勇敢的撕下了裹脚布一样。

自从有了裹脚布，从前中国妇女是被人今天裹、明天裹，今年裹、明年裹，骨髓裹断、肉裹烂，裹成一双"三寸金莲"。

---

① 南通州：今属江苏省南通市通州区。

自从有了裹头布，中国的儿童、青年、成人，也是被人今天裹、明天裹，今年裹、明年裹，似乎非把个个人都裹成一个"三寸金头"不可。如果中华民族不想以三寸金头出现于国际舞台唱三花脸，就要把裹头布一齐解开，使中华民族的创造力，可以突围而出。

三民主义开宗明义就说：大凡人类对于一件事，研究其中的道理，首先发生思想；思想贯通，以后才生信仰；有了信仰，才生力量。思想贯通，便等于头脑解放。唯独从头脑里解放出来的创造力，才能打退日本鬼，建立新中国。

（二）解放小孩子的双手

人类自从腰骨竖起、前脚变成一双可以自由活动的手，进步便一天千里，超越一切动物。自从这个划时代的解放以后，人类乃能创造工具、武器、文字，并用以从事于更高之创造。

假使人类把双手束缚起来，就不能执行头脑的命令。我们要在头脑指挥之下用手，使用机器制造，使用武器打仗，使用仪器从事发明。中国对于小孩子，一直是不许手动，动手要打手心，往往因此摧残了儿童的创造力。

一个朋友的太太，因为小孩子把她的一个新买来的金表拆坏了，在大怒之下，把小孩子结结实实打了一顿。后来，她到我家里来说："今天我做了一件极痛快的事，我的小孩子把金表拆坏了，我给了他一顿打。"我对她说，恐怕中国的爱迪生被你枪毙掉了。我和她仔细一谈，她方恍然大悟，她的小孩子这种行动原是有出息的可能，就向我们请教补救的办法。我说：

你可以把孩子和金表，一块送到钟表铺，请钟表司务①修理。他要多少钱，你就给多少钱；但附带的条件，是要你的小孩子在旁边看他如何修理。这样，修表铺成了课堂，修表匠成了先生，令郎成了速成学生，修理费成了学费，你的孩子好奇心就可得到满足，或者他还可以学会修理咧。

---

① 司务：旧时对手艺匠人的尊称，类同于"师傅"。

小孩子的双手，是要这样解放出来。

中国在这方面最为落后，直到现在，才开始讨论解放双手。在爱迪生时代，美国学校的先生，也是非常的顽固。因为爱迪生喜欢玩化学药品，不到三个月，就把他开除！幸而他有一位贤明的母亲了解他，把家里的地下室让给他做实验。爱迪生得到了母亲的了解，才一步步的把自己造成"发明之王"。那时美国小学的先生，不免也阻碍学生的创造力的发展。

我们希望，保育员或先生跟爱迪生的母亲学，让小孩子有动手的机会。

（三）解放小孩子的嘴

小孩子有问题，要准许他们问。从问题的解答里，可以增进他们的知识。孔子入太庙，"每事问"。我从前写过一首诗①，是发挥这个道理：

发明千千万，起点是一问。
禽兽不如人，过在不会问。
智者问得巧，愚者问得笨。
人力胜天工，只在每事问。

但中国一般习惯是不许多说话。小孩子得到言论自由，特别是问的自由，才能充分发挥他的创造力。

（四）解放小孩子的空间

从前的学校，完全是一只鸟笼。改良的学校，是放大的鸟笼。要把小孩子从鸟笼中解放出来。放大的鸟笼，比鸟笼大些，有一棵树，有假山，有猴子陪着玩，但仍然是个放大的模范鸟笼，不是鸟的家乡，不是鸟的世界。

鸟的世界是森林，是海阔天空。现在鸟笼式的学校培养小孩，用的是干咸菜的教材

---

① 此诗题为《每事问》，作于1924年，收入陶行知自编的《知行诗歌集》（上海儿童书局1933年版）。

书。我们小孩子的精神营养非常贫乏，这还不如填鸭——填鸭用的还是滋养料，让鸭儿长得肥胖的。

我们要解放小孩子的空间，让他们去接触大自然中的花草、树木、青山、绿水、日月、星辰，以及大社会中之士农工商、三教九流，自由的对宇宙发问，与万物为友，并日〔且〕向中外古今三百六十行学习。创造需要广博的基础。解放了空间，才能搜集丰富的资料，扩大认识的眼界，以发挥其内在之创造力。

（五）解放儿童的时间

现在一般学校，把儿童的时间排得太紧。一个茶杯，要有空位，方可盛水。现在，中学校有月考、学期考、毕业考、会考、升学考，一连考几个学校①，有的只好在鬼门关去看榜。连小学的儿童，都要受着双重夹攻（日间由先生督课，晚上由家长督课），为的都是准备赶考。拼命赶考，还有多少时间去接受大自然和大社会的宝贵知识呢？

赶考和赶路一样。赶路的人，把路旁风景赶掉了，把一路应该做的有意义的事赶掉了。除非请医生救人，路是不宜赶的。考试没有这样的重要，更不宜赶。赶考，首先赶走了脸上的血色，赶走了健康，赶走了对父母之关怀，赶走了对民族、人类的责任，甚至于连抗战之本身责任都赶走了。最要不得的，还是赶考把时间赶跑了。

我个人反对过分的考试制度的存在。一般学校，把儿童全部时间占据，使儿童失去学习人生的机会，养成无意创造的倾向。到成人时，即有时间，也不知道怎样下手去发挥他的创造力了。创造的儿童教育，首先要为儿童争取时间之解放。

四、培养创造力

把小孩子的头脑、双手、嘴、空间、时间都解放出来，我们就要对小孩子的创造力

---

① 此"一连考几个学校"，指中学毕业生报考大学时，同时报了几所大学，就须在短期内参加这几所大学各自的入学考试。因为当时的大学并未施行统一招生考试制度，而是施行各校单独招生、联合招生或委托招生制。

予以适当之培养。

（1）需要充分的营养。小孩的体力与心理，都需要适当的营养。有了适当的营养，才能发生高度的创造力。否则，创造力就会被削弱，甚而至于夭折。

（2）需要建立下层的良好习惯，以解放上层的性能，俾能从事于高级的思虑追求。否则，必定要困于日用破碎，而不能向上飞跃。

（3）需要因材施教。松树和牡丹花，所需要的肥料不同。你用松树的肥料培养牡丹，牡丹会瘦死；反之，你用牡丹的肥料培养松树，松树受不了，会被烧死。培养儿童的创造力，要同园丁一样。首先要认识他们，发现他们的特点，而施以适宜之肥料、水分、太阳光，并须除害虫。这样，他们才能欣欣向荣，否则，不能免于枯萎。

最后，我要提醒大家注意，创造力最能发挥的条件，是民主。当然，在不民主的环境下，创造力也有表现，那仅是限于少数而不能充分发挥的天才。但如果要大量开发创造力，大量开发"人矿"中之创造力，只有民主才能办到。只有民主的目的、民主的方法，水〔才〕能完成这样的大事。

美国杜威先生（不是候选总统之杜威，而是哲学家、教育家之杜威）最近给我信说："现在世界是联系得这样密切，如果民主的目的与方法不能在全世界每一个角落里都普遍的树立起来，我怕它们在美国也难持久繁荣。"

民主应用在教育上有三个最要点：

（1）教育机会均等。即是教育为公、文化为公。我们要求贫富的机会均等，男女的机会均等，老幼的机会均等，各民族、各阶层的机会均等。

（2）宽容和了解。教育者要像爱迪生母亲那样，宽容爱迪生，在爱迪生被开除回家的时候，把地下室让给他去做实验。我们要像利波老板宽容法拉第①。法拉第在利波的铺子里作徒弟，订书订得最慢。但是，利波了解他是一面订书、一面读书，终于让法拉第在电学上造成辉煌的功绩。

（3）在民主生活中学民主。专制生活中，可以培养奴才和奴隶，但不能培养人民做

---

① 法拉第：迈克尔·法拉第（Michael Faraday，1791—1867），英国物理学家、化学家。他仅上过小学，是自学成才的科学家。他在电磁学方面做出了伟大贡献，被称为"电学之父"和"交流电之父"。

主人。民主生活并非乱杂得没有纪律。民主要有自觉的纪律。人民只可以在民主的自觉纪律中，学习做主人翁。在民主动员号召之下，每一个人之创造力，都得到机会出头；而且每一个人的创造力，都能充分解放出来。只有民主，才能解放最大多数人的创造力，并且使最大多数人之创造力发挥到最高峰。

65 敲碎儿童的地狱,创造儿童的乐园

陶行知

1944年12月15日

题 解　本篇原载《田家半月报》第 11 卷第 13、14 期合刊。本篇系演讲词,演讲时间为 1944 年 12 月 15 日下午,发表时间为 1945 年 2 月 1 日。

本篇系在中国儿童福利协会成立大会上的演讲。1944 年 12 月 15 日上午 9 时,该会在重庆两路口社交大会堂开幕。到会团体会员 25 个单位,个人会员 398 人。陶行知被推选为大会主席团成员之一,后又当选为该会理事(共 31 人)。下午 1 时,陶行知应邀发表了此专题演讲。

该文的主要观点,最早见载于 1943 年 2 月 20 日的《社会服务》第 3 期"论著"栏,题为《从儿童痛苦谈到儿童福利》。不过,其中仅论列了"十点具体建议"中的前五点,且无"两种心理有害儿童"一节。该文还曾见载于 1944 年 12 月 16 日《时事新报》,发表于《书报精华》第 1 期(1945 年 1 月 20 日)。

有关演讲者陶行知,参见前文《劳工幼儿团的接生婆——致孙铭勋、戴自俺》题解。

《田家半月报》,也称《田家半月刊》,宗教半月刊,1934 年 7 月创刊于济南。由华北基督教农村事业促进会主办、编辑并发行,主编孙天锡、张雪岩。旨在依托齐鲁大学的"示范农场",面向农村,配合实施改造中国农村的"乡村计划"。主要栏目,有天下大事、常识、言论、文艺、转载、宗教、卫生副刊、生计副刊、儿童副刊、家事副刊等;主要撰稿人,有李席珍、许靖宇、萧佳令、曹学文、王云五、王效贤、宋诚之等。1946 年 6 月终刊,共出 11 卷 155 期。

儿童是应该快乐的。而现在中国的儿童，是非常痛苦。固然有许多人才，是从痛苦中长大起来；但是成人的责任，是应该把社会改造得好一点，使未成熟的儿童，少吃点苦，多享点福。我们应该负起责任来，敲碎儿童的地狱，建立儿童的乐园。不够！我们应该引导儿童把地狱敲碎，让他们自己创造出天堂来。

一、要怎么样除苦造福

第一，我们应该承认儿童的人权。儿童的人权，从怀胎的时候开始。打胎虽有法律禁止，但是社会上还是流行着。为着恐怕私生子为人轻视，便从源头上取消了他的生存权。也有因为贫穷不能教养，而出此残忍手段，使已得生命之胎儿不能见天日。我们只须读一读孔子、耶稣的故事，便知道剥削儿童生存权是何等的罪恶。[①] 每逢饥荒，便听得见"易子而食"。这虽然说是被迫得无法才出此下策，但也是把小孩的生命当作次一等所致。我们要解除儿童痛苦，增进儿童福利，首先要尊重儿童的人权。

第二，我们应该了解儿童的能力、需要。儿童有许多痛苦，是由于父兄、师长之不了解。不了解，则有力无处用，有苦无处说。我们要知道，儿童的能力、需要，必须走进小孩的队伍里去体验，而后才能为小孩除苦造福。我们必须重生为小孩，不失其赤子之心，才能为儿童谋福利。

第三，承认了儿童的人权，并了解了儿童的能力、需要，才有可能谈儿童福利；否则，难免隔靴搔痒，劳而无功。我们在尊重儿童人权及了解儿童能力和需要两条原则下，来提出几件具体的建议。

---

① 在《从儿童痛苦谈到儿童福利》一文中，此句的表述为："我们试一设想，孔子、耶稣皆为私生子，便知道剥削胎儿之生存权是何等的罪恶。"

二、提出十点具体建议

（1）解除儿童的恐怖。中国的儿童，在心理上是处在一个恐怖的世界里。老婆婆、老妈子一到夜晚没有事，便讲鬼说怪，小孩们连在梦里都要骇醒。我们应该使小孩与这些鬼怪故事隔绝，以保持其精神之安宁。

（2）打破重男轻女之风尚。这重男轻女的风尚，连在文化界还是难免。男的受过分栽培，女的受偏枯的待遇。表面虽然似乎是一乐一苦，但在长大的过程中，两者都难免受伤。

（3）提倡儿童卫生。儿童卫生是民族健康之基础。这基础，必须用"水泥钢骨"打得稳固。但是，平常做父母的，多不注意。儿童卫生有一百件具体的事要做，我只举一件：把食物嚼碎给儿童吃，是害了许多儿童，使家庭的肺病一代代的传下去。革除这一坏习惯，是〔可〕使许多儿童得到终身的幸福。至于营养要充足、环境要卫生，那是不消说了。

（4）拯救文化饥荒。成千成万的孩子，对于学校是不得其门而入；那些已经进学校的，是在吃干腌菜的课文。我们一方面要求教育之普及，一方面还要改造学校教育：使教育与生活密切的联系起来，使每个人都能享受文化的精华；并且要革除体罚，改良赶考，注重启发，使小孩接受教育的时候，有求学之乐趣，而无不必要之恐怖与烦恼。

（5）培养人才幼苗。人才的幼苗当从小培养。如果家庭里、学校里、铺子里的孩子，在小的时候已被发现有特殊的才干，那末，立刻就应该给他以适当之肥料、水分、阳光，使他欣欣向荣。十二岁的爱迪生，因为醉心于科学把戏，三个月便被冬烘先生开除了。那对于爱迪生的小心灵，是多么大的打击！爱迪生的母亲却了解他，给他在地下室做实验。那对于爱迪生，又是多么大的幸福啊！

（6）提倡儿童娱乐。现在流行的戏剧、电影，有好些是给了儿童不好的影响。许多父母因为影响不好，便因噎废食，绝对不许子女看书、看电影。假使我们有好的儿童剧、儿童电影，可以寓教于娱乐，那儿童又是多么的高兴啊。

（7）开展托儿所运动。女工、农妇及职业妇女，要顾到工作，便顾不得小孩；顾到小孩，便顾不到工作！其实，她们是必得双方兼顾。不顾工作，便没有饭吃；小孩是自己的亲血肉，那能不顾？于是，他们为着两样都舍不下的工作和小孩，是一面牺牲了自己，又一面使小孩吃了许多苦。唯一的办法，是多设工厂托儿所、农村托儿所和一般的托儿所。

（8）建立儿童工学团。流浪儿、低能儿、聋盲儿童、社会问题儿童等特殊儿童，一概用工学团方式培养，不冠以"流浪儿教养院"或"低能儿训练所"一类违反心理之名称。每种小孩，依其性之所近，并依"工以养生、学以明生、团以保生"之原则，把他们培养成自助、长进、有用之人。

（9）培养合理之教师、父母。儿童痛苦之完全消灭及儿童福利之完全实现，是有待于天下为公。在这过渡时代，与儿童幸福、痛苦息息相关的，是父母与教师（包括艺徒之师傅）。我们要培养新父母和新教师，以培养更有福的后一代。旧父母和旧教师，凭主观以责儿童之服从；新父母和新教师，客观的根据儿童的需要、能力，以宣导他们的欲望，而启发他们的自觉的活动。新父母与新教师，要跟儿童学，教儿童启示自己如何把儿童教得更合理。这种对儿童有了解、有办法的新父母、新教师，不是从天上落下来。我们需要新的普通学校、新的师范学校和新的父母学校，来培养后一代之新教师与新父母。这是过渡时代之儿童福利之泉源。

（10）抢救战区儿童。抢救难童，在武汉失守前后达到了最高峰，许多英勇青年投身抢救工作及保育事业。当我回国时，到处所见的，几乎尽是救苦救难的观音大士。以后，随着团结之松懈，好多战区难童就好像没有人管了。自湘桂战①起，全国儿童福利工作人员开代表大会于陪都，提出紧急动议，组织急救战区儿童联合委员会②，加紧抢救工作。这是值得庆幸的好消息。

当千千万万难童伸出手来等待援助的时候，在陪都是举行着中国儿童福利协会之成立大会。我希望，以后协会的任务，是抢救、抢教双管齐下，才对得起后一代之期望与整个民族之付托。

我曾经听过两种被救的难童的经验谈。一种是官僚化的抢救。领队者刚愎自用，剥削难童，弄成乌合之众，害得许多小孩死于饿，死于冻，死于病，死于非命！一种是民主式的抢救。领队者虚心听取民意，与难童共休戚、共甘苦，有组织、有计划、有纪律，

---

① 湘桂战：豫湘桂战役，是1944年4月至12月日军发动的大规模侵略进攻战役。
② 急救战区儿童联合委员会：豫湘桂战役爆发后出现的救助难童的社会团体。

分工合作，一路学习、玩耍、奋斗而来，使得大家有远征之乐，没有逃难之苦。

为难童服务的人们，是应当革除官僚的习气，而采取民主的精神。

三、两种心理有害儿童

我们对于儿童，有两种极端的心理，都于儿童有害：一是忽视；二是期望太切。

忽视，则任其像茅草样自生自灭；期望太切，难免揠苗助长，反而促其夭折。

所以，合理的辅导，是解除儿童痛苦、增进儿童幸福之正确路线。我们必须沿这路线进行，才能使儿童脱离苦海，进入乐园。

66 替乡下小朋友征求节礼
——致朋友及小孩们的朋友

陶行知

1945年4月2日

题　解　　本篇原载《民主教育》第 6 期。撰成时间为 1945 年 4 月 2 日，发表时间为 1946 年 4 月 1 日。原发表时题为《替乡下小朋友征求节礼——育才学校校长陶行知先生的一封信》，今副题系编者改拟。

本文在《民主教育》发表前，曾于 1945 年 4 月 2 日首次刊载于重庆《新华日报》。据同年 4 月 4 日《新华日报》报道，截至 4 月 3 日，已募得资金法币 15 万元及饼干、铅笔等物品。其中，中央大学学生募捐 7 千元，《新华日报》同人募捐 5 千元。所募资金，用来购买糖果、手巾、肥皂、笔墨、纸张、书本、衣帽等物品及常用药，由育才学校师生依"活动章程"下乡分发，使部分乡下儿童度过了一次快乐的儿童节。

据此可知，这"替乡下小朋友征求节礼"的活动的首次举行，是在 1945 年。在 1946 年再次举行时，将上年的"一千位"乡村小孩，增加到了"一千五百位"；将上年的"一百名"出征军人子女和最努力的小先生，增加到了"三百名"。此外，是年还呼吁"外埠、外省的朋友"参加这种有意义的活动。

有关撰著者陶行知，参见前文《劳工幼儿团的接生婆——致孙铭勋、戴自俺》题解。

《民主教育》，教育月刊，由《战时教育》更名改办。1945 年 11 月 1 日创刊于重庆，由生活教育社晓庄研究所主办、编辑并发行。旨在推进民主教育，"教人做主人，做自己的主人，做国家的主人，做世界的主人"。主要栏目，有行知行谈、短评、论著、特载、方法、评介等；主要撰稿人，有陶行知、李公朴、翦伯赞、邓初民、郭沫若、方与严、力扬等。终刊原因及时间未详。

我们的朋友、小孩们的朋友：

儿童节四月四日快到了。城里少数的小孩子，不消说，大概是很热闹的准备过节了；乡下的小孩，从来没有人想到，也不知道什么是儿童节。我们这次要把儿童节介绍给乡下的小孩，特别是看牛的、砍柴的、拾狗屎的、挑煤炭的、做徒弟的、没有父母的、吃不饱穿不暖、受人歧视的和抗战军人的小孩子，使他们至少能享一天的快乐和一年的学习工具。

十几年前，我曾写过一首小诗[①]：

　　乡下人送来的礼，
　　是麦是米；
　　城里人送来的礼，
　　是尿是屎。

我们城里人，除了这两样礼物外，似宜增加一点。最好乘着儿童节，送一些好玩、好吃、好用的礼物，给乡下的小孩子，使他们得到一点小小的幸福。我们的建议是：

（1）送一千五百位小孩，每人一包糖。

（2）送一千五百位小孩，每人一支笔。

（3）送一千五百位小孩，每人一本簿子。

（4）送一千五百位小孩，每人一本小书。

（5）送健康比赛优胜小孩十名，衣帽十件。

（6）送讲演比赛优胜小孩十名，好书十本。

（7）送三百名出征军人子女和最努力的小先生，手巾、肥皂、笔墨、纸张、书本各一套。

（8）送一千五百位小孩及其父母，看一次电影。

（9）为一千五百位小孩，预备必不可少的家常用药。

[①] 此诗题为《送礼》，作于1933年，后收入《行知诗歌集》（大孚出版公司1947年版）。原诗与所录稍有出入，为："乡下人送去的礼，是麦是米。城里人回送的礼，是尿是屎。"

朋友们，这是很值得参加的一件事。让我们大家各尽所能，来共同完成一件虽小而大的事——使乡下的小孩得到真正的快乐。倘蒙赞同，实物或代金，多少都听尊便。敝校同人，愿任送递、分配、报告之役。

　　时间太迫促了，希望各位朋友，将实物或代金于四月二日十二时前交下，我们才来得及把诸位的盛意达到乡下的小孩。

　　外埠、外省的朋友，捐物、捐款〔给〕附近乡村小孩送礼，以□大区域，为全国小孩造福，尤为盼祷。

　　敬颂

康健！

育才学校校长陶行知拜启

67　建立幼儿教育四大建议

雷震清

1945年8月

题　解　　本篇原载《教育与文化（上海）》第4、5期合刊。撰成时间为1945年8月，发表时间为1946年6月15日。

本文其后以《战后幼儿教育四大建议》为题，发表于1946年10月10日的《教育》第1卷第4期，内容有所不同。

撰著者雷震清（1904—1984），字仲简，湖南永州人。幼年丧父，家境贫困，靠亲友接济入学。毕业于长沙私立明德中学后，考入南京高等师范学校教育科。后毕业于东南大学教育系，追随陈鹤琴，出任南京市教育局指导员，主持上海工部局所办东区小学、华德路小学、蓬路小学。公余编写教材，协助办理中华儿童教育社会务。1937年，在山东调查乡村教育的现状；1941年，协助陈鹤琴创办江西省立实验幼稚师范学校；1946年，受聘执教于中央大学师范学院，讲授幼儿教育课程。又负责重建中央大学附属大石桥小学，后长期担任该校校长。著有《小学校长与教学视导》《幼稚园的自然》等。

《教育与文化（上海）》，教育与文化类月刊，1946年1月15日创刊于上海，由教育与文化杂志社主办、编辑并出版。旨在"研究教育，发扬文化""注重人文教育，推进民族文化发展"。主要栏目，有论著、时评、修养、报告、研究、文艺、教育史料、教育消息、教育随笔、各地教育特写、教育重要法令选载、读者通讯等；主要撰稿人，有蒋纪周、傅统先、庐绍稷、王志稼、胡山源、郑通和、周绍文、盛朗西等。1946年6月15日终刊，共出5期。

一、正名义——幼儿教育

用"幼儿教育"这一个名词,来替代"幼稚教育"的叫法,这是从事幼儿教育工作者没有说出来的感觉。我现在,给她宣示出来。

从前我们总觉得,幼儿年纪小,发育未全,感觉他是"稚",称为"幼稚儿童"。教育事业波及到他们,便就简简单单的说是"幼稚教育"。我们知道,幼儿自有他们的整个性的生活。教育事业对着某一阶段的说法,应该称着对象,而不宜称其形态;或按其程度,而不必形其差异。因此,我根据了大家的感觉,来宣示"幼儿教育"这一个名词。

有人说:"名字没有关系。"我却说:"名不正则言不顺。"

二、四大建议

幼儿教育在我国,已有四十年[①]之历史。在此期中,有之不为多,无之不为少;工作不多,影响也小。今后世界,非复战前之形态。吾人应设法,使之成为人群活动中之一环,有之适足以成其整,无之则世界缺少一种极大之活力。必须如此,五十年代之幼儿教育才有意义。我的看法,世界今后必须做到如此地步,才可以有发展,亦才有发展之可言。

五年来[②]从事幼儿教育工作,常觉此项事业应积极的建立。因此,我的观点是,从儿童方面出发,国家方面推行,到人类方面完成。为着进行的具体化计,提出下面四大建议。

---

① 此"四十年",系指自 1904 年颁布《奏定蒙养院章程及家庭教育法章程》始,至 1945 年此文成文止,为约数。
② 此"五年来",系指雷震清于 1940 年赴江西,协助陈鹤琴办理江西省立幼稚师范学校以来。此前,他主要从事的是小学教育。

（一）凡是幼儿，都要教育

我先得替"幼儿"一词，下一个时期范围。

关于人类发展的人为的分期，各个心理学家各有不同的说法。前此，吾人亦有称五六岁为"幼儿"、三四岁为"婴儿"、一二岁为"乳儿"之拟议。

二三年来，对"婴儿"一词，甚感不合。乳儿、婴儿，亦可称幼儿。故直接以幼儿名其全体，将人类从诞生至六岁一段，统称为幼儿期。

至其中分期：以一岁称"乳儿"，因其特征为吃乳；二岁、三岁为"步儿"，以其特征为学步；四、五、六岁幼儿，渐趋社会化，其中活动最多者为学习语言，故命名为"语儿"。本文所提的幼儿教育，即包含此期全部的教育。

幼儿期教育，一般人士均以为，此系家庭的工作、父母的责任，不甚注意。在心理方面，研究人类发展，以儿童易于控制，有不少的研究。但在教育学方面，则研究者殊不多。近虽有家庭教育之提倡，然所述者，类多个人的经验，或残缺不全的个案研究。以故在教育方面，不如其他部分的容易发展。人类自有幼儿、幼儿的教育，至今仍未脱离其原始形态。

社会生活发生了变化，社会组织亦随之而演进。以前对于幼儿生活不成问题的事情，现今成为问题；以前只有沿习的方法，无所谓教育，而今成为极严重的教育问题。我们不能复古的说交给父母，归还家庭。我们要很郑重的提出幼儿教育，幼儿教育！使她从家庭的大门走出来，到社会上去；从父母的肩膀上扩大起来，到国家的事业中去；从张家、李家的宝贝育养，到人类的幼儿培植。

幼儿是人类的幼苗，他有蓄藏甚富的活力和人类生活中的社会地位，他有接受人类及国家教育的权利。国家应给以合理的教育，不可以其小而藐视，不可以其稚而轻视，更不可以其难而弃置不顾。

幼儿的发育，其发展的方向及发展的限制虽因遗传而不同，但其发展的条件及发展的途径则可因环境而有异。从幼儿的环境观察，虽与社会组织形态及生活习尚而有种种的差别，但其求生及活力的表现，则无二致。故凡是幼儿，国家、社会均须给以此时期应受的教育，不可以其环境不同而歧视，不可以其地域不同而忽视，更不可以其差异繁杂而任意处置。

人民的半数是妇女。现在，妇女被幼儿缠住了，不能参与社会的工作，人类的损失如何大。儿童期的前期是幼儿期。幼儿期的教育未被提出，儿童期的教育须多费加倍的力量。未来世界的协作，靠人民的全体。将来的全体，即今日幼儿的全体。因此，我提出一句概括的话："凡是幼儿都要教育。"我想，这应该是国家行政的政策、人群进化的基石。

现在，请大家来看看数目字。据教育统计的报告，我国有学龄儿童四千六百三十九万五千七百五十八人。拿这数字，和全国人口总数四万万七千万人的比较，适占其十分之一。查学龄儿童的前期为幼儿。国家现有此大数量的学龄儿童，自然也有相当数量的幼儿。常听人说，我国婴儿的死亡率甚高。则幼儿的数目，尚不止此。现暂以此数为准，估计我国之幼儿当在四千七百万人，占全国人口十分之一。

此十分之一的人口的教育工作，我想决不在国家任何事业之下。可是，"凡是幼儿都要教育"这句话容易提出，这种事业却不易进行。重要的事，没有不难的，世界上也决没有不费力的成功。我们用"天下无难事"的态度，来进行这工作罢！

（二）健全幼儿的生活

"爱之欲其生，恶之欲其死。"这是我国的幼儿生活。一个母亲对她的幼儿表示亲爱的时候，"心肝宝贝"，出口成歌；一时气来，"死鬼讨债"，骂不绝声。冷热不调，一曝十寒，此种生活，如何健全？

我们知道，为谋人群的进化、世界的和平，人类应有一种信心的培养和善心的熏陶。然后，才能本协作的态度，过集体的生活。此种工作，当从儿童的诞生开始，而尤重于幼儿的全部时期。

细察今日之幼儿生活机构，在家庭方面，不失之溺爱，即持之过严。至所谓幼稚教育机关，则大多材料过深，促成早熟；或生活单调，引起厌倦。宋人揠苗助长，至今成为笑柄；而生活简单，亦无以舒其充沛的活力，今后应有所改进。

兹建议，幼儿教育的活动，分做四大类：

第一，察。察即是观察，观察幼儿的生活和身体上各项的发育。

第二，导。导即是引导，引导幼儿的活动和工作中所需的能力。

第三，护。护即是保护，保护幼儿的行动和环境中必需的刺激。

第四，养。养即是滋养，滋养幼儿的身体和生长中应有的活力。

我们要健全幼儿的生活，必须从这四方面同时注意。有人以为，这可交给家庭，那可付之社会。家庭那能负得完？有些行动，在家庭中，可以说竟无机会或相反的机会。至社会中的救济机构或管制性质的组织，有些不但不能应用幼儿的活力，甚至改变幼儿的活力。幼儿教育机构系特设的性质，自然要极力设法，本着四大活动，从生活中培养信心、熏陶善心。

信心、善心参加幼儿生活，渗透幼儿生活，其持久性必甚强固，其扩大性必甚活跃。教育事业，如果不注意于幼儿教育，只从人生中途截某一段来进行，徒见其费力多而成效少。我国教育宗旨，在"促进世界大同"。大同之基础，应该建立在良好的幼儿教育身上。因此，我归纳起来说："大同之基，在于幼教。"

（三）完成幼儿教育行政

我国学制系统图中，分高等、中等、初等教育三大阶段。从前《小学法》中第十条，规定"小学得附设幼稚园"。最近《国民学校法》公布，其第八条仍作同一的规定。民国二十八年十月颁布《幼稚园规程》，在法制上观察，幼儿教育尚在附庸时期。

今后，我们要尽力为此占全国人口十分之一的幼儿要求教育机会均等，更要求影响世界大同的幼儿教育能被大众所重视：在学制系统中，成立幼儿教育段，其年龄，为一至六岁；在教育事业中，幼儿教育成为一环。必待此举完成后，幼儿教育才算在人群活动中占一席地位。否则，一般人所提"重视幼儿""民族幼苗"，亦不过徒具空言。

幼儿教育的建立，已有相当的事实；幼儿教育的发展，必须成为今后教育的主要工作。从事实的需要，应当配合适宜的行政，然后从行政中，从事具体的工作。

学制系统部份已于前述。此全国人口十分之一的教育工作，他们的年龄虽小，按着前述的四大活动，事务极繁。为行政效率计，应专设机构，负责计划、推行。因此，建议教育部成立"幼儿教育司"，专司全国幼儿教育事宜；各省教育厅成立"幼儿教育科"，专司其全省幼儿教育事宜；各县幼儿教育工作，亦应具体分列，指示实施。

幼儿教育的实施单位，为"幼儿园"。幼儿园的设置，以保为基本。保幼儿园，为幼儿教育的正宗，其余或为辅导，或为示范，或为实验。兹按性质，分列如下：

（1）正宗——保幼儿园及分园。

（2）辅导兼联系性质——乡幼儿园。

（3）示范兼推行性质——县幼儿园。

（4）实验兼倡导性质——省市幼儿园、中央幼儿园。

幼儿教育的实施，为今日的急务；则实施此项教育之人员培养，尤为当务之急。全国幼儿园成立，幼儿入园，兹姑以幼儿与教师之比为二十比一，则四千七百万幼儿，应需二百三十五万教师。此数如二十年养成，则每年须培养十一万七千五百人。每校每年毕业以三百人计，依上数，每年须有幼教师范四百校。以每校容纳十位受过专业训练的幼儿教育人才计，则需四千人。

此种人才之训练，应设十个专科学校负责。此外，应设幼儿教育学院一所，负实验、研究工作，作最高之指导机构。为醒目计，兹列表如下：

（1）全国设幼儿教育学院一所。

（2）全国设幼儿教育专科学校十所。

（3）各省市成立幼教师范学校，共四百所。

（4）全国普设幼儿园，分二十年完成。

本建议的第一项，是完成幼儿教育系统；第二项，是添设幼教行政组织；第三项，是设置幼儿园；第四项，是培育幼教人才。详当另编方案。

（四）建立幼儿教育的学术基础

惭愧的很，现在谈幼儿教育的人，不是提到杜威、华生①，就是想到蒙台梭利、考夫卡②或机赛尔③。我们有血统，我们有民族性，还有我们的环境，似乎不能依人家的知识为知识，尤〔犹〕如输血的不能用血型不同的人一样。

---

① 华生：约翰·布罗德斯·华生（John Broadus Watson，1878—1958），美国心理学家，行为主义心理学派的创始人。早年师从杜威、安吉尔、洛布等。1903年获芝加哥大学哲学博士学位，旋留校任教，专注于动物行为实验。1908年受聘担任约翰斯·霍普金斯大学教授，负责指导实验室。他通过多年的动物行为实验，提出"行为主义心理学"主张。著有《从一个行为主义者的观点看心理学》《行为：比较心理学导言》《行为主义》等。

② 考夫卡：库尔特·考夫卡（Kurt Koffka，1886—1941），美国心理学家，格式塔心理学的代表人物之一。出生于德国，1909年获柏林大学博士学位。后任职于吉森大学，致力于心理学实验研究。1924年起，先后任教于康奈尔大学、威斯康星大学和史密斯学院。著有《心灵的成长：儿童心理学引论》《格式塔心理学原理》等。

③ 机赛尔：通译格塞尔。

国内对于幼儿的研究甚少，应积极的展开幼儿的实验研究，将其结果作我们的设施准则。否则，基础不固，虽外表炫耀，亦不过昙花一现，无补实际。

今后之研究工作很多，下列各项，不过列举其一部分：

（1）幼儿生理的发育。

（2）幼儿心理的发展。

（3）幼儿能力的增进。

（4）幼儿活力的充沛。

（5）幼儿的营养。

（6）幼儿的衣服。

（7）幼儿的健康及疾病。

（8）幼儿园的设施、教导。

（9）幼儿园的行政组织。

（10）幼儿园的设备、玩具。

（11）幼儿园的师资培养。

（12）幼儿园的工作效能。

（13）父母、兄姊教育。

（14）幼儿教育行政与视导。

我们希望，能很快的成立幼儿研究所，聘请有志幼儿教育的人士从事研究，从做中学、做中求进步。

四大建议的第一，从政策方面着想；第二，从内容方面求效；第三，从行政方面实施；第四，从学术方面立足。幼儿教育，应本着这些进行。

三、余音

慈善制的育婴堂，保姆般的蒙养园，救济性的托儿所，贵族式的幼稚园，都过去了，过去了！我们不要用慈善眼光，来看幼儿教育；我们不要本保姆态度，来行幼儿教育；我们不要拿救济方法，来办幼儿教育；我们不要采贵族方式，来教幼儿教育。从本篇文字中，我们知道，幼儿教育的领域、的实质、的地位、的学术，已规定了、显示了、确立了，并从事进行研究了。在最近的二十年，她将开鲜艳的花，致丰硕的果。

末了，希望雷震清对于幼儿教育的这一个梦能实现。这不单是幼儿的福，亦是人类的福。

大战结束月于国立幼专

附　幼儿教育实施大纲

一、意义

幼儿教育的实施，系以全国人口十分之一的幼儿为对象。运用下列意义进行：

（1）健全民族幼苗。

（2）培养正确人生。

（3）建立大同基石。

二、幼儿

幼儿教育中所称的"幼儿"，其年龄，系从诞生起至六足岁止；不分智慧，不分体质，不分家境，不分区域，一律受国家实施的幼儿教育。

三、机构

实施幼儿教育的基本单位，为幼儿园。幼儿园，以保立为正宗；乡幼儿园，负辅导及联系责任；县幼儿园，负示范及推行责任；省市幼儿园及中央幼儿园，负实验及倡导责任。保幼儿园得因地域的关系，举办流动幼儿园。

四、分组

幼儿园为实施的便利，得将幼儿分为乳儿组（一岁以内）、步儿组（二岁至三岁）及语儿组（四岁至六岁）。

五、园务

幼儿园的园务为：

（1）用科学方法，教育幼儿。

（2）办理父母、兄姊教育。

（3）促进社会，改进幼儿生活。

六、人员

幼儿园，设园主任一人、教师若干人。教师与幼儿之比例：乳儿组，一比六；步儿组，一比十二；语儿组，一比二十。

七、设备

幼儿园园舍，分房屋及场所二项。园具分衣具、食具、住具、玩具及办公用具五项。均由中央规定具体式样，各园仿照设置。

八、设置

幼儿园的设立分：

（一）要点

（1）本健幼意义发动。

（2）采集团方法实施。

（3）从社会组织竞进。

（4）用政治力量推行。

（二）原则

（1）乡村，先于城市。

（2）有职业妇母区，先于无职业妇母区。

（3）贫苦区域，先于较富区域。

（4）教育程度低区，先于教育程度较高区。

（5）劳动职业多区，先于劳动职业少区。

（6）集团生活区，先于非集团生活区。

（三）时期

幼儿教育推行到普及状态，以二十年为期。此中分做五个时期，每期四年。其中，第一期为准备期，第五期为完成期。详细进行规定，各省、各市不同，应按实际状态详列入园百分数等。

九、师资

师资培养，分正常的及辅助的二种：

（一）正常部分

国家应成立下列机构：

（1）幼儿教育学院一所。

（2）幼儿教育专科学校十所。

（3）各省市设幼教师范学校共四百所。

（二）辅助部分

各地因事实需要，得成立辅助机构：

（1）短期幼教训练班。

（2）一年幼教训练班。

（3）二年制幼教师范。

（4）正常幼教师范，实行期间实习制。

（三）师资培养时应注意

（1）学生须无肺病或传染病。

（2）学生入学须以保为单位，以便毕业后就近办理本保幼儿园。

十、研究

幼儿教育发动较迟，国内尚少具体的参考，应即日成立幼儿研究所。

十一、推广

为便利幼儿教育人士的参考，须成立：

（1）幼儿教育陈列馆。

（2）幼儿教育资料室。

（3）幼儿教育供应处。

（4）幼儿教育编辑所。

（5）幼儿教育访问团。

十二、行政

为主办幼儿教育的实施，各级主管教育行政机关应分别设立主管部门，如：

（1）教育部——幼儿教育司。

（2）教育厅——幼儿教育科。

督导为行政的重要工作，各级主管教育行政机关，应设立幼儿教育督学，负视导责任。

幼儿教育范围甚大，事务至繁，效能宏伟，中央应督令地方行政人员进行，并列为行政考绩之一。

幼儿教育事业，国家应责成社会人士实施。其有特殊贡献及劳绩者，国家应予以奖励。

上列十二项，为实施时的一般规定。各项均须有详细之事实及步骤，容继续草拟求教。

大战结束月于国立幼师专科

68　中国儿童教育之路

陈鹤琴

1945年年底

题　解　本篇原载《活教育》第 4 卷第 7、8 期合刊"人民教育家陶行知特辑"。撰写时间为 1945 年年底，发表时间为 1947 年 9 月 1 日。该文在《活教育》上发表当天，同时见载于《台湾训练半月刊》第 4 卷第 11 期。

有关撰著者陈鹤琴，参见前文《儿童教育的根本问题》题解。

有关《活教育》，参见前文《〈活教育〉发刊词》题解。

一、引言

神圣的抗战已经胜利结束了。战后中国儿童教育，应当是怎样的呢？这是一个极重要而又极有趣的问题。我们要研究这个问题，必须先把战时的儿童教育，简略地检讨一下。

读者们都知道，在抗战时期，国家的经济情况比平时显为困难些。儿童教育的推进，一方面固然要靠当局和教育工作人员的努力，一方面却不能不为经济条件所左右。所以，在这样的情形之下，不免稍受了影响。加之一般人民因为战局波动，流离颠沛，生活异常困苦，单是日常生活的维持都已艰难，子女的教育更无闲顾及了。而且战时小学教员待遇过于清苦，所以一般优良教师相率改业，影响到师资的低落。又因为教师待遇的菲薄，酝酿成师范学校闹"生荒"的现象，从而又形成了儿童教育新干部的"粗制滥造"。

这样一来，现阶段的儿童教育，就大受打击。这不能不说是儿童的大不幸啊！

但是我刚才说过，这原是"战时"的现象。政府在此时所注重的，是"军事第一，胜利第一"；对于儿童教育不能全力推行，这当然是万不得已的事情。一旦胜利到来，战事全部结束，一切归于正常，那时当然要加紧工作，用最大决心、最大努力，来推行这培养国家幼苗、民族新血轮的儿童教育了。

况且，战后的中国，不是战前"承平时代"的中国了。以五强①之一的身份屹立于世界，他不仅要全力从事于物质建设，同时也要进行精神建设。而在精神建设的工作中，最重要的，就是推行儿童教育，来培养能适应国家、社会的新儿童。如果不是这样，他就不能保持这新的国际地位，而且国家、民族可能重新陷入那种衰糜不振、昏暗愚弱的地步。所以，教育的重视，在战后是必然的；儿童教育的普遍推行，更是不必过虑的。

我们现在来研究一下，到底儿童教育的意义是怎样的？它的范围又是怎样的？

关于教育的意义，杜威曾说过："教育即生长。"我国的陶行知也说："生活即教育。"这是为一般教育工作者所承认，为比较正确的说法。虽然这不是专为儿童教育下的定义，但是，儿童教育既然是整个教育之一部门，那末，当然也可以说是儿童教育的意义了。

根据上面的这几点说来，我们自然要说：儿童教育，是不能够和生活脱离的。教育的目的，在于改进生活、充实生活。教育的本身，是一种生活；而生活的本身，也是一种教育。人在教育中生长。这一"生长"，一方面是指个人道德行为、智力的发展过程，一方面是指整个人类向更高的道德和文化生活发展。

至于讲到儿童教育的范围，广义地说，应该把社会和家庭的教育也包括在里面。譬如说：电影、戏剧、儿童读物、玩具、游戏场所等等，是社会给儿童的教育；父母对儿女的态度、教养、言语、行动，是家庭对儿童的教育。社会、学校、家庭三者，要相辅而行，有机的联系起来，儿童教育的理想才容易达到。

不过，我现在要说明一下，这里我所谈的儿童教育，实际是专指学校教育这一范畴而言。因为学校，是一般人所认为实施儿童教育最重要的一个场所。现在为便利起见，姑以这个范畴的儿童教育，作为我们讨论的资料。

---

① 五强：当时指美国、苏联、英国、法国和中国。

过去的所谓儿童教育，差不多都是专门指小学教育的。而小学教育，也正是现在国民教育中的主要部分。但是，由于时代在不断演进，国家、民族的需要也日有增加，尤其在战后，我们要配合建国的步调，儿童教育格外应该用一种崭新的姿态出现了。其实，我所谓"崭新的姿态"，不过指吾国而言罢了。事实上，像苏联、美国、英国等盟邦，早已这样。我们再不能列列强之后，必须把儿童教育的范围加以扩展，使它完成更重大的使命。

为了这个理由，本人认为，战后我们儿童教育应该从三方面积极着手。那三方面呢？

一是幼稚教育。

二是国民教育。

三是特殊教育。

这三种儿童教育，到底是怎样的呢？它们应该怎样研究、办理？应该怎样推行？这是本文所要提出而和读者们商讨的。

二、关于幼稚教育

（一）幼稚教育的重要性

如果说国民教育是一切教育的基层教育，那么，幼稚教育更可以说是"基层教育的基层教育"。

我们依据生理、心理的发展过程可以证明，幼稚时期是人生的最重要的一个阶段。这一时期的教育，也是最重要的教育。中国有句俗语说："三岁应九岁，九岁应八十。"这是说，幼稚时期所受教育的好坏，会影响到一个人终身性行、事业的优劣成败。法国的耶稣会常说："三岁给我，六岁还你。"这话的意思说，从三岁到六岁这一时期，如果受了耶稣会的教化，就可以终身做一个忠实、虔诚的耶稣教徒。可见这一个时期所受教育的重要了。

欧美各先进国家，早已对幼稚教育的重要性有深切的体认，所以莫不积极推进。其中成绩特别卓著的，要推苏联了。苏联今日的成就，固然不能说是全靠幼教发达，但客观的说来，也未始没有关系。试看今日驰骋战场、浴血报国的青年苏军，岂不是当年

"十月革命"时代的幼儿？他们对祖国如此热爱，难道说和幼稚时期所受的教育全无关系吗？

在我们中国，这一事业尚逗留在萌芽时期。不但在正统学制上没有它应有的地位，而且过去的幼稚教育都是由学校自由设施，或由慈善团体、私人提倡。与各先进国比较起来，实在是瞠乎其后了。

民国二十九年，江西省率先倡导创办省立幼稚师范，培养幼教师资。这是由地方政府所办理的第一所幼稚师范。该校由本人主持。二年半中，共计毕业学生八十二名。除了一部分到西南及东南各省外，大多分发在本省服务。因此，全国各省幼稚教育，要以江西推行最力，成就也最大。这实在应归功于江西前主席熊天翼先生和程柏庐厅长二位。

该校于民国三十二年度奉令改归国立，并增设幼稚师范专科。这是培养幼稚师资的学校正式由国家办理的创举，亦可说是国家注重幼稚教育、准备日后积极推行的先声。中国幼稚教育发展到这一阶段，可说是有显著的进步。

（二）战后幼稚教育发展之必然性

今年五月间，六全大会宣布了旷古未有的《民族保育政策纲领》。它的目的，主要是增进民族的健康，造成民族的优秀性。

但这一个纲领中所列举的条目，大多注重婚姻及两性生活的合理化，仅在总则第八条中说"注意家庭教育及亲职教育，教养美满家庭之观念；实施家庭问题之咨询，以期家庭生活之和谐"，而没有把推行幼稚教育作为促进民族健康与优秀性的手段。这是一个缺陷。

因为我们知道，幼稚教育是着重在儿童生理的发展和情绪的陶冶，而不在知识的传授，所以幼稚教育可以说完全以儿童保育工作为主要任务；而儿童保育，正是民族保育的基本条件。因此，幼稚教育也就与民族保育政策，一定得同时推进幼稚教育[①]；没有幼稚教育，民族保育的工作，还是不能全部完成！

---

① 此处"幼稚教育"疑为衍字，似应删去。

在《民族保育政策纲领》里面，虽然没有把幼稚教育的推行列为重要的手段，但战后中国无义〔疑〕仍将积极推行。世界上有许多事情，都是因为实际需要而慢慢推广普遍的。我们可以从总裁在《中国之命运》中的指示，以及六全大会关于工业建设及其他有关建国的政纲中间，推测到幼稚教育在战后一定要普遍推行。现为工农业建设的成功，一方面固然需要高级的优秀技术人员，一方面却又赖于占国民最大多数的男女工人和农民。而这些男女工人和农民在工作的时候，是确需有人来照料他们的幼儿的。假使这问题不能解决的话，就要使他们分心，不能专一工作，因而影响了工作的效率。这样，国家的建设，无形中也蒙受不利了。

苏联就因为注意到这一点，所以他们不论男女，都做到了"专业而心不旁骛"，三次五年计划得以圆满成功，而在这次大战中发挥了惊人的力量。我们只要看一下，他在一九三二年七月，政府就已颁布命令：凡新建工厂和住宅，必须有育儿设备，并从企业方面劳动组合，社会性团体等宽筹经费。第二次五年计划中又明白规定：凡七岁以下儿童，必须入幼稚园；三岁以前的，统由卫生部保育。可见苏联是如何重视幼稚教育，而认为是配合他们计划经济而施行的计划教育之一重要部份了。

我们中国政治、社会的体制虽然与苏联有所不同，然而对于幼稚教育需要却并无异致。尤其在战后，我们也要迈步走入计划的道路，全力从事新中国的建设，幼稚教育的需要更不容或缓了。最近，国民参政会所通过的关于教育文化的提案中间，有一条关于协助妇女致力生产工作，应积极培养幼教师资，普设托儿所。该案系王立明[①]等六位参政员所提。经议决，"送请政府迅速办理"。参政会，系全国宣达民意的最高代表机关。该案的通过，表示全国人民对幼稚教育认识之加强和需要之迫切。

从以上种种征象看来，我们可以断定，幼稚教育在战后的道路是坦阔的，它的前途是光明的。

---

① 王立明（1896—1970）：女，字梦梅，安徽太湖（今属安庆）人。早年留学美国，获芝加哥西北大学生物学硕士学位。归国后，创办妇女职业学校，担任中华妇女节制会会长。

（三）实施幼稚教育的机构

各国施行幼稚教育的机构，名目极多，如幼儿学校、幼稚园、自由幼稚园、培育院、儿童园、保姆学校、预备班、儿童室、托儿所等等，都是。这几种机构，不但名称混杂，而且学童年龄的限期也相互抵触。其中最为普通的，要算幼稚园。这名称，可说各国都采用的。

幼稚园，是福禄培尔（Friedrich Froebel, 1782—1852）氏所首创。一八三七年，他在德国布郎根堡①森林中设立了一所幼儿学校，教养三岁到七岁的儿童。福氏以为，儿童好像花木，学校是他们的园地，而教师便是园丁。所以，那学校便称为"幼稚园"。这名称的由来，是如此的。

我国现在的幼稚教育机构，一般都通用幼稚园这名称；间有托儿所，但为数甚少。讲到学童的年龄，在我们中国，是规定在六岁以下的。民国十一年的所谓"壬戌学制"，在"初等教育"一节内容第六条说："幼稚园收六岁以下的儿童。"这是中国第一次由国家规定幼稚园的名称和幼稚园学生的年龄。但是，六岁以下的儿童，如果放在一起教养，是极不合理的，因为他们之间生理与智力方面的差别很大。例如，二岁的儿童和五岁的儿童，是无论如何不能作同样的活动。

所以，我依据幼儿各时期的生理或能力的发展情况，把幼稚园分成三个阶段。第一个阶段，叫"乳儿组"，收受自出生到一岁左右尚未断乳的儿童。第二个阶段，叫"步儿组"，收受自一岁半至三岁半的儿童。这一时期的儿童，是刚由踽踽学步，发展到独立行步。第三个阶段，是"幼儿组"，收受三岁半到六岁的儿童。这一时期的儿童，不论在言语、饮食、起居、走路，各方面都比较有独立的能力了。

对于第一个阶段的儿童，我们应注意他们的营养、他们的卫生习惯、他们的身体发育；对于第二个阶段的儿童，我们应当培养他们的基本动作，发展他们的语言技能；对于第三个阶段的儿童，我们应当培养他们的合作精神，发展他们的社交知识。

幼稚园包括了这三个阶段，就成了一个有系统的组织，可以和小学教育紧紧衔接起来了。

---

① 布郎根堡：通译勃兰登堡（Brandenberg），系德国城市名，位于德国东部。

（四）如何普及幼稚教育

幼稚教育的重要，我已经在上文说得很明白了。现在，让我们来谈：怎样普及幼稚教育呢？

目前，为了配合伟大的新中国的建设，我们要把幼稚教育当作一种重要的事业，由国家计划办理，使它迅速普遍化。

讲到普遍幼稚教育的具体办法，我以为，应当照下列几个办法做去：

（1）由政府统筹全国幼教经费，在各乡、镇设立独立的幼稚园。最低限度，亦应在国民学校附设幼稚班，以适应需要。

（2）除中央设立的国立幼稚师范外，各省应筹设省立的幼稚师范，以培养幼稚园师资。

（3）政府筹设国立幼稚师范专科学校，并在师范学院设幼稚教育及〔系〕，造就优秀的幼稚师范师资。

（4）政府对私人或慈善团体办理的幼稚机构，予以指导及补助。

（5）各级教育行政机关，设置幼稚教育视导人员。

（6）各工厂、公司、农场及社会团体，应视职工子弟的多寡，而分别筹设规模或大或小的幼稚园，以辅佐政府筹顾之不及。私人及家庭，亦应积极赞助，共谋儿童的幸福、民族的利益。

三、关于国民教育

关于国民教育一方面，已经教育行政当局和学者们发表过很多意见了。我现在不想多谈。不过，我对于"国教"在战后应如何推广，以及"国教"的师资应如何培养，略有一点意见。现在，分写在下面，与读者们商榷。

二十九年，教育部根据"新县制"颁布的《国民教育实施纲领》第二条，规定国民教育及失学民众补习教育二部分。这是规定，凡属国民都有接受国民教育的义务。但这一规定，我们只可以说是一个过渡的办法。因为现行的国民教育如果推行顺利，那末若干年之后，关于失学民众补习教育这一个部份，就失掉了存在的根据。因此，国民教育势必仅只包括小学教育了。换句话说，现行的国民教育，一方面在使学龄儿童接受基层教育，一方面在扫除文盲。待至文盲全部扫除之后，国民教育的任务，就较单纯了。

抗战结束之后，国民教育的对象，暂时当然仍包括那些学龄儿童和失学民众。我们现在根据目前施行国民教育的实际收获来说，不得不承认这一事实，即失学成人补习教育这一部分并没有如预计之圆满、成功。这个失败的症结在那里？是在于师资之不得其宜。

国民学校虽然设有"民教"的专部，但负责的却仍是小学教师。小学教师，多半是普通师范学校毕业，对于失学成人的心理以及学习兴趣，大多没有什么研究；他们用教小孩的方法去教失学成人，不免要遇到许多困难。所以，结果失学成人的补习教育，大抵只做到识字教育。这与预期的结果，相去还很远哩！

为了增加效率起见，我以为，在国民学校担任失学成人补习教育的人，以聘用专习社会教育的为相宜。为了上述的目的，最好政府多设几所社教师范[①]（目前江西已有一所）。惟有这样详密分工——由普通师范毕业担任小学教员，由社教师范毕业的担任失学成人的补习教育，才能收普及国民教育、彻底消灭文盲的实效。

假定文盲的全部扫除需时二十年，那末二十年后，国民教育就纯以学龄儿童为对象了。因此，我们也可以说，那时候国民教育纯粹是儿童教育的一个部门了。

国民教育的推行，目前在质量方面，还没有达到理想的成功。其原因有二：第一个原因，是经济的；第二个原因，是技术的。

第一个原因，使学校经费不足、设备不全，教员待遇菲薄，影响教学效率的增进。可是，这是抗战期间整个国家拮据所致。战后局面一新，经济情形当然也可以改善了。所以关于第一个问题，我们倒可不必顾虑。

至于第二个技术上的原因，那就值得特别注意。国民教育固然要政府来推行，但质的改善却全靠小学教师的努力。所以，小学教师们健全与否，关系特别重大。现在师范学校小学师资，在技术上忽略了一个重要的原则，就是没有把基本科目和技术科目之间

---

① 社教师范：全称"社会教育师范学校"，系中等师范中的特别设置。1940年，教育部为推进国民教育，规定可酌量设置特别师范科和简易师范科（其中，特别师范科包括社会教育师范科、体育师范科、音乐师范科、美术师范科、劳作师范科、童子军师范科），并可专设此类师范学校。江西省依制率先创办江西省立社教师范学校。该校于1947年并入江西省立南昌师范学校。

密切地联系起来。

譬如师范的国文与数学是基本科目，各科教学法是技术科目。现在，一般师范学校教国文的专教国文，教数学的专教数学。教学的方法与内容，跟一般中学的国文、教〔数〕学相比，也并没有什么大的不同。对于师范生将来将怎样去教小学的国语、算术，怎样去编辑或搜集国语、算术的教材，却并没有指导。这种指导工作，只有在各科教学法以及实习里，才略略做到一点的。然而，在有限的钟点里面，要师范生熟习各科的教学，那是很难的。

所以理想的办法，应该把师范里面的基本科目与技术科目打成一片。教国文的，能够教小学国语；教数学的，能够教小学算术。小学国语、算术应该怎样教的，他们应该现身说法，教给学生看。学生在实习的时候，教国文的，应该去指导小学国语教学；教数学的，应该去指导小学算术；教史地、生理卫生、物理、化学的，应该去列席指导小学常识教学。这样教法，师范生才能深切地了解小学教学方法，才能在将来，个个做优良、熟练的小学教师。

如果照上面的办法来施行，我相信一定能改进未来的小学师资。但是，在实施这种办法的时候，一定会发生一个很大的困难。什么困难呢？就是现在的一般师范教员，不一定都受过高等师范教育的专门训练。所以，要他们分别担任小学各科教学的指导，是不容易的。况且，现在的师范学院，大多着重在培养普通不〔中〕学的师资；对于培养师范师资的工作，做得还不够。所以，即使师范学院毕业的，现未必能尽善尽美地做到这一点。

我们如果要切实做到这一点，在消极方面，要使现在的师范教员受短期的小学教学的专门训练；在积极方面，希望在师范学院里面，特别注意师范师资的培养，以逐步改善师范的教学方法——实际为了增加以后小学的教学效率。现在，国内师范学院为数不算少，可是，专门在研究儿童教育，专家却并不多。本来，国民教育是国民的基础教育，实在是极其重要的，而现在研究的人却如是之少，实在有点奇怪。我看到，美国的一般大学教授，差不多却〔都〕有很好的教学技能，并且还不断的研究，所以能够造就极好的师资出来。

现在，我们要改进国民教育，确然需要成立一所专门研究国民教育的师范学院，以直接、间接培养师范学校及国民学校的优良师资。

四、关于特殊儿童教育

（一）特殊儿童教育的意义

过去，我们对于儿童教育，可以说只注意到小学教育。像幼稚教育，直到现在还在发展的第一个阶段。至于特殊儿童教育，除了陶行知先生在重庆办理育才学校，对于天才儿童教育加以实验外，简直是一点也没有注意到。

过去的儿童教育，不是没有把特殊的儿童与普通的儿童分开施教，便是把特殊儿童丢在一边，不闻不问。这两者，都不是适当办法。

把特殊儿童硬生生地和普通儿童放在一起受教，结果，两方面都会感到难以适应。所以，特殊儿童一定要特别分开，依据生理或心理的研究，对他们施以适合其需要的特殊教育。譬如说，聋、哑、盲、手脚残废、肺病患、白痴、疯狂的孩子，这些都是特殊儿童。如果哑儿童或患肺病的儿童放在一般正常的儿童一起读书，固然不行；就是常态分配中的天才和低能的儿童在普通学校读书，也不大适宜。必须让天才儿童进天才儿童学校，来培养一些杰出的人才，不要让环境把他们平白埋没了；把低能儿童送到低能儿童学校；聋哑的，送到聋哑学校读书。这样因材施教，各得其宜。教育力量，在这种地方，就可以分外显出他的伟大来了。

有些人以为，特殊儿童中间，除了天才儿童这是人类瑰宝，理应特别珍惜、养护之外，其余的都是在生理或心理方面有缺陷的，还谈什么受教呢？这实在是一种错误的见解。譬如，瞎子、哑巴或则手足残缺的，都是残废儿童，但是，瞎子不是瞎了就算了的，也一样可以受教育，而且可以教育成和普通儿童一样好，甚至更好的成债〔绩〕来。

海伦凯尔[①]是瞎了，可是他能成为世界闻名的教育家；爱罗光珂[②]，瞎子，可是他做

---

① 海伦凯尔：通译海伦·凯勒（Helen Keller，1880—1968），女，美国盲人作家。她幼年因患猩红热而致盲、聋。7岁后，师从安妮·沙利文，勤奋学习，克服了常人难以想象的困难，考入哈佛大学拉德克利夫女子学院。著有《我的一生》《我的天地》《石墙之歌》《冲出黑暗》等。

② 爱罗光珂：通译爱罗先珂（В. Я. Ерошенко，1890—1952），俄国诗人、童话作家、世界语提倡者。幼时因患麻疹而失明，就读于莫斯科盲童学校。在国际世界语协会的协助下，转赴伦敦皇家盲人师范学校学习。1914年后，在日本、泰国、缅甸、日本等地漂泊。1921年来中国，受到中国文化界的欢迎。1922年受蔡元培之聘，在北京大学教授世界语课程。1924年归国，任教于盲童学校。著作有《爱罗先珂童话集》《爱罗先珂全集》等。

出震灿文坛的作品出来；在上海的圣约翰大学里，也有四五个瞎子当教授哩。

至于哑巴，教育的力量可以使他讲话。我在美国参观过一所哑巴学校，看见哑巴竟能讲话，这真是一个奇迹！教哑巴的方法，先教他看教师的口部怎样动静，再教他用手触着教师的口唇，这样先练习发音，然后，再练习到能够读书、讲话。

还有手足残废的人，也都可以教他们成为有用的人才。从前在上海公共租界公〔工〕部局里，有一位教育处长，名 Grobcie 先生，他原是法国有名的艺术家暨音乐家，拉得一手提琴，不幸在第一次欧洲大战时，打坏了一只手，后来，就装了一只假的，慢慢的练习，居然一练〔样〕能拉小提琴。

瞎子、哑巴、手脚残废的，原来都是废人；但是，现在藉教育的力量，我们可以把他们教成有用的人。这是何等可喜的事啊！

像瞎子、聋子、哑巴、天才儿童、低能儿童以及有肺病的儿童、年长失学的儿童，在国外，都是把他们分开来教的。

我见过一个外国女孩子，年龄已有二十九岁，可是智力只有八岁，后来因为特殊教育的结果，能够做出极精致的手工。

还有神经病的儿童，以及常态分配中低能和上智的儿童，都应该将他们分开教育的。

我国现在施行班级教育，对天才的儿童，不能使他尽量的发展；对于低能的儿童，也不能加以特殊的指导。这样，只是把长的压短下去，把短拉长起来。而结果呢，长的果真压短了，而短的却又未必真拉长。这实在是极不合理的事情！

（二）特殊儿童的重要

有些人以为，特殊儿童是极少数的，关于特殊儿童的教育殊不足重视。特殊儿童，在一般儿童中所占的百分比，我们中国虽没有专家来调查统计过，但在美国却有人做过这工作。据格洛兹曼（M. P. E. Gross Man）在其《特殊儿童》一书中所载，他曾调查过所有全国的学龄儿童，其中百分之二十五是完全健康和常态的，其余，他认为多少都有问题的。这有问题的百分之七十五学龄儿童中，百分之五十是"假性"的特殊儿童，百分之二十五是真正特殊儿童。真正的特殊儿童里面，有百分之十八是天才、神经质、顽劣、迟钝的儿童，百分之五〔是〕瞎子、聋子、手脚残废、口吃、肺病等的儿童，百分之二是犯罪、白痴、癫狂以及诸如此类的儿童。

我们中国人的体质，素来较欧美人为差。所以，中国体格上有缺陷的，我相信一定比美国儿童为多。现在，我们姑借这一个统计，来估量我们中国可有多少特殊儿童。假定中国儿童总数占全国总人口四分之一，那么，应当共有一万一千二百五十万儿童。而这数字中间，如果以百分之二十五有真正的特殊儿童来计算，那么，应当共有特殊儿童二千七百零二万五千人。

欧洲的国家，像比利时，人口只有八百万，奥国有六百七十六万，挪威有人口二百八十一万人，丹麦有三百五十五万，芬兰有三百四十六万，瑞士有四百余万。这六个国家合起，不过二千八百五十七万。而我们的特殊儿童，为数有二千七百多万，竟与欧洲六个国家总人口相差无几。少数民族尚且可以酿成极大的国际纠纷甚至战争，这样庞大的人口数，是何等值得我们重视呢！

（三）如何发展特殊儿童教育

特殊儿童既有这样的人数，对于他们的教育，我们岂可忽视！现在战事结束，百废待举，教育事业，政府决心全力从事，关于特殊儿童教育，一定也兼筹并顾。特殊儿童教育应当怎样着手？应当怎样推广？这是我们所要研究的。

我以为，要推行特殊儿童教育，应当注意几个原则。

第一，特殊教育，必须全部由国家主办。

为什么呢？因为过去极少的特殊儿童教养机构，完全系教会或私人慈善团体办理的。站在社会道义的立场上，他们对这些特殊儿童施以教育，这种服务精神，是值得我们佩服的。但是，因为这种团体极少，而且经济力量微弱，所谓"心有余而力不足"。如果把教育二千七百多万特殊儿童的责任委诸他们，其不能胜任，是无疑的。

教育的对象，本来是"有教无类"。而国家对儿童，犹之父母之对他的子女，必须一视同仁。不能因为他们的生〔来〕心智的差别，而遂不顾到他，忽略了他的前途、他的幸福。要知道，二千七百多万的特殊儿童没有享受教育的机会，就等于使国家多了二千七百多万废人。这于国家，是何等大的损失！换过来说，如果给他们以特殊教育，他们就可以好好地发展，而增加了国家极大的力量。

我国家，为了要拯救这样多的特殊儿童从疾苦中解脱，使他们能对社会贡献其所贡献的力量，必须广设特殊儿童学校，为他们开一条幸福的大道，给他们享受特殊的儿童教育。

第二，特殊儿童教育机构在国内的散布，应当是网状的。

为什么呢？因为特殊儿童的散布并不是平匀的。这个地方多些，那个地方少些，这个农村少些，那个农村多些，都没一定。如果像国民学校那样各地普设，这是经济及人力上都不容许的。就是国民学校附设特教班，也必不能办得完善，因为要办特殊儿童教育，必须有最低限度的特殊设备及教具，并且还要有受过特殊训练的师资。而一个特教班的教师，是否能应付各式各样的特殊儿童？这又是不可能的。能够教聋、盲儿童的，未必能教白痴；能够教神经病儿童，也未必能够教顽劣儿童。所以，每一种特殊儿童，必须有他的特殊学校。这种学校设立的地点，以都市或适中的地点为最相宜。因为都市是网状的线的交错点，在它附近范围之内的县、市、乡、镇，都可以把特殊儿童送到特殊儿童学校里去。这样，才可以把人才集中，效率扩大，而在经济方面却节省得多。

第三，为要推广特殊教育，必须立刻着手特教师资的培养。

但是，这一个事业，在中国尚未开创；这一方面的专门人才，简直可说没有。这只〔得〕借助他国的专家，来帮助我们训练师资。各师范学院，应增设特殊教育系，敦聘国外的特教专家来讲学。另一方面，我们国家应遣学者到欧美各国去考察，以作我国开展特殊教育的借镜。

五、关于发展儿童教育的四个建议

前面各节中，我已经约略把儿童教育在战后应走以及可能走的路向谈过了。现在，根据我二十余年来从事儿童教育事业的经验，以及目前客观环境的需要，对于发展儿童教育提出四个建议，一方面献给政府参考，一方面就正于列位高明的读者。

建议一：教育部的国民教育司，改称儿童教育司，下设幼稚教育、国民教育、特殊教育各科。

理由：

上面已经谈过，现行的《国民教育法》不过是过渡性质的，失业〔学〕成人的补习教育在施行若干时期而告成功之后，国民教育就纯粹是儿童教育一个部门了。现在，

《国民教育法》将幼稚教育列为小学教育的尾巴，而特殊教育根本连附庸的地位都没有，这是不大合理的。如果把国民教育司改为儿童教育司，而在司下面，分设幼稚教育、国民教育、特殊教育各科，那么，儿童教育就有完整的体系了。

建议二：设立国立儿童教育师范学院。

理由：

现在所有的各国立师范学院，大多看重在培养普通中学师资；对于儿童教育的研究、实验工作，做得不够。国立儿童师范设立之目的，纯粹在对儿童教育作深入的研究，作有计划的实验，同时，在培养一批儿童教育有力的新的干部。

组织：

国立儿童师范学院，下设三系：

（1）幼稚教育系。附设幼稚师范一所。幼稚师范下设幼稚园一所，包括乳儿组、步儿组、幼儿组三部份。

（2）国民教育系。附设国民师范一所。国民师范下设完全小学一所。

（3）特殊教育系。附设特教师范一所。特教师范下设盲童学校、聋哑学校、残废儿童学校、神经病儿童学校、天才儿童学校、低能儿童学校。

建议三：请政府派专家至欧美考察儿童教育，俾作改进中国儿童教育之参考。

建议四：教育行政当局对儿童教育，应分别设置视导专员。

说明：

儿童教育，下分幼稚教育、国民教育、特殊教育三个部门。这三个部门，虽同为儿童教育，但在技术观点上说来，却分别很大。所以，要切实收策励、督导之功，必须设置专人担任视导工作。而这种视导人员，当然应当选用对这一部门的儿童教育有特长的人员才好。

中國兒童教育之路

陳鶴琴

一、引言

神聖的抗戰已經勝利結束了，戰後中國兒童教育應當是怎樣的呢？這是一個極頂要而又極有趣的問題。我們要研究這個問題，必須先把戰時的兒童教育簡略地檢討一下。讀者們都知道在抗戰時期國家的經濟情況，比平時頗為困難些，兒童教育的推進，一方面固然要靠當局和教育工作人員的努力，一方面不能不為經濟條件所左右，所以在這樣的情形之下，不免稍受了一些影響；加之一般人民因為戰局波動，流離顛沛，生活異常困苦，鄉是日常生活的維持，都已艱難，子女的教育更無問題了。而且戰時小學教員待遇過於清苦，所以一般優良教師相率改業，影響到師資的低落，又因為教師待遇的非薄，釀成師範學校國「生荒」的現象，影響到師範學校培養國家幼苗，一切歸於正常，那時當然要加緊工作，用最大決心，最大努力，來推行這培養國家幼苗的非薄事情。一旦勝利到來，戰事全部結束，一切歸於正常，那時當然要加緊工作，又形成了兒童教育新幹部的「粗製濫造」，這樣一來，現階段的兒童教育，還不能不說是兒童的大不幸啊！

但是我剛才說過，戰後的中國不是戰前「承平時代」的中國了，以五強之一的身份，屹立於世界，他不僅要全力從事於物質建設，同時也要進行精神建設的工作中，最重要的就是推行兒童教育，來培養能適應國家社會的新兒童，如果不是這樣，他就不能保持這新的國際地位，而且，國家民族可能軍新陷入那積衰靡不振，昏聵愚弱的地步，所以教育的重視，在戰後是必然的。

我們現在來研究一下：到底兒童教育的意義是怎樣的？它的內涵又是怎樣的？關於教育的意義，杜威曾說過：「教育即生長」。我國的陶行知

也說「生活即教育」，這是一般教育工作者所承認為比較正確的說法，雖然這不是專為兒童教育下的定義，但是兒童教育既然是整個教育之一部門，那末當然也可以說是兒童教育的意義了。根據上面的這幾句話說來，我們自然要說：兒童教育就是不能夠和生活脫離的。教育的目的，在於改進生活，充實生活；教育的本身也是一種生活，簡言之也是一種教育。人在教育中生長，這一生長一方面是指個人道德和文化生活發展，一方面是指整個社會顧向更高的道德和文化生活發展。

至於講到兒童教育的範圍，廣義地說，應該把社會和家庭的教育也包括在裏面。譬如說，電影、戲劇、兒童讀物、玩具、遊戲場所……等等，是社會給兒童的教育。聲如說，父母對子女的態度，教養、言語、行動、是家庭對兒童的教育。社會、學校、家庭三省要相輔而行，有機的聯繫起來，兒童教育的理想才容易達到。

不過，我現在要說明一下，這裏我所談的兒童教育，實際是專指學校教育這一範疇而言，因為學校是一般人所認為實施兒童教育最重要的一個場所。現在為便利起見，姑以這個範疇的兒童教育作為我們討論的資料。過去的所謂兒童教育差不多都是專門指小學教育的，但是，由於時代的不斷演進，國家民族的需要也日有增加，尤其在戰後，我們要配合建國的步調，兒童教育格外應該用一個嶄新的姿態出現了。其實我所謂「嶄新的姿態」不過指吾國內實行了，事實上，像蘇聯、美國、英國等國邦早已這樣。我們再不能列強之後，必須把兒童教育的範圍加以擴展，使它完成更大的使命。

為了這個理由，本人認為戰後我們兒童教育，應該從三方面積極著手，那三方面呢？

一、是幼稚教育，
二、是國民教育，
三、是特殊教育，

（下接第一六九面）

另圖27　《中国儿童教育之路》原发表件（部分）

69 《活教育理论与实施》前记

陈鹤琴

1946年12月25日

题 解　本篇原载《活教育理论与实施》一书。撰写时间为 1946 年 12 月 25 日，发表时间为 1947 年 4 月。原发表时题为《前记》，今题系编者改拟。

有关撰著者陈鹤琴，参见前文《儿童教育的根本问题》题解。

《活教育理论与实施》，由立达图书服务社 1947 年 4 月印行，同年 12 月改由华华书店出版，共收文 20 篇。除《前记》外，另有陈鹤琴撰写的《再版卷头语》、"理论"部分（收文 5 篇，其中陈鹤琴所撰为 3 篇）、"实施"部分（收文 13 篇，其中陈鹤琴所撰为 6 篇）。

本书出版，有两点要说明。第一要说明的，是活教育的理论体系。

一、三大目标

（1）做人，做中国人，做现代的中国人（目的论）。
（2）大自然、大社会，都是活教材（课程论）。
（3）做中教，做中学，做中求进步（方法论）。

二、十二原则

（1）凡儿童自己能够做的，应当让他自己做。

（2）凡是儿童自己能够想的，应当让他自己想。

（3）你要儿童怎样学，就应当教儿童怎样做。

（4）鼓励儿童去发现他自己的世界。

（5）积极的鼓励，胜于消极的制裁。

（6）大自然、大社会是我们的活教材。

（7）比较教学法。

（8）用比赛的方法，来增进学习的效率。

（9）积极的暗示，胜于消极的命令。

（10）替代教学法。

（11）注意环境，利用环境。

（12）分组学习，共同研究。

三、十大区别

（一）活教育

（1）一切设施、一切活动，以儿童为中心、为主体。学校里一切活动，差不多都是儿童的活动。

（2）教育的目的在培养做人的态度，养成优良的习惯，发现内在的兴趣，训练人生的基本技能。

（3）一切教学，集中在"做"；做中学，做中教，做中求进步。

（4）分组学习，共同研讨。

（5）以爱以德来感化儿童。

（6）儿童自订法则来管理自己。

（7）课程是根据儿童的心理和社会的需要去编订的，教材也是根据儿童的心理和社会的需要来选定的。所以课程是有伸缩性，教材是有活动性而可随时更改的。

（8）儿童天真烂漫，活泼可爱，工作时很静、很忙，游戏时很起劲、很高兴。

（9）师生共同生活，教学相长。

（10）学校是社会的中心，师生集中力量改造环境，服务社会。

（二）死教育

（1）一切设施、一切活动，教师（包括校长）为中心、为主体。学校里的一切活动，差不多都是教师的活动。

（2）教育的目的，在灌输许多无意义的零星知识，养成许多无关重要的零星技能。

（3）一切教学，集中在"听"；教师口里讲，儿童用耳听。

（4）个人学习，班级教授。

（5）以威以畏来约束儿童。

（6）教师以个人主见来管理儿童。

（7）固定的课程，呆板的教材，不问儿童能否了解，不管与时令是否适合，只是一节一节的上，一课一课的教。

（8）师生界限分明，隔膜横生。

（9）儿童呆呆板板，暮气沉沉，不好动，不好问，俨然像个小老人。

（10）校墙高筑，学校与社会毫无关系。

四、四个步骤

（1）实验观察。

（2）阅读参考。

（3）发表创作。

（4）批评研讨。

五、五指活动

（1）儿童的健康活动（包括体育、卫生等学科）。
（2）儿童的社会活动（包括史地、公民、常识等学科）。
（3）儿童的自然活动（包括动、植、矿、气象、理化、算术等学科）。
（4）儿童的艺术活动（包括音乐、图画、工艺等学科）。
（5）儿童的文学活动（包括读、作、写、说等学科）。

第二要说明的，本书各篇文章，都由《活教育》月刊第一、二、三卷中选出。《活教育》月刊在第三卷以前各期，都在江西出版；自第四卷起，在上海复刊。本书出版，由张文郁[①]君编辑成帙，邵韫娴君缮写，陈维雄君校对，并以志明。

编者，一九四六年十二月二十五日

[①] 张文郁（1915—1990）：浙江平湖人。1935年毕业于大夏大学高等师范科。后追随陈鹤琴，从事"活教育"实验，任国立幼稚师范专科学校副教授、科主任；协助陈鹤琴编辑《活教育》月刊，担任总编辑。中华人民共和国成立后，历任复旦大学教授，上海师范学校校长，华东师范大学教授、教育系副主任。著有《小学特殊儿童的教育》《教育哲学》等。

70 《活教育理论与实施》再版卷头语

陈鹤琴

1947年3月

题　解　　本篇原载《活教育理论与实施》一书。撰写时间为 1947 年 3 月，发表时间为 1947 年 4 月。原发表时题为《再版卷头语》，今题系编者所拟。

有关撰著者陈鹤琴，参见前文《儿童教育的根本问题》题解。

有关《活教育理论与实施》，参见前文《〈活教育理论与实施〉前记》题解。

《活教育理论与实施》从出版到今天，还不过二个多月。仅此短短的时间，而本书竟即再版。在编著者个人，固然感到无上的欣慰；同时，对于读者的爱护，致深切的谢忱。

就一般的情形来说，本书迅速再版，是证明中国社会是怎样地迫切需要一种新教育的主张。以往中国的教育运动，如设计教学、道尔顿制、文纳特卡制①，都不过是直接抄袭外国的教育理论与主张。因此，它们难能在中国的土地上生根。虽然也会兴起于一时，终究禁不起中国现实社会的考验而趋于沉寂。

今天，活教育的主张，其所以异于以往教育运动者，即在于活教育的理论是以中国社会为其发展的基础；她是针对社会实情，适合大众需要而发展起来的。与其〔因为〕

---

①　文纳特卡制：通译温内特卡制。

她是中国社会的道地产物，所以她才有可能在中国的土地上发生深厚的影响。不过，"活教育"的提出，无论就内容或实施方面来说，都还处在倡创的时期。质言之，即活教育的理论与实施，在今天尚未臻于成熟的阶段。在那里，还有许多的缺陷需要填补，还有辽阔的前途需要拓展。这一切，都要求我们今后的努力。我们相信，只要我们所走的方向能吻合中国社会的发展，那么，继续耕耘，必获丰硕的成果。

本书不仅是提供一种新的教育理论，主要的，我们是希望能藉此以展开一个新教育的实验运动，把活教育的主张实地的付之施行，使其成为真正的时代产物。

因为要纪念市立幼稚师范学校创办周年校庆，本书特定在去年十二月二十四日出版。时间的匆促，内容与印刷都难能令人满意，尤其是排校方面，错字甚多。本欲在再版时予以修正与更改，但以读者的急需，又无法从容修订，只好在书尾附一正误表，暂资参考。精细的补充与修正，惟有待于未来。特此深表抱歉。

陈鹤琴，三十六年三月

71 《儿童福利通讯》发刊词

朱熊芷

1947年4月3日

> **题 解**　本篇原载《儿童福利通讯》第 1 期。发表时间为 1947 年 4 月 3 日。原发表时题为《发刊词》，本题系编者所拟。
>
> 　　有关撰著者朱熊芷（即熊芷），参见前文《儿童的性教育》题解。
>
> 　　《儿童福利通讯》，月刊，由中国儿童福利研究社主办，主编先后为汤一雯、陈有德，发行人为熊芷。宗旨为"沟通中外有关儿童福利之消息，介绍有关儿童福利之参考资料，协助全国儿童福利机关、社团与工作人员，以达成促进中国儿童福利工作之目的"。主要栏目，有论著、报告、询问栏、小消息、书籍介绍等；主要撰稿人，有朱有光、叶楚生、詹月光、王仁慈、汤铭新等。终刊原因及时间未详。

　　《儿童福利通讯》，于中国儿童福利研究社①正式成立的第一天——四月三日、儿童节前夕——与从事儿童福利工作者相见。特此，介绍本社工作与本通讯之使命。

　　中国儿童福利研究社，为三年中我国两次有历史性之儿童福利工作会议的产生物。民国三十三年，因抗战十年来我国福利工作之开展，从事儿童工作者，觉有相聚交换经

---

① 中国儿童福利研究社：儿童福利事业民间社团。1947 年 4 月 3 日成立于南京。它以"研究儿童福利事业，促进其发展"为宗旨。该社设董事会和设计委员会，吴贻芳为董事长，熊芷为社长。该社除主办会刊《儿童福利通讯》外，还编辑出版《儿童福利丛书》等多种读物。

验必要。是年九月，遂于重庆开"全国儿童福利工作人员会议"。除检讨过去、计划将来外，于会议结束时，会员呼声为：我国儿童福利运动正在萌芽时期，为奠定稳定之基础，谋求工作质量之推进，需要技术研究、实验及中外有关儿童福利资料之供给，要求成立儿童福利研究社。虽大会指定之筹备委员会聚合数次，终因当时战事情势，始终未得具体实现。

战事胜利，复员东下，儿童福利工作不但未因迁徙稍有停顿，而反因工作者之努力及善后救济物资协助，得以加强扩大成为满布全国各地全面性之运动。为计划战后我国儿童福利工作趋向，又于三十五年十一月，于沪上举行"全国儿童福利工作计划会议"，以促进儿童福利、儿童教育、卫生之综合性工作配合之发展。当时，参加者又重申前议，敦促此儿童工作技术资料与供应早日实现。

会后，美国援华联合委员会儿童福利专家冉凯生博士协助筹备，本社因而成立。其工作，分为研究调查、设计实验、编辑出版及服务四项。其内容，本刊另有详细登载，故不赘述。

《儿童福利通讯》，为本社重要工作之一。其目的，为传达各项工作消息、工作报导、交换经验与介绍中外有关儿童参考资料。内容分消息、研究、工作报告、书报介绍和咨询五栏。除聘请国内儿童福利专家为本刊顾问外，尚有本社设计委员会中外专家委员，对技术咨询各问题作详细解答。本刊物为工作之新试验，且因经费关系，暂为不定期刊，惟至少每月出版一期为原则。

本社既应从事儿童工作之需要与要求而产生，此《通讯》即为散于各地工作者之间接触工具，其成败亦视吾人对其努力分量而定。故切盼各方随时赐与指导，供给消息及材料，以期其健全长成。

72　推行本省儿童保育事业的认识

张雪门

1947年4月30日

题　解　本篇原载《国民教育指导月刊（台北）》第 2 卷第 3 期。发表时间为 1947 年 4 月 30 日。

有关撰著者张雪门，参见前文《中国幼稚教育已到了十字街头》题解。

"本省"，即台湾省。"儿童保育事业"，系指对贫寒无依的儿童所提供的养护和教育事业。

《国民教育指导月刊（台北）》，教育月刊，由国民政府教育部国民教育司与台湾省行政长官公署教育处合办，1946 年 8 月创刊于台北。旨在"推动国民教育在台湾的实行，将国民教育与地方自治结合起来，促进台湾地方建设"。主要栏目，有读者信箱、教育法令、国民教育近讯等；主要撰稿人，有王邃珍、潘之华、吴兆岳、徐叙贤、王鸿年、郭拔英等。1947 年 4 月 30 日终刊。

本年度本省行政长官公署民政处《推行儿童保育事业的工作计划》，在充实并扩大省儿童保育院业务，筹设县市儿童保育院十七所，奖励私设儿童保育院。但如何充实？如何扩大？如何筹设？若没有正确的认识，不但南辕北辙，配合不上国家建设，而且会走到由进行而停顿之路上去，由停顿而关门大吉。

儿童保育，在本省是创造事业，一切都没有基础；然而，四周倒有窒息的气氛。这气氛，如果认识不清，任何努力不是走错了方向，亦必至于窒息而死。当省儿童保育院筹备的时候，我接触过不少的人。但一般的看法，都以为，这是一种救济的慈善事业。

从筹备开始,一直到了儿童来院,竟没有一个人认识到,这是国家伟大政策——不能因儿童贫寒无依,而剥夺其下一代主人翁保育的机会。所以,在今日推行本省这一份事业,第一,先须肃清日人残暴的奴化政策,第二,更须明白,在现阶段艰苦环境中,只有艰苦,才能养成下一代所需要的主人翁来。

二月一日,我和张股长见嘉义市市长。市长说,今天星期六,下午是区长会议,可否列席说明招收儿童的旨趣。我觉得,这正是给我们一个向人民代表解释的好机会,就俨然担任下来。这次演说,除指出日人招收本省儿童和我们不同的作用外,更坦率说明目前的困难,以及仰赖地方的意思。

五日,又到太保区春珠里去招生。黎指导员、黄科员叫我们坐市府的汽车去。张股长说,像这种贫寒乡村,恐怕还是第一次见到汽车呢!当我们汽车到春珠里时,原有几个孤儿先躲避起来。但是,汽车竟给我们不少方便,一会儿就聚拢了一大圈的男女老少,问这问那。从我们答复中,首先得到了老人的点头;以后,连起先躲藏的儿童,也出来了。像这一种宣扬政令、解释群疑的工作,在今日,依然须不断努力。好在现在有了儿童,尤其应该的,须由我们"工作"替自己说话。

至于保育的内容,尽管是千头万绪,但只有一个前提。这前提是什么?就是认清中国艰难阶段,只有在艰难中去奋斗,才是〔可〕以养成下一代的主人翁。分开来说:

第一,当然是设备。省儿童保育院(现改称台湾省育幼院)院址,首先拨用的是无名庵旧址。当时,正租给一家旅馆用着。现在,新的建筑还未告成,却因为迁出旅馆和工程因物价涨价而停顿,好像已刻画出两道艰难的痕迹来。最近,又可以拨给援护会馆、有邻庵等地方。援护会馆是租给了逸园,有邻庵是租给了新生庄,全是旅馆,全是日本式的楼房。但是,我们的儿童呢,既无家产,又少亲朋,若再使之日处华屋,耳濡目染,尽是游客、侍女们的行为,更将何以锻炼能耐劳苦和生产的心、手?幸而,距老车站不远,有一所农民训练所;更幸的是,政府能体念、接受我们的意见,现在正在商订交换使用的合约。

第二,是工作人员。教员、保育师等,和儿童有直接的关系;干事、工友等,是间接关系。小小一个机关,也和一般社会同样的复杂。坚苦卓绝、能任劳任怨的,固然有;吃唱玩乐、投机取巧的,也未始绝迹。如何促进同一的认识?我们现在虽有两星期一次的座谈会,但是读书报告、问题演讲以及工友训练班等,还是未兑现的计划。

第三，保育院的本身，仅是机关式儿童福利，经费有限，名额有限，举一漏万。社会中同样年龄的儿童，因为缺乏种种条件，失去保育机会，何一不是我们的责任！更应如何利用现有机构，就地取人，就地取材，试验普及方法，形成社会制度。

第四，查本院《儿童入院规程》，第一条，是"贫寒无依的儿童"。这些儿童，早年丧失了父母，在人世间是最可怜的。他们在人前，不是抱着自卑的心理，便是反抗、冷酷、不正常的情绪。杜威说："教育即生活。"我国的陶行知说："生活即教育。"所以，要提高教育功效，尤须提高生活环境。美国小家庭式教养（chttage① plan），使失依儿童不因环境或经济问题而失去正常之家庭生活，尤足以供我们一般家庭及推进亲职教育②之参考。

第五，教育是一贯的。历来教育，学校与家庭异趣，知识与劳动分家。在畸形社会中，自有这一种矛盾、复杂现象。但下一代的主人翁，断不许再有这样的冲突、这样的互相抵销。应该在工作中学习，更应该放开校门，和社会打成一片。导生制③的实验，虽起于二十二年河北定县东建阳村，但在本省，却只有本院小学部容易具备这一个条件，应先肩负起这一份责任来。

以上所举，有的是已经做到，有的是正在计划，有的是还须纠正。面前是横堆着无数的艰难，我们只看〔有〕在艰难中去克服环境，也只有在艰难中，才能养成下一代所需要的主人翁来。

---

① 此处英文"chttage"误，应为"cottage"。
② 亲职教育：也称"双亲教育""家长教育"，是使为人父母者明了如何尽父母职责的教育，属于成人教育范畴。
③ 导生制：也称"贝尔-兰卡斯特制"。该制由英国人贝尔和兰卡斯特共同创立，其方法为，选择一些年龄较大或较优秀的学生，由他们充当"导生"，去向年龄较小或知识较少的学生教学，用以解决师资不足的问题。1933年，晏阳初在河北定县推行平民教育时，曾广泛借用过此制。

73 普及幼稚教育及保姆训练问题

刘兆吉

1947年8月5日

另图28　刘兆吉像

题　解　　本篇原载《中央周刊》第9卷第33期"教育论坛"栏。发表时间为1947年8月5日。

撰著者刘兆吉（1913—2001），山东青州人。早年就读于山东省立第十中学、山东省立第一师范学校。1935年考入南开大学哲学教育系，1939年毕业于西南联合大学。历任重庆南开中学教师、教务主任、教导主任，四川教育学院副教授。中华人民共和国成立后，历任重庆大学、西南师范学院副教授、教授，专事心理学教学和研究，曾任重庆市心理学会理事长、中国心理学会教育心理专业委员会主任。著有《初中作文教学法》《美育心理学》《高等学校教育心理学》等。

《中央周刊》，时事政论周刊，1938年7月7日创刊于南京，由中央周刊社主办并发行，主编张文伯。该刊的主要内容大致可分为四个部分：政治建设、国内经济建设、外交问题、党务消息。主要撰稿人，有周鲠生、陈豹隐、萧一山等。1948年11月终刊，共出10卷500余期。

自福禄伯尔[①]、蒙台梭利提倡幼稚教育以来，欧美诸先进的国家，对于幼稚教育非常注意，到现在已有显著的成绩。而中国的幼稚教育，却很少有人注意。即有少数人在

---

① 福禄伯尔：通译福禄培尔。

那里力竭声嘶的摇旗呐喊,但收到的效果仍然微乎其微。有的,在那里全盘西化的办洋幼稚园;有的,不是闭门造车,就是盲人瞎马胡碰。这样,中国的幼稚教育,怎会发达、怎会普遍呢?

但是,幼稚教育的发达、普遍,绝不是很简单的问题。对于教育及中国社会情形,若没有深切的了解,绝难找出正当的途径。若不能发觉其症结所在,也难收对症下药的效果。笔者才学低浅,难免误谬之见解,但理想、观察所及,不妨说出。若获批评指正,对此问题或能有更进一步之了解。此正所谓抛砖引玉是也。兹为清楚起见,将此问题分述如下。

一、幼稚教育的需要

(一)普及幼稚教育,是普及小学教育的基础

许多人都承认,自幼稚园升到小学的儿童,比由家庭里送来的儿童,好教得多。若在幼稚园里已养成儿童上学及守纪律的习惯,到小学或受义务教育时,自易领导。

(二)幼稚教育,可养成人生良好品行的根基

儿童教育学者告诉我们,凡人生所需要的重要习惯、倾向、态度,多半可以在六岁以前培养成功——六岁以前,是人格陶冶最重要的时期。若在此期没有受适当的教育,一旦坏习惯养成,以后便很难教导、纠正。

(三)普及幼稚教育,可节省成年人的工作时间

三岁到六岁的儿童,正是好动、好闹的时候,但他的智慧,还够不上自卫、自保的过程,豺狼、蛇蝎不为之惊,深渊、悬崖不知躲避,离开成人,往往易堕危险。若每一幼儿即需一成人看管,则与时间、人力太不经济。

况成年人多服劳作、耕种的责任,一家生活赖之。幼儿对其工作,有莫大牵累。若在工业区及农村有普遍幼稚园的设施,许多儿童会聚在一处,有专人负责,则其父母尽量工作,不复有幼儿之累赘。

再者,稍长之儿童,便能帮父母作事,如放牛、看果园等工作。而三岁至六岁之儿

童，正不能做任何工作。这时受幼稚教育，可谓有百利而无一弊。父母果能释〔识〕此，何乐而不为？

由以上三点可知，普及幼稚教育，是很重要的一种工作。

二、中国幼稚教育的症结

（一）太洋化
我们看看国内寥若晨星的几个幼稚园，一切设施，都是采用欧美的方式：弹的是外国钢琴；唱的是外洋歌曲；儿童的玩具，也多是洋货；就是儿童抱的泥娃娃，也是金发、蓝眼睛的洋娃娃；小孩子的服装、礼貌，也尽量的洋化。儿童入了幼稚园，便算进了一个洋化的小天地，吃的、用的、玩的，都是洋的。这个小天地，就变成洋货的倾销场。

（二）太贵族化
中国现在的幼稚园也许受了洋化的影响，一切施设多很讲究。儿童的服装、玩具，吃的点心、糖果，都是昂贵的。贫苦的父母心有余而力不足。他的宝贝绝难踏进这种幸福的园地，那只是富贵子弟独享的地方。

大家不信，请估计一下幼稚园里一个儿童的用费。我怕有的一定超过一个小学生的用费，甚至于超过初中学生的用费。这样奢侈的幼稚教育制度，在贫穷的中国社会里，怎会普及呢？

（三）缺乏保姆
中国因为不注意幼稚教育，所以对于保姆的训练当然不甚注意。没有适当的保姆人材，幼稚教育实难扩充。

（四）受贵族教育的教师，不能作乡村儿童的保姆
讲到这里，我有一个很好的实例：

就在二十五年暑假，山东某师范毕业的女学生，分派在乡间实习。她们主要的工作，

是在乡村办托儿所。那正是农人收割小麦时候。伊们抱着很大的慈悲心、好奇心，迅速的成立了多处托儿所。伊们打算，把农人的累赘——即三岁至六岁的儿童，收到托儿所来。一方面，是为的儿童的父母工作方便；一方面，为的解除儿童在农忙时期失掉了父母的爱护痛苦。

伊们的动机不谓不善，可是结果是失败了。

当初开办的时候，伊们在乡村各处宣传，劝告〔为〕父母的把他们的儿童送进托儿所来。农人们看到这般和蔼可亲的小姐们是这般慈悲、这般喜欢儿童，所以便毫不迟疑的把儿童送来了。

可是到这时，事情又变了。当招不到儿童的时候，伊们是感到失望；儿童来多了，他们又感麻烦。伊们说，乡间的孩子太肮脏，身体、衣服太不清洁，在屋子里便会把空气弄臭了。这也是事实。因为当时利用的屋子，多是旧式庙宇，门窗很少，空气确实难以流通；又是郁热的夏天，所以伊们在屋子里的时候，往往用手绢掩着鼻孔，能〔不〕与儿童接近，便不使儿童接近她们。听说曾有这样的笑话：她们为了怕儿童玷污了她们的衣服，当接儿童时，先用报纸把儿童的手臂绑好，然后才肯牵引儿童；要抱儿童的时候，也要用报纸。当一个儿童拉尿在衣服上的时候，他们都不背抱奋勇来处理；当然，伊们也有很聪明的法子：公推、选举、抽签。

所以，他们很讨厌肮脏或生有疮疖的儿童。托儿所办了八天之后，儿童们感觉不到一点兴趣，哭着、叫着的声音常常送出墙外。后来，儿童们都不乐意再来了。父母们获知隐情，对这些小姐们也很表示不满。他们无论怎样的忙碌，也不肯把他们的儿童交给这些小姐了。结果，则农忙托儿所的试验是失败了。

我们由以上的例子可以知道，在几将破产的中国农村里，他有特别贫苦的环境及守旧风俗。要普及乡村的幼稚教育，应特别训练适合服务乡村幼稚教育的保姆。纯受贵族教育的师资，绝不能作乡村儿童的保姆。

三、补救的方法

（一）办适合中国民情的幼稚园

中国有它特殊情形，民俗、经济、政治，怕都不与欧美相同。谁都知道，全盘西化的教育是不合理的。那么，幼稚教育自然也逃不出这个范围——中国人，应当办适合中国情形的幼稚园、托儿所。

（二）平民化

公私立的大、中、小学尚有公费、免费生名额，少数贫寒学生尚有插足求学的余地，而公私立的幼稚园，却没听到也收公费、免学〔费〕生。并且幼稚园都是富家子弟受教育的场所，穷苦的儿童没有整齐的服装，没有丰足的糖果、玩具费，他们便不能与富家儿童为伍、受同等的教育。

这样一来，不知多少正应受幼稚教育的儿童，而流浪在街头巷尾。他们那可怜的父母，既受生活的鞭笞，忙于操作，无暇照顾他们；国家，也没有设立教养他们的幼稚教育机关。儿童何辜？为何受到这样不平等的待遇！

要想普及幼稚教育，非设立更多的幼稚园、托儿所以来尽量容纳这些儿童不可。然而，我国经济困窘，又值战乱时期，要设立大量的幼稚园、托儿所，谈何容易！只有将现在西化的〔幼〕稚园简单化、平民化，使全国儿童都有受教育的机会，总比点缀风光式的、设立极少数的幼稚园，专容特殊阶级的子弟，对国家、民族均为有利。故欲普及幼稚教育，所有幼稚园非趋平民化不可。

（三）保姆的训练问题

我们需要大量平民化的幼稚园、托儿所，来容纳大量的儿童。那么，便不能不要大量的平民化的保姆。因此，保姆的训练问题尤为重要。兹略述如下。

（1）训练平民化的保姆。

现在担任保姆的，多是受过城市师范教育的妇女。她们的思想及教学方法，都直接、间接受到西洋幼稚教育的影响，自然不惯于置身设备简陋的幼稚园里，教导贫苦的儿童。所以，需要训练吃苦耐劳而肯为大众服务的保姆，使她们对于穷富、贵贱都一样的爱护。

（2）普遍妇女的保姆知识训练。

在我国百分之八十以上的文盲当中，妇女不识字者较男子尤多。他们尽管承袭了些旧的经验来生儿养女，但违背儿童身心的地方，在在多有。那么，我们为了儿童的幸福，为了使他们身心得到合理的培育，应该普通〔遍〕的训练一般妇女都有些保姆的常识。自然，使这些不识字的妇女短期间内变成幼稚教育专家，是很困难的事；不过，只是教育他们比较合理而简单的保育儿童的常识，似非难事。

（3）特别保姆的训练。

普遍妇女的保姆知识训练，不过是使作母亲的改掉那些固执、迷信及种种违背儿童身心的陋习，增加他们抚养儿童常识罢了。这种训练，不需要长久时间，也不需要认识很多文字即可接受。短期训练班或妇女夜校，都可达到这种训练的目的。然使只受过这样训练的妇女，在幼稚〔园〕里担负保姆的任务，教育多数的儿童，这是不够的。

健全的保姆，必须受特别的保姆训练。因为她们需要懂得儿童的心理学、教学法、看护学、生理卫生及营养等学识。如此，便不是短的普通知识训练便能达到目的底。国家应设立培养幼稚师资学校，培养大量的保姆人材；或在女子师范学校里，增加抚育及管理儿童的课程，使每个有做小学教师资格的妇女，都有做保姆的知识。

除以学校教育的方式训练保姆之外，还可以"徒弟制"的方法来训练保姆。工厂、商店都有学徒，并且学徒出身的店员、工徒，做起事来，特别切乎实际。训练保姆，大可也采用"徒弟制"。譬如，幼稚园里，除保姆之外，也可找些年岁相当的妇女，一方面帮助保姆作事，一方面学习如何管理儿童及一切做保姆的应具的知识。时间久了，她们虽未受过培养幼稚师资学校教育，然而她们也会学成健全的保姆。

（四）设立幼稚园的地点分配问题

现在幼稚园不但数量太少，且地点的分配好不平均，多集中在繁华城市及富有之区，或接近文化机关及教会区域，工商区及乡村则极少设立。

其实，工厂区及乡村，对于幼稚园的设立最为迫切。因为工厂里的劳工及乡村里的农民，他们的生活，全赖其每日的辛苦劳动来维持。一日不操作，一日便有断炊之虞。所以，他们没有时间来看护他们的子女。

国家为增进劳工及农民的工作效率，应在工厂区及乡村里，多多设立平民化的幼稚园，收容劳工及农民的儿童。不但减去他们父母的累赘，且可使这些儿童变成更健全的国民。

（五）幼稚教育的教学原则

（1）宜地宜人。

我国土地辽阔，各地的风俗习惯无不差异。对于幼稚教育的设施，自然以适应该地的环境为原则。务求宜地宜人，绝不可削足适履、固执一方也。

（2）有计划而不拘泥于死课程。

变化多端，莫过儿童的心理；好奇摹仿，亦莫过于儿童。若能体贴、利用，处处都有学的意义。万不可拘泥于死的课程，来束缚他们的小心灵。教导幼稚儿童，自然有一定的目标、一定的计划；而施教的方法，以适合他们兴趣为原则。

（3）尊重儿童的个性，而不可养成其倔强、暴躁的习气。

儿童心理的不同，就像人们的面孔一样；千万颗面孔，而没有绝对相同的。要使许多儿童性情酷肖，不但劳而无功，且于儿童本身有害。做保姆的，应当尊重儿童的个性，但不可养成其倔强、暴躁的习气。

（4）充分利用当地的教材、玩具或故事。

现在许多幼稚园，太洋化了。许多教材都从外国抄袭而来，尤其音乐、游戏教材，都是洋货，甚至儿童玩具，如皮球、洋娃娃，也以洋货居多。幼稚园变成了推销洋货的场所。其实，这些不一定适合中国儿童的口味。

我国何尝没有适合儿童歌唱的乐曲？如各地的民歌、童谣、谜语、故事，都可斟酌选用。我国各地都有流行的儿童玩具，也可满足儿童兴致，不需购买外货。最好，指导儿童以自己的力量、土产的材料，造自己的玩具。如此，既可助长儿童创作能力，且可减少中国金钱外溢。

四、结论

总之，中华民族欲求复兴，非普及教育不为功。然普及教育，不能不注意幼稚教育的发展。欲求幼稚教育发展以至普及，首先注意保姆训练及幼稚园的改进、推广诸问题。笔者虽具是感，然对于扩大保姆的训练问题，尚无具体办法，有待海内名士不吝指教。若能抛砖引玉，则个人幸甚！全国儿童幸甚！

74 战后中国的幼稚教育

陈鹤琴

1947年8月

题　解　　本篇原载《教育杂志》第32卷第2号"战后中国教育专号（下）"。发表时间为1947年8月。

有关撰著者陈鹤琴，参见前文《儿童教育的根本问题》题解。

1945年抗日战争胜利后，陈鹤琴担任上海市教育局督学室主任，主持创设了上海市立幼稚师范学校，并将江西省立实验幼稚师范学校的专科部迁至上海，尽力筹创国立上海幼稚师范专科学校。然而经过年余努力，不仅后者难以安身（未有校址），而且前者也难以为继（后改办为上海女子师范学校）。有鉴于此，陈鹤琴发表此文，试图引起当局和社会各界的注意。

有关《教育杂志》，参见《修改现行〈幼稚园课程标准〉问题》题解。

一、引言

中国需要幼稚教育，现在应该是没有人再可怀疑了。为什么呢？

第一，幼稚教育是一切教育的基础，所以世界各先进国家都注重幼稚教育。

第二，幼稚期是人生可塑性最大的时期，所以幼稚时期也是奠定人生健全发展的时期，故需有适当的环境与优良的养育，以促使民族的新生。

第三，中国要求进步，半封建、半殖民地的状况必须要摆脱，资本主义性的社会条件必须要充分发展。因此，迫切要求幼稚教育以集体力量来减轻工作妇女对养育子女的负担。

第四，目前中国社会的一般贫困，须要幼稚教育使贫童、难童及特殊儿童能得到社会的养护。

幼稚教育应该怎样来拓展？当抗战初时，作者就曾提出了这样的意见[①]：

第一，要国家宣布幼稚教育在学制上的正式地位。以往的幼稚教育，都是由学校或慈善团体及私人来设施与提倡的。这无论如何总感不够。政府为民族前途着想，应当在学制上，把幼稚教育的附庸地位撤销，而进一步去正式认取它应有的地位。试想，全国人民既有享受国民教育的权利，为什么反而没有享受幼稚教育的权利呢？无论在理论上讲，或者在事实上看，幼稚教育都有设立、推行的必要。政府应立即确定它在学制上的地位，同时还要统筹全国幼稚教育的经费。

第二，要教育界共同努力提倡，使全国父母普遍的认识幼稚教育的重要性，送他们的儿女进托儿所、婴儿园和幼稚园。社会的需要愈感迫切，则幼稚教育也就愈加容易发展。

第三，要大量的造就幼稚师资。如果全国幼稚教育普遍展开，那么，一定需要大量的幼稚教育师资。要造就大量师资，非设立幼稚师范不可。各省宜先设幼稚师范至少一所，来负责训练全省的幼教师资。再进一步说，我们如要各省都设立幼稚师范，那么，这些省幼稚师范的师资，又从什么地方来呢？所以，我们还应当有一所专门造就幼稚师范师资的学校。顶好是由政府来设立一个幼稚教育学院，来做训练、研究与实验的工作；或者在各大学，添设幼稚教育系或幼稚教育专修科；再不然，先办幼稚师范专科学校，来造就大批的幼稚师范师资，以应当时的迫切需要。

作者提出这些意见，尚在抗战初期。计算日子，不能说不长久。惟在抗战时期，国家财力、物力均极艰难，但对于这些意见，可以说也有部份的实现，这不能不说是值得我们欣喜的。不过，从整个幼稚教育的发展上看，这一段日子，只能说是中国幼稚教育的开始；其发达与完成，实有待于我们今后努力。但今后我们努力的方向，应该怎样？这不能不先来回顾战时幼稚教育发展的概略。

---

① 可参阅前文陈鹤琴所撰《从幼稚教育说到幼稚师范教育》。

二、幼稚师范学校的创设

抗战的几年，由于战时实际情形的需要，幼稚教育，的确是有过长足的进步。托儿所、保育院、儿童新村等等幼儿教育福利机构，迅速的繁荣滋长起来。有名的，如桂林熊毛彦文①主办、张雪门主持的香山慈幼院幼稚师范，专为西南一带造就幼稚师资。此外，还有赣县的儿童新村②。但主要的，还得推江西的幼稚师范学校与国立幼稚师范专修科。因为这二个学校虽建立于战时，却正说明了战后中国幼稚教育的道路。因此，这里确有提出来讨论的必要。

江西省立实验幼稚师范学校，是中国第一个公立的幼稚师范。她是由前江西省主席熊式辉先生和江西前教育厅长程时煃先生所发动、策划，由作者亲自来筹备，正式成立于民国二十九年十月一日。我们当时之所以把这个学校冠上了"实验"这个名称，目的就在说明：我们工作重要，是正以实验为主体，准备以实验的成就，作有计划的推进全国幼稚教育。我们幼师的创设，的确是使热心幼稚教育的同志们历尽艰辛的。其经过，在《活教育理论与实施》中，已经有过详细的叙述。这里，只能作一个简单的叙述。

首先，我们在江西泰和文江村的荒岗上，开辟我们的校舍。那儿到处都是参天的松林，一刮风，松涛澎湃，犹如万马奔腾，动人心魄。泰和在左，武山在右，斜阳古塔，极饶情趣。风景的幽雅秀丽，的确是一个很好的学校环境。

数月之后，荒岗上出现了房舍、草场、农圃与四通八达的道路。这些成就，都花了全校师生、职工不少的心血。直到三十二年止，我们全校所有的校舍，计有二十多座（表20）。

---

① 熊毛彦文：熊希龄的第二任夫人毛彦文（1898—1999），浙江江山人。早年毕业于杭州女师，毕业于金陵女子大学。后赴美留学，获密歇根大学教育学硕士学位。归国后，历任暨南大学、复旦大学教育系教授。1935年与熊希龄结婚，协助丈夫开展慈善事业。于1937年熊希龄病逝后，出任北京香山慈幼院院长。

② 儿童新村：全称"赣县中华儿童新村"。村中儿童多为抗战时无家可归的难童，最多时达1000多名。1945年2月因日本进犯赣州而停办。

表 20　江西省立实验幼稚师范学校校舍统计表

类别	名称	幢数	备注
办公厅	大公厅	1 幢	二十九年建筑
教室	孟母院	1 幢	三十年建筑
教室	福禄培尔院	1 幢	二十九年建筑
教室	龙泉斋	1 幢	二十九年建筑
宿舍	松涛斋	1 幢	二十九年建筑
宿舍	教师住宅	7 幢	二十九年建筑
宿舍	工友宿舍	1 幢	三十年建筑
大礼堂	天翼堂	1 幢	三十年建筑
工作室	工艺室	1 幢	二十九年建筑
工作室	家事室	1 幢	三十年建筑
工作室	鸣琴馆	1 幢	二十九年建筑
附属小学	杜威院	1 幢	二十九年建筑
附属幼稚园	欧母院	1 幢	二十九年建筑
附属婴儿园	阳明院	1 幢	三十二年建筑
设备	厨房	1 幢	二十九年建筑
设备	浴室	1 幢	三十二年建筑
设备	厕所	1 幢	二十九年建筑
设备	工场工作室	1 幢	二十九年建筑
设备	膳厅	1 幢	三十年建筑
设备	篮球场	1 座	二十九年建筑
设备	排球场	1 座	二十九年建筑

续表

类别	名称	幢数	备注
设备	放鹤亭	1座	二十九年建筑
	桃花坞	1座	二十九年建筑
	诊疗室	1间	二十九年建筑

在这段时间中，生活犹如战斗。一百多个学生分成许多小组，平地，编草盖屋，筑路，开辟农场，每个人都变成了工人、农人；生活与学习，打成了一片。

民国二十九年九月，幼师附属小学与幼稚园也都诞生了。到了三十一年二月，还创立了附属婴儿园。

后来，中央政府鉴于幼稚教育的重要，并为积极推行起见，就在三十二年二月开始，把省立实验幼稚师范学校，改为国立幼稚师范学校，并且还添设了一个幼稚师范专科，以造就幼稚师范师资，准备分发各省训练幼稚师资，来推动自由中国的幼稚教育。尤其是幼稚师范专科的增设，对中国幼教的前途关系至巨。这说明了我们国家对幼教的重视，同时也证明了时代对幼教要求的日切。

为使幼教发展更能切合社会的需要计，我们以下面的四大标的，来作为幼稚师范专科的职志：第一，建立幼稚师范的教育方案；第二，编定幼稚教育的实施纲领；第三，创制幼稚教育的教材、教具；第四，进行儿童教育的研究、实验。从此，幼稚师范的地位更形重要，其使命也更重大。

学校的整个范围，列表如下（原图6）。

当时，我们规定了各部的目标是这样：（1）幼稚师范专科，培养幼稚师范师资及研究儿童教育人才；（2）幼稚师范，培养幼稚园及小学的健全师资；（3）附属小学，从做、感、想、知的四项活动中，发展儿童的活力，培植活儿童，并作专科及师范员生之实习及研究场所；（4）附属幼稚园等，提倡用科学方法，增进幼稚儿童身心的健康与幸福，协助家庭教养幼稚儿童，谋家庭教育的改进，并作专科及师范员生之实习及研究场所。

经过全校师生的不断努力，国立幼稚师范学校随着抗战的日近胜利而向光明的前途迈进。她的校歌，具体地描述了这个新生学校的情形。后来，虽因战事的影响而作了数度的逃难，从文江①到梅林②，从梅林到甘竹③，但幼师始终是站在幼教的前线。

这是幼师的校歌④（原图7）。

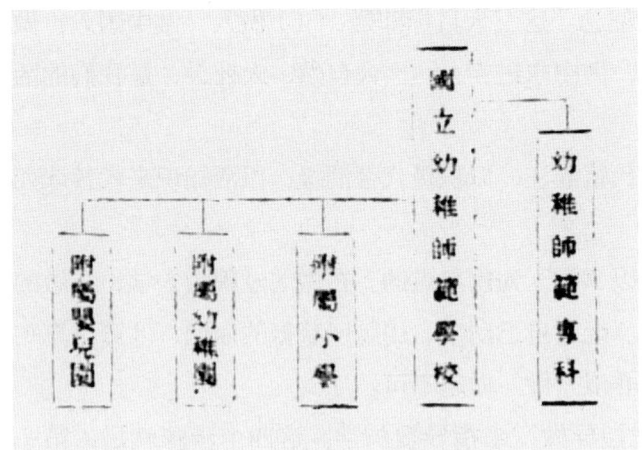

原图6　国立幼稚师范学校各部组成

原图7　国立幼稚师范学校校歌

三、活教法、活课程、活的教育

抗战的时代，是新教育实验的崭新环境；而幼稚师范的创设，正负有实验新教育的使命。究竟要实验什么新教育？是不是道尔顿制、德可乐利制⑤等的"新教育"呢？显然不

---

① 文江：此处指泰和县文江村，江西省立实验幼稚师范学校原址即在此处。
② 梅林：此处指赣州近郊的梅林镇。1943年夏，江西省立实验幼稚师范学校迁至此处办学。
③ 甘竹：此处指广昌县甘竹乡。1945年3月，江西省立实验幼稚师范学校迁至此处办学。
④ 作者原注："（1）幼师，幼师，美丽的幼师！松林中响的，是波涛来去；山谷间流的，是泉水清漪。放鹤亭、鸣琴馆，是我们的新伴侣；更有那古塔斜阳、武山晚翠，陶冶我们的真性灵，培养我们的热情绪。幼师，幼师，美丽的幼师！（2）幼师，幼师，前进的幼师！做中教，做中学，随作随习，活教材，活学生，活的教师。大自然、大社会，是我们的工作室；还要手脑并用，文武合一，建设我们的新国家，教导我们的新天使。幼师，幼师，前进的幼师！"
⑤ 德可乐利制：通称德克罗利教学法。

是。我们要实验的，却是产生于抗战烽火中的新教育，是在中国的土地上生长起来的新教育，这就是"活教育"。

"活教育"，顾名思义，就是反对已经埋殁人性的死教育，反对读死书的死教育；它要摧毁传统教育的锁链，让新中国的主人从淫威、独断的痛苦沉渊中解放出来。所以，活教育首先以三个目标来坚定自己的信念。这三大目标即是：（1）做人，做中国人，做现代的中国人；（2）做中教，做中学，做中求进步；（3）大自然、大社会，是我们的活教材。

我们要以自动代替被动，以启发代替灌注，以积极代替消极，以活知识来代替读死书，以爱德来代替权威。

自动的学习，自发的学习，乃是以"做"为出发点的。在做的过程中去学，在做的过程中去教，在做的过程中去求进步。经过自己动手、用脑所获得的知识，才算是真知识、有用的知识。培养现代中国人，非以"做"做起不可。

怎样"做"？我们有四个步骤来指导做，来指导教与学。这四个步骤就是：第一，实验观察；第二，阅读参考；第三，发表创作；第四，批评研讨。并且用"五种活动"，即健康活动（包括体育、卫生等学科），社会活动（包括史地、公民、常识等学科），自然活动（包括动、植、矿、气象、理、化、算术等科），艺术活动（包括音乐、图画、工艺等科）及文学活动（包括读、作、写、说等科）来丰富"做"的内容。

因为我们相信，做现代中国人，必需具有健全的身体、自动的能力、创造的思想、生产的技术、服务的精神；同时我们相信，幼稚师范，是在培养优良的幼稚教师具有慈母的心肠、丰富的知能、和爱的性情、研究的态度。所以，我们的教学原则，就以此为依归，而大致的定为这样几点：第一，向大自然、大社会追求活教材；第二，运用做中学、做中教、做中求进步的活教法；第三，培养生产能力，是要学校农场化、工场化，学生农民化、工人化；第四，活教师要用活教法，教育活教材，才有活学生；第五，活教师、活学生集中力量改造环境，才有活社会；第六，我们能够自己做的，我们都自己来做。

根据以上的原则，我们就以学校日常生活为出发点，来进行活的教学：

（1）烧饭。由学生轮流主持，每天八个人，来负责全校的烹饪。从买菜、买米、检〔捡〕柴、洗菜、淘米、切菜、烧菜、端菜到洗碗，都由学生自己做的。

（2）洗衣服。也是日常生活的例行公事，都由学生自己洗的。

（3）筑路。学校中几十丈山路，除了中正大路之外，其余的统由师生们共同来开辟的。筑山路本来就是很不容易的，所以掘泥土、挑石子、挑石灰，确费了一番心血。但大家都觉得，这条路是自己要走的，这荒山是要自己来开辟的，这个新世界是要自己来建立的。虽然大家的手上都做起了泡，两腿跑得又酸又痛，但始终没有哼一声苦！

（4）编草。在江西，瓦片很贵，且不易买到。因此，每以松皮或箬篷来代替。这两种东西，可说是抗战时期的经济代用品。我们的房舍，便是用箬篷来盖的。但箬篷太薄，天雨即漏。所以，大家便动手来编草篷，覆在箬篷之上，既可避寒暑，又可抵雨湿。

（5）种菜。开辟农场之后，开始种植蔬菜，供给全校的食用。其他如养猪、养鸡、种花、植树，凡有关生活环境的改善的工作，都被我们用作为教学的好机会。

除了这些工作之外，我们也规定相当课程，以适用于二年制及三年制。现在列表于后，以资参阅（表21、表22）。

表21 江西幼师三年制课程

科目\时数\学期	第一学年 第一学期	第一学年 第二学期	第二学年 第一学期	第二学年 第二学期	第三学年 第一学期	第三学年 第二学期	备注
公民	1	1	1	1	1	1	
体育	2	2	2	2	3	3	包括儿童游戏及韵律活动教材教法
卫生	1	1					
国语	6	6	5	5	3	3	包括儿童文学理论及写作
数学	2	2	1	1			
社会	3	3	3	3	2	1	包括历史、地理，教材混合编制，采用单元教学
自然	3	3	3	3	2	1	包括博物、理化，教材混合编制，采取单元教学
农工艺及实习	3	3	2	2	1	1	工艺教材，删去缝、绣、编织

续表

时数 \ 学期 \ 科目	第一学年 第一学期	第一学年 第二学期	第二学年 第一学期	第二学年 第二学期	第三学年 第一学期	第三学年 第二学期	备注
家事	2	2	2	2			包括缝、绣、编织、烹饪及家庭管理
看护	2	2					
美术	2	2	2	2			
音乐	4	4	4	3	3	3	包括键盘乐、简单作曲法及习作
教育通论					3	3	
儿童心理	2	2					
幼稚教育	2	2	2	2			包括幼稚教育发展史、各国幼稚教育概况、幼稚教育行政、幼稚教育研究
教学与实习			4	4	14	16	包括婴儿园、托儿所教学及实习
家庭教育			2	2			包括儿童保育法及父母教育
教育心理			2	2	2		包括学科心理、学习心理
测验及统计					2	2	
人生心理			3	2			包括普通心理、青年心理、变态心理、群众心理
每周教学总时数	36	36	36	36	36	36	
附注	（一）各年级除体育及早操或课间操外，每周须有课外活动3小时。 （二）各年级每周须有2小时为"战时后方服务训练"。 （三）各年级每日至少有2小时，规定为学生在校自习时间。						

表 22　江西幼师二年制课程

科目 \ 学期（时数）	第一学年 第一学期	第一学年 第二学期	第二学年 第一学期	第二学年 第二学期	备注
公民	1	1	1	1	
体育	2	2	3	3	包括儿童游戏及韵律活动教材教法
卫生	2				
国语	6	6	5	5	包括儿童文学理论及写作
社会	3	3	2	2	包括历史、地理，教材混合编制，采用单元教学
自然	3	2	2	2	包括博物、理化，教材混合编制，采取单元教学
农工艺及实习	2	2	1	1	工艺教材，删去缝、绣、编织
家事	2	2			包括缝、绣、编织、烹饪及家庭管理
看护	2	2			
美术	2	2	2		
音乐	4	4	3	3	包括键盘乐、简单作曲法及习作
教育通论			3	2	
儿童心理	3	3			
幼稚教育	2	2	2	2	包括幼稚教育发展史、各国幼稚教育概况、幼稚教育行政及幼稚教育研究
教学与实习		3	10	15	包括婴儿园、托儿所教学及实习
家庭教育			2	1	包括儿童保育法及父母教育
人生心理	2	2			
每周教学总时数	36	36	36	36	
附注	（一）各年级除体育及早操或课间操外，每周须有课外活动 3 小时。 （二）各年级每周须有 2 小时为"战时后方服务训练"。 （三）各年级每日至少有 2 小时，规定为学生在校自习时间。				

不论是三年制或二年制，其课程内容，都可分成精神训练、基本训练、专业训练三项。各科的范围，特别着重于婴儿园、幼稚园及小学的实际资料，如：体育、音乐，列入儿童歌曲及唱游教材；卫生，注重妇婴心理卫生；国语，加入儿童文学；社会科，混合历史与地理，编成单元，与小学社会及幼稚园常识相呼应；自然科，将博物、理化混合编制，配成单元，与小学及幼稚园教材亦相呼应；家事，包括缝纫、烹饪、家庭管理；幼稚教育，包括意义、发展史、概况、行政、研究法等等，并包括婴儿园教育、教学与实习，合并分幼稚园教学及实习、婴儿园教学及实习，将教材、教法和实习合并教学。另设家庭教育，以儿童和父母教育为主要资料。至于人生心理一科，是新加的课程，其意义，是根据青年期心理，促其正常的发展技能，正确的运用理智于日常生活。以前有所谓人生哲学课程，我们觉得其过分深奥，且距离现实生活太远，不切实际，所以改做人生心理。

照一般的科目内容，每各自独立、不相联系，各科教学只着重于基本训练。对于专业训练，大多由教材教法一科负责，致使教材教法一科中包罗万象，各科都要教。结果，各科略而不详，既没有深切的讨论，又缺乏实际的资料。因此，在幼师的课程中，教材教法与各科紧密联系。各科教学，在最后一年，以幼稚园及小学的教材为范围，使学生能将所学与所用互相配合。各科教学，因此发生浓厚的兴趣，增进了不少的活力。

同时，课程如受了学年的限制过甚，结果不是加速学生的学习，便是减低教学的质与量。因此，幼师更进行了工作单元的厘订。其程序是：第一，分析幼稚园教师应具有的能力，编成优良幼稚教师之能力表；第二，分析幼稚园及幼稚师范的教材，按照进度，组成单元；第三，学生学习，本其个人之智能，按程进行，不受班级的牵制；第四，学习能力强者，规定年限可修完全部课程，较次者时间较长，单元未完不予毕业。

至课程之实验，分四期进行，每期以一年为度。第一，开创期，试用活教材、活教法。第二，实验开始期，整理已用活教材及教法，厘订实验方案。第三，实验修订期，修订上期结果，作精密之实验。第四，实验完成期，继续修订，完成实验课程。

幼稚师范的课程是这样，但幼稚园、婴儿园的活动又是怎样呢？这里略作一个简单的介绍。

在原则上，幼稚园与婴儿园的活动，也都是根据活教育的原则。那时候，幼稚园的儿童都是通学①的。在园内生活的时间，上午约有三小时，下午也有三小时。时间的支配，将因气候的变更而不同。现在，把三十二年五、六两个月的一天生活时间支配情形，例举出来，以见一斑。

上午

七时半到八时十五分——儿童陆续来园，清洁检查，自由活动。

八时十五分到八时二十分——朝会。

八时二十分到九时半——中心活动：常识、工作、表演、出游等。

九时半到九时五十分——户外活动。

九时五十分到十时十分——儿歌，餐点，静息。

十时十分到十时四十五分——音乐。

十时五十分——回家午膳。

下午

一时后，儿童陆续来园。

一时到二时半——午睡。

二时半到三时——做事或表演。

三时到三时半——读法。

三时半到四时——游戏。

四时——夕会、散学。

上面所举时间的长短、活动的次序，都以儿童兴趣的表现为主，视活动性质与活动方式而变化，原定时限可以伸缩，原来次序也可以改变。

不但在课程方面我们进行了新的实验，同时，对于训导问题，我们也作了重新的估计。首先，我们反对那种只凭主观的情绪、态度、利害、好恶去判断或处理训育问

————

① 通学：走读。

题的作风,并提出以下的原则,作为训导的指针,即:(1)从小到大;(2)从人治到法治;(3)从法治到心理;(4)从对立到一体;(5)从不觉到自觉;(6)从被动到自动;(7)从自我到互助;(8)从知到行;(9)从形式到精神;(10)从分家到合一;(11)从隔阂到连络;(12)从消极到积极;(13)从空口说教到以身作则。

这些训导原则,直到今天还是有其价值。在这里,限于篇幅,不便作详细的叙述。幸而在《活教育的理论与实施》一书中,我已有所介绍。

四、战后中国幼稚教育之路

战时幼稚教育的情形,在前面已经说了个大概。战后幼稚教育如何?它应该走什么样的路?要采取怎样的步骤?在这里,我们都得予以简略的问答。

首先我们要问的是:(1)战时中国社会,与战后中国社会有什么不同?(2)战时幼稚教育,有些什么缺点?解决了这两个问题之后,战后中国幼稚教育应走怎样的道路,就很明显了。

现在,我先来解答第一个问题:战时与战后,中国社会有什么不同?

谁都知道,战时中国的二大任务,是坚持抗战与实现民主。坚持抗战的目标,是争取民族的自由与解放,是争取国家的独立与自主;实现民主的目标,是改进人民的生活,是清除封建的支配。

今天,抗战虽已结束,而此二大目标仍然未曾完成,中国的社会,在本质上仍与战时无异。这说明了,中国教育的任务跟战时的也是一样,没有什么实质上的改变。

今日幼稚教育的道路,应该与战时所走的是同一的方向。战时幼稚教育所要求的,现在还需要继续的争取;战时幼稚教育所遭受的困难,今日也需要去克服;战时幼稚教育所有的缺点,今天依然还需要去补救。

总括说,战时幼稚教育,在幼稚教育史上还是一个拓展的阶段,而今天我们还没有超越这个阶段。一切的工作,也还是继续着战时,来完成幼稚教育在中国的建立。

其次,我们再来解决第二个问题,即战时幼稚教育有什么缺点?

缺点很多,例如:

（1）推行不够普遍。幼稚园、托儿所、幼稚师范，都还不曾普遍的设立，仅是某几个地区或城市，才看得见一二所而已。推行得不够普遍，这是最大的缺点。

（2）农工托儿所不曾发展。人们总以为，托儿所、幼稚园，是为贵妇们减少照养子女的责任而已。其实，这是不对的。托儿所、幼稚园，其真实的意义，并不是专为贵妇们而设立的。其最大的作用，则在于方便工作妇女的从事工作，使她们不致因照顾子女而忽视工作，或者因从事工作而忽视子女。中国如果要改善生产，如果要发展经济，则农村托儿所与工厂托儿所是急不容缓的工作。战时，这一必须发展的事业，却并不曾有所积极的推行。

（3）师资不够，幼稚教育要积极发展，必须有大量的师资与热心的工作干部。可是在战时，连幼稚园的师资都不够，更何况托儿所。桂林的幼稚师范，训练了二三百个师资；江西国立幼师及幼专，一共也只训练了二百三十四个师资。全国幅员是这样的辽阔，虽然其他训练幼稚师资的地方也有，但师资缺乏则是普遍的现象。中学师资的来源，是比较得广泛的，问题易于解决；而幼稚教育的师资，条条〔件〕非常苛刻。有学识固然重要，而主要的，还在于他们的〔对〕儿童的纯爱与儿童的感情，以及从事幼稚教育工作的决心与认识。因此，幼稚教育师资，非经严格的专业的训练则决难胜任。所以，师资的不够，多少是限制着幼稚教育的发展。

（4）国家还不够重视。怎样使幼稚教育普遍的推行？怎样使农工托儿所、幼稚园积极的建立起来？怎样来大量的训练幼稚教育师资？所有这些问题，都跟国家对幼稚教育重视的程度，有正的相关。我们知道，在外国的许多教育慈善工作都是由私人来资助、来办理的，但中国却无法专凭私人的力量来建立教育事业。中国社会的落后，国民经济的贫困，私人有时候是无力来举办大家认为应办的事业。所以，中国许多公共事业，每都由国家统筹办理，部份原因亦即在此。战时，国家虽设立了保育院、儿童新村、幼稚师范，但数量仍旧很少，对幼稚教育工作的注意力显然还不够重视。国家既不积极的提倡、广泛的创办，而民间又无力创办，于是，幼稚教育要加速的发展起来，那的确是万难的。

战时中国的幼稚教育所有的缺点，上述的四点，算是最明显的了。战后中国幼稚教育，不谋求改进、不争取发展，那没有话说；但事实上，中国幼稚教育需要迫切。所以这些缺点，是必须要首先予以克服的。

怎样克服这些缺点？怎样争取新的改进？我们的意见是这样：

第一，社会要安定与繁荣。内战不息，干戈无已，社会动乱，民生维艰。若是之国家，怎能谈得到发展教育，谈得到幼稚教育！所以，今天我们首先要求，社会安定，内战停止，是解决一切问题的根本。惟有内战停止，社会才得安定，建设事业才可发达，民生始得生息。然后，国家的繁荣，始能促使幼稚教育的发展，始能为幼稚教育奠下了巩固的基础。所以，幼稚教育——其实也不只幼稚教育而已——首先所要的，是内战停止，是社会安定。

第二，政府要改变教育政策。中国古来所谓"养士教育"的，今天并没有什么两样。政府的教育政策，仍然还只注重高等教育，而对于基层教育则每多忽视。即使曾提出普及基层教育的口号，但也没有切实的做到。教育上，头大脚小的畸形发展，是大家所周知的事实。教育政策的〔如〕不从速改变，则对中国教育的前途，实是一个严重的隐患。

就以幼稚教育而言，在战时，政府总算洞悉到幼稚教育的重要了，于是设立了国立幼稚师范学校于江西，并附设了一个幼稚教育专修科，专为造就幼稚教育的师资与专才。事实上，在战时那般迫切要求幼稚教育的情形之下，仅仅这样的设立了一二所学校，显然是很不够的。但胜利后，连这一点点对幼稚教育的关注，也都消逝了。首先，是国立幼稚师范学校的裁并①。今天，江西已没有幼稚师范了。其次，是上海市立幼稚师范学校的改名为女子师范，把幼稚师范作为一个科而设于女子师范中。国立幼稚师范专修科，胜利后虽已迁来上海，但仍旧是附设于市立幼师（即今之市立女师）中，不能成为独立的学校。

胜利后，政府对于幼稚教育的轻忽政策，的确是使人怀疑的。政府要不要教育？要不要从基层做起的真正的人民的教育？即使由于国家经济的枯竭，要紧缩教育经费，但在抗战时期都能担负得起的幼师经费，现在反而要裁撤了吗？这一切措施，真使人费解。我们热心于幼稚教育的，甚至毕生为幼稚教育而奋斗的人们，对于今日政府所采行的教

---

① 抗战胜利后，国立江西幼稚师范学校的专科部迁往上海，长期无校址，且经费困难；师范部等机构改为省立，后又并入南昌女子师范学校。故作者有此"裁并"之言，意指江西省立实验幼稚师范学校已无形解体。

育政策，真有无限悲愤和沉痛！从速改变教育政策，纠正以往头大脚小的畸形，重视基层教育，提倡幼稚教育，并须正式规定幼稚教育在学制上的地位。惟如此，始能挽回中国教育的命运。

第三，普遍设立托儿所、幼稚园。我们要把幼稚园、托儿所，从大都市带到小都市，从城镇带到乡村；从为少数贵妇、官绅服务的，到为农工劳动大众服务。

在今后建国的路程中，我们要使每个工作妇女，都得到安心工作、无须照顾其子女的舒乐。普及工厂托儿所，普及农村托儿所以及巡回的托儿所，使农忙时节的农村生产力提高到最高的水准。这样，我们幼稚教育的工作者，不仅是间接的参加了社会的生产，而且还正在用集体的力量，来教育民族的新生代，使他们个个都成为国家自救的斗士，个个成为现代中国人。

我们不仅使托儿事业迅速发展，而且幼稚园也是这样。各县至少要有一所独立的幼稚园，各中心国民学校应当附设幼稚园，国民学校也要附设幼稚班，以广泛的为幼稚儿童服务，为工作妇女服务，为民族新生服务。

第四，培养幼稚师资。要发展幼教，师资问题必须解决。我们在抗战初期所提出的主张，今天还是一样的适用。

全国要设立国立幼稚教育专科学校，以造就幼教的专才与工作干部。同时，各大学师范学院，应设幼稚教育系，以配合各独立的幼稚教育专校，以造就幼教专才。其中，还可包括儿童福利工作人员的训练。

各省应当设立一所幼稚师范学校，训练省内的幼稚教育师资。各师范学校，也应附设幼稚师范科，以补助独立的幼稚师范学校之不足。为了迅速、普遍起见，我们还可以创立短期的训练班与讲习班，专为已任的教师与有志幼教的，从事再教育的工作。

第四〔五〕，积极的宣传与推广。为使社会人士明了幼稚教育的重要，我们须要作广泛而深入的宣传工作。为使幼稚教育的知识普遍与提高，我们也须要有计划的宣传工作。编刊读物，发动幼稚教育的运动，用口头的、文字的、化装的种种方式，来展开宣传工作，同时，来进行幼稚教育的推广。

总之，今后幼稚教育，还须要我们付出最大的热情与努力，来争取真正的实现。口说、笔写之外，我们还得以事实来证明幼教对中国前途的作用，用事实来争取幼教前途的发展。

75　《婴儿园教育》序

陈鹤琴

1947年10月10日

题　解　　本篇原载《婴儿园教育》一书书首。撰成时间为1947年10月10日，发表时间为1948年6月。原发表时题为《陈序》，今题系编者所拟。

有关撰著者陈鹤琴，参见前文《儿童教育的根本问题》题解。

《婴儿园教育》一书作者赵琳（1907—1991），女，江苏常州人。1935年，毕业于国立中央大学教育学院卫生教育科。后任职于福建省卫生教育处、重庆中央卫生实验院卫生教育科。1943年，任职于国立幼稚师范学校，兼该校附设婴儿园主任。1949年，任职于华东军政委员会卫生部保健处学校卫生科。1953年后，长期任职于上海医科大学公共卫生学院，是学校卫生方面的专家、中国健康教育界之元老。她在该书《自序》中有言："作者在幼稚教育专家陈鹤琴先生领导下，曾主持国立幼师附设婴儿园有年。"《中国学校卫生》杂志于1992年第1期，刊发有纪念她的悼文。

《婴儿园教育》一书，由商务印书馆于1948年6月初版，系"师范小丛书"之一。全书共分九章，依次为：（1）绪论；（2）中国的婴儿园教育；（3）各国幼儿教育的发展；（4）婴儿园的保育；（5）婴儿健康的防护；（6）婴儿心理的发展；（7）婴儿园的课程及教学单元；（8）婴儿园的教学；（9）婴儿园的行政。全书近10万字。

我国兴办幼稚教育，已有四十五年的历史。现在，全国有一千多所的幼教机关、二千八百八十九个班、十万以上的幼稚生。可是，研究幼稚教育的同志还太少！单以著作一项来说，在国内还找不出二十本专门的幼稚教育书籍。关于婴儿园教育的书，尤其少；以婴儿园教育题名的，这书实是第一本！

年来婴儿园、托儿所等事业，正在全国各地开展，大家都感觉需要参考材料。赵琳女士曾在国立中央大学专攻卫生教育；毕业后，历任卫生行政，并讲授保育及卫生教育课程多年；三十二年，在赣任国立幼专讲师兼婴儿园主任。根据她多年实验研究的经验写成这本书，对婴儿园教育的理论及实际阐发透澈，极具参考价值。我希望，许多幼教同志阅读本书以后，更热心地来工作与倡导，造福于全国的婴儿。

陈鹤琴序于上海国立幼师专科

三六．十．十

76 幼儿教育实施的机构与任务

熊芷

1947年11月3日

> **题 解**　本篇原载《儿童福利通讯》第 8 期。发表时间为 1947 年 11 月 3 日。
> 有关撰著人熊芷，参见前文《儿童的性教育》题解。
> 有关《儿童福利通讯》，参见前文《〈儿童福利通讯〉发刊词》题解。

一、幼儿教育实施机构的由来

幼儿（一岁半至六岁的儿童或学龄前的儿童）教育实施的组织，在英文叫托儿所（nursery）、幼儿学校（nursery school），法文叫摇篮（creche）。这些，都是指六岁以前的儿童养育的意思。

在美国，一九四二年，有许多为幼儿的机构，名称不一。有的叫幼儿学校（nursery school），有的叫游戏站（play center），有的叫游乐园（play grounds），有的叫日间托儿所（day nursery），有的叫儿童发育园（child development groups），有的叫儿童保育中心区（child care center）。

他们的工作时间，有自三小时至二十四小时的，有每星期五天至七天的。有些工作人员是大学程度，〔经〕专业训练的，有些是普通学校毕业，须受过专业训练的。儿童的来源，有自家庭妇女的、职业妇女的、拥挤的住宅区的。有的收费，有的免费，有的半费。承办的机关，有中央政府的，有地方的，有私人办的，有民众团体的。

其工作的质的标准，也不一致，重心在为幼儿的设施。早如罗马时代的 Plato[①] 在 *The Republic*[②]，就有游乐园（ludus or play space）之设。十七至十九世纪的罗梭[③]与非文斯特洛宾[④]、Owen[⑤]就为社达〔会〕改进与福利而提创幼儿学校。他们的哲学与理论，却影响了今日的幼儿教育。幼儿学校的制度在各国的发展，是根据各国经济与社会的需要而产生与发展的。

在俄国 Vera Fediaevsky 说的，他们托儿所的最大的两个目的是：（1）解放妇女，使能参加政治与社会生活；（2）教育儿童〔信仰〕共产主义。

在英国，一九〇九年，英国教育〔当局〕建议办理学龄前儿童教育。一九〇九年，第一个幼儿学校在伦敦开办，为贫民区儿童服务。一九一八年，Fisher 法[⑥]通过幼儿学校为英教育系统之一部，凡父母不能供给幼儿的区域，均设立之。虽然内容是教育，而其服务是慈善事业性质。

在美国，幼儿学校的性质有很多的不同。一八五四年，第一个白日托儿所开办，是救济性质。后在一八八八年，在 Dr. Feliy Adler 领导之下，三个母亲开始研究父母的亲职及儿童问题，渐次的发展到今天的全国性的组织"儿童研究社"。*Child Study* 月刊，就是这个社的刊物。父母教师联合会，在一八九七年组织的，提创儿童教育。全国幼儿教育协会与儿童教育社，对儿童教育标准的提高供献很多。这些团体，都注重儿童早年身体、社会与教育共同发展的重要性，同时并注意到从事这类工作人员的专业训练与教育。

中国幼稚园的设施，在前清末年。我们新教育制度创立时，就包括了蒙养园，后来改为幼稚园，儿童为四至六岁。四岁以下的教育，除所办育婴堂以外，现代化的幼儿教育，是在民国十九年才开始设立，如北平香山慈幼院之婴儿园[⑦]，及后来在[⑧]上海中学、

---

① 此英文为人名，通译柏拉图。他是古希腊哲学家，而非生活在罗马时代。
② 此英文为书名，通译《理想国》。
③ 罗梭：通译卢梭。
④ 非文斯特洛宾：通译裴斯泰洛齐。
⑤ 此英为文人名，通译欧文。
⑥ Fisher 法：通译《费舍法案》。
⑦ 此婴儿园为北平香山慈幼院的附设机构。1929 年 11 月 29 日创设于北平城内石驸马大街，初名"婴儿教保院"。1932 年 8 月迁入香山慈幼院本部后，改称"婴儿园"。
⑧ 此处"在"字疑为衍字或误植，似应删去。

慈幼协会合办的劳工托儿所[①]等。

直至抗日战事展开，因为妇女参加工作，各地为职业妇女、儿童的福利兴办托儿所，这个运动方才蓬勃起来。据最近中国儿童福利研究社的调查，全国南北共有五十二个托儿所。同样的，中国托儿所的开始，也是由救济性质开始。到今天，除了几个大学为家政系及社会学系的学生训练而设的托儿所外，恐怕大多还是为解决社会与经济问题而设的。虽然教育部卅三年在重庆召集的修改幼稚师范课程的一个会议，已将二岁至四岁幼儿教育的课程列入，但在教育系统上，还未将此时期的教育加入。

抗日战争胜利后，儿童福利站的组织，又在各地开始实验。除有些站有附设的职业妇女白日托儿所外，还有为其他幼儿设施，有名为"幼儿园"者，有"幼儿组"者，或导生传习的幼儿园的。这些，也都是推行幼儿教育的组织，因为其物质标准不若职业妇女托儿所之高，或比较容易推广到全国各地，特别是农村里面。

二、幼儿学校的种类

幼儿学校的种类，约有九种。这种分类，只能说是根据其最注重之点及趋向而言，并不是绝对的。因为各类都有相同与不同之点，而不能按此期间所述的种类分得清清楚楚。

（一）为研究学术而设的试验幼儿学校

此类，大多是大学或学术团体附设。研究的人员，如心理学专家、社会学专家或小儿科医生。其性质亦按所要研究的工作而定。有些主要的注意卫生方面的问题，有些注意在处群适应社会的学习或为行为上有问题的儿童。儿童在学校时间，亦因研究题目不

---

① 劳工托儿所：亦称"工人托儿所"。由中华慈幼协会办理的慈幼教养院所附设，由沪东公社协办（并非文中所提"上海中学"）。于1933年4月1日创设，所址在上海杨树浦眉州路，招收2~6岁的劳工子女入所，分设幼儿（2~4岁）和幼稚生（4~6岁）二组，分别进行保育和教育。除周日外，每天上午十时送入，下午五时领回。入托费、茶点费全免，为慈善公益性质。

同而异。有的需要在校廿四小时，有的七小时的，有的上午的，有的下午的，各有不同。

这类性质的学校，其儿童的来源，大多数是有限制与选择的：或者要身体很好的，或是都是上智、最聪明的，或者是某段年龄的，或是代表社会中各阶级的。

这类学校，家庭的合作是很重要的。因为孩子既有一部份时间在家里，所以回家去的生活纪录也是很要紧的。

教师，必需是要受过某种专门训练的。课程时间，亦常随研究的问题而异。

（二）为训练师资的幼儿学校

此类，亦大多为大学教育系、社会学系或其他培养师资的教育机关附设的。此类学校，其教育方针比较其他的较为明显与确定。

教师是必须超过大学程度，因为他们同时要示范及教授大学生。其人数也因受训练及实习生的多少而异。课室要有能让实习的教师去教，而没有参观者。因为实习教员自信心尚弱，所以他试教的环境，也应该较安静与简单。

儿童方面，不必特别选择，只要能代表社会一般的就行了。这些试教的，应该有与男女儿童及各种不同家境的儿童接触的经验，还应该能遇着各种儿童的问题，使他学着对于同一问题有不同解决的方法。

（三）表证家事学的幼儿学校

大多是附属大学的家政系或中学的家政系。

（四）社会服务性质的、救济性质的

有的是仁慈堂、育婴堂或改造的，或救济城市问题与急灾的。此类收费甚少，或竟不收。最重要的工作，是父母教育。

儿童身体，大多是不十分健全的。很多是供给午餐以助营养，有时还供给一套制服。

注重医药的设备与治疗。必有隔离室。

这类学校，儿童本身与家庭的问题是很多、复杂的，所以更足供给训练教师比较好的机会。

（五）问题儿童的幼儿学校

这类学校，又分两类不同的性质。一种为协助或纠正有问题的儿童。这种是看有那种问题的儿童，不一定有多数不同的问题的。其他一种，是要试验与表证、解决与纠正各种问题儿童的方法的，因此他就得选择能代表多种类问题的儿童。

其工作人员之选择，也是要学过心理治疗，有丰富经验与能力的工作人员，人数也较多。

（六）互助性的幼儿学校

由于父母的需要而产生互助。有为职业妇女的儿女的，大多是代表同类性质的家庭的儿童。母亲有时也在里面协助负责。

（七）暑期幼儿学校

受过教育的母亲要在暑期进修，故设校照顾儿女。

（八）幼稚园附设幼儿班

（九）营业性的

为经济谋利而设的，学费收的甚高。

三、幼儿学校的行政

（一）组织

幼儿学校行政的组织，可按其性质与工作而定。儿童众多的学校，其组织较为复杂；儿童少的学校，其组织可较简单。普通的，按工作性质来分部门，如教导、保健、家庭联络、总务。总其成的，就是校长或主任。

（二）人事

职教员的多少，也是按学校的大小而异。儿童的年岁，对于教师的多少也有很大的关系。年龄小的儿童,需要教师协助较年岁大的多。学校房舍的安排,若声息相通的,需要教师少;隔离远的,需要教师较多。工作性质也有关系。自由玩耍,较吃饭、穿衣等工作需教师较少。

无论学校的大小,按工作的性质,约需下列的人才:(1)主持全校的人;(2)管理卫生工作的人;(3)管饮食营养的人;(4)负责指导儿童各种活动的人。这些工作,在大的学校里,是需要分工;在小的学校里,或者一个人也就都作了。

主持全校者的资格,自然是根据学校的性质而异。一个为学术研究而设的幼儿学校,需要一个对于学术有研究的做校长。如此,他才找得出值得研究的问题,才能对其他研究人员有同情,并能指导他们。较大的学校或性质复杂的学校,就需要一个有行政才〔能〕的校长,才能应付各方面的问题。一个为问题儿童的学校,就需要一个心理卫生的专家与社会工作专家。因为他们认识这些儿童问题发生之所以然与解决的方法,一定要能用社会工作的技术去求得科学化的事实,与得着这些儿童家长的合作。一个小的学校,更需要一个有训练和富有经验的人才。因为小的学校教职员少,他必须负起不同的各种责任。一个训练幼儿教育师资的幼儿学校,需要一个受过博而专、兴趣广博、眼光远大、能领导青年的人才。一个互助性质的幼儿学校,需要长于父母教育的人才。总而言之,各学校根据他们的需要,而选择他主持的人才。

幼儿学校儿童卫生工作,应该有一个小儿科医生、护士,或是受过这种训练的教师。大的学校,这三种人才都有,而且是经常的;小的,除经常的护士外,可特约医师,规定来校即可。此外,最好能有心理卫生或行为指导专家及儿童营养家,作经常的顾问。

在中国,一个有六十个二至五岁儿童的幼儿学校,经常的职员人数大约如下:主任一人、教员三人、保育员五人、事务一人、护士一人、工友二三人。

四、幼儿学校的任务

从教育的理论方面看,最初把开始受教育的年龄定为七岁,就是学〔校〕教育。教育的进步,移早至四岁,就是幼稚教育。近年来,再移早至二岁,就是幼儿教育。而甚至婴儿初生后,就教养并重,养里有教,教里有养,互相的作用,无法分开。

名教育家杜威在他的《教育与民主》一书内说过，最紧要的教育期是生后的初年，因为在这时期的身心发育，决定了一生的行为、态度、观念、思想的趋向。近年来，科学研究的结果也告诉我们：

（1）许多现在所认为青年期和成年期发生的困难问题或心理病态，都是在人生最初几年内种下因子的结果。如果当时能给以洽〔恰〕当的培养或指导，其后果自然就不同了。

（2）因为儿童学习的"可塑性"，环境教育对培养儿童正常情绪发育与应付社会能力的养成，是有重大的影响。很多教育家认为，如果儿童的教育年龄要等到四岁才开始，那就对于作公民应有的基本身心、道德的好习惯的养成，都太晚了。

由此可见幼儿时期对教育的重要性。所以，无论是为什么宗旨而设的幼儿学校，都应该努力达到下面的三种任务。

（一）对幼儿本身教育的任务

（1）供给适合于幼儿身体、脑力与社会各方面健全发育的环境——空气、阳光、活动的场所与设备。

（2）培养快乐而有规律的生活与好习惯，及正常情绪。

（3）发展兴趣、想象力与各种技能。

（4）促进同年龄及不同年龄的处群生活的实际经验，学习处群。

（二）联络家庭推进亲职教育的任务

幼儿教育的责任，父母也应该共同负起的。因为：

（1）儿童的生活，有一部分仍是家庭。

（2）有几方面的教育工作，只有父母方才做得完满，如：爱的生活，家庭是天然的环境，去培养一个人感情的处所；性教育的施教，父母是最好的教师。所以，幼儿学校应联络父母共同负责的。

幼儿学校，可以把学校开放做一个示范的场所，以引起环境里的成人们对于幼儿学校施教的方法与内容发生兴趣。可能影响到下列三类的人们：

第一类，幼儿学校里面幼儿的父母。这类的父母，他看见他的小孩在一个同他相同年龄的儿童在一块的生活，使他们对于自己的儿女更有深刻的认识，破除他们对自己儿女的许多成见。譬如，有的父母认为，有些动作对于他自己的三岁小孩是太难了，但当他看见别的三岁大的孩子能作而且做的很好，就能改变了他的成见。又如，有的父母，认为他的一个孩子，是活泼得玩皮不听话的坏孩子，当他看见同他年岁相同的孩子都是那样活泼、玩皮、好动的，只要给他这种活泼力正当的发展，他就成为好孩子了。

第二类成人可能受到幼儿学校影响的，是那些父母，他的儿女不在幼儿学校的。他们仍常常的看见幼儿学校的教师对儿童的施教，他们就可学得很多儿童教育的方法。

第三类的，就是青年。如中学、大学的学生，他们与幼儿学校的接触，很可影响到他们职业的选择。因为接触之后有了认识，他或摸〔选〕学小儿科、儿童教育等与儿童有关的职业。而且对于未结婚的青年也是一种教育。有的幼儿学校附设有短期训练班，不但有理论方面的学科，而且最重要的是有接触小孩的实际经验。如，香山慈幼院的婴儿园办有保姆训练班等，江西农忙期托儿所也有同样的训练班。近来，各地的托儿所，都在举办这类的训练班。

（三）供给学术研究的任务

近年来，对于儿童初期身心方面、发展方面的各种科学材料，幼儿学校供给了不少。也只有近数年来，从幼儿学校方面，我们才得着了许多的问题与此期儿童身体、心理情绪与处群方面发育的材料。

这样，我们才可以有科学的根据，去安排与供给儿童需要的生活环境。譬如，多大的孩子应吃多少糕点方够，要吃什么，要怎样养成健全的习惯等。故教育内容与方法，都是根据实际材料的研究实验而得来的。

所以，幼儿教育运动的发展，与学术有密切而相互发展的重要关系。

幼兒教育實施的機構與任務

熊芷

Organization and Function of Nursery School Education
Nera Tze Hsiung Chu

幼兒教育實施機構的由來

幼兒（一歲半至六歲的兒童或學齡前的兒童）教育實施的組織，在英文叫 Nursery「托兒所」，Nursery School 幼兒學校。法文叫 Crèche「搖籃」，這些都是指六歲以前的兒童教養的意思。在美國一九四二年有許多為幼兒的機構，名稱不一，有的叫幼兒學校 Nursery School，有的叫「遊戲站」Play Center，有的叫「遊樂園」Play grounds，有的叫日間托兒所 Day nursery，有的叫兒童保育中心 Child Care Center，兒童發育圍 Child Development groups，有的叫遊樂園的設 Lucius of Play Space。早如柏拉圖時代的 Plato 在 The Republic 就有遊樂園之設，十七世紀的斯特洛齊 Over 就為社建造進慈福利而提倡幼兒教育，他們的理論影響了今日的幼兒教育。幼兒學校的制度，在各國的發展是根據各國經濟與社會的需要而產生與發展的。

在俄國 Vera Fediaevsky 說的，他們托兒所的最大的兩綱目的是：

1. 解放婦女，使能參加政治與社會生活。
2. 教育兒童共產主義。

在英國一九○九年英國教育建雜辦理學齡前兒童教育，一九○九年第一個幼兒學校在倫敦開辦，為貧民區兒童服務。一九一八年 Fisher 法通過幼兒學校是教育的一部。凡父母不能供給幼兒的區域，均設立之，雖然內容是教育而其服務是慈善事業性質。

其美國幼兒學校的性質有很多的不同，一八五四年第一個白日托兒所開辦是教濟性質。後在一八八七年有 Dr. Felix Adler 領導之下三個母親開始研究父母的職責及兒童問題。漸次的發展到今天的全國性的組織「兒童研究社」Child Study 月刊就是這個社的刊物，父母教師聯合會在一八九七年組織的，提倡幼兒教育標準的提高供給教師，這些團體都注意兒童的教育，對幼兒教育的重要性，同時並注意到從事這項工作人員的專業訓練與本身。社會與教育共同發展的重要性。中國幼稚園的創立時，就包括了蒙養園，後來然為幼稚園，兒童為四至六歲，四歲以下的教育除辦有嬰兒園及後來在上海中華兒教育社在民國十九年才開始設立，如北平香山慈幼院之嬰兒園及後來在上海中華兒童教育社在民國十九年才開始設立的機構。

慈幼協會合辦的勞工托兒所等，直至抗日戰事展開，因為婦女多加工作，各地為婦素婦女兒童的福利興辦托兒所。這個運動方才運動起來。據最近的國兒童福利研究的調查，全國南北共有五十二個托兒所，同樣的中國托兒所也是由救濟性質開始的至今，全國托兒所的開始也是由救濟性質開始的至今，怕大多還是為解決社會與經濟問題而設的，學生實習的機構，已經二十四歲幼兒教育列入，但在教育系統中還未將此時期的教育加入。

幼兒學校的種類

幼兒研究學校的種類約有九種，這種分類只能說是根據其注重之點及趣向而言，因為各類都有相同與不同之點，而不能按此所述的種類分得清楚。並不是絕對的。

1. 為研究而設的試驗幼兒學校，其兒童大多是大學或學術團體附設的。此類大多是大學教育系或心理系或家政系研究生所設，受訓練及實習的多寡不同，因為他們訓練的目標並不相同而定。其人數也因教室的大小而設。此類都能代表一般的兒童，大多有特殊的實驗計畫等的工作，有時遭遇許多問題，因為其物質條件不大標準不老虛合的。

2. 為訓練師資的幼兒學校，此類師範學校的幼兒學校附屬於師範省的教育學科，其訓練師資的教育機關附設的，此類亦大多為大學程度，此類亦大多為大學程度，因他們同時要受專門訓練的，此類必須是經過某種專門訓練的，課程時間亦常隨研究的問題而異，所以這類的學校，其生活紀錄也是很重要的。

這類幼兒學校的兒童的來源，或是行為上有問題的兒童，或是大多數是身體較好的，社會地位較高的或是發育不同的兒童，如智能高的，有七小時的，有的上午的，有的下午的，各不相同。因為孩子既有一部份時間在家裏，所以教師必須要與家庭的合作，是很重要的。

3. 兒童方面他不必每天到校，受訓練的人員很不同，有的是各校家政系或中學代表社會各級的家政系或中學代表的課程，很多是供午餐以助營養，有時選供給一套兒童衣服，很多的兒童身體大多是不十分健全的，又兒童身體大多是不十分健全的，兒童本身與家庭的問題是很多複雜的，所以足足供給訓練教師的好機會。

4. 社會事業性的幼兒學校，經濟低的職業婦女所辦，經濟城市間題與慈災的，父母教育問題都是很重要的。此類收費很少，有時退發有醫藥的設備，與治療。必要時有隔離室。

另圖29 《幼兒教育實施的机构与任务》原發表件（部分）

77 为甚么要从做中学
——台湾省立台北育幼院座谈会纪录

张雪门等

1948年1月13日

题　解　　本篇原载《国民教育辅导月刊（台北）》第2卷第1期"开学工作特辑"。本篇为座谈会记录。座谈时间为1948年1月13日下午，发表时间为1948年1月31日。

有关发言者张雪门，参见前文《中国幼稚教育已到了十字街头》题解。

《国民教育辅导月刊（台北）》，地方教育月刊，其前身为《国民教育指导月刊（台北）》（参见前文《推行本省儿童保育事业的认识》题解），1947年6月30日创刊于台北，由台湾省政府教育厅单独主办、编辑，由台湾书店发行，主要探讨台湾省国民教育问题。主要栏目，有教导研究、教育实况报导、补充教材、参考资料、特载、国教法令等；主要撰稿人，有陈鹤琴、潘之华、卓鉴、张原野、郭惕凡、华松年等。1949年4月终刊，共出4卷20余期。

时间：卅七年一月十三日下午三时半。

地点：第一院① 会议室。

出席人：院长张雪门、袁孟英、吴自若、李蟾桂、柯雪昭、林香、何少康、胡祖亮、童逸民、沈彩霞、华霞菱、张士英、郭友梅。

---

① 此"第一院"，即台北保育院第一院，也称"第一部"。台北保育院设立之初，分设小学、幼稚、育婴三部。此第一院，即小学院或小学部。

会议主席：沈彩霞。

会议记录：华霞菱。

讨论问题：（1）我们为什么要从做中学？（2）国语教学要采用何种方法，才能收到理想的效果？

主席：自美国教育前辈杜威博士提出"做中学"的主张以后，这个主张就风行于世界。我国陶行知先生倡"教学做合一"，乃将教育领导于活的路上。我们今天所讨论的第一个问题，也就是要完成教学做合一的目的。

现在，我们可以分三个步骤来讨论：（1）做的范围；（2）为什么要从做中学？（3）应该怎样从做中学？现在，先讨论"做的范围"，请大家发表意见。

院长：今天所谈，乃是狭义的"做"，而不是广义的"做"。这个"做"，是由儿童生活出发的。因为以儿童的生活做出发点，才可以向未来的生活推讨。以儿童为对象，教育的范围自能由小而大。

主席：院长已经把做的范围解释得很清楚，大家还有什么意见？如果没有，我们就讨论"为什么要从做中学"。

袁孟英：为什么要从做中学，简言之，就是由做中才能学得真正的东西。我现在举两个例子来说明。第一个，就是院长过去在北平办的幼师。这个学校与一般师范的不同点，就是把实习放在最前段。一般的学校，都是在毕业前有一个短期的实习。我们最初是参观，第二步是参与，再进一步便是办整个的幼稚园。实习以后，将问题提出讨论，由实习指导先生指导，并且与所学的理论配合在一起。这样，在做的当中，才能注意问题、发生问题、解决问题。教育的经验，就从不断的做过程中增加、丰富起来了。第二个例，是陶行知先生改名字的事。陶先生原名陶知行，后改为"行知"。他改名的意义，就是说明，一件事是行而后知的。这就是说明，在我们每天的行动上，从具体的做中经验后，就变成了有系统的知识。

院长：我先补充袁主任的意见。

第一，由别的路上去学习，当然也是可以获得效果的。但是，为什么一定要从"做"中学呢？正因为在参观的时候听到儿童的唱歌，就会想到教材的来源；及至教材有了以后，就会发生教法的问题：若唱歌引不起儿童的兴趣，又怎样办？这都可以证明，做才能引起一切学习的需要来。

第二点，陶先生说，"学游泳要从水中学"。因为仅从游泳讲义或游泳书上去学，有一天真到水中去，仍然会被水淹得透不过气来。可见，仅从书本学习是不行的。又如，进农校学习农业，所读的书，所记的笔记，所讨论的问题，虽都是关于农业的，但是，一到农田中，真不知道从何下手。所以，书本虽可以研究农业，但是没有做的根基，就不切实用。

现在，再举我个人的意见：

（1）做才能得到学习的最高标准。例如，小孩子的哭，可以从书本上找到许多哭的原因。但是仅仅举出原因，并不能制止他的哭；直等到探明他哭的真原因，才能设法制止。教育，本在于注意问题而求其解决；做，始能真实的把握问题，达到真实的效能。

（2）做不但可以印证学理，而且可以创造新学理。因为学理本由于前人的经验，但一经排印到书本上，经验便固定了不前。只有我们在做的当中，一方面可以验证前人的理论，一方面又可以发现前人没有注意到的问题、方法，而获得新的学理。

此外，人的年龄，因岁月的关系，不能不衰老。但和儿童生活在一起的人，永远有儿童的精神。况且教育者应有的态度、习惯，无一不须从行动中修养。所以，我们要从做中学。

李蟾桂：陶先生最注意的，就是"做"。以前所谓"教授法"，就是先生讲、学生听。陶先生坚持改为"教学法"，他说教与学是平等的。他在天津南开大学讲学时，谈到"教〔学〕合一"，张伯苓校长说，不如说是"做学合一"。于是，陶先生接受这个提示，倡"教学做合一"。

院长：陶先生有几句话，都是解释"教学做合一"的原理，我们都应该牢记在心上。

（1）做什么，学什么；学什么，教什么。所以，"做"为一切的中心。

（2）对事说是"做"，对己说是"学"，对人说是"教"。所以，做、学、教是一件事。

（3）事怎样做，便怎样学；怎样学，便怎样教。

李蟾桂：做还可以使人博学。因为做，就会对一切都发生兴趣。养成这种兴趣，就可以把学的范围扩大。

主席：现在对大纲中的第二项，已经讨论得很详细。我们来讨论第三——应该怎样做中学。

华霞菱：关于做的态度，第一要虚心，不有主观的成见在内，认真探讨，才可以有新的学习。第二要细心，对于工作的每一小部分，都用心观察、用心研究，才可以发现许多新的问题。

院长：我先补充华先生的意见。在虚心之中，要有主见，不然便失掉中心，无从学起，也无从做起。

其次，我要谈做的过程：一要有目的；二要有计划；三要有检讨。

譬如做保姆，就要想，怎样把儿童看好。如果有人说，做保姆太苦了，不如教书，就改做了教师；又有人说，她歌喉好，可以做音乐队员，就又改变做音乐队员。像这样的改来改去，一生有多少岁月，还能够有什么成就？这就是无目的。

有了目的，还须有精密的计划。从何入手？与谁合作？应用何种工具、材料？由何步骤，一步接着一步的进行；每一结果，还得搜求成败的原因，组织在自己经验中，供下一次实行时趋避的标准。

像这样的行动，才可说是有目的、有计划、有检讨的行动，也就可说是有目的、有计划、有检讨的教育。

郭友梅：做还要有耐心。一件事，不是一下可成的，一定要有耐心，才能有圆满的结果。

李蟾桂：不要放松做中所发生的问题，工作效率才可以好；并且要有做的环境和刺激。

池宝华：做要勤快，才可以有效率、有结果。中途懒惰，便一事无成了。

主席：这个问题，已有了很多的意见。现在作一结束。第二个问题，因时间的关系，留待下次讨论罢。

（散会）

78 儿童节

叶圣陶

1948年4月1日

题 解 本篇原载《儿童故事》第 2 卷第 5 期。发表时间为 1948 年 4 月 1 日。

撰著者叶圣陶（1894—1988），名绍钧，字秉臣、圣陶，江苏苏州人。1911 年毕业于草桥中学，旋任小学教员。1915 年任上海商务印书馆尚公小学国文教员，次年创作了童话故事《稻草人》，并参与小学国文课本的编纂。后致力写作，发表小说、新诗、童话、文学评论和话剧剧本。1923 年后，历任商务印书馆、开明书店编辑。中华人民共和国成立后，先后出任教育部副部长、人民教育出版社社长。著有童话《小白船》《一粒种子》《旅行家》《含羞草》《玫瑰和金鱼》等。

《儿童故事》，儿童月刊，1946 年 12 月 1 日创刊于上海，由上海儿童书局主办并发行，主编为陈鹤琴、胡叔异。旨在为小朋友提供优秀的课外读物，以改变儿童故事粗制滥造的时弊。主要内容，有时事教育、科学讲话、寓言、童话、社会故事、自然故事、儿童图画故事、诗歌、儿童文学作品、漫画等；主要撰稿人，有丰子恺、钟珍、黄河清、陈伯吹、金城、严大椿、徐晋、徐蔚南等。停刊时间及原因未详。

年年儿童节，报纸、杂志出些特刊，团体、学校开个会。一切都是例行故事，对于儿童到底有什么好处？

不但儿童节，对于其他什么节，都一样。试听听那些并非由衷而不过从嘴唇边滑下来的言词，试看看那些七牵八搭，比八股还要空疏、还要荒唐的文字，就叫人发生这么一个感想：无论什么节，都只是个"愚人节"。除了有些滑稽感而外，对于人生，可以说全不相干。

现在谈儿童节，顾名思义，当然要打算增进儿童的幸福。可是，儿童不是一个抽象的概念；"儿童"这两个字，包括着张家的小弟弟、李家的小妹妹……许许多多实际的生命。即使不谈遍天下的儿童，既是我国的儿童节，这"儿童"两个字，总得包括着我国所有的儿童。试问，我们有这么一个诚意，真的希望增进所有儿童的幸福吗？试问，我们有这么一个能耐，真的做到增进所有儿童的幸福吗？

关涉儿童幸福的，不外乎养与教两项。

说到养，如今战乱遍地，只要看看报纸上的地方通信，就知道各地儿童正处在极可怕的灾难之中，非但得不到好好的养，连维持一条小生命也为难，饿死、冻死、踩死、轰死，倒是极容易碰到的机会。这能怪他们的父母不会好好的照顾他们吗？但是，他们的父母也正在那儿碰那饿死、冻死、踩死、轰死的机会，又怎能怪到他们？总该另有可怪之处的。这在嘻嘻哈哈嚷儿童节的人们，似乎必须想一想。万不要捧着极少数的几个白胖孩子，拍掌一阵，以为已经尽了养的方面的能事了。

说到教，也一言难尽。我国自古以来就有儿童（哪一国不自古以来就有儿童呢），可是直到现在还不很懂得儿童。大人只知道就自己的观点、为自己的方便管理儿童，不知道就儿童的观点、为儿童的长进教育儿童。这是一句总括的话。做父母的，不一定研究教育，未必懂得教育的道理，情有可原。做教师的，总该懂得教育的道理了，可是看看一般幼稚园、小学校的情形，也证明教师不见得怎么懂。实例有的是，说起来太啰苏，这儿不说。说句正面的话，如果教师们能够伴着儿童玩儿，让他们任情的玩儿，但是随时加以含有教师意味的辅导，这就懂得教育的道理了。然而，这样的教师，真如凤毛麟角。最大多数的教师，都是儿童的迫害者。儿童受到好好的教，还是未来的事情。目前的儿童，实在受不到好好的教。在儿童节的集会里，几个儿童像鹦鹉似的唱一支歌，像猩猩似的跳一回舞，那是算不得受了好好的教的。

养与教都说不上，儿童自然没有幸福可言。凡说增进幸福，必须先有了幸福。现在还没有丝毫的幸福，说增进，岂非瞎说？

我说，儿童节不妨缓提。待儿童有了起码的养与教之后，再提儿童节，尚不嫌迟。

79 省立台北育幼院的一年来回顾

张雪门

1948年6月15日

题　解　　本篇原载《台湾新社会》第1卷第5期"台湾省政府社会处成立周年纪念专号"。发表时间为1948年6月15日。

有关撰著者张雪门，参见前文《中国幼稚教育已到了十字街头》题解。

《台湾新社会》，社会科学月刊，其前身为《台湾合作月刊》，1948年2月创刊于台北，由台湾新社会月刊社主办并发行，主编为徐正一。旨在"探讨台湾社会服务工作，刊登有关社会理论、社会问题、社会建设的论著"，用以推动台湾的社会建设。主要栏目，有通讯、社会服务、社工消息、新闻等；主要撰稿人，有王耀志、谢东闵、李承源、施苁、谢一之、塞风、许世瑛、王廷玉、潘鼎元、刘作舟、吴克刚、张雪门等。1948年9月终刊，共出1卷8期。

　　育幼事业，是社会建设的事业，是三民主义社会建设的事业。对民族言，不因儿童的孤苦无依放弃了教养责任，是在肃清日人奴化的政策而培养中华民国下一代的主人翁；对民生言，是在减轻台胞战后经济的困难；对民权言，是在解放职业妇女家庭的束缚。回想省政府成立以来，本院从民政处改隶到社会处，本年六月正是一个周年。这一年来，计划如何？实践如何？藉纪念社会处成立周年的机会，作一次回顾，藉以检讨过去，鞭策将来，不能谈是毫无意义罢。

　　本院事业，近一年来，究竟对于创办时的旨趣有没有贯彻呢？单从儿童入院、出院的办法说，已可见到民生和民权的用意，但对于民族的培养，是应注意到生活的内容。

本来，事业实践之先应有计划，而计划之后尤贵实践。这计划和实践，如果有科学的组织和安排，当然兑现的可能性大。否则，便成为空想。

在民国三十五年十一月，也正是本院成立的第一个月，我们曾拟定了《三十六年度工作计划表》。当然，本年度的工作计划，也曾于去年十一月预先拟定。

为加强完成计划的企图，前者预呈到民政处备案，后者更呈送到社会处。虽然前表已经于去年完成，后表还待今日的努力，然而同样具有阶段的计划性，给本院同人对每一阶段、每一工作，都有一个共同的认识。

一年的时间并不太短。因之，每月工作更有预计（见举例一），月终更有报告（见举例二）。换一句话来说，便是把全年度的工作计划，更分作十二阶段（每月为一阶段）来完成。每到星期二，更有一种会报，报告每周工作经过，再议定下周工作计划。若再换一句话来说，便是把每一阶段计划，更分作四小阶段（每周为一小段）来完成了。

至于院和部、室，除日常处务外，更有院务会议、部务会议、室务会议。是按着工作范围的大小，分着讨论处务上的办法。而教务会议、训育会议、家务会议等，是按着工作性质的差异，分着研究处务上的方法和材料。

所可惜的，从本年以来，受紧缩的打击，工作人员从九十五人减到四十八人；而经费预算，连婴儿给养、病儿给养、器具、图书、被服等费用，均被删除。对工作上进行，当然发生很大的影响。

一种事业能否完成，除计划、实践以外，工作人员的认识和知能，实占有重大决定的力量。回顾本院这一年来同人等来源，有从处方介绍来的，有从〔由〕院长从内地特约来的，多数还是就地请来的。按着现有的组织，小学、幼稚、育婴三部，总务一室，外加会计员、人事管理员，如何遵照分层负责的功令，运用分工合作的原则，促成灵活的有机体，以期达到成绩最高的标准。

从本院成立以来，即已发起座谈会，现已举行三十四次，每次都有问题重心。从近五十年来国家演变起，举凡教育、保育等讨论，都有纪录。整理后，择尤〔优〕发表，借以提高同人自学的兴趣，促进工作的效率。

至于保姆，几乎全是未结婚的女子。以未结婚的女子来代理母亲的职务，心理上、经验上，都有很大的距离。育婴、幼稚两部，虽严格注意到工作中的学习，但按着目前的情形，保姆们待遇尤底〔低〕，工作又累，而年终考绩进薪的办法又缓不济急，仅凭着语言的鼓励，实在不是持久的办法。

"不因儿童的孤苦无依放弃了教养的责任"，当然是我们办理本院的天职，但如何"肃清日人奴化政策，培养中华民国下一代的主人翁"，却全在于我们生活的内容，也就是我们教育的内容。杜威说："教育即是生活。"陶行知说："生活即是教育。"前者，是说〔就〕意义与目的上的说法；后者，是方法上的说法。本院的儿童和一般学校的不同，就是整个生活都须由院来负责。若做得好，却可以把杜威博士和陶先生的话打成一片。

按着目前业务部门的组织，虽有小学、幼稚、育婴的分别，但教育是一贯的，生活也是一贯的。从生长的过程说，前一阶段和后一阶段自有差别，但这是继续的发展，而决不容许脱节。因之，我们拟定教育标准：

（1）育婴部，收容三足岁以内之儿童，在注重心、身应有之发育及个体基本习惯之培养。

（2）幼稚部，收容三足岁以上、六足岁以下之儿童。除继续注意心、身发育外，更启发其知能及社交性。

（3）小学部，收容六足岁以上、十二足岁以下之儿童。除继续幼稚部工作外，更须提高其知能，并培养其中华民国应有之认识及实践能力。

现在，生活教育及应〔反映〕在儿童行为上，一看，谁都可以认得出来的：第一，全院儿童，都活泼泼地跳着、玩着、工作着，很少有孤苦儿童那些乖僻、冷酷、不正常着〔的〕情绪；第二，国语的能力，依着入院的先后，有很大的差异，这差异不仅足以证明直观教学的成功，且更是足以证明生活教育力量的伟大；第三，儿童之间，已没有高级压低级、班长压同班残余的奴化势力，即师生之间，也已显出家庭里父母、子女和乐的现象。至于小学部的组织性的劳动生活和公民训练，幼稚部行为课程，以及育婴部生活日记中之溺床等纠正，恕不列举了。

犹记去年社会处未经成立的时候，有人抱着消极的意念，想回到内地里去；也有人以为，育幼院名虽机关，而得不到机关的福利。在有一次纪念周上，我对同人们说：

> 中国社会，现正在艰难的阶段。育幼院是社会事业，当然离不开社会。诸位不要以为院里现有节余经费，仓库还有不少的物资。只要想一想，这些余款是未足额儿童的经费和民政处所拨敌资的织维品，以及善后救济总署台湾分署所捐赠的东西，便可

知道，这完全是出于一种的偶然，决不是正常的现实。转瞬儿童一多，物价昂高，那有限的财力、物力能维持多久呢？前途本是无边的艰难，想躲避也无从躲避。只有面对现实，从艰难中奋斗，才能从艰难中生长。

果然，社会处成立以后，儿童一天比一天多起来。那节余的经费垫补在建筑上、购置上，正和有限的物资补贴在日用需要上，一天都比一天的减少。到了新年，更接受紧缩的大打击，不幸正证实了我当时的预言。

然而，这却是正常冷酷的现实。最困难的，是育婴部的收容弃婴问题。万一有一天，警察竟把路上弃婴送到院里来，不收吗？是违反了儿童入院、出院的办法，而且也怎能见死不救！收吗？三千元台币的营养费，尚不够一磅奶粉的价格，而且一位保姆要照顾十七个儿童（四百名儿童只许用保姆二十三人，平均每一保姆担任十七个儿童强），怎能照顾得来？此外，房屋不够，设备不够，没有垫款得以收容儿童，都是无情冷酷的现实，我们都一一的正面接受了，也正在一一的加以思考，企图竟能逐一打破，重新再领受新的现实。

育幼事业，在本省原系初创。我们不敢一得之见自以为灼智，更不愿在错误试验中牺牲了儿童。惟一摆在我们眼前的，是工作。我们只有严肃地在工作中互教共学，做什么学什么，学什么教什么。所以，做须有目的、有计划，尤须有检讨。例如，幼稚部教师不够，现在我们只有让保姆来参加教学。若仅凭着一时兴趣，乱来一起〔气〕，非惟引不起儿童注意，而他们自己也很快会感到失望。因之，保姆实习教学，便得拟订计划（见例三）。

从本年度一月十五日到了七月十五日，共分了三个阶段。阶段划分愈清楚，阶段的中心要求愈明显，各部的实施计划愈配合，那末，阶段的单元愈明朗的形成，从而教育的效果也就愈大。不过，在这里有一个中心问题：教的人不是在利用保姆以便偷巧，保姆也不应另有怀抱以备转业，大家都结合在一件事情上，便都是为着儿童来造幸福。

在这里，更有一件事情应该共守的，是：教的人（院长、部主任、教师），不是为教而教，要教人习，教人用，而且教人传；学的人（保姆），不是为学而学，学会了，要去用，要去传。教的人，为用而教；学的人，为用而学。大家都为着儿童，而多受辛苦。

再以我们所住的场合而言，职员、儿童变成了一个大家庭，彼此生活都互相发生关系。要想儿童有纪律的习惯，成人的行为便得须先受限制。要想养成儿童整洁的习惯，成人自己的住室、用物，必须保持清洁而有条理。我们要教别人（连儿童在内），先得把教人的教会了自己。若不严肃工作中学习的态度，恐怕谁也担不起这份事业的重量。

从上述一年的情形看来，好像我们已得到了一种启示。这启示是在说明，学习、工作和生活，应该统一的，不容许各自的孤立。从生活和工作中学习，并从学习〔中〕改进生活和工作。同时，也只有正当的生活，才能保证学习和工作的进步。可是，我们现在对于这三者的联系还有不少的距离，愿意注意过去的经验、教训，处心再来学习；然而也只有如此，才能够使今后育幼事业发展到更高、更大，终配合上三民主义社会的建设。

例一：《台湾省立台北育幼院卅七年四月份工作计划》

（1）庆祝儿童节。
（2）欢迎台湾大学社会行政专科师生五十人参观。
（3）施种牛痘。
（4）请追加经、临费预算。
（5）重新绘制全部统计图表。
（6）开始保育班设施准备事宜。
（7）计划募款，商承社会处，拟定进行办法。
（8）联合儿童福利协进会，促成台北各幼稚园联合会。
（9）交涉泷乃汤浴室产权，并完成林本源捐赠房屋手续。
（10）举行院务会议一次，座谈会两次，周会报四次。

例二：《台湾省立台北育幼院卅七年四月份工作报告》

（1）庆祝儿童节。小学部学生举行种菜及爬山活动；幼稚部，联合台糖公司幼稚园及北投国民学校学生，举行恳亲会；育婴部，招待家长，并展览儿童生活日记。

（2）欢迎台湾大学法学院社会行政专修科学生四十八人。四月十日下午二时，由薛教授领队，来院参观。本院小学部何少康、胡祖亮二教师，率第一部分小学生往车站欢迎。院长报告本院成立经过及困难问题。后华霞菱教师、赖干事来桂，带领参观小学部及总务室，复由赖干事导往幼稚、育婴两部参观，并由幼稚生表演游艺三幕，表示欢迎。

十四日,填发该科参观调查表。承赠布制签名纪念录一幅。

（3）施种牛痘。育婴部,儿童已全种;幼稚部,只新生两名未种;小学部,因痘苗已罄,全未种。

（4）追加预算。于四月四日送社会处会计处,以省府原预算尚未经参议会同意,致追加预算尚未能送出。

（5）全部统计图表共十二幅,已经完成半数。

（6）保育班经徐科长与台糖公司接洽,增加训练人员,扩充经费预算,已改拟送处。可能于七月一日成立。惟现时急须物色该班之教室及住室。

（7）修添房屋,改进给养。除向侨绅胡文虎先生募款外,尚未向社会处商陈具体办法。

（8）促成幼稚园联合会,未进行。

（9）泷乃汤产权,经台北地方法院公证处认为,本案之产权自应归为前民政处,即现在之社会处所有,已发给认证书。又,北投邮局对角破屋亦经故绅林木源后裔用书而捐赠。

（10）实行院务会议及座谈会各一次,周会报三次。

例三:《幼稚部保姆实习教学计划（三十七年）》

第一阶段（一月十五至三月十五日）:

（1）参加教学活动,由教师主持一切。保姆受教师指导,并协助教师帮助儿童。

（2）每天下午下课后举行谈话,并解决临时问题。每次时间,十分至廿分。

（3）每天须写日记一篇,详记活动情形、心得及问题,由部主管阅改。

（4）认识本部现有设备的名称、用途及教育价值。

（5）每天练琴一小时,每周回琴两次,由部主任教正。

（6）请院长做专题演讲。凡所讲者,均须做简单笔录。

（7）一般的儿童教育的方法及儿童心身研究,在此阅〔阶〕段内讲授,每星期一次。每次时间,临时规定。

（8）每天必须阅读两小时书报杂志,由部主任选择、介绍。

（9）期终开会,检讨所得。

第二阶段（三月十五至五月十五日）：

（1）自己拟定《生活次序表》，自己安排本阶段学习进程。

（2）开始参加组织课程，并在教学上学教学法（部分主持故事教学或音乐教学等）。

（3）吸收教材，由教师供给，或在朋友处搜集。

（4）关于教态，随时有讨论和批评。

（5）凡各种应有之技能，教学前自己练习。

（6）指定阅读（幼稚课程），阅后由部主任主持讨论。

（7）继续练琴并练唱，练习乐器。

（8）期满讨论所得。

第三阶段（五月十五日至七月十五日）：

（1）自己组织课程、选择教材，主持整个活动。

（2）搜集台湾儿歌及民间游戏等。

（3）根据经验，配合自己处理事情方法与习惯，管理本部各项事情。每做一事，必须有计划、有目的、有检讨。

（4）布置环境，应该注意那几点，也在做中体会。

（5）各种常用图表的作用及应用时之注意点。

（6）钢琴除练习曲外，并弹简单进行曲及唱歌。

（7）发挥自己的创作，无论那方面。

（8）参观台北各幼稚园。

（9）期满检讨所得。

80　怎样推进幼稚教育

袁昂

1949年4月15日

题　解　　本篇原载《中华教育界》复刊第3卷第4期"儿童教育特辑"。发表时间为1949年4月15日。
有关撰著者袁昂，参见《幼稚教育的前途》题解。
有关《中华教育界》，参见前文《普及乡村幼儿教育》题解。

我们看欧美各国，不论她们实行的主义是什么，没有不重视幼稚教育的。幼儿是民族的幼苗，要复兴民族，必先健全幼苗。

二次世界大战以后，英国的贫困不亚于我国，然而对幼教事业的扩充，成绩惊人。根据报告，英国受教的幼儿占幼儿总数的三分之一了。他们把幼儿看成是社会上最重要的人物，一切希望寄托在这些孩子身上。他们自己是过渡的，责任在保育下一代，英国的新社会要这些孩子将来去创造的。英国人重视幼儿，不是空喊口号，而是从保教上着手的。他们不仅扩充了幼儿学校，而且把水果、牛奶等供给了学校，营养孩子，使他们的身体得到正常的发育。他们成人正在节衣缩食来发展幼稚教育，培育民族的幼苗。

再看苏联，在帝俄的时代，幼教机关为数寥寥，只成为当时都市的点缀品。革命以后，幼教事业才得逐渐发展。据一九四一年的报告，单就托儿所一项而言，季节性的托儿所有十四万三千五百五十七所，入所儿童有四百余万；永久性托儿所有一万三千一百三十五所，儿童八十五万四千余人。在最近一个五年计划中，他们预备在一九五〇年，要把永久性的托儿所扩充到足以容纳一百九十五万余儿童。这种惊人的进步，是共产党执政三十多年来努力所获的成果。

至于富力充沛的美国，他们除在普通幼教事业上作普遍的推进外，并已注重特殊儿童的教育了。凡视觉缺陷的儿童（全盲、近视、远视、散光），听觉缺陷的儿童（聋哑、重听），语言缺陷的儿童（口吃、口齿不清），肢体残缺的儿童（四肢残缺、大脑伤残），低能儿童（智力薄弱、白痴）与问题儿童（犯罪……）等，都要受教育。美国现有一亿三千万人口，这种特殊儿童约有八百五十三万人。美国普通学校中，常设特别的班级，在纽约一市就有一千七百三十班。对于智力低劣的儿童，另有专门的教养机关，普设全国各地。在各级教育行政机关中，都设置了专管这种特殊教育的机构。"有教无类"[①]的一句话，他们真做到了！

其他如捷克、法兰西等国，对幼稚教育也都在作有计划的设施，并已具显著的成绩。

我国自清末兴办蒙养院迄今，历四十余年。全国幼稚园只一千余所，幼稚生仅十万余人。托儿所等慈幼机关，全国不到百所。根据我国人口估计，自出生到六岁的幼儿，约计六千万人。受教幼儿的数字，少得实在太可怜了！

据现代心理学家的研究，吾人之智慧、情绪、语言、品性等，都在六岁以前奠定初基。所以，幼稚教育不仅是家庭与学校的桥梁，而且是各级教育的基础。德国变态心理学家弗洛依特[②]（Freud）精神分析的结果证明，凡患神经病者，率多幼年时受恶劣的影响所致。

故今天进步的社会，大家承认幼年期是人生最重要的一个时期，应该给他合理的教养。一些思想落伍的人们还在歌颂家庭教育的重要和成效，其实，现在教育上种种试验证明，独学的效果不如共学，儿童在家庭中受个别的教育，远不如在幼教机关中受团体的教育；尤其是优良的社会行为，如礼貌、合作等，必须在团体生活中才能培养起来。

从前的社会学者，很重视家庭的教育职能。但自社会主义的鼓吹和社会分工的倡导以来，家庭教育的职能日趋衰微了。父母对子女的私有和偏狭性，适足以削弱国家公民

---

① 语出《论语·卫灵公》。意为：对所有的人给予教育，不区分类别。
② 弗洛依特：通译弗洛伊德，即西格蒙德·弗洛伊德（Sigmund Freud，1856—1939），奥地利精神病学家、心理学家，精神分析学派创始人。1881年获维也纳大学医学博士学位。致力于生理学和神经病学的研究，提出"精神分析"概念，创立精神分析理论，并形成学派。著有《梦的解释》《超越愉快原则》《群体和人类自我的分析》等。

道德教育的力量与社会共同意识的培养。以中国的特殊情形来说，父母教育知识的缺乏，更不足以尽教养幼儿的责任，公共的幼教事业更须大量扩充，以应实际的需要。

近两年来，国内教育学术团体和开明进步的人士曾几次向教育部建议过。例如，三十七年一月，中国教育学会^①在南京举行第九届年会，通过的议案中，有《厘订幼稚教育法案，普遍推进幼稚教育事业，以利建国》一案，建议下列几项办法：

（一）由部厘订幼儿学校法草案，呈请立法院审议，完成立法手续，公布施行。

（二）建议政府于各级教育行政机关，增设幼稚教育专管部门及视导人员。

（三）积极培养幼教师资。在各省市，应分期设置幼稚师范学校或幼稚师范科；在中央，应设置幼稚师范学院，以培养高级师资及幼教研究人才。

（四）为加速展开幼稚研究工作，请政府明令各教育研究所设置幼稚教育学部，师范学院、教育学院及女子大学规定幼稚教育为公共必修学程。

（五）由教育部通令各省市，自三十七年度起，设置实验幼儿教育机关，以为各县市示范表证。

同年四月，中国幼稚教育社[②]在上海举行成立大会，一致通过请教育部筹创国立幼稚师范学院的提案。

同月，首届国民大会代表在首都集会。一部份教育代表亦曾向教育部建议创设国立幼稚师范学院。其理由中，有一段极生动的话：

> 动植物之幼苗，我人均知悉心研究，发现养育之道，成为专门学问。幼儿之教育，较动植物之培育尤为艰难。为教者，不独须具艺术、语文、自然、社会等之知能，且

---

① 中国教育学会：教育学术社团，1933年1月28日发起成立于上海。立会宗旨为"研究及改进教育"，主要任务有"研究教育问题，搜集教育资料，调查教育实况，提倡教育实验，贡献教育主张，促进教育改革，发刊教育书报"等。第一届理事会理事，有陶行知、陈鹤琴、庄泽宣、郑晓沧、陈礼江、杨亮功等15人。

② 中国幼稚教育社：学前教育研究社团，1948年4月3日发起成立于上海。立社宗旨为"借鉴各国幼教经验，发展全国性之学前教育事业"。陈鹤琴为理事长。

须对儿童心理、生理、营养、看护等，具有深切之研究与实际之技巧，并愿热忱服务。此项教师，必须受专业之训练，方能胜任愉快。照我国人口估计，自出生至六岁之幼儿约计六千万人。若欲十分之一幼儿入幼教机关，即达六百万人。现已入幼稚园之儿童，只十万余人。师资之大量需要，不言而喻。创设幼稚师范学院，训练高级幼教师资，培植儿童心理研究人才，供给各省市创设幼教事业之需求，同时，并注重幼教实验工作，为全国各地师范倡导。

同年八月，教育部朱前部长也感觉得幼稚教育的重要，曾手令部内教育研究委员会草拟全国师范院校增设幼教科系课程办法。此事由专门委员程柏庐先生主持。他曾征询本人的意见，并搜集上海国立幼专的课程作参考。那时，幼专陈校长鹤琴应邀赴捷克开儿童教育会议，不在国内，未能参加意见。我的建议有四点：

（1）令各省市女子师范学校一律添设幼稚师范科。

（2）令各省市师范学校添设幼教课程。

（3）选定国立大学师范学院或独立学院办理成绩优良者，在教育学系内增设幼稚教育组，除师范学院共同必修科目之外，另设必修学程。

（4）创设国立幼稚师范学院一所，培养幼教高级师资、行政与研究人员。修业年限四年。

由上述各点看来，教育学术团体，最高民意代表以及教育行政当局各方面，都感觉幼教事业的重要。所提的意见，包括师资、立法、行政与研究，也相当周详。而其中，尤以师资的培养为首要；没有师资，其他一切都是落空的。现在问题是在如何切实地去推动。这对真正为民众服务的政府，是一种考验。

有人说，现在遍地烽火、民不聊生，一切教育都将陷于半停顿状态，还能谈到幼教的推进吗？这句话固然极其现实，但是我们是国家的主人，我们不能站在第三者的地位袖手旁观。这几年来的战争，烽火的毒害，直接间接威胁我们的生存。因此，今天我们有权来要求和平，也有权来呼吁抢救下一代的国民！

81 怎样做人民的幼稚园教师

陈鹤琴

1950年12月

题　解　　本篇原载《新儿童教育》第 6 卷第 8 期、第 9 期。发表时间为 1950 年 12 月、1951 年 1 月。本文转录自《陈鹤琴全集（第二卷）》第 577～592 页。

有关撰著者陈鹤琴，参见前文《儿童教育的根本问题》题解。

《新儿童教育》，系由《活教育》改名而来。其卷数和期数，亦沿用《活教育》而顺排。1950 年 11 月，《活教育》编辑部召开编委会，决定从第 6 卷第 7 期起更改刊名为《新儿童教育》。冠以"新"字，既是为了与中华儿童教育社曾办过的刊物《儿童教育》相区分，体现刊物及其思想的连续性，又可体现"新民主主义"的时代精神。1952 年 5 月出版第 8 卷第 5 期后停刊，共出 10 余期。

《陈鹤琴全集》，北京市教育科学研究所编，江苏教育出版社 1989 年出第一卷、第二卷，1992 年出齐，共六卷。

教师是最伟大而又最辛勤的雕塑匠，是人类灵魂的工程师。教师所负的任务是非常艰巨的，尤其在新中国的现阶段，要把旧教育转变为新教育，这并不是一件轻而易举的事。教师们首先要自我改造，把自己从旧教师改造成为人民的教师。在思想意识上、教学态度上、教学方法和技术上来一个转变，加紧学习，建立正确的观点，站在广大的人民大众的立场上，改造旧的教学态度和教学方法，这是新时代对教师的要求。

幼稚教育是人生最基本的教育，也是人生最重要的一个教育历程。因此，做一个幼稚园教师，其任务是更加重大。现在，我将人民的幼稚园教师应有的认识和应具备的条件，分成下列几点和大家商谈。

一、政治思想方面

（一）要认识中华人民共和国之文化教育建设的方针

一九四〇年毛主席发表了著名的《新民主主义论》，在这本书中明确地指出，中国的新文化运动属于新民主主义性质，其内容是民族的、科学的、大众的。即是说：

> 它是反对帝国主义压迫，主张中华民族的尊严和独立的。它是我们这个民族的，带有我们民族的特性。它同一切别的民族的社会主义文化和新民主主义文化相联合，建立互相吸收和互相发展的关系，共同形成世界的新文化。
>
> 它是反对一切封建思想和迷信思想，主张实事求是，主张客观真理，主张理论和实践一致的。
>
> 它应为全民族中百分之九十以上的工农劳苦民众服务，并逐渐成为他们的文化。

这些原则，已经明确地成为建设新中国文化教育事业的各项政策（《共同纲领》[①]第四十一条至四十九条）。因此，作为幼稚园教师，首先应该认识当前中国文化教育建设的方针，为新中国的幼稚教育而效劳。

---

① 《共同纲领》：全称为《中国人民政治协商会议共同纲领》。于1949年9月29日通过，在一定时间内起到了我国临时宪法的作用。

（二）要认识教师的主要任务是提高人民文化水准，培养国家建设人才，肃清封建的、买办的、法西斯主义的思想，发展为人民服务的思想

加里宁[①]说："苏联教师最伟大的一个任务，是把幅员广大、民族众多的苏联全体人民，都造就成为有知识的人。"在人民文化水准很低的现中国，这个任务是具有相当重大的意义的。因为国家的建设工作需要千千万万的知识分子，所以当前的教育方针，是为工农服务、为生产建设服务。

（三）要学习马列主义、毛泽东思想的立场、观点和方法

做一个人民的幼稚园教师，必须要学习马列主义、毛泽东思想；也就是说，要建立唯物的观点、劳动观点、群众观点，以及组织的观点等等，采用理论与实践一致的方法，站在人民大众的立场上去分析问题，并合理地解决各种问题。

（四）要认识教师的重要任务是培养儿童爱祖国、爱人民、爱劳动、爱科学、爱护公共财物等的公德

作为一个幼稚园教师，对于培养儿童"五爱"的公德，必须要有明确的认识。无论在日常生活上或各项教学活动中，要指导儿童从爱家庭、爱幼稚园，扩大而至爱祖国、爱全世界的劳动人民。要培养儿童有爱好劳动的习惯，也唯有爱劳动，才能体会劳动的伟大，才能珍惜劳动人民的劳动成果，才能爱护劳动人民所创造的公共财物。因此，希望每一个幼稚园教师，在日常生活上、教学活动中，能完成培养儿童爱祖国、爱人民、爱劳动、爱科学、爱护公共财物等国民公德的任务。

（五）要认识教师是新中国的主人，要热爱祖国，要积极参加政治活动

在反动政权的统治下，不少教师以不过问政治为无上清高。现在我们的国家新生了，政权已属于人民，每一个人都应该以主人翁的姿态来参加各种政治活动；尤其是作为一

---

① 加里宁：米哈伊尔·伊万诺维奇·加里宁（Михаил Иванович Калинин，1875—1946），苏联政治家、革命家，曾担任苏联中央执行委员会主席、苏联最高苏维埃主席团主席。其后引文，出自他所著《论共产主义教育》。

个人民的幼稚园教师，更要为民先锋，起带头作用，站在人民大众的立场上，为国家建设而努力。

二、业务修养方面

（一）要认识儿童是新中国的幼苗

先进的社会主义国家对于儿童的养护和教育，不但能得到法律的保障，而且广泛地引起社会各阶层人民的注意。儿童是国家的幼苗，明日国家的一切建设事业，需要今日的儿童来完成、来发展。因此，作为一个幼稚园教师，需要深切地认识到这一点。

（二）要认识幼稚园是培养新中国幼苗的苗床

儿童是新中国的幼苗，那么幼稚园就是培养幼苗的苗床。其任务，实在是伟大而艰巨的。因此，做幼稚园教师的人，应该要认识自己工作的重要性，务必要使生长在这一个苗床里的幼苗能够生长得很茁壮。

（三）要认识幼稚园是解放妇女的桥梁

要解放千千万万的妇女去参加国家的经济、政治、文化各部门的建设工作，我们必须解决她们的教养子女问题。幼稚园（包括托儿所）可以说就是解决这个教养问题的最好的设施、场所。因此我们可以说，幼稚园就是解放妇女的桥梁。

（四）要认识幼稚园是改造家庭教育的助手

幼稚园不但是解放妇女的桥梁，也是改造家庭教育的助手。因为幼稚园教师都受了专业训练，对于儿童身心的发展、儿童优良习惯的养成，都有相当的认识。而父母们对于如何教养子女，可能缺乏某些知识，幼稚园教师就要负起协助父母改进家庭教育的责任。

（五）要了解和精通幼教业务

要做一个好的幼稚园教师，一定要了解和精通自己的业务，如音乐、自然、故事、游戏、舞蹈、手工、图画等教学技能和各种教学方法。

（六）要了解教师本身的品质是养成儿童品格的重要因素

加里宁说："教师的世界观、他的品行、他的生活、他对每一现象的态度，都这样或那样地影响着全体学生。"这是非常正确的。教师的一言一语、一举一动，无形之中都会深刻地影响儿童的。所以做一个好的教师，一定要具有优良的品质，处处以身作则，这样才能养成儿童良好的品格。

（七）要了解怎样保护儿童的健康

（1）培养卫生习惯。卫生习惯是巩固儿童身心健康的必备条件。从幼稚园开始，就要积极指导儿童注意日常生活上的卫生习惯，如：每天早晨大便一次；不乱吃零食；经常保持身体、头脸、服装的整洁习惯；等等。

（2）注意作息时间。从保护儿童健康和养成规律生活的习惯上看，在幼稚园和家庭里面，对于作息时间是要儿童严格遵守的。如按时起床、按时睡觉、按时进膳等等，都是值得教师们注意的。

（3）发展儿童各种活动动作。一个人的身心发展，在他最早的几年当中，是最迅速的，也是最基础的。所以儿童各种活动动作的发展，在学龄前是非常重要的。

（4）重视户外活动。空气和阳光对于儿童健康的重要，是不言而喻的。因此，幼稚园的活动最好能够在户外。苏联的幼稚园，即使在冬季，也规定每天必须在户外活动三至四小时。户外活动对于儿童身心的发展，实在是必要的。

（5）给儿童充分的娱乐和游戏。娱乐和游戏对于儿童身心的发展，是有重大的意义的。它可以给儿童丰富的经验，它也可以教儿童学习怎样控制情绪和怎样与人相处，还可以发展身体的技能，启发儿童的智力。因此，幼稚园应该为儿童设置良好的游戏环境，指导儿童游戏，使儿童在游戏中得到良好的教育。

（6）了解什么是儿童的营养。植物需要一定的养料和水分才能滋生、茁壮，儿童也需要良好的营养才能发育、成长。所以幼稚教师一定要了解各种食品的营养和儿童的需要。

（7）注意儿童合理的衣着。营养对儿童的健康是非常重要的，而合理的衣着〔也〕不能忽视。如质料的选择、式样的选择，教师都可以向母亲们建议。有的孩子四五岁了，母亲还是给他穿开裆裤，这是有碍个人卫生的。还有些孩子，一到冬天就被长袍大褂束缚得连走路也成问题了。诸如此类，幼稚园教师应该随时指导母亲们纠正过来，或者选一个适当的机会，向母亲们作一次集体的教育，以便使儿童们得到合理的衣着。

（8）预防传染病。预防传染病，是保护儿童健康最重要的工作。所以，教师们一定要了解怎样预防各种传染病，如天花、麻疹、白喉、百日咳、霍乱、伤寒等等，随时和卫生机构联系，实施预防。

（9）矫正儿童身体的缺点。这里所说的儿童身体上的缺点，并不是指很严重的现象；是指的比较轻微的缺点，无需医药上的矫治而能矫正的，如口齿不清、口吃、坐立姿势不正确等。必须医药矫治的，要尽可能指导家长正式就医，或指给长期应该注意的矫正办法和优良习惯的养成。

（10）锻炼儿童的体格以适应环境。苏联的儿童对于体格的锻炼，是非常注重的，如冷水浴是常常进行的。经过这样的锻炼，他们才能在冰天雪地的土地上生活着，适应他们寒冷的环境。我们往往不知道如何锻炼，一味的防护，把儿童养得太娇嫩，是应该改变的。

（11）给不同年龄的儿童各种玩具和游戏器具。玩具和游戏器具对于幼儿的重要，正和大、中、小学学生有教科书一样。随着儿童的身心发展，各时期儿童对于玩具和游戏器具有不同的爱好。因此，玩具和游戏器具的设置，要随着儿童年龄大小和爱好而分别配备，才能助长儿童身心各方面的正常发展。

（八）要了解儿童的智力是怎样发展的

（1）感觉训练是认识一切环境的基础。"生而知之"是不可能的。儿童对于环境中各种事物的认识，一定要眼睛看到、耳朵听到、手接触到，才能了解事物的真相和性质。著名的女教育家蒙台梭利认为，训练儿童的感觉是非常重要的。这是很正确的。

（2）儿童智力，是在游戏中、作业中、劳动生活中、自然社会中，获得基本知识的累积。因此，教师们必须设置各种游戏的环境、工作的环境，并组织儿童参加一些力所能及的劳动，随时随地向大自然、大社会进攻，追求事物的真理。这是发展儿童智力的钥匙，教师们应好好掌握，为儿童打开一道寻找智慧之门。

（3）帮助儿童注意四周的环境。帮助儿童注意四周的环境，可以发展儿童各种兴趣，满足儿童的求知欲，培养儿童的观察力。我曾在南京鼓楼幼稚园做过一个试验：第一天，我将墙上的挂图都翻过去，问小朋友图中是什么东西，可是许多小朋友都不知道，于是我再翻过来，告诉他们这是什么，那是什么；过了几天，我再将图翻过去，这一次小朋友大都能回答出来。由此我们可以知道，儿童有时对于教师们布置的环境，也不很注意。因此，我们一定要帮助儿童张开眼睛、打开耳朵、挥动双手，使儿童能认识环境、接触环境，以至创造环境。

（九）要了解怎样培养儿童的道德品质

（1）要和儿童共同游戏、共同工作。一个教师如果像工头一样，站在学生的旁边，指挥这个，命令那个，而自己却十指不沾，这是顶坏的现象，也是顶笨拙的教学方法。如果你要了解儿童的个性和兴趣，明了儿童的能力和情感，自己一定要参加到儿童的队伍里面去，共同游戏，共同工作。这样，才能深切地了解儿童、指导儿童。

（2）教导儿童分配玩具时，要互相谦让。没有一个儿童不爱好玩具，也没有一个儿童不想独占玩具的。所以教师一定要分配玩具，将玩具交给某班儿童或某几个儿童，以便培养儿童的责任感，并可训练儿童如何爱护公共财物。在玩的时候，还要指导儿童如何互相谦让、如何合作互助。

（3）要教导儿童敬爱父母、尊敬师长。我们对于教导儿童敬爱父母、尊敬师长，应当十分重视。因为敬爱父母、尊敬师长，就是教导儿童爱祖国、爱人民的起点。

（4）要教导儿童有服从性、纪律性。教导儿童服从真理、服从集体，养成儿童自觉的纪律性，这是儿童道德教育最重要的一部分。教师们应当在儿童整个生活上、集体的方式下，指导儿童了解为什么要服从真理，为什么要服从集体，如何服从真理，如何服从集体，指导儿童了解为什么要有自觉的纪律性，如何养成自觉的纪律性。

（5）要培养儿童的毅力、坚韧力、忍耐心、勤劳、勇敢、朴素的品质，使儿童建立起自觉的纪律性。

（6）要培养儿童爱祖国、爱人民、爱国旗、爱毛主席、爱人民解放军，以及国际友爱、憎恨祖国的敌人的意识。培养儿童的"爱感"和"憎恨"，是要从小时便开始的。做幼稚园教师的，要指导儿童明辨是非，知所"爱"，也知所"憎"。譬如：爱祖国，就不仅仅是爱新中国，凡是新民主主义国家、社会主义国家，都应该爱；而对于压迫、剥削弱小人民的帝国主义,就应该表示憎恨。

我们可以举一个事实来说明。当年苏联十月革命成功之后,高尔基[①]要求列宁对于反革命分子不要太残酷。列宁指出,对敌人慈悲,就是对自己残酷。高尔基仍坚持自己的看法。后来,列宁被反革命分子所击伤,这时高尔基才恍然大悟,认识到对敌人是不能太宽容的。由这一个例子,我们可以知道,要贯彻对祖国、对人民的热爱,一定要憎恨祖国的敌人。这样,"爱"才更明确、更彻底、更有力量。

(十)要了解怎样发展艺术教育

(1)环境艺术化。爱美是儿童的天性,当儿童跑到一个优美的环境里面,看看四周是苍翠的树木、鲜艳的花卉,还有各种有趣的小动物,又有美丽的图片,试想,他会不会产生一种美感和愉快的情感?是不是陶冶了他的性情和心灵?毫无疑义,儿童就在优美的环境里,顺着爱美的天性,得到合理的发展。因此,环境艺术化是教育的一种手段,决不可以忽略。

(2)注意自然的美和丰富的形态以及声音。伟大的音乐家、画家和诗人,都对自然的美具有深湛的欣赏力,以高超的技术,将自然的形态和声音描写得淋漓尽致。这种欣赏力从哪里来呢?当然要有适当的环境来培养的。所以,做教师的人,要指导儿童欣赏自然的美,注意劳动人民的劳动歌声和动作,使儿童从大自然中,从劳动社会里,体会到自然的雄伟壮丽和劳动人民的伟大,从而对劳动和自然发生浓厚的兴趣。

(3)用诗歌、图画、音乐、舞蹈、各种手工等,发展儿童的创造性。幼稚园的小朋友,常常喜欢用图画、诗歌或音乐来表达自己的情感。做教师的,应该鼓励儿童创作,以发展他的创造性,发挥他的艺术天才。

---

① 高尔基(Максим Горький,1868—1936):苏联作家,1934年当选为苏联作家协会主席。代表作有《海燕》《母亲》《童年》《在人间》《我的大学》等。

三、教学技术方面

（一）要掌握教学技术的原则

（1）要了解教学的基本原则在"做"。所谓"做"，并不限于双手做才是做，凡是耳闻、目睹（观察）、调查、研究都包括在内，也就是我们通常所说的"实践"。"做"是儿童对生活直接的体验。儿童对任何事物有了直接的体验后，才知道事物的真相，才能了解事物的性质，才能明了事物的困难所在。儿童要求得真实的知识，一定要"做中学"，而教师也应在"做中教"，共同在"做中求进步"。这是教学最基本的一个原则。

（2）能掌握理论与实际一致的教学方法。在幼稚园的教学活动中，如果掌握了理论与实际一致的教学方法，可以使儿童在实际活动中了解日常事物的普遍真理，将经验提高到浅显的理论。这对于启发儿童的智力，是有帮助的。

（3）能了解每个儿童的个性和他的问题。了解儿童的个性，明了儿童问题发生的原因，教师就可以对症下药，引导儿童步入正确的途径。

（4）建立师生间的友谊。儿童从母亲的怀抱走到教师的身边，从熟悉的环境走到陌生的环境，这在他的情感上是一个很大的波动。在这个时候，他很需要人关心他、爱护他，使他不觉得从家庭走进幼稚园，像是失去依靠似的觉得孤单、寂寞。因此，教师一定要跟儿童建立友谊，使儿童觉得你是他的朋友、他的伴侣，他很信赖你。这样，教师就可以掌握儿童的情感，引导儿童走向正确的途径。

（5）能选择适当的学习经验。一班几十个儿童，他们的生活经验、个性、兴趣以及学习能力，大都不相同。做教师的，一定要依照着儿童的经验、个性、兴趣以及学习能力，为他选择适当的学习材料。这样，才能使教学活动收到相当的效果。

（6）能充分利用大自然、大社会中的活教材。最近，鼓楼幼稚园的教师应用了一种活教材，非常有意思。就是将大蒜头的皮剥掉，用铅丝穿成一个圆形，放在花盆内，盆内放水和棉花，几天之后，大蒜头长出了碧绿的芽。从这一个教材中间，不但可以使儿童明了大蒜生长的情形，还可用以作为布置教室的材料。再如，从劝募寒衣的教学活动中，也可以使儿童发挥阶级友爱的精神，实践爱人民的品德。所以充分利用大自然、大社会中的活教材，是教师掌握教学的重要原则。

（7）能掌握表情达意的工具，如言语、文字、图画、音乐等。掌握了表情达意的工具，才能使教学活动的内容更生动、更丰富、更能起教育作用。譬如，讲一个故事，不但讲得娓娓动听，而且用图画出来，儿童对于这个故事的印象一定更深。所以掌握表情达意的工具，也是教学原则之一。

（二）要掌握教学技术

（1）能讲动听的故事。爱听故事是儿童的天性。一个正在吵闹啼哭的孩子，你说讲故事给他听，他可能会瞪着水汪汪的眼睛，凝神地听你讲故事。所以一个良好的教师，一定要能讲动听的故事。

（2）能编歌谣、谜语。作为幼稚园的教师，不但要能背诵几十首歌谣、谜语，而且要会随着儿童生活中所喜欢的事物编著歌谣、谜语。这样，才能使教学活动的内容更丰富起来。

（3）能画图。会画图也是很重要的教学技术。如讲故事、研究各种事物、布置教室等工作，都得应用图画。

（4）能做手工。如纸工、木工、泥工、布工、漆工等。

（5）能唱歌。爱唱歌也是儿童的天性。一个五六个月的孩子，就会咿呀咿呀地发出歌声。所以做教师的一定要会唱歌，才能满足儿童的欲望、陶冶儿童的性情。

（6）能奏一种乐器。在城市里面，大都以风琴、钢琴为主。如能吹奏口琴以及其他乐器，也可以。做幼稚园教师的，应以能奏一种乐器为原则。

（7）能种花、种菜。要培养儿童的劳动习惯，要启发儿童爱好自然的天性，一定要带领儿童种花、种菜。

（8）能玩简单的科学把戏。把戏是儿童很爱好的，科学把戏也能引起儿童的兴趣。在幼稚园的教学活动中，可以玩简单的科学把戏，以提高儿童的科学兴趣，启发儿童的科学思想，进而培养爱科学的品德。

（9）能布置教室。所谓布置教室，并不是仅仅在墙上挂几幅画而已；必须配合教学单元，布置适当的教学环境。当然，所布置的地方，也不局限于教室。要能利用自然物，把活的东西布置起来，才显得出生气，才富有教育意义。

（10）能做点心和烧菜。儿童是爱好吃的。做教师的，可以结合教学单元，领导儿童做点心、做菜，既可以增加儿童的兴趣，又可以丰富教学的内容，增加儿童实践的知识。

（11）能做初步的急救工作。在幼稚园里面，常会发生意外的事情。教师一定要有初步急救的技能，以免手忙脚乱，发生更大的事故，使儿童受到意外的损害。

四、优良品质方面

（一）对人

（1）和蔼可亲。对于一个满面笑容的教师，大家都会喜欢。如果成天板着一副面孔，要跟他人建立良好的关系就不太容易。

（2）不发脾气。发脾气不但对于自己的健康有损害，而且给他人极坏的印象。所以，对人对事，最好以不发脾气为原则。如果他人有不正当的行为，可以平心静气地说服他、教育他。

（3）帮助别人。帮助别人，是发挥阶级友爱的一种表现。如果别人有什么困难问题，应该尽自己的能力去帮助他。

（二）对自己

（1）能掌握自我批评的武器。一个人能够随时批评自己，才能继续不断地进步。尤其是在旧社会中生长的知识分子，受旧社会的遗毒很深，如果不能掌握自我批评的武器，不求改进，那么他将无法适应新时代，也不能对新社会有更大的贡献。所以，做教师的一定要掌握这个武器，加紧改造自己，使自己很快地成为一个新型的知识分子，成为一个优良的教师。

（2）不自私。一定要排除"自私"的意识，才能助长一个团体以及国家、社会的发展。

（3）注意健康。健全的身体，是一个人做人、做事、做学问的基础。所以，做教师的要时时刻刻注意心身两方面的健康。

（三）对儿童

（1）热爱。一个热爱儿童的教师，他是会全心全意地为儿童谋幸福，继续不断地改进自己的工作的；反之，一个不热爱儿童的教师，他是不会时时刻刻想到应该如何指导儿童生活，如何使儿童得到更合理的教养的。所以，热爱儿童，是做一个优良教师的起码条件。

（2）公平。公平地对待儿童，将使教师在儿童心目中建立很好的威信。如果教师不能公平地处置日常生活上的某些问题，或是对儿童有所偏爱，便将失去威信，同时又会影响儿童心理的发展。所以，教师对待儿童，不但要热爱，而且态度要公平。

（四）对同事必须合作

一个人所能想到的、所能做到的，是很有限的。如果跟他人合作做一件事，成就一定更大。做教师的，如果跟同事共同编制教材、商讨问题、交流教学经验、丰富教学内容，这是求取进步的一种方式；反之，如果关门自守、坚持成见，他将无法求得进步。

（五）对工作

（1）有高度热情。米丘林①、巴甫洛夫②等科学家，他们是如此热爱着自己的祖国，酷爱着自己的工作，能够以百折不挠、艰苦卓绝的精神来实现自己的理想。一个优良的教师，一定要具有高度的工作热情，继续不断地改进自己的业务，全心全意为儿童谋幸福。

（2）富有创造性。中国的幼稚教育，可说是一块处女地，正等着千千万万从事幼教工作的人去开拓。举凡设施、教学、教材……都需要全体幼教工作人员创造、实验、推广，使幼稚教育在中国开放出鲜艳的花朵，结成甜美的果实，为祖国新生的一代开拓一块辽阔而美丽的园地。

（3）决不灰心。做教师的，应该拿"决不灰心"这四个字作为座右铭。如果在工作当中遭遇到任何困难，便可以拿这四个字来鼓舞情绪、振作精神，努力克服困难、达到目的，实现自己的理想。

---

① 米丘林（Иван Владимирович Мичурин，1855—1935）：苏联植物育种学家、苏联科学院名誉院士、苏联农业科学院院士。
② 巴甫洛夫（Иван Петрович Павлов，1849—1936）：苏联生理学家，提出条件反射学说。

（六）对学问要做到"学习，学习，再学习"

学习在个人生活中的重要性，是无庸申述的。尤其是在今天，人民解放事业已经得到伟大胜利，国家的整个形势改变了，新理论、新事物激起了思想意识、风俗习惯等各方面的改变。为了迎接新时代的到来，为了适应新时代的需要，教师们的学习，是非常重要的。

目前，各级学校教师已自动自觉地组织学习小组，一方面学习政治理论，学习马列主义、毛泽东思想，改变旧的观点、立场，树立革命的人生观，建立为人民服务的思想；一方面学习业务，研究新理论，实验新方法，交流经验，改进教学。这是人民革命伟大胜利所造成的一种新风气。这种新风气，使教育事业向前推进。

（七）对敌人憎恨

上面我们已经谈到过，要贯彻对祖国、对人民的热爱，一定要憎恨敌人。在目前，破坏世界和平、危害人类幸福的敌人是帝国主义。我们为了保卫世界和平、维护人类幸福，一定要憎恨帝国主义，并以全副力量，为争取世界和平而坚强地斗争。

82　爱国主义教育在幼稚园

王荆璞　张宗麟

1951年2月23日

题　解　　本篇原载《论爱国主义教育》一书第106～114页。撰成时间为1951年2月23日，出版时间为1951年4月。

　　1985年张沪编的《张宗麟幼儿教育论集》中也收录了此文，其中依据手稿增加了开头的一部分。该部分见本文附录。

　　撰著者王荆璞（1904—1984），女，江苏武进（今属常州）人。早年毕业于南京第一女子师范学校，曾短期任职于小学。1928年转任南京晓庄学校幼稚教育指导员，1930年与张宗麟成婚，后随张宗麟赴厦门集美幼稚师范学校、四川乡村建设学院、湖北教育学院等地，均从事与幼稚教育相关的工作。中华人民共和国成立后，长期担任新闻出版总署托儿所所长。

　　有关联名撰著者张宗麟，参见前文《劳工幼儿团的使命——致张宗麟》题解。

　　《论爱国主义教育》，徐特立主编，群众出版社1951年初版。全书6万余字，收文13篇，分为3辑，另加代序、附录和编后记各1篇。本文列为第三辑篇首。

　　爱国教育与爱国主义教育有相同处，但不尽相同。爱国教育在中国教育史上并不生疏，五十年前已经提出来了。以后因寇敌日逼、国难加深，统治者虽然禁止人民爱国（爱国有罪、救国有罪），但爱国教育在民间，在各级学校里，燎原般的燃烧着。这个火把，对于中国反帝的革命起了一定作用（虽然不是主导作用），这是可宝贵的。

不过从一般来检讨，那时候的爱国教育，多少是带着狭隘的国家、民族观念的。"非我族类，其心必异"、单纯的排外等思想，充满在各级教科书里。这种思想，一方面是从反抗敌人的侵略而发生；另一方面，也因为当时从事教育工作者缺乏正确的政治思想，甚至还被若干旧民主的思想，以及帝国主义者之间若干挑拨手段所利用。例如：为什么英、美、日本等都是侵略中国的敌人，而单独仇恨日本呢？为什么那时候，很多教师崇拜与羡慕英、美？为什么对帝国主义的统治者与人民之间，不加以区别地一概仇视呢？为什么〔对〕苏联革命成功后立即废除帝俄时代对中国不平等条约等重大事件而不加重视，甚至还骂苏联呢？

自从"五四"以后，虽然有中国共产党不断的宣传，而中国一般教育工作者对中共的宣传不敢注意，也不感到兴趣。狭隘的爱国教育，确是支配着当时的教育界。

至于在幼稚园教育方面，连这样的爱国教育也比较淡薄，个人主义教育是占上风的。"狼来了，狼来了，小羊快快跑，小羊快快跑。"从这首歌儿里，充分证明当时幼稚园教育工作者的思想。这种思想，首先应该纠正。

"尊重各民族，联合各民族，为保卫祖国、建设祖国而奋斗。"这是爱国主义教育精髓之一。几十年来，中国的爱国教育对此毫不注意，甚至完全抹煞少数民族，而只提倡大汉族主义。蒋匪不承认中国有许多民族，而认为只有一个民族，认为其他少数民族都是种族。这种荒谬的论调，是见之于各级教科书的。

在幼稚园教材里，还不十分重视这种谬论，倒算是侥幸的。但在另一方面，哀斯基摩人①、印第安人等教材，是经常被采取的。说是为了迎合儿童的好奇心，把它当做野蛮人生活来教的。这是抄袭美国幼稚园的教材。它的错误观点，到今天可说人人都懂得了，这且不说。

我们所奇怪的，就是有人不同意在幼稚园里教含有民族政策的教材，以为幼稚生不会懂得，所以不必教，或者以为，取材极难，不能教。取材不易，倒是实在的。因为教师对于少数民族的知识，确是太缺乏。至于不必教，那是说谎。为什么前天还在教哀斯基摩人，而今天不能教中国少数民族的生活风俗呢？这其间，只有一点之差，就是前者

---

① 哀斯基摩人：旧译爱斯基摩人，指因纽特人。

是单纯的为着好奇，而今天是必须合乎民族政策。

这点差别，在幼稚园里是完全可以弥补的。难道学苗族的跳舞，讲夷民族①的故事，讲解回、蒙②、藏民族的生活习惯，幼稚生不喜欢吗？做些小礼物，画张图画，与少数民族的孩子们通信，这是十足可以做到的，也是丰富幼稚园教材的好方法。从图片、从实物、从通信中，都可以使孩子们获得少数民族的知识，也因此可以使孩子们懂得，中华人民共和国是各少数民族友爱合作的大家庭。

"教孩子们认识环境、熟悉环境，在当地环境中进行学习。"这是幼稚教育上的一条原则。所以，幼稚园要教孩子爱父母、爱家庭，记得本村（街）路名，熟悉蔬菜、瓜果，认得常见的树木、花草，辨别而且爱护家畜、家禽等等。在可能范围内，幼稚园还要教孩子从本村（街）出发，懂得北京、上海等本国大城市，莫斯科在那个方向等地理知识。

幼稚园更应该教各种社会常识，如我们的毛主席、我们的解放军、我们的铁路等等。这种种教材，都应该贯串一根红线——爱国主义。只有这根红线，才能使这许多教材有生气、有活力。否则，不但只是知识的填塞，而且会引导孩子们走到歪路上去——个人主义。

例如，同是教爱父母，可以有几种教法：一种是遵守古道的孝顺父母的教法；一种是，因为父母赚了钱养活孩子，他们宝贝孩子，所以要爱父母；第三种是，因为父母都为着保卫祖国、建设祖国而努力的工作着，孩子们要听父母的话，要爱父母，父母看到孩子有进步，能够更愉快、更安心的工作。

这三种教法，达到的目的完全不同。第一种，可能种下愚忠、愚孝的根，是封建道德；第二种，是单纯的报酬思想，可能发展个人主义；只有第三种，才能达到爱国主义的目的。

又例如，教孩子们各种自然常识，不要单纯的教他们认得与爱抚，而且要教他们："这是生长在我们祖国的东西，我们的祖国生产许多可爱的东西、有用的东西……"至于教孩子们各种社会常识，更可以与爱国主义联系起来，达到养成孩子有爱国主义的基础。"知识是有用的，为着谁而用？"这句话，幼稚园教师必须先弄清楚，而且要时时

---

① 夷民族：彝族。
② 蒙：蒙古族。

刻刻都记在心头，应用到各种教材上去。

在幼稚园进行各种带有社会性的活动，比起小学、中学来，当然要少得多。各种大规模游行，幼稚生是没法参加的；各种当众表演，也很少能参加的；各种宣传运动，幼稚生除了个别能对父母做些极不关重要的工作外，也没法参加的。

但是，幼稚园里毕竟是可以做带有社会性的活动的。例如，不久以前，全国很多幼稚园举行耶稣圣诞节的活动，也有不少幼稚园还过着感恩节、说谎节与复活节等等。为什么要过这类节日呢？当时的教师，是不问为什么要带着孩子们过这些节日的，而且还"依样葫芦"般讲解给孩子们听这类故事，如圣诞老人等等。倘若幼稚生是宗教家庭出生的，那就无所谓了。否则，不是幼稚园代替教堂、教师变成传教士吗？幼稚教师似乎无此任务，也不该尽此责任——宣传宗教。

再看看别的社会性的活动呢，如国庆节、儿童节，写慰劳前方的信，送礼物给前方等活动，许多幼稚园也在做着，这是正确的一方面。但是要追问一句："教师们是否抓紧了这类活动的中心意义——培养幼稚生爱国主义精神呢？"这点倘若做不到，那么这类活动的效果，只能算为收到一半。这方面，我们认识得比较深刻而肯定："幼稚园绝对不应该进行任何宗教活动或带有宗教性的活动；幼稚园应该做各种培养爱国主义的活动，而且可以通过各种全国性的节日（如国庆节）及地方性的节日（如各种集会），进行爱国主义的教育。"

讲故事，是幼稚园主要课程之一。从前讲的故事的形式，多半是童话或神话，取材多半属于自然界的事物。这类故事的形式是否可用，另文商讨；内容取材自然界，也未始不可。不过有一点要注意，就是不可借自然界的故事，教孩子们胆怯、自私及迷信等。应该要适当的合乎科学，要鼓动孩子肯注意自然界变化，至少勿太违背科学。所谓勿太违背科学，就是有些童话性的故事不一定能与科学事实相符合。例如蚕的故事，茧子不是蚕的床，但故事中编为蚕宝宝的小床，并无大碍。不能太离奇，甚至迷信。例如：母鸡给小鸡喂奶，这是不合事实；《封神榜》[①]的故事，是离奇；龙王治水等故事，是迷信。这类故事，是要不得的，千万勿以为合乎儿童的好奇心而任意采用。"老祖母讲故事给

---

① 《封神榜》：又名《封神演义》《商周列国全传》《武王伐纣外史》《封神传》等，是明代许仲琳（有争议）创作的长篇小说，其中多有神怪传说。

孩子听，或多或少种下不良印象。"幼稚园教师，勿学老祖母。

幼稚园故事的另一种内容，是日常生活，或带有社会性的，为数并不多。这类故事应该多多提倡，但切忌"说教"。口号与教条，对学前儿童毫无用处。关于幼稚园故事的讨论文字，以前很多。我们认为，必须去掉一件、增加一件。去掉"单纯的为着迎合儿童好奇心"，增加"必须有一定的教育意义，而且最重要的是爱国主义的教育意义"。关于幼稚园故事的内容与形式问题，将来专篇讨论。涉及爱国主义的部分，简单说明如上。

末了，应该提出一个老问题，也是几百年来始终没有获得解决的问题。这就是父母对儿女影响问题，也可以说是家庭教育问题。"没有一个孩子不把自己的父母（特别是母亲）看作圣人的。"从这句话里可以想得到父母对子女影响之大。对儿童施行爱国主义的教育，最主要的一段时间应该说是在家庭，在父母抚养时期。

解决父母教育问题，不是单纯的学校教育所能奏功，必须从整个社会改造着手。所以，教师们不应完全挑起这付担子，只应该负起一部份责任。这一部份责任，主要应该由幼稚园教师负起来。幼稚生与家庭的关系，比任何一级学校的学生来得密切。因为他们还在父母抚养时期，孩子对父母的"圣人"之感还正浓着。所以幼稚园教师必须经常的与父母联系。在恳亲会、家长联席会以及个别访问时，幼稚园教师不但要谈每个孩子的学习情况、生活习惯，共谋教育之方，最主要的，还应该经常和父母谈谈时事，谈谈国家大事，讨论如何培养孩子们爱祖国、爱人民等教育内容与方法。

在目前中国社会，一般家庭妇女的政治水准，比起幼稚园教师来要低些（当然也有不少的父母比幼稚园教师强得多）。幼稚园教师对这许多父母进行爱国主义的宣传与教育，一方面为着提高父母的政治水准，同时也是为着孩子们的教育。

我们也不否认，对父母教育是有困难的，特别对一知半解的父母进行教育，困难更多。而在农村、在工厂区里，比较容易。这是我们的经验。其实，这是不足为怪的，懂得知识分子改造之不易，也就可以了然了；懂得改造知识分子是要用耐心的，也就不会发急了。幼稚园教师自身倘若具有一定的政治觉悟，对爱国主义有一定的认识以后，那么做父母教育的工作是可以的，也不会有了不起的困难。但有一点要注意，要有耐心，要不怕碰钉子，而且要抱着与父母们共同学习的态度。据我们的经验，是可以有收获的，不致〔至〕于全盘失败。

幼稚园能取得父母的合作，共同对孩子们进行教育，可以增加教育效率；同时，孩子们在幼稚园或在家庭受了良好的教育，也能影响父母或幼稚园教师。爱国主义的教育，是属于思想教育范畴的教育，比起生活习惯或技能教育来，更需要与家庭合作。

附录　《〈爱国主义教育在幼稚园〉手稿第一部分》

"爱国主义教育，不但在幼稚园里可以进行，而且应该在幼稚园时代开始；但是必须先做到，教师对爱国主义要有正确的认识。"这是我们检讨对幼稚园教材的结语的一部分。

中国幼稚园教材，从开始到现在，大致可分为三个阶段。

第一阶段，是直接采用外国的。不问是古典或是其他性质，一味抄袭。例如福禄培尔、蒙得梭利①的一套教材、教具，美国、英国所谓"进步学派"的一套教材、教具，都是亦步亦趋、维妙维肖地模仿与抄袭。在前四十年至二十年的时期中，这些抄袭也起了它一定的作用，至少比起教孩子成为"小大人"的那一套强些。

第二阶段，是提倡教孩子们学习四周环境。所以，排列一年四季合于地方性的若干"单元"，一切生活习惯、卫生习惯、礼貌等等，都环绕着这些单元来进行。我们试仔细检讨一下幼稚园的习惯表，再看看幼稚园的各种"设计"报告，就可以发现，比起前一阶段来，确是进步得多。因为已经不是单纯的抄袭了，教师们要自己用头脑了，要启发孩子们发问了，要与孩子们一起做事了，幼稚园的天地放宽了，至少能引导儿童注意四周环境，而特别是自然界的现象与事物，比起只玩几种积木、唱几首儿歌的教育来，要辽阔得多了。大概在前二十五年到现在，很多幼稚园是如是进行的。

第三阶段，认定教育是政治斗争的武器。儿童教育，是人生教育中最重要的奠基工作。因此认为，幼稚园里虽然可以进行各种教育、采用各种教材、施行各种方法，但有一个中心目的，就是为着教育儿童成为一个健全的公民，给他奠定一个能够而且必须参加政治斗争的基础。一切知识、技能、习惯，都应该环绕着这个中心，针对着这个中心。所以，与以前为着个人的教育大不相同。一切教材、教法，可以而且应该注意儿童的个性的发展，但不仅仅是为着他个人的幸福，更重要的，是为着祖国、为

---

① 蒙得梭利：通译蒙台梭利。

着全世界人民的幸福。

上述三个阶段，我们都经过的。其中，尤以第二阶段的时期为长。到现在，还有若干残余思想尚未肃清，还待更多的努力，才能建立起坚强的爱国主义教育的信仰。

原载张沪编：《张宗麟幼儿教育论集》

湖南教育出版社1985年8月版第681～682页

83　对幼稚教育工作的几点意见

张逸园

1951年5月1日

另图30　张逸园像

题　解　本篇原载《人民教育》第 2 卷第 4 期。发表时间为 1951 年 5 月 1 日。

撰著者张逸园（1899—1987），女，原名菊英，河北怀安（今属张家口）人。1921 年毕业于保定第二女子师范学校后，任教于小学，再入燕京大学教育系深造。1927 年毕业后，历任保定第二女子师范学校、北京女子师范大学附属中学教职。1929 年任职于香山慈幼院，次年与张雪门共同创办北平幼稚师范学校，长期担任该校教导主任。1942 年赴冀南抗日根据地，历任冀南行署参议、太行联中教师、华北人民政府教育部小教科科长。中华人民共和国成立后，出任教育部幼儿教育处副处长，实际主持幼教处工作。1961 年支援西北，转任西北师范学院教育系主任、图书馆馆长。1977 年离休，获"五十年教龄奖章"。

《人民教育》，月刊，中央人民政府教育部机关刊物。1950 年 5 月 1 日创刊，"文化大革命"中停刊，1977 年 10 月复刊。今为半月刊。主要刊载教育方针政策、教育法规、基础教育概况、课程与教法改革、先进典型和人物，以及最新的教育研究成果。主要撰稿人，有马叙伦、钱俊瑞、韦悫、陈鹤琴、张宗麟、张逸园、卢乐珍等。

幼稚教育，经过两年的恢复与整顿，并开始注意向工农子女开门，单就数量来说，大致已经达到了战前的水平。但由于人力、物力和时间等条件的限制，还存在有很多问题需要解决，如：在学制方面，大多幼稚园还因袭着过去的半日制；在教学方面，一般还局限于单元教学①，不能很好的运用新的观点和方法；至于领导关系，以及幼稚园和托儿所的划分，也不够明确、适当。兹就上列问题提出几点意见，以供研究。

一、关于幼稚园的学制、设置、领导和编制方面

（一）幼稚园应以整日制为原则

幼稚园除教育学龄前的儿童以外，还有一个任务就是解放母亲，同时又必须照顾到母爱的发挥。

半日制幼稚园，儿童在园时间过短（一般的只有二小时半），不能减轻母亲的工作负担；寄宿制幼稚园，又嫌耗费太大，人民经济力量还达不到，且对培养儿童爱父母上也有困难。

因此，幼稚园以整日制为最好。但实施步骤，必须根据现有的基础、人力、物力等条件。一方面，维持多种多样形式；一方面，要创造条件，逐步向整日制的方向发展。

（二）幼稚园应以收二周岁到七周岁的儿童为原则

三周岁的孩子，身心发展已达到一个新阶段，就该开始进行系统的幼稚教育，同时母亲也可以早日得到解放（因有些孩子不能进入托儿所）。

幼稚园又必须与小学相衔接。小学入学年龄已暂定为七周岁，所以儿童受幼稚园教育也应当到七周岁为止。另外，未满七周岁的儿童，身心发育都还很差，仍以受幼稚园教育为宜。如果过早进入小学接受读、写、算的教育，不仅消化不了，而且会影响其身心的健康。

---

① 单元教学：亦称"中心制"或"整个教学法"，是与"分科教学"相对的一种教学方法。它依据儿童的心理特点，按照设计教学法的要求，把儿童所应该学的东西，整个地、有系统地去教给儿童学。它将各种功课打成一片，无须刻板计划，也无须限定时间，一切以儿童的兴趣和需要为转移。它由陈鹤琴所倡行，并在《幼稚园课程标准》中得以法定化。

不过，有的孩子身体发育的特别好，确有入小学的条件的，也可灵活实施。

（三）幼稚园以不放寒暑假为原则

幼稚园为了完成解放母亲的任务，不应像其他各级学校一样的放寒暑假。这样规定是很必要的，应该把它看作是一个政治任务去执行。

但教师们和其他工作人员，还是可以分别轮流放假的。在一般学校寒暑假期间，幼稚园的作业活动应与平时有所不同，要适当的减少教学时间，多给孩子们作适合地方季节和儿童身心的游戏和工作。

（四）幼稚园招收儿童，应以年龄和体格为标准

只要年龄足够、身心发育正常，就应招收，不应采取其他有关智力方面的考试和以智力的高低来决定取舍。孩子们的聪明智慧本无多大差别，即是有些差别，也是由于不同环境所造成。对来自不同环境的孩子，以一个主观的、统一的考试标准去衡量、取舍，其结果是非常不科学的。那些考试成绩差的孩子，不见得就不聪明。

也许有人会这样说："现在幼稚园太少，要求入园的儿童太多，若不经过考试，就没办法应付。"我们认为，这样说法是不正确的。今天幼稚园少，确是有困难的，但也是应该设法克服的。我们可以采取申请登记的办法，尽先录取最困难的女工或职业妇女的孩子，不应单纯用考试办法来限制。

（五）幼稚园应以分散设置为原则

班级编制亦不宜太大。为了便利接送孩子和幼稚园的管理，其设置宜于分散，不应集中。每个幼稚园，以三班至四班为原则。每班儿童数，最好不超过三十人，但亦得依据园舍的大小、儿童的多少、经济的条件，扩大或缩小班级的范围。

（六）幼稚园应统一由教育部门领导

至于工厂、机关、学校设立的幼稚园，或由托儿所、保育院附设的幼儿班，其业务领导，亦应统一于教育部门，并应与民主妇联、卫生部门作有机的配合，共同组织委员会，协商解决有关儿童福利等问题。

二、关于保教方面

（一）废除单元教学制

单元教学制，是来源于设计教学法，是以儿童为中心的教育思想的产物。在我们幼稚园里，直到现在，一般还采用着单元教学制，没有很好的改变。它的主要缺点是：

（1）单元教学是各项活动都围绕着一个中心题，这样就把各项活动本身的科学体系打乱，且不能系统的适应儿童年龄、身心的特征。因此，儿童所得，都是零碎的、片断的知识和经验，不能系统的培养和发展儿童的体力、智力和品德。并且，每个单元极易形成孤立的活动，忙一阵，过去就完，不可能作到各项活动的有机关联和复习。因此，幼儿在单元教学中所得的东西，不仅是片断的，而且印象不深、难以消化。

（2）单元教学的过程中，所谓"引起动机""决定目的"，充分表现着形式主义。其实所谓"动机"和"目的"，都是教师的主观愿望。在教材方面，为了机械的联系中心问题，也就免不了生拉硬扯、勉强拼凑。这样，反而破坏了教学效果。

（3）单元教学的中心题，大多结合着偶发事项，很容易疏忽了经常保教工作。我们要知道，对儿童的一切教育，都是长期的、循序渐进的，绝不是突击一个单元所能成功的。如把时间和精力都放在单元教学中，很自然的就会疏忽或放松了儿童经常需要的教育。

总之，单元教学在教育上是具有缺点的，在幼稚园中应该废止。

（二）试行新的幼稚园教学

1. 新的幼稚园教学的原则

（1）是全面发展的。

幼稚园教育，不应看作是学校教育的性质，所以不应勉强进行所谓读、写、算的教学活动。它的主要任务，是培养学龄前儿童在生理上、意识上、行动上得到正确的成长、发展和变化，使他们对身体、智力、道德习惯及爱美观点等，得到全面的发展。所以，幼稚园教学活动，应给儿童以充分发展的机会和环境。

（2）是保教合一的。

学龄前儿童的身心发育尚在幼稚时期，独立的活动的能力还很差。所以，幼稚园必须是保教合一，才能达到全面发展。生活保健和各项作业，应作有机的配合，统一计划实施。有不少幼稚园，只是单纯注意教学的一面，而忽视了更重要的保健工作；但也有些幼稚园，单纯注意了保健工作，而忽视了教学的一面。这都是不恰当的。

（3）是适合于儿童的。

教材内容和形式，必须与儿童生活实际相结合，是儿童能够接受而且喜欢接受的，并且利用环境、实物和多种多样的方法，引起儿童兴趣，满足儿童的需要，避免生硬说教的抽象方式。例如，对儿童进行抗美援朝的教育时，与其硬性的给儿童说"美帝国主义侵略朝鲜了""朝鲜是我们的亲兄弟""我们应该帮助它"等等的抽象口号和名词，就不如通过图片、故事、游戏等来讲给幼儿听。这样，会更适合于儿童的兴趣和有效得多。

（4）是以不进行识字教育为原则的。

识字教育应是小学的任务。学龄前儿童，因为思想意识尚未成熟，若过早的识字，促成他们过早的自己看书，刺激他们的早熟，那么儿童就容易喜欢安静的读、写，不喜欢运动了。这就会妨害儿童的"全面发展"，特别会影响到儿童的健康。过去旧社会的报纸上，常常登载着所谓"神童"的事迹。但后来不是夭折，便是没有后果。原因就是，过早的给他不应当接受的教育——识字，并予以过分的不恰当的鼓励，使儿童趋向于畸形的发展，这对儿童是有莫大损害的。

2. 幼稚园各项活动[①]

根据以上原则，拟定幼稚园的各项活动为：

体育——包括日常生活卫生习惯、体操、游戏、舞蹈等。

说话——包括谈话、讲述故事、歌谣、谜语等。

认识环境——包括日常生活环境、社会环境、自然环境等。

美工——包括图画、手工等。

音乐——包括唱歌、听音乐、敲打乐器表演等。

计算——包括认识数目、心算、度量等。

---

① 此标题系编者加拟。

三、关于改革原因[1]

我们对过去活动项目拟有所修正的原因乃是：

（1）本着"健康第一"的精神，重视体育，将过去的"唱游"改为"体育""音乐"两项活动。体育的目的和主要任务，是增进儿童的健康，锻炼儿童的体格，并发展其基本动作。如果不注意培养儿童以科学的卫生习惯，单从体操、游戏上着眼，是十分不够的。至于音乐，主要是培养儿童对音乐的兴趣，活泼儿童的情绪，发展儿童的音乐听觉，并培养其发音正确、歌唱自然。如果仅由"唱游"活动来代替，是不可能明确这些任务、达到它的目的的，并且在执行当中容易发生一些偏向。如"逢唱必游，逢游必唱"，往往在跑跳中也大声歌唱，这是非常有碍于幼儿的生理卫生的。另外，是疏忽了对孩子声带的保护和发音的矫正，常把儿童养成了"喊歌"而不是"唱歌"的坏习惯。因此，音乐、体育合并为唱游，则两者的内容都不充实，作用也会因而削弱。为了符合"健康第一"的精神，体育和音乐分开来，是十分必要的。

（2）注意感官的训练和保护，扩大儿童的眼界，丰富儿童的语汇，修改过去的"常识"为"认识环境"。"常识"对学前儿童说，要求得嫌高，容易形成像小学一样的进行常识课，教师讲、儿童听，且取材偏狭，往往偏重于时事政治，不容易为幼童所接受。认识环境的目的和主要任务，是带孩子亲自观察，通过实际的环境教育，扩大儿童眼界，培养儿童"五爱"等国民公德，并从接触社会、自然中获得周围生活的简单常识。这样是简而易行、比较切合实际的。

（3）重视儿童语言的发展和发音的正确，增加"说话"项目。学前儿童是学习说话最重要的阶段。常见有的儿童口吃、咬舌或说不清楚，这多半是大人不注意，给他的语言环境不好模仿得来的。这样，常常造成孩子终身难以改正的缺陷。因此在幼稚园里，应把训练儿童说话列入经常活动项目，通过谈话和讲述故事、歌谣等，训练儿童发音正确、说话清楚，喜欢发表意见和在人前敢说，并随时注意增加其语汇。此外，教师本身说话也要注意清楚、明确，免得影响儿童。

---

[1] 此标题系编者加拟。

（4）新爱国主义思想和"五爱"等教育以及计算教学，应根据儿童的年龄特点，有系统的，又是彼此联系的，通过各项活动和日常生活，随时灵活进行。避免政治化、生硬结合和内容繁重。

总之，幼稚园应该是对学前儿童进行全面发展的幼童教育，并担负起解放母亲的任务，使广大的劳动妇女得以安心地走进生产建设的行列。它应该是面向工农大众，面向着劳动妇女。凡有不合此原则的幼稚园，应克服困难，创造条件，逐步改革。我国幼稚教育事业，还在幼年。希望在这次全国初等教育会议[①]中，引起大家注意，使这一完全新的教育获得新的发展。

---

① 全国初等教育会议：全称"第一次全国初等教育和师范教育会议"。于1951年8月27日至9月11日在北京召开。会上，讨论制定了发展、建设新中国初等教育和师范教育的方针、任务，并审定了《幼儿园暂行规程（草案）》等法规。

對幼稚教育工作的幾點意見

張逸園

幼稚教育，經過兩年的恢復與整頓，並開始注意向工農子女開門，單就數量來說，大致已經達到了戰前的水平，但由於人力物力和時間等條件的限制，還存在有很多問題需要解決，在學制方面，大多幼稚園還襲着過去的半日制；在教學方面，一般還限於單元教學，不能很好的運用新的觀點和方法。至於領導關係以及幼稚園和托兒所的劃分，也不夠明確適當，茲就上列問題提出幾點意見，以供研究：

一　關於幼稚園的學制、設置、領導和編制方面

（一）幼稚園應以整日制為原則：幼稚園除致育學齡前的兒童以外，還有一個任務，就是解放母親；同時又必須照顧到母愛的發揮。因此幼稚園以整日制為最好，但實施步驟，必須根據現有的基礎（一般的只有二小時半），一方面，維持多樣形式，人力物力等條件，逐步向整日制的方向發展。

（二）幼稚園應以收二歲到七週歲的兒童為原則：三四歲的孩子身心發展已達到一個新階段，就應該開始進行系統的幼稚教育；同時母親也可以早日得到解放（因有些孩子不能進入托兒所）。幼稚園又必須與小學相銜接。小學入學年齡，已暫定為七週歲，所以兒童受幼稚園教育，也應當到七週歲為止。另外未滿七週歲的兒童，身心發育都還很差，仍可受幼稚園教育為宜，如果過早進入小學，接受讀、寫、算的教育，不僅消化不了，而且會影響其身心的健康。不過有的孩子身體發育的特別好；確有入小學的條件的，也可靈活實施。

（三）幼稚園以不放寒暑假為原則：幼稚園為了完成解放母親的任務，不應像其他各級學校一樣的放寒暑假。這樣規定是很必要的，應該把它看作是一個政治任務去執行。但教師和其他工作人員還是可以分別輪流放假的。在一般學校寒暑假期間，幼稚園的作業活動應與平時有所不同，要適當的減少教學時間，多給孩子們作適合地方季節和兒童身心的遊戲和工作。

（四）幼稚園招收兒童，應以年齡和體格為標準，只要年齡足夠，身心發育正常，就應招收，不應採取其他有關智力方面的考試；和智力的高低來決定取拾。孩子們的聰明智慧，本無多大差別，即是有些差別，也是出於不同環境所造成，對未來自不同環境的統一的考試標準去衡量取拾，其結果是非常不科學，不見得就不聰明。也許有人會這樣說：現在幼稚園太少，要求入園的兒童太多，若不經過考試，就沒辦法應付。我們認為這樣說法是不正確的。今天幼稚園少，確是有困難的；但也是應該設

法克服的。我們可以採取申請登記的辦法，儘先錄取最困難的女工或職業婦女的孩子，不應單純用考試辦法來限制。

（五）幼稚園應以分散設置為原則，班級編制亦不宜太大：為了便利接送孩子和幼稚園的管理，每個幼稚園以三班至四班為原則，每班兒童數，最好不超過三十人。但共設置宜於分散，不應集中。每個幼稚園以三班至四班為原則，每班兒童數，最好不超過三十人。但亦得依據聯合的大小，兒童的多少，經濟的條件，擴大或縮小班級的範圍。

（六）幼稚園應統一由教育部門領導：至於工廠、機關、學校設立的幼稚園，或由托兒所、保育院附設的幼兒班，其業務領導亦應統一於教育部門。並應與民主婦聯，衛生部門作有機的配合，共同組織委員會，協商解決有關兒童福利等問題。

二　關於保教方面

（一）廢除單元教學制：單元教學制，是來源於設計教學法，是以兒童為中心的教育思想的產物。在我們幼稚園裏，直到現在一般還採用着單元教學制，沒有很好的改變。它的主要缺點是：

1. 單元教學是各項活動都圍繞着一個中心題，這樣就把各項活動本身的科學體系打亂，統的適應兒童年齡身心的特徵。因此兒童所得都是零碎的，片斷的知識和經驗，不能系統的埋沒和發展兒童的體力，智力和品德。並且每個單元極易形成孤立的活動，忙一陣，過去就完，下可能作到各

另图31 《对幼稚教育工作的几点意见》原发表件（部分）

84 评"活教育"的基本原则

张凌光

1951年5月1日

另图32 张凌光像

题 解 本篇原载《人民教育》第2卷第4期。发表时间为1951年5月1日。撰著者张凌光（1904—1974），原名文超，字野民，安徽泗县（今属宿州）人。1926年毕业于安徽省第五师范学校，遂任教于小学，接触革命理论。抗日战争期间，在家乡组织民族解放先锋队，参与抗日救亡运动，并于1938年赴延安。次年加入中国共产党，历任边区文化协会组织科长、延安自然科学院历史教员、政治教研室主任、中国共产党中央委员会宣传部教育研究室研究员等职。中华人民共和国成立后，历任教育部视导司研究员、教育部办公厅研究室研究员、《人民教育》杂志社副总编辑、中央教育科学研究所研究员等职，发表了诸多教育思想评论文章。除文本外，另撰有《评新教育的道路》《评"现代教育原理"中的某些错误》《评"生活亦教育、社会亦学校"》《评"杜威的思维与教育"》等。

有关《人民教育》，参见前文《对幼稚教育工作的几点意见》题解。

近来有不少的教师提出："活教育"的原则和办法在今天的新中国是否适用？"活教育"和杜威教育学说的基本观点大致相同。杜威的教育学说，在新民主主义社会是不适用的，并且是有害的。现在，"活教育"必需从思想体系上加以根本改造，才能克服其中错误，发扬其中某些优点，然后才能对新中国有用。因为杜威的学说是"活教育"的理论基础，所以我们对于杜威的学说要首先加以批判。

一、从杜威学说"教育即生长"说起

《活教育理论与实施》(上海华华书店出版)第四页写道:"我提倡的活教育,是和杜威的学说配合的。因为活教育和杜威学说,其出发点相同,其所走的路子相同,其所用的方法也相同。"该书第二页至第三页又写道:

> 我们为什么要提出儿童教育思潮的趋势和杜威博士的学说呢?因为我们现在所提倡的活教育,是接受世界新教育的思潮,并和杜威博士一样的,在创造理论,也在创造方法。现在,讲杜威实验学校的情形给大家做参考……
>
> 杜威实验学校的原则:
>
> (1)教育即生长。杜威博士……不赞成教师主持,他主张儿童自动慢慢生长。
>
> (2)团体生活……
>
> (3)课程条件。课程是有条件的,要适应儿童的需要和兴趣,要常常变换,要知道此处和彼处的不同,不能统用。
>
> (4)学习方法:从做中学习;经验丰富,常和社会接触……
>
> (5)杜威特殊作风:第一,是学校和家庭联系;第二,是历史和科学在儿童日常生活中教学,在日常生活中教历史和科学,比较深刻、实用;第三,读、写、算是研究自然和社会之副产物,当初实验学校没有这三科,作为反对传统教育的表示。

由此可见,该书明白告诉大家,杜威实验学校原则,和"活教育"原则基本相同。而这些原则中,最基本的,还是"教育即生长"。要讨论"活教育"的原则问题,首先要讨论教育是什么。现在,先提出我们对于教育正面的看法,然后再批判杜威的学说。

我们的看法是:

(1)不能改造自然、只能食用自然现成物资而生长的动物,才没有教育。最明显的例子就是,春天孵化、从来不见前辈的某些昆虫,无教育可言,却能活泼泼的生长。鸟筑巢,兽掘穴,虽也有些直观的模仿的作用,但还和人类教育根本不同。

(2)只有能够改造物质、制造工具、进行生产的人类,才产生教育。因为从改造物质的生产中,来分析物质、综合物质,才能产生出关于物质的许多知识;同时,从劳动生产过程中，为着分工、合作互相联系，才产生言语、符号、文字，来标志并交换这些知识，因此才有人类这样的教育。可以说，教育"从改造物质中来"（这所谓"物质"，包括自然、社会以至人类自己），以传播并发展这改造物质的智能，教人更好的"到改造物质中去"。

（3）教育，就是人类改造世界的工作之一，就是在一定的社会经济基础上，着重从意识形态方面，有目的、有计划的来改造人、培养人。凡是自然的东西、自然生长的东西，都不能尽适人用，都不能尽合人们的利益，都需要经过人工或多或少的改造。中国古人有句话："虽有美玉，弗琢，不成良器也。"用这句话来比喻教育，很有积极的意义。正确的教育学上所谓改造，不只是克服缺点，尤其要培养学生各种潜在的能力和已有的优点，叫他们发育得更好。

（4）就教育目的来讲，在有阶级的社会，因掌握教育的阶级不同，教育目的也就不同。剥削阶级掌握的教育，总要改造被剥削、被统治者，叫他们适合剥削阶级的利益；人民教育，总要为人民利益服务，根据人民利益来改造人、培养人，叫人民更好的服务于解放斗争，服务于各项建设。

（5）就教育方法来讲，要根据人们意识形态发展的规律，来改造人、培养人。首先要把知和行、情和理、感性知识和理性知识、儿童自动与教师指导、科学规律与人民利益这些问题，辩证的统一起来。

（6）就教材内容来讲，人民的教育是要教人更有能力来改造世界。那就必须教人掌握这千古以来人类改造世界的经验结晶——系统的科学知识，首先是掌握读、写、算的工具。

以上是我们对于教育的基本看法，现在再来批判杜威对于教育的基本看法。

教育工作是人类劳动之一。人类劳动的特点，主要在有目的性、计划性。杜威却说："教育即生长，除他自身之外，没有别的目的。"（见杜威著《民本主义与教育》[①] 第四章，邹恩润译，商书印书馆版，六二页）

这种无目的生长论，是和美国没落社会密切相关的。因为没落的资本主义社会既无

---

① 《民本主义与教育》：通译《民主主义与教育》。

前途，杜威又看不见整个世界的远大前途和发展方向，所以他的教育只能是应付目前环境，着重目前实用，只能是无目的的生长。

这种无目的的生长论，又是和杜威阶级地位密切相关的。美国独占资本家，他们的生活和教育，是有很肯定、很明确、极端反动的目的。无产阶级，他们已看到世界发展的前途，有共产主义的明确目的。资产阶级自由主义者杜威，他既不是独占资本家，也没有看到无产阶级力量及世界发展的方向，因此他的生活态度，只能教人在独占资本的统治下，应付现实生活，忙于目前实用，追求目前效果，只能是没有远大目的的生长。

杜威从无目的的生长论出发，就很强调儿童的本能。他在《民本主义与教育》第四章里说道：

> 有人以为……生长是朝着一种固定目标的运动。他们把生长看作向着结果进行的东西，不把生长当作结果看待。在教育方面……与这……错误观念相应：第一，不顾儿童本能的或与生俱来的种种能力……
>
> 现在有许多人，不是轻视自然的本能，便是把它视为捣乱的东西，视为应受压制的可憎的特性，或无论如何，总要使它顺从外面的标准。（《民本主义与教育》，邹译本，五九~六〇页）

教育学是应该注意儿童的认识发展过程，但不能因此就强调本能。强调本能和主张"无目的生长"，是联系着的。鸟兽虫鱼是依靠本能，利用自然现成物资而生活，他们的活动并没有什么久远的目的和计划。人类是在不断的改造自然而生活，他们种种能力、志趣之形成，都是参加社会生活和接受文化遗产的结果。他们的行动，总要有很高的科学性、目的性、计划性。至于笼统反对"顺从外面的标准"，也是很不对的。强迫被剥削、被压迫者服从那为着剥削阶级利益而订的标准，这是我们应该反对的。但我们对于事理的认识，不能只凭主观幻想（没有受过科学教育和很少实际生活锻炼的孩子更容易主观幻想），都必须根据客观标准。强调与生俱来的能力，笼统反对顺从外面标准，这正是实用主义者唯心论的表现。

杜威虽也提到改造环境，但他是这样提出的：

野蛮的民族，在一个沙漠平原上……他们所见的东西，本来是怎样，就任他仍旧怎样，不想加以改良。……如有一群文明的人民，加入这个环境，情形就要大不相同了……那个野蛮民族，不过囿于苟安；这群文明人民，便有改造环境的习惯。（见《民本主义与教育》，邹译本，第五十六页）

杜威以为，改造环境只是文明人的习惯。他忽视制造工具、改造自然是人类之为人类的基本特点；他没有看到，资本主义社会以前的"野蛮人"，和资本主义社会的"文明人"，只是社会发展阶段不同，改造自然的程度不同。把改造环境的习惯只看做是文明人的事，看不见这人类改造世界的发展过程和总的方向，因此他所感到的生长，也就没有远大目的。

至于杜威实验学校中的其他原则，俟下面讨论"活教育"的原则时，再把它们联在一起来谈。

二、"活教育"的目的和方法问题

"活教育"的"三大目标：
（1）做人、做中国人、做现代中国人（目的论）。
（2）大自然、大社会都是活教材（课程论）。
（3）做中教、做中学、做中求进步（方法论）。"
（见《活教育理论与实施》的《前记》）

现在，我们就围绕这三大目标来讨论。

首先谈"活教育"的目的。在抗日时期，明确提出"做中国人"，这是很好的。做中国人，要有"健全的身体、建设的能力、创造的能力、合作的精神、服务的精神"（见《活教育理论与实施》第四十五至四十七页，以下标明页数，皆指该书而言），这也是很对的。但中国人里，还有大不相同的人、大不相同的阶级。"活教育"要求做什么样的"中国人"呢？"现代中国"是什么样中国？向什么方向发展呢？"活教育"因忽视阶级问题而受杜威影响，还不能赞成"有破坏然后有建设"（四十六页）。今天呢，已破坏了帝国主义、封建势力、官僚资本的统治，已开始现代中国的建设。"活教育"还要从思想体系上解决许多问题，才能叫它的某些优点得到适当的应用和发展。

总而言之，"活教育"的目的，在抗日中提出"做中国人"，比起无目的的"教育即生长"，是有进步的地方。但没有认识阶级，没有认识世界发展方向，还是受着杜威影响，还和杜威基本相同。这一基本观点，对于"活教育"理论与实施，都有重大影响。

现在再来讨论"活教育"的方法问题。该书第五二页上说：

"活教育"的教学方法，也有一个基本原则。什么原则呢？就是做中教、做中学、做中求进步。这一原则，可说是脱胎于杜威当年在支加哥①所主张的"寓学于做"，但比杜氏的主张更进了一步：不但要在做中学，还要在做中教；不但要在做中教与学，还要不断在做中争取进步……活教育的教学，也不注重过去班级教学的课程，而着重于室外活动，着重于生活的体验，以实物作研究对象，以书籍作辅佐的参考。换一句话说，就是注重直接的经验。这种直接经验，就是使人进步的最大动力。直接的经验，也就是活教育教学方法的第一个原则。

我们的教育是要重视"实践"，重视"理论与实际一致"。但如没有适当估计"做"和"直接经验"在教学中应有的作用和应占的份量，而过分强调"做"，过分强调"室外活动""直接经验"，那就会发生偏向。

教育的作用，是要学生很经济的学会读、写、算，学会读、写、算的工具，很经济的接受千古以来人类改造世界的经验结晶——系统的科学知识，以便于进一步的改造世界。教育上"做"的目的是什么？学生的做，还是为着学。只能选择很必要、很有意义的，叫学生去做；通过很少动作，取得很基本的直接经验，以便接受很多的科学知识。教育方法，必须十分注意教学上的经济。如果事事都要直接经验才能求得知识，那我们学习人类社会发展史还要从动手磨制石器开始，那我们一生能学多点东西呢？

由少量的必要的动作，以取得大量的系统的知识，这正是教育上的"经济核算"。

---

① 支加哥：通译芝加哥。

凡是费时费力很多而吸收知识很少的做法，教育上不宜采用。杜威派的设计教学法，从很多动作中只吸收些零碎的知识，不能取得基本而有系统的知识。这种做法，教育上也不宜采用。抗战期间，老解放区的学生参加种种社会活动，对于学习和工作，都起过很好的作用。但有些地方、有些时期，可以较安稳的学习文化，也过多的从事社会活动，这种做法是不好的，今后也不宜采用。杜威和"活教育"，都强调"做中学、做中教"，都过分强调"直接经验"，都因忽视了：教育必须很经济的接受人类改造世界的经验——系统的科学知识。

"活教育"的第一条教学原则："凡儿童自己能够做的，应让他自己做。"第二条教学原则："凡儿童自己能够想的，应让他自己想。"进步的教育，是要启发儿童自动的做，是要培养儿童独立思考的能力和习惯。但作为教学原则来讲，还不能说："他能做什么，就让他做什么；他能想什么，就让他想什么。"儿童能做什么、要做什么、应做什么、怎样做、为什么做，儿童能对那里想、能怎样想、为什么这样想、应该怎样想，这存在着一连串的问题。儿童自发的心理活动，都不可能做得很好。受过不好的社会影响，那会做得更坏。那怎样让他自己做、自己想呢？教师循什么方向加以指导、改造呢？该书《前记》上说："活教育……学校里一切活动，差不多都是儿童的活动；死教育……学校里一切活动，差不多都是教师的活动。"这样降低教师活动的意义和作用，这样过分强调儿童自己想、自己做，就会大大降低了教育的目的性和计划性。

其实，儿童的思想和行动，都是由已有的知识经验做基础。儿童都不是生活在真空中，都不是"涅而不缁"的水晶体，都受过家庭和社会的影响。封建的家庭教育受得深了，就想买田、收租做地主；剑侠传看得多了，就想跑到武当山学艺，想去做剑侠、成神仙。该书第八页上所说，九岁孩子提出疑问："竹管里有空气吗？如果有，怎样进去的？"这也正是受着科学教育的结果。青年人无论想去参加革命活动也好，想去研究自然科学也好，都要有某些知识基础，都由于社会、家庭、师友的种种触发，才引起他对那方面去想、去做。"活教育"的同志指导这九岁孩子做实验，启发孩子对这方面想，就很可能造成他研究自然科学的兴趣。至于孩子研究自然科学，还是想自己发财开工厂呢？还是想成名当教授呢？还是想把个人发展以及为人民服务统一起来呢？这要有孩子自己的思想活动，更要有教师指导他思想方法和思想发展的方向。

"活教育"过分强调"让儿童自己想、自己做"，降低教师的指导作用，其思想根源，还是杜威无目的的"教育即生长,不赞成教师主持,主张儿童自动慢慢生长……,课程……要适应儿童的需要和兴趣"。因为没有明确的目的、方向,忽视儿童都应了解基本而有初步系统的科学知识和读、写、算的工具,所以只强调儿童自己做、自己思、自己〔萌发〕兴趣、自己慢慢生长。

当然,我们也不是说"活教育"完全忽视教师的指导作用。"活教育"第五个教学原则"积极的鼓励胜于消极的制裁"、第九个教学原则"积极的暗示胜于消极的命令"、第十个教学原则"替代教学法",这些都是相当好的指导方法。但是,这里还有个基本问题:"鼓励""暗示"学生向那里去做、去想呢?用什么好的代替不好的呢?这不只在日常生活上,更着重在大的目的、方向上;不只在片断的知识上,尤其在建立科学的世界观上。没有科学的世界观,就不能明确师生活动的方向,也不能确定"鼓励""暗示""替代"的内容和方向,也不可能适当的解决教育上许多原则问题。

我们必须在认定世界发展的规律和方向上,来发挥儿童的自动性、创造性。同时,我们必须研究儿童的知和行、情和理、感性知识和理性知识、学生自动和教师指导等辩证发展过程及其规律,来指导儿童发挥自动性、创造性。

三、活教育的课程、教材问题

"活教育"的课程论:"大自然、大社会是我们〔的〕活教材。"这句话又是"活教育"的第六条教学原则。该书第四页,更全面肯定的说:"活教育的教材,是大自然、大社会。"和这一原则相关联的,还有"活教育"的第四条教学原则:"鼓励儿童去发现他自己的世界"。

注意自然和社会的实际,鼓励学生从实际里发现道理和问题,这是需要的;但如果片面的强调,不去辩证的了解,就会发生错误和偏向。我们必须肯定的认识到,世界不能靠儿童自己来发现。世界的发现,乃是千古以来人类改造世界的结果。如果忽视了这一点,就会过分强调儿童生就的能力,而忽视科学的成果。教育上要学生钻研自然、社会,取得直接经验,还是为着便于接受千古以来系统的科学知识(儿童是要接受这种知识的初步基础),并锻炼学生钻研实际的精神,并不是希望他们很早的就能发现世界。

该书第五十页上说:"要晓得书本上的知识是间接的、死的;大自然、大社会,才是我们活的书、直接的书。当然,〔活〕比死的来得好,直接当然比间接来得好。"又说:"杜威在支加哥的时候,把课程都打破了,教师、学生都在一起做,名之为实验学校。活教育的教学,也不注重过去班级教学的课程,而着重于室外活动。"(见五十二页)这就是没有适当估计书本知识的价值和作用。许多科学书籍,正是千古以来人类改造世界经验的结晶。我们必须把直接经验和间接经验结合起来,必须把自己的感性知识和古今中外的理性知识结合起来,才不是片断的、狭隘的、死的知识,才是有用的、系统的、活的知识。

我们再看该书发挥上述第四和第六原则的一些理论:

> 依照活教育的理想,国语、算术的课本教学,也应当打破……比如讲到鱼,就让小孩子看到真正的鱼,让他们观察鱼怎样呼吸、怎样转弯、怎样浮沉,让他自己来解剖鱼体,研究鱼的各部。(五一页)
>
> 活教育的教学过程,可以分作四个步骤:一是观察;二是参考;三是发表;四是检讨。每一个小朋友,都应当有一本他自己的工作簿,在工作簿上编他自己的教材。譬如,一个小孩子,他研究一只活的青蛙。这种研究和观察工作,就是第一个步骤——实验。但是,这种实验是不够的,他还要更多的参考书,什么关于青蛙生活科学小品呀,故事呀,童话呀,他要这一类的书,这是他在做他的参考工作,也就是教学过程的第二个步骤。他在参考了这些书之后,可以写一篇关于青蛙生活的报告,或者编一个木偶戏或故事,或者是童话,或者是演一幕自编自导的关于青蛙的小小剧本。这就是教学过程的第三个步骤。在这一步骤之后,老师就和小朋友在一起检讨这一个学习过程,这就是第四个步骤了。"(五十四页)

这一段话更具体说明了所谓"做中学",所谓"着重室外活动",所谓"活教育的教材是大自然、大社会"。同时,也正是继续发挥杜威把"历史和科学在日常生活中教学"的主张。

"活教育"用实验、参考、发表、检讨四个活动步骤,来教"蛙"这一个单元。究竟教学的目的是什么呢?要学生有那些收获呢?当然,我们不能孤立的为教蛙而教蛙,教蛙总有目的：或者教学生大略了解蛙和农业生产的关系；或者教学生大略了解蛙或鱼的生理和生态，以至逐渐了解生物进化的道理。单把蛙或鱼做一个单元，经过这四个步骤去钻研，不只要学生观察、解剖、实验，不只要翻阅许多有关蛙的书籍，并且还要编剧排演，这需要几多的精力和时间呢？这能得几多基本而必要的知识和技能呢？重要而有系统的科学知识很多哩！小学生是不是应该把蛙或鱼自成一单元，钻研得这样细密呢？固然遇着教学上重要问题、重要关键，可以着重的去实验、参考、发表、研讨，但不能作为教学过程中经常的、一定的步骤和公式，尤其不能如杜威主张"历史和科学在日常生活中教学"。因为这会把科学和历史教得片面、破碎，或者只对目前能够接触的某些事物钻得相当细密，而不能叫学生得到基本而有系统的知识、技能。杜威还主张："课程的条件，要适应儿童的需要和兴趣……不能统用。"这更否定了科学知识有客观的共通的标准。教育要照顾儿童兴趣，但必须教授大家通用的科学知识。

小学教育，首先应着重读、写、算的工具的掌握，并着重基本而有初步系统的科学知识的吸取。课程的安排、教科书的编辑，要选择基本必要的知识，要按着历史和科学的一定系统，要按着认识发展过程上的一定步骤，要经过无数学者周密研究、全面计划和很仔细的编写、修词。如果不这样解决课程、教材问题，就不能有计划、有目的、很经济、很有效的完成教学任务。

我们的教育，是要把日常生活所接触的自然和社会现象，尽可能组织到教学计划中去。但这还是为着帮助学习课本上有系统的科学知识。许多必要的科学知识，并不是儿童日常生活中所能接触、所能发现的。例如生产工具的发展，从石器、铜器、铁器到蒸汽机、发电机，其中，石斧、铜刀都不是现代儿童日常生活所能接触的，蒸汽机、发电机也不是乡村儿童容易看到的。但对于儿童，还是要讲工具发展的知识。这只能就儿童的见闻——石片、铜片、铁片的割切作用，蒸汽的力量，闪电的现象，关于电灯、火车、机器的传闻等等，组织到教学中去，以帮助儿童了解从古到今的工具发展。我们的教学，只能就各地可能的条件，把儿童日常经验和系统的科学知识适当的结合起来，并启发儿童实事求是的钻研精神。

四、结束语

总而言之，杜威主张无目的的教育即生长，看不见世界发展的前途、方向，迷糊了教育是阶级斗争的武器、是改造世界的工作，因此只能在独占资本的统治下，应付目前生活，追求目前结果；为着目前实用，忽视千古以来人类改造世界的经验——系统的科学知识。这些都大大影响了"活教育"的目的、方法、课程、教材各方面。

就"活教育"的目的而言，除在抗日期中提出做"中国人"外，没有更远大、较明确的目的。因此，"活教育"虽已提出积极的"鼓励""暗示""替代"，注意学生"自动"等等较好的指导方法，但因缺乏明确的指导方向，未能把这些方法中的积极作用很好的发挥出来。

就"活教育"的方法而言，常带片面性——过分强调"做"，而没有适当估计"做"在教育中应有的作用和应占的份量，没有把"做"和"学"辩证的统一起来。过份强调大自然、大社会的活教材，而没有适当估计这些活教材的作用和应占的份量，没有把活教材和课本上的科学知识辩证的统一起来。过份强调儿童自动，没有适当估计儿童自动和教师指导的关系，没有把它们辩证的统一起来。

提倡"活教育"的同人，必须用科学的世界观、科学的方法论，来克服"活教育"的缺点，改造"活教育"的思想体系，然后才能发扬并发展"活教育"中的优点，才能在新中国的教育建设上发挥积极的作用。

我的意见有不对的地方，请大家指正。

85 如何使幼稚生适应新环境

陈鹤琴

1951年5月

题　解　本篇原载《新儿童教育》第 6 卷第 10 期。发表时间为 1951 年 5 月。本文系演讲记录，记录者为喻品娟。本文转录自《陈鹤琴全集（第二卷）》第 600～609 页。

有关撰著者陈鹤琴，参见前文《儿童教育的根本问题》题解。

记录者喻品娟，女，生卒年未详，江西萍乡人。1940年入读江西幼稚师范学校，毕业后留校任教。抗战胜利后，追随陈鹤琴赴上海创办上海市立幼稚师范学校，又奉派赴沈阳担任私立美龄小学教导主任。1948年冬回上海，任职于上海国民教育实验区，兼任陈鹤琴秘书。中华人民共和国成立后，随陈鹤琴赴南京协办大石桥幼儿园，后赴北京师范大学进修，担任南京师范学院幼教系助教。1953年，兼任南京师范学院附属幼儿师范学校教导主任。1956年，赴北京师范大学参与编写《幼儿园教育工作指南》。长期任教于南京师范学院，晚年任教于长沙师范学校。除本篇外，另撰有《陈鹤琴论儿童心理特征》等，主编有《中外名人论幼儿教育》。

有关《新儿童教育》，参见前文《怎样做人民的幼稚园教师》题解。

有关《陈鹤琴全集》，参见前文《怎样做人民的幼稚园教师》题解。

开学了，幼稚园的教师对于初进幼稚园的小孩子，首先要解决的问题，就是如何使他适应新的环境。大家都知道，幼稚园的环境与家庭环境是不相同的。因此，当一个小孩来到幼稚园的时候，他在心理上就发生问题了。现在，我就问题产生的原因和表现，及其问题的如何解决、教师处置儿童问题应有的态度几方面来谈谈。

一、问题产生的原因

（一）不了解新的环境

（1）不认识老师。

跟陌生的人在一起，不但是小孩子不习惯，就是几十岁的成年人，要他跟一个素昧平生的人生活，也多少有点隔膜。记得当年我在外国念书的时候，有一位朋友老爱带我到他的朋友家里玩。起初一二次，总感到陌生，怪不舒服的；慢慢地熟了，也就好了。对于一个四五岁的小孩子，要他立刻离开母亲，而跟着一位陌生的老师在新的环境里面生活，这在他心理上，很自然地就浮现着陌生的、惧怕的情感。因此矛盾就产生了。

（2）不认识小朋友。

一个小孩在家里，他所熟悉的，是自己的兄弟姊妹和左邻右舍的几个孩子。一旦到了一个新的环境，看见几十张、百来张大大小小的面孔，都不认识。因为不认识，就发生隔膜、惧怕的情感。因此，在他心理上又产生一种矛盾。

（3）不熟悉新地方。

对于不熟悉的地方，不但是小朋友们感到生疏，就是成年人也常常发生一种茫茫然甚至惧怕的情感。比如南方人去北方，或是北方人来南方，在他心理上多少有点异乎寻常的感触，也处处觉得陌生。一个三四岁非常缺乏生活经验的小孩子，一旦来到幼稚园，眼睛所看到的，全是一些不熟悉的东西和一桩桩新奇的事情，耳朵所听到的，全是一些生疏的声音和语言，在他心理上，造成一种非常复杂的陌生的情感。这种情感，使他不能离开母亲而单独生活在不熟悉的新地方。

（4）不习惯幼稚园的生活。

小孩子在家里的生活是很随便的。可是，幼稚园的作息时间是有一定的：什么时候吃饭，什么时候午睡，什么时候大小便，什么时候应该大家一起谈话、唱歌、工作、做游戏，都有定时；而吃饭，要自己拿着箸子吃，不能挑选蔬菜；午睡的时候，要睡得很安静，不可能一位老师陪着一个小孩睡；其他活动，也有一定的规则。这种生活方式，对于一个初进幼稚园的小孩子，是不顶会适应的，因为他在家习惯了没有规律的生活。

（二）不能满足欲望

（1）得不到象〔像〕母亲一样的爱。

母亲对于小孩子的爱护，真是无微不至：有好的东西留给他吃，有好玩的东西留给他玩；天冷时怕他冻着，天热时怕他受热；在家里小心地照顾他的生活，在外面时时刻刻记挂着他的安全。因此，母爱是无微不至的，也唯有做母亲的人，才能有这种无微不至的爱。一个小孩子在幼稚园或者托儿所里面，他并不是得不到爱护，只是这种爱护不同于母爱，而小孩子是能直觉感觉到的，保教工作人员没有像母亲一样地爱他。

（2）得不到象〔像〕家里一样的东西吃。

小孩子在家里吃东西，往往是没有一定的时间和分量的，大都是随孩子们的高兴，吃多或吃少。而幼稚园或托儿所里面孩子们吃东西，是有一定的时间和分量的，并且是集体进膳和用餐点。有的孩子，就因为得不到像家里一样的东西吃，而不习惯幼稚园或托儿所的生活。

（3）在幼稚园里不能让儿童独占玩具。

占有心从小就具有的。一个三四岁的小孩子，只要是他爱好的东西，他都想独自占有。你问他这是谁的，他说"我的"；你去动一下，他就要叫起来，甚至于打你。可是幼稚园里面，所有一切东西都是大家玩的、大家用的，不可能让一个小孩子或几个小孩子独自占用。因为玩具对于儿童，不但能发展肌肉、启发智慧，并且要从中培养儿童的合作精神。可是，一个小孩子初到幼稚园，对于好玩的玩具，常常是要独自占有；如果不让他占有，他就要哭闹或抢夺。

（三）家庭教育与幼稚园教育不同

家庭教育与幼稚园教育显然是不相同的。家庭教育是单独地进行，使儿童得到教养；而幼稚园的教育，是使儿童在集体的教育下得到发展。如果家庭教育与幼稚园教育差别大，小孩子所发生的矛盾也大；反之，差别小，小孩子所产生的矛盾也小。

然而，在目前一般家庭里面，父母对于儿童教育的知识是非常欠缺的。有些双职工、多子女家庭，没有力量顾到儿童的教养，因之儿童得不到很好的发展。有些家庭，对于儿童又是娇生惯养。通常一般家庭对于儿童大都采取以下方式：

（1）代替小孩子做事。

小孩子在家庭里面，大都是由父母服侍的。如吃饭、穿衣服、开关门户、收拾东西……都不必小孩子动手，由大人代劳。这种办法，不但剥夺了小孩子发展肌肉的机会，也摧残了小孩的劳动兴趣。而一般的父母之所以如此，一方面是不懂得代劳的办法是有多么大的弊害，另一方面也怕麻烦。因为让小孩子自己吃饭、自己穿脱衣服，不但动作慢，而且要耐心的教他，反不如自己代他做来得痛快。

然而，要培养儿童的独立能力，一定要掌握这个原则：凡是小孩子能够做的，应当让他自己做。因此我想，做父母的，最好只有"一只手"。不然，任何事情都代小孩子做，这对于小孩子的发展是一种损害。因此，一个习惯于"饭来张口、衣来伸手"的小孩，初到幼稚园便不习惯了。所以在幼稚园里面，要掌握这个原则：小孩子能做的，一定要让他自己去做。

（2）溺爱。

天下的父母，没有不爱自己的儿女的。但是，有的父母溺爱过分，小孩子要吃什么就给他吃什么，要玩什么就给他玩什么，要出去就陪他出去，要回家就带他回家，真是百依百顺，爱护备至，却不知道，这样没有原则的爱，对于小孩子的身心发展也是一种损害。

因为一个小孩子如果成长得很好，一定要用科学合理的教养方法。举凡起居饮食、出入进退、待人接物，都要有一定的规律，养成优良的习惯，并且要从小训练。因此，父母对于子女的爱护，应该不违背儿童心身的发展而不溺爱儿童。这是幼稚园教育与家庭教育的不同之处。

（3）恐吓打骂。

在封建社会里面，父母常常以恐吓打骂的方法对待小孩。如果小孩不听话，开口就骂、动手就打，要不然就恐吓小孩，说神说鬼的，使小孩子发生无谓的惊慌。在今天的社会里面，儿童是被保护的，他有独立的人格，父母应该尊重他的人格，不能够任意恐吓、打骂，以致影响儿童的心身发展。在幼稚园里，必须采取诱导、启发及暗示的方法，代替恐吓和打骂，使小孩子能得到正常的发展。

（4）生活没有规律。

小孩子在家里，生活大都没有规律，想睡就睡，想吃就吃，没有时间，也没有一定的规则。可是，幼稚园里面的生活规律，是严格执行的。应该睡的时候，一定要睡；应该吃饭的时间，一定要吃饭。其他如大小便、工作、游戏，都有一定的时候。这是家庭教育与幼稚园教育不同之处。

（5）自私。

在旧社会，父母对于子女都抱有很大的希望。而这种希望，常常是极端自私的，不是希望子女将来做大官，就是希望他将来发大财。因此，从小就培养小孩子一种个人主义，什么事情都要出人头地，什么东西都要与众不同，并且占为己有，这种心理是最不好的。今日，新的教育要培养儿童有革命的人生观、为人民服务的观点。在幼稚园里面，须特别注意这观点，使小孩子在集体生活当中除去自私的心理，想到他人，顾到集体。

（四）儿童本身的关系

（1）年龄。

儿童适应环境的能力，与年龄成正比。年龄较大，适应环境的能力也较强；反之，年龄较小，适应环境的能力也较弱。因此，一个初到幼稚园的小孩子，他不适应新环境，应该先要知道他的年龄，以便协助他如何适应新的环境。

（2）身体。

儿童适应环境能力的强弱，与年龄有很大关系，与身体也有关系。身体强健的小孩子，他很快就会在幼稚园里跟其他的小孩子玩各种游戏器具，做各种工作。如果身体不好，他要在新的环境里面很活跃地做各种工作、玩各种玩具，是比较困难的。因此，对于一个初来的幼稚园的小孩，找寻他发生问题的原因，也可以从他的身体健康上面去找解答。

（3）能力。

毫无疑义，能力强的小孩子，适应新环境的能力也强；如果能力不强，他对于适应环境更感到困难。因此，对于初来幼稚园的小孩，可以从能力方面去判断他适应环境能力的强弱。

二、问题的表现

（一）怕生

初进幼稚园的小孩子，总怕接近老师和别的小朋友。如果强迫着要跟他接近，他就要用各种各样的方法来抵抗了。

（二）躲避

躲避也是问题的一种表现。一个初到幼稚园的小孩，他不愿跟着老师和其他小朋友在一起，老爱一个人躲在墙角里或者没有人的地方。南大幼儿园的朱弟弟就是一例。老师在前面，他逃到后面，老师在后面，他躲到前面，不肯跟你亲近。

（三）哭哭打打

幼稚园本来是儿童的乐园。可是刚开学的时候，简直是"哭园"。这种表现充分地表示小孩子对于新环境不能适应而发生消极的抵抗。有的小孩子采取进攻的态度，你不准他逃回家去，他就打你。南大幼儿园上学期刚开学的时候，有两个小孩咬破了两位老师的手，原因是，老师要他进工作室，离开母亲，而他偏不肯，当老师在拉他的时候，他就毫不客气的咬老师一口。

（四）抢夺

他看见好玩的玩具，便要去抢着玩，不晓得幼稚园的玩具是大家玩的，不能任意抢夺别人的玩具。

（五）说谎

年龄比较大的小孩子，他就会用谎话来欺骗老师，以解决他心理上的矛盾。南大幼儿园中二班有一位小朋友，他天天向老师说肚子痛，要回家去。后来，慢慢地跟其他小朋友熟了，大家玩得很起劲，他也不再喊肚子痛了。开始说肚子痛，可能是谎话，因为开学的时候，他不能适应新的环境，没有玩伴。后来有了朋友和他一起玩，他心理上的矛盾也得到解决了。

（六）逃回家去

有的小孩子，他初到幼稚园并不哭，但是常常一个人偷偷地逃回家去。

三、如何解决上述问题

（一）建立师生关系

一个刚离开父母、离开家庭的小孩，象〔像〕是一个迷路的羔羊，也象〔像〕是一只迷失方向的小船。他时时刻刻感到失去依靠，茫茫然无所适从。在这个时候，做教师的，就应该去跟他接近，取得他的信任，使他觉得教师是他最可依靠的人。这样，小孩子心理上的孤独感才能消除。

南大幼儿园小班有一个小朋友，有一天在马路上被母亲打了，刚巧被园主任看见了，便跑过去劝导他的母亲，并且对这个小朋友说："你真乖，幼儿园的老师和小朋友都喜欢你，你跟我到里面去玩。"于是，便携了他的手，同他到里面去，他很听话地到工作室里面去了。因此，对于一个初来园的小朋友，应该好好地建立师生间的关系，以消除他心理上的矛盾。

（二）熟悉环境

对于初进幼稚园的小朋友，应该带他认识环境。认识之后，他对幼稚园发生感情了，这样，他就不会感到陌生。

（三）建立儿童间的关系

对于初进幼稚园的小朋友，不但是要他认识物质环境，更重要的是，使他熟悉人的环境，使儿童之间建立关系。可以给新来的小朋友介绍朋友，还可以开欢迎会，使新旧小朋友从活动当中很快的熟悉起来，发生感情。这样，小孩子不再感到孤单、陌生。

（四）设置丰富的游戏环境

游戏是儿童的第二生命，我们可以利用儿童爱好游戏的心理，来转移他的心情，象

〔像〕巴甫洛夫的交替反射一样，很快地可以得到效果。

（五）设置丰富的教育环境

幼稚园的环境不但要美化，而且要富有教育意义。设置各种各样的工作材料，如饲养兔子、小鸡、小鹅等动物，陈列美丽的图画书、娃娃的家、大小积木、拼图板、各种木制布制玩具，以及沙箱、泥工、木工等，以便转移小孩子的心情，使他从各种有教育意义的活动当中，消失对环境的陌生感。

（六）建立家庭与幼稚园之间的联系

单单从幼稚园一方面去做工作，还是不够的。应该跟家庭配合，要对新来的小朋友作家庭访问，了解儿童的家庭环境，与儿童及家庭建立感情，取得密切的联系；并协助家庭改正不正确的教育方法，使家庭教育与幼稚园教育取得一致的步伐。这样，才能使儿童得到合理的教养而健康的成长。

四、教师处理儿童问题应有的态度

（一）应找出问题原因

对于儿童所发生的问题，应从多方面去找原因，不能单凭些现象而采用不正确的方法。头痛医头，脚痛医脚，有时候会不得要领而发生错误的。因此，我们对于儿童的失常情态，要从调查着手，这样才不至于发生错误。

（二）应当要有耐心，要爱儿童

一个教师如果没有耐心，不爱儿童是不行的。有耐心，才会仔细地研究问题，才会慢慢地克服困难而达到目的、完成任务。爱儿童，才会很好地带领儿童、教养儿童。因此，做幼稚园教师，起码的条件是要有耐心，要爱儿童，尤其在解决儿童各种问题上，更要具备这个条件。

总结以上所述，对于如何使儿童适应新环境，一方面，是保教工作人员要懂得儿童心理，并对儿童所发生的问题加以调查和研究，再与家庭取得联系，采取正确的方法，帮助儿童适应新的环境；另一方面，要充实幼稚园的设备，设置丰富的教育环境和游戏环境，使儿童在各种活动当中对幼稚园发生亲切的感情，进而得到启发，得到教育，使儿童深刻地体验到幼稚园是他们的乐园。

图书在版编目（CIP）数据

中国学前教育史料集成．卷六，幼稚园论集．下册/喻本伐总主编；喻本伐，王帅本卷主编．— 北京：人民教育出版社，2022.8
ISBN 978-7-107-36854-7

Ⅰ．①中⋯　Ⅱ．①喻⋯②王⋯　Ⅲ．①学前教育—教育史—史料—中国　Ⅳ．①G619.29

中国版本图书馆 CIP 数据核字（2022）第 131795 号

中国学前教育史料集成　卷六　幼稚园论集　下册
ZHONGGUO XUEQIAN JIAOYU SHILIAO JICHENG　JUANLIU
YOUZHIYUAN LUNJI　XIACE

丛书责编　刘雅琴　焦　艳
本书责编　向　导　和卓琳
书籍设计　张志奇

出版发行	人民教育出版社 （北京市海淀区中关村南大街17号院1号楼　邮编：100081）
网　　址	http://www.pep.com.cn
经　　销	全国新华书店
印　　刷	北京华联印刷有限公司印装
版　　次	2022年8月第1版
印　　次	2022年11月第1次印刷
开　　本	787毫米×1 092毫米　1/16
印　　张	35.25
插　　页	4
字　　数	604 千字
定　　价	140.00 元

版权所有·未经许可不得采用任何方式擅自复制或使用本产品任何部分·违者必究
如发现内容质量问题、印装质量问题，请与本社联系。电话：400-810-5788